北京大學《儒藏》編纂與研究中心　編

《儒藏》精華編選刊

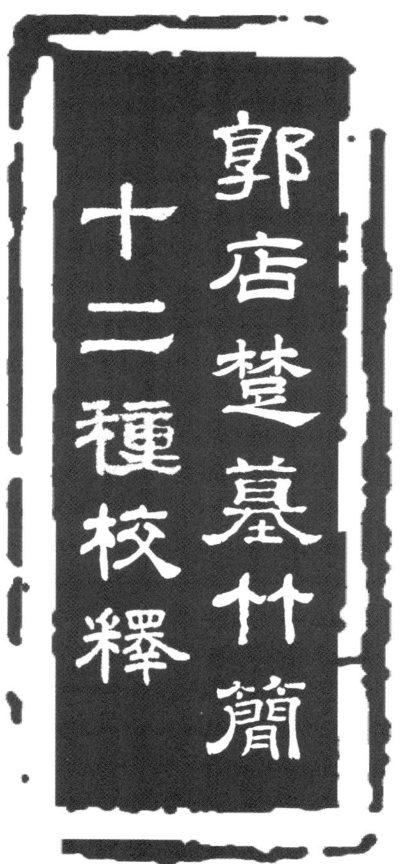

郭店楚墓竹簡十二種校釋

北京大學出版社
PEKING UNIVERSITY PRESS

圖書在版編目(CIP)數據

郭店楚墓竹簡十二種校釋 / 北京大學《儒藏》編纂與研究中心編. —北京：北京大學出版社，2023.10
（《儒藏》精華編選刊）
ISBN 978-7-301-34507-8

Ⅰ. ①郭… Ⅱ. ①北… Ⅲ. ①竹簡文－注釋－中國－楚國（?–前223）
Ⅳ. ①K877.54

中國國家版本館CIP數據核字（2023）第178859號

書　　名　郭店楚墓竹簡十二種校釋
GUODIAN CHUMU ZHUJIAN SHIERZHONG JIAOSHI
著作責任者　北京大學《儒藏》編纂與研究中心 編
策劃統籌　馬辛民
責任編輯　魏奕元
標準書號　ISBN 978-7-301-34507-8
出版發行　北京大學出版社
地　　址　北京市海淀區成府路205號　100871
網　　址　http://www.pup.cn　新浪微博：@ 北京大學出版社
電子郵箱　編輯部 dj@pup.cn　總編室 zpup@pup.cn
電　　話　郵購部 010-62752015　發行部 010-62750672
編輯部 010-62756449
印 刷 者　三河市北燕印裝有限公司
經 銷 者　新華書店
650毫米×980毫米　16開本　32.5印張　260千字
2023年10月第1版　2023年10月第1次印刷
定　　價　130.00元

目録

緇衣

李銳 校釋

校釋説明

一九九三年十月，湖北省荆門市郭店一號楚墓出土一批竹簡，内容主要爲儒道兩家典籍。該墓的年代爲戰國中期偏晚（公元前四世紀中期至公元前三世紀初），墓中所出竹簡的年代應早於墓葬年代。整理者「依據竹簡形制、抄手的書體和簡文文義進行了分篇、繫聯」，將這批竹簡分爲十八篇，《儒藏》精華編二八一册已經介紹了其中的《五行》《性自命出》，本册將介紹《緇衣》《魯穆公問子思》《窮達以時》《唐虞之道》《忠信之道》《成之聞之》《尊德義》《六德》及《語叢一》《語叢二》《語叢三》和《語叢四》。

郭店楚墓竹簡中的《緇衣》，整理者據《禮記·緇衣》擬加篇題。本篇存簡四十七枚，保存基本完整。竹簡兩端均修削成梯形，簡長三二·五釐米。編綫兩道，編綫間距爲一二·八至一三釐米。本篇有章節號，多由兩短横書寫成「▬▬」或合併爲「■」（簡一七似爲三短竪，作「|||」）。篇尾仍是以章節號結束，但留空一段後寫有「二十又三」，總計章節數。篇中有重文號，作「=」，見簡一、四、七、四四、四五。篇中有合文號，作「=」，見簡二三、二六。簡四〇背有漏抄之補字，或説明此篇經過校勘，錯誤較少；但簡八、三一、三五仍有錯誤，或補字乃

抄手隨時所加。

上海博物館藏簡中也有《緇衣》篇，但保存不完整。本篇與上博簡《緇衣》接近，二者可能是不同傳本。此二者與《禮記·緇衣》篇僅大體相合，有諸多不同。二簡本均無《禮記》本的第一及第十六兩章（以「子言之」「子曰」分章），第一章爲《禮記》本之第二章，「緇衣」一詞即在此章中。《禮記》本第一章或是錯簡所致，或是在《緇衣》定名後添加的。二簡本與《禮記》本的章序有很大不同，文字也有不少出入。二簡本應較《禮記》本原始，《禮記》本有一些內容可能是流傳中逐漸添加的。從各章在意義上的聯繫看，二簡本章序多較《禮記》本合理。今爲閱讀方便，爲每章添加序號。

《子思子》與《公孫尼子》皆有《緇衣》篇，今尚存佚文。論者多據文獻記載，謂《緇衣》當來自於《子思子》（並據《五行》簡制相同及郭店簡有《魯穆公問子思》等立論），少數學者則謂來自《公孫尼子》，或謂《緇衣》是記孔子之言，子思子與公孫尼子皆是傳述者，劉瓛的爲公孫尼子所作說和沈約的「取《子思子》」之說可以並存。然將簡本與《子思子》《公孫尼子》佚文比較，簡本較爲原始，則《子思子》《公孫尼子》收錄的《緇衣》，時代恐晚於簡本《緇衣》的成書時代。是《緇衣》單篇別行已久，故或不必由《子思子》《公孫尼子》推論《緇衣》的學派歸屬，當以孔子後學所認同的孔子之言視之。而每章「子曰」後之引用《詩》《書》，則當是編者所配。

劉向、歆父子校書體例是經類與古文相校而子類則合諸本相校，經類、子類不互校，後世多遵行此原則。故即便《子思子》與《公孫尼子》之《緇衣》篇章或較《禮記》中《緇衣》規整，《禮記》中《緇衣》之錯簡仍未得釐正。

校釋者　李　銳

凡　例

一、本書以《郭店楚墓竹簡·緇衣》(文物出版社，一九九八年五月)的釋文爲校勘底本。

二、竹簡簡號一依《郭店楚墓竹簡》，標在每簡最後一字的右下旁。

三、竹簡上原有的標識一依其舊，以裨研究。重文號後補出重文及標點，合文號後寫出合文及標點，於其外加方括號「[]」。釋文另加新式標點符號。

四、釋文儘量按簡文字形隸定，以裨研究。奇特者如「於」「者」從略，個别有省略筆畫者從略。

五、簡文殘缺或殘泐無法辨識的字，可據行文格式推定字數者，釋文以「□」號表示，一「□」代表一字；不能確定字數者，釋文以「……」號表示。

六、簡文殘缺之字，尚有殘留筆畫可辨認者，外加「□」號；補字及據文義擬補者，外加方括號「[]」。

七、簡文中的通假字、異體字隨文注出本字、正字，外加「()」表示；訛字隨文注出正字，外加「<>」表示；衍文外加「{}」表示。

八、原簡已釋讀出一般之字，注釋不一一標出、補充。學者有輔助討論者，爲便研究而録入。

（1）夫子曰：好⿰女𡵂（美）女（如）〈好〉《兹（緇）衣》〔一〕，亞（惡）=［亞（惡）］女（如）〈亞（惡）〉《迣（巷）白（伯）》，〔二〕炅（則）民臧〈咸〉放（勑）而埜（刑）不屯。〔三〕《寺（詩）》員（云）〔四〕：「⿱我心（儀）埜（刑）文王，萬邦乍（作）孚。」▬〔五〕

〔一〕《郭簡・緇衣》【注釋】［一］：「今本於篇首有『子言之曰：爲上易事也，爲下易知也，則刑不煩矣』一章，爲簡本所無。」《郭簡・緇衣》【注釋】［二］：「兹，讀作『緇』。此句今本作『好賢如《緇衣》』。《緇衣》爲《詩・鄭風》之一篇。」程元敏《引書》指出：「⿰女𡵂，媺之古字，省右旁。女、如音近，古今字。兹、緇音近，緇借爲兹。」陳金生《札記》認爲：「今本是正確的。《緇衣》和《巷伯》本來都是《詩經》中的一篇，而楚簡本也只是由於在篇首提到了《詩經》的《緇衣》一詩才被命名爲《緇衣》的。《詩經》中的《緇衣》作者，據研究是一位婦女，緇衣是用染成黑色的絲織品做成的衣服，古代貴族在自己的官署辦事時所穿。詩的作者大概是這位貴族的妻或妾。詩中讚美自己做的緇衣既合身又美好，一旦破舊了就改做新的，等丈夫回來就交給他，這就是今本『好美如《緇衣》』的含義。如像楚簡本那樣作『好美如好《緇衣》』，就成了喜好《緇衣》這首詩的意思，顯與原意不符。」李二民《研究》指出：「《孔叢子》引孔子曰：於《緇衣》見好賢之至。今本《緇衣》作『賢』或與此有關。」李學勤《首句》認爲：「今傳本開頭『子曰』，簡本爲『夫子曰』，這清楚地表明篇中的『子』是孔子。過去有學者主張《緇衣》以及同列在《禮記》裏的《坊記》《表記》的『子』並非孔子，如任銘善《禮記目録後案》稱：『此子不指孔子而言，蓋戰國諸子之語，其弟子記之，皆稱子也。』但在儒家著作中，『夫子』指孔子以外的人，實在是不可能的，因此簡本此處異文相當重要。……今傳本『好賢』，簡本則作『好美』，這個區別是很大的。『賢』『美』都可與『惡』對立，但是『賢惡』與『美惡』的意義有根本的不同，前者有明確的道德價值涵義，後者没有。好賢就是尊賢，是一種美德，好美卻蘊含著明顯的危險，是不應當提倡的，這在儒家觀點來説，是無須爭論的事。在這一點上，今傳本勝於簡本。」虞萬里《校上》指出：「美惡即善惡。《國語・晉語一》：『彼將惡始而美終。』美惡對文，猶善惡也，故韋昭注：『美，善也。』《禮記・内則》：『若富則具二牲，獻其賢者於宗子。』鄭玄注：『賢猶善也。』」

案：陳金生《札記》「《緇衣》和《項伯》」，當是「《緇衣》和《巷伯》」。《儀禮・士喪禮》「美者在中」，鄭注：「美，善也。」賢，《文選・東京賦》「必以肆奢爲賢」，薛綜注：「賢，善也。」《緇衣》，詩序以爲「美鄭武公也。父子並爲周司徒，善於其職，國人宜之，故美其德，以明有國善善之功焉」。賢、美、善，於此義近，今本、簡本乃傳聞異辭。後一「好」字當爲衍文。

〔二〕《郭簡・緇衣》【注釋】[三]：「逝，讀作『巷』。《説文》『巷』字作[illegible]，《古文四聲韻》引崔希裕

《纂古》『巷』字作『衖』『巷』。上述各形之『巷』字均从『共』，『巷』字从『共』聲。簡文的[illegible]似爲『共』字的異構。《包山楚簡》第一四二、一四四號簡也有『巷』字，作[illegible]、[illegible]等形。巷爲邑中道。包山簡中的『州巷』即州府之巷。簡本此句，今本作『惡惡如《巷伯》』。《巷伯》爲《詩·小雅》篇名。裘按：《小雅·巷伯》篇名所取之義舊以爲難解。如簡文『惡惡如惡巷伯』句『巷伯』上『惡』字非衍文，則孔子或《緇衣》編者似以爲《巷伯》作者『寺人孟子』在詩中所指斥之讒人即地位較寺人爲高之奄官巷伯。」程元敏《引書》指出：「三亞字，均古惡字。」陳金生《札記》認爲：「《巷伯》也是《詩經》中的一篇，作者自稱『寺人孟子』，巷伯是他擔任的官職名稱，他因讒受刑，作這首詩表達他對誹謗他的惡人的憎惡之情，所以説『惡惡如《巷伯》』。如果像楚簡本那樣作『惡惡如惡《巷伯》』，就成了憎惡《巷伯》這些詩的意思，也與原意不符。在古代，《詩經》是士階層以上的人都耳熟能詳的，而楚簡本的抄寫者竟弄錯，顯然其文化程度是不高的。」李二民《研究》指出：「簡本多『好』『惡』兩字，學者多以爲是今本脱文，惟陳金生先生認爲是簡本衍文。依簡本，則緇衣、巷伯均不能加書名號，即緇衣、巷伯各爲一物，與原意不符。我贊同陳先生的觀點。」李學勤《首句》認爲：「今傳本『好賢如《緇衣》，惡惡如《巷伯》』，是講應該像《詩經》的《鄭風·緇衣》那樣好賢，《小雅·巷伯》那樣惡惡。鄭玄注：『《緇衣》《巷伯》，皆《詩》篇名也。《緇衣》首章曰：「緇衣之宜兮，敝予又改爲兮，適子之館兮，還予授子之粲兮。」言此衣緇衣者，賢者也，宜長爲國君。其衣敝，我願改制，授之以新衣，是其好賢，欲其貴之甚也。《巷伯》六章曰：「取彼讒人，投畀豺虎；豺虎不食，投畀有北；有北不受，投畀有昊。」此其惡惡，欲其死亡之甚也。』簡本作『好美如好緇衣，惡惡如惡巷伯』，那麼『緇衣』『巷伯』就不能按《詩》篇名解釋了。說好美、惡惡和好惡《詩》的一篇，是講不通的。不過，緇衣是卿士聽朝的黑色正服，巷伯是宮中掌王后之命的閹官，何以成爲美惡的代表？如說緇衣、巷伯是指《詩》篇的緇衣和巷伯，這至少對《緇衣》是不太適合的，因爲詩意是由於好人而好其衣，並不是因好衣而推及其人。不管怎樣說，簡本都不如今傳本。」張富海《緇研》指出：「今本『惡惡如巷伯』之『巷伯』可以理解爲《詩》篇名，也可以理解爲就是《巷伯》的作者寺人孟子，意爲像寺人孟子那樣惡惡。但對應上句『好賢如緇衣』來看，今本中的『巷伯』還是以理解爲《詩》篇名爲妥。簡文此句顯然應如裘按作解。……簡文應是原貌，今本則是由於後人對《巷伯》篇名的理解與《緇衣》撰人不同而改。」王力波《緇校》、馮勝君《新證》均認爲簡本《緇衣》更接近古本原貌，沈培《語法》也認爲今本對孔子的原話作了改動，但今本在表義方面比簡本明確。

案：【注釋】[三]「[illegible]」應作「[illegible]」。後一「惡」字當爲衍文。

〔三〕「㞷」，《郭簡・緇衣》隸定爲「型」。【注釋】[四]：「臧，『臧』字異體，讀作『藏』。㐌，疑爲『它』

字異體，亦屢見於包山簡。《禮記・檀弓》『或敢有他志』注：『謂私心。』屯，似讀作『蠢』。《爾雅・釋詁》：『動也』，『作也』。此句今本作『則爵不瀆而民作願，刑不試而民咸服』。裘按：『而』上一字似當釋『放』。」周鳳五《郭札》指出：「按『臧㐌』費解。臧，當是『咸』之訛。」上博簡作「咸」，李零《校二》指出：「字作『咸』，可以證明郭店本的『臧』字是錯字。」劉信芳《解詁》認爲：「屯，今本作『試』，字形之誤也。《離騷》：『屯余車其千乘兮。』王逸注：『屯，陳也。』春秋時多鑄刑器，《左傳》昭公六年鄭子産鑄刑書，叔向云：『今吾子相鄭國，作封洫，立謗政，制參辟，鑄刑書，將以靖民，不亦難乎？《詩》曰：儀式刑文王之德，日靖四方。又曰：儀刑文王，萬邦作孚。如是何辟之有。民知爭端矣，將棄禮而徵於書。』又昭公二十九年晉鑄刑鼎，孔子説：『晉其亡乎？失其度矣。夫晉國將守唐叔之所受法度，以經緯其民。卿大夫以序守之，民是以能尊其貴，貴是以能守其業，貴賤不愆，所謂度也。文公是以作執秩之官，爲被廬之法，以爲盟主。今棄是度也，而爲刑鼎，民在鼎矣，何以尊貴，貴何業之守？貴賤無序，何以爲國？』是孔子反對陳刑鼎於民，與叔向所論如出一轍。且叔向所引之《詩》，亦見《緇衣》所引。可知簡文『刑不屯』即『刑不陳』。今本作『刑不試』，自漢迄今，誤之久矣。」

案：《郭簡・緇衣》【注釋】［一二］對於「則」字之説明當附於此：「則，簡文字形與曾侯乙鐘『則』字左旁同，簡文省去右部之『刀』。」今隸定爲「貟」，下同。「放」字當从力得聲，疑可讀爲

「勑」，力、勑二字古通。《廣雅・釋詁二》：「勑，順也。」「型」，依形可隸定爲「坓」，下同。

〔四〕「⿱止又」，《郭簡・緇衣》隸定爲「寺」。廖名春《引詩》指出：「『員』，今本作『曰』。『員』『云』音同，『員』爲『云』之借字。」張富海《緇研》認爲：「從全篇看，郭店楚簡《緇衣》凡一章兩引詩，則分别言『《大雅》云』『《小雅》云』；只引一句詩，則但作『《詩》云』。今本此處引一句詩而作『《大雅》曰』，他處則多作『《詩》云』；一章兩引詩者，或以『《詩》云』與『《大雅》曰』相别，或以『《詩》云』與『《小雅》曰』相别。可見，郭店楚簡《緇衣》的體例較今本爲嚴整。」

案：「寺」，今依形隸定爲「⿱止又」，下同。

〔五〕《郭簡・緇衣》【注釋】［五］：「以上詩句見於《詩・大雅・文王》。以上爲簡本第一章，今本第二章。」周桂鈿《校讀》認爲：「⿱我心型，與儀型相通，乍，即作的簡寫。」程元敏《引書》指出：「『⿱我心』，从心从我，我亦聲，即古義（儀）度字。……型與刑同音……乍、作音近。」廖名春《引詩》指出：「『坓』，今本作『刑』，《潛夫論・德化》篇作『形』。《正字通・土部》：『坓，古文型。』『坓』『刑』『形』皆从『井』得聲，故可通用。……『邦』，毛詩、《左傳》襄公十三年、昭公六年引同，今本與《風俗通義・三王》引作『國』。『邦』『國』義同，故書當作『邦』。『國』當漢人避漢高祖劉邦諱改。」張富海《緇研》認爲：「『儀刑』之『刑』通行字作『型』，而經典大多作『刑』，此處從今本及《詩經》，在簡文之『坓』字後括注『刑』，但簡文之『坓』或即『型』字異體。」

案：裴學海《古書虛字集釋》指出：「『作』猶『則』也。」「孚」，信服。

（2）子曰：又（有）鄭（國）者章好章亞（惡），〔一〕目（以）視（示）民厚，〔二〕則（則）民二青（情）不紩（忒）。〔三〕《㞢（詩）》員（云）：「情（靖）共（恭）尔（爾）立（位），好氏（是）貞（正）植（直）。」▬〔四〕

〔一〕《郭簡·緇衣》【注釋】［六］：「章好章亞（惡），今本爲『章善擅惡』。」劉信芳《解詁》指出：「『章善擅惡』，《釋文》『善』作『義』。……『章』者，明也，經典多用『彰』。」李二民《研究》指出：「簡本『有國者』，今本作『有國家者』，阮元認爲『家』爲衍文，朱彬《禮記訓纂》作『有國者』。簡本『章好章惡』，今本作『章善擅惡』，朱彬《禮記訓纂》作『章義擅惡』，《釋文》作『章義』。《尚書·畢命》云：『彰善癉惡，樹之風聲。』」虞萬里《校上》認爲：「陸德明引皇説云：『義，善也。』好、善義同，猶別本之作『章義』，無分是非。……『章善癉惡』四字，出於《尚書·畢命》，文云……此康王命畢公之詞。夫子所言乃治國之事，與《畢命》文密合。古者諸侯爲國，大夫爲家，畢公非大夫，是簡文無『家』者爲原本。孔疏云『言爲國者』，是唐初所見本無『家』之證。阮元校勘記謂閩監本、毛本有『家』而他本多無，得簡本可以定案。」廖名春《著作》指出：「楚簡以『章好章惡』章接『好嬍惡惡』章顯然較《禮記・緇衣》本以『民教之以德』章接合理。」

案：簡本「好」之義當爲善。第一個「章」即後世之「彰」，第二個「章」當讀爲「障」。

〔二〕《郭簡・緇衣》【注釋】［七］：「視，簡文下部作立『人』，與簡文『見』字不同，詳《老子》甲注六。今本作『示』，兩字通。厚，簡文作[illegible]，與《汗簡》『厚』字作[illegible]者相近。」張富海《緇研》指出：「《汗簡》中與簡文形近的『厚』字即《説文》『厚』字古文（關於此字，參看《望山楚簡》第一一六頁注［一二］，中華書局，一九九五年）。示民厚，謂示民以淳厚之德。或説『示民厚』意爲示民以其所看重者。」

案：「示民厚」當意爲示民以其所看重者。

〔三〕《郭簡・緇衣》【注釋】［八］：「裘按：今本此句末字作『貳』，《釋文》所據本則作『忒』，簡本『紽』字亦當讀爲『忒』。」虞萬里《拾遺》指出：「『民情不貳』之『貳』，自鄭玄、孔穎達以還，宋元之學者多以『疑貳』釋之，實有欠妥。至於傳本所以作『貳』者，是亦有致誤之由。下文《曹風・鳲鳩》『其儀不弋』，傳本作『忒』，毛傳：『忒，疑也。』王引之釋『士貳其行』與『其儀不忒』云：『貳當爲貣之訛，貣音他得切，即忒之借字也。』又引《緇衣》引詩之文而曰：『是《緇衣》之不忒，亦有作不貳者，貳亦貣之訛也。』」

案：胡承珙《毛詩後箋》以爲毛所據《爾雅》本作「忒，疑也」，故直訓「忒」爲「疑」，復據《鳲鳩》用韻説明「貳」爲「貣」之訛，「貣」爲「忒」之借，並據《緇衣》「君不疑其臣，臣不惑於君」證「《毛傳》以『忒』爲『疑』誠確詁矣」。

〔四〕《郭簡・緇衣》【注釋】〔九〕：「以上詩句見於《詩・小雅・小明》。今本作『靖共爾位，好是正直』。以上爲簡本第二章，今本第十一章。」程元敏《引書》指出：「情借爲靖。爾从尔聲，爾尔同音。立，即古位字。是、氏音近古通用。正、貞義同音近。植从直聲。植、直音近，此借爲直。」廖名春《引詩》指出：「『尔』，今本作『爾』。『爾』從『尔』聲。《玉篇・八部》：『尔，亦作爾。』段玉裁《説文解字注》：『尔之言如此也。後世多以爾字爲之。』」張富海《緇研》指出：「共，通作『恭』。《釋文》：『共音恭，本亦作恭。』」

案：「靖」，簡文當從毛詩訓爲謀，更具積極意義。

（3）子曰：爲上可睢（望）而智（知）也〔一〕，爲下[三]可頪（類）而等（志）也，〔二〕則（則）君不悘（疑）亓（其）臣=[，臣]不惑於君。〔三〕《寺（詩）》員（云）：「軎（淑）人君子，亓（其）義（儀）不[四]弋（忒）。」〔四〕《尹㝬（誥）》員（云）：〔五〕「隹（惟）尹躬（允）及湯，咸又（有）一悳（德）。」▬〔六〕

〔一〕《郭簡·緇衣》【注釋】[一〇]：「𥆞，从『視』省，『亡』聲，讀作『望』。」《郭簡·凡例》指出：「『智』字簡文作『智』『𣉻』等形，現皆用『智』字排印。」楚簡智字所从「矢」形多訛作「大」，今依簡文字形可隸定爲「𣉻」。「𣉻」當爲「智」字之省訛，此讀爲「知」。下同。

〔二〕《郭簡·緇衣》【注釋】[一一]：「頪，讀作『述』，兩字同屬物部。簡文多以『頪』作『述』。等，讀作『志』，有記識之義。裘按：簡文讀爲『可類而等之』，於義可通，似不必從今本改讀。」顏世鉉《淺釋》指出：「裘説是也。……《賈子新書·等齊》：『君臣同倫，異等同服，則上惡能不眩其下。孔子曰：長民者，衣服不貳，從容有常，以齊其民，則民德一。《詩》云：彼都人士，狐裘黄裳，行歸於周，萬民之望。孔子曰：爲上可望而知也，爲下可類而志也，則君不疑於其臣，而臣不惑於其君。』」李二民《研究》認爲：「賈誼《新書·等齊》……校勘記：喬、沈本，類作述。可見此處今本本身就存在異文。」陳偉《對讀》指出：對於傳世本《緇衣》的異文，王引之作過分析説：「述之言循也，志之言識也。循其言貌察之而其人可識也。《大戴禮·文王官人篇》曰：『飾貌者不情。』可述而志，則非飾貌者矣。『述而志』，猶言『望而知』，以其外著者言之也。《賈子·等齊篇》引此作『可類而志』，謂據其衣服號令比類而知，亦以外著者言之也。」類，亦有遵循之義。《國語·楚語上》：「齊桓、晉文，皆非嗣也，還軫諸侯，不敢淫逸，心類德音，以德有國。」王引之指出：「類之言率也。率，循也。言其心常循乎德音也。下文觀射父曰『使心率舊典者爲之宗』，語意與此同。率與類，古同聲同義而字亦通用。」「依此，『類』『述』雖然用字有異，含義卻是相通的。不好説孰是孰非。」

案：【注釋】［一一］裘按「類而等之」，當爲「類而等也」。《二十二子·新書·等齊》盧文弨校記：「『類』，別本作『述』，或校者以《緇衣》之文易之，今一依本書。」今依《新書》讀爲「類而志」。依王引之説，「志」即「知」。

〔三〕《郭簡·緇衣》【注釋】［一二］：「⿰忄矣，讀作『疑』，『矣』『疑』音近，『心』旁爲意符。則，簡文字形與曾侯乙鐘『則』字左旁同，簡文省去右部之『刀』。」

案：「亓」，《郭簡·緇衣》直接寫爲「其」。《郭簡·凡例》指出「其」與「丌」原本不是一字，而古籍或古文字中常常混用，用通行字「其」排印。然「亓」與「丌」非一字，或以爲「亓」爲「丌」字加一飾筆，但《集韻·之韻》載：「其，古作丌、亓。」今隸定爲「亓」，釋爲「其」，下同。

〔四〕《郭簡·緇衣》【注釋】［一三］：「以上詩句見於《詩·曹風·鳲鳩》。」程元敏《引書》指出：「忒弋音近，《郭簡》本借弋爲之。」廖名春《引詩》指出：「『⿱弔口』字當爲『弔』之繁化，『弔』古讀與『叔』同，故『淑』可借爲『⿱弔口』。『義』，今本作『儀』。李富孫《詩經異文釋》：《説文》云：『義，己之威儀也。』《大司馬職》注：故書儀或爲義。杜子春讀爲義。《肆師》注：鄭司農云：

古書儀但爲義，今時所謂義爲誼。箋訓儀爲義，是義爲古儀字。『弋』，今本作『忒』，《釋文》云『本或作貳』。」

案：「義」，今從習慣讀爲「儀」。「忒」，毛傳釋爲「疑」，較合《緇衣》義，見前引胡承珙説。

〔五〕《郭簡·緇衣》【注釋】[一四]：「𢍰，金文屢見，唐蘭先生釋作『誥』。《汗簡》引《王庶子碑》『誥』與簡文形同。《尹誥》，《尚書》篇名，今本《緇衣》誤爲『尹吉』。鄭注：『吉當爲告，告古文誥字之誤也。尹告，伊尹之誥也。《書序》以爲《咸有壹德》，今亡。』此篇所引《尹誥》文，已爲今本《尚書·咸有一德》篇所採入。」

〔六〕《郭簡·緇衣》【注釋】[一五]：「躳，簡文从『身』、『㠯』聲。今本作『躬』。簡文中多次出現『䆪』字，一般讀作『躬』，與『躳』形、聲均不相同。今本『躬』應爲『躳』之誤。『躳』讀作『尹』，『㠯』屬之部，『尹』屬文部，音近可通假。最明顯的例子如『允』字，从『㠯』聲，屬文部。簡文的『尹躳』當讀作『伊尹』，全句貫通。以上爲簡本第三章，今本第十章，但今本所引《尹吉》在前，《詩》在後。裘按：『尹』下一字可能是『允』之繁文。長沙楚帛書有此字，舊釋『夋』，『夋』从『允』聲。『惟尹允及湯咸有一德』，於義可通，似不必讀『惟』下二字爲『伊尹』。僞古文《尚書》『尹』下一字作『躬』也可能是訛字。後三六號簡亦有此字，今本正作『允』。」廖名春《著作》指出：「楚簡《緇衣》篇第三章『子曰』論君臣的相互信任，因爲也是從上行下效之角度而言，故次於『章好章惡』章後。《禮記·緇衣》本此章在『衣服不貳』章後，是以『壹德』同於『民德壹』，『可望而知』之『望』同於『萬民所望』之『望』。實則『衣服不貳』章重在論『長民者』衣服儀容對百姓的影響，與此章章旨並不相同。故書當如楚簡之序。」程元敏《引書》指出：「隹、惟古今字，古音同部。壹、一音義古今一致。」

案：劉曉東《初探》指出：「《墨子·明鬼下》引《商書》曰：『百獸貞蟲，允及飛鳥，莫不比方。』『允』與『及』連文。王引之《經傳釋詞》云：『允，猶以也。』即引《墨子》此文爲證，是『允及』乃《商書》中的成詞，猶言『以及』。」然裴學海《古書虛字集釋》指出：「允及」爲「以至」之義，「允」爲語助。《尹誥》與之皆爲《商書》，當用「允及」。清華簡《尹誥》上下文作「惟尹既及湯，咸有一德，尹念天之敗西邑夏……」「既及」之「既」爲已之義，與「允及」義近。《緇衣》引書斷章，「咸」用皆字義，「一德」爲同一之德。

（4）子曰：上人恷（疑）昃（則）百眚（姓）賊（惑），〔一〕下難五晢（知）昃（則）君倀（長）裻（勞）。〔二〕古（故）君民者章（彰）好目（以）視（示）民忩（俗），〔三〕慬（謹）亞（惡）目（以）滐（御）民涇〈淫〉，〔四〕昃（則）民不賊（惑）。臣事君，六言亓（其）所不能，不訂（辭）亓（其）所能，〔五〕昃（則）君不裻（勞）。〔六〕《大頣（雅）》員（云）：〔七〕「上帝板=

［板］，下民卒（瘁）担（癉）。」〔八〕《少（小）顕（雅）》員（云）：「非（匪）亓（其）七⿱山止（止）｛之｝共，唯（惟）王［之］⿱共心（邛）。」■〔九〕

〔一〕《郭簡・緇衣》【注釋】〔一六〕：「賊，从『視』『或』聲，讀作『惑』。」

案：「⿰忄矣」，疑之異體。《廣韻・之韻》：「疑，不定也。」

〔二〕「⿱炏卒」，《郭簡・緇衣》隸定爲「⿱炏衣」，【注釋】〔一七〕：「『勞』字之形與⿰素命鎛、齊侯鎛『勞』字同。」

案：「倀」所从「長」爲「長」之古文。下同。「⿱炏卒」，楚文字中「衣」「卒」常混作，「⿱炏卒」可讀爲「勞」。

〔三〕「忩」，《郭簡・緇衣》讀爲「欲」，【注釋】〔一八〕：「視，今本作『示』。忩，今本作『俗』，似誤。」李二民《研究》指出：「『章好』與『謹惡』相對，謹惡意在止民之淫，章好意在誘民向善，參照下一章之『君好則民欲之』，似簡本更合理。」廖名春《管窺》指出：「《禮記・緇衣》篇作『俗』……故書當作『俗』。」

案：《禮記・曲禮》：「入國而問俗，入門而問諱。」鄭玄注：「俗謂常所行與所惡也。」《史記・樂書》：「移風易俗，天下皆寧。」張守節《正義》：「上行謂之風，下習謂之俗。」

〔四〕《郭簡・緇衣》【注釋】〔一九〕：「裘按：『以』下一字，上部與《窮達以時》篇二號簡『殜』字右旁相同，似當釋爲『澲』。《說文》：『澲，除去也。』」此字上博簡作「慮」，廖名春《管窺》指出：「『慮』字从虍魚聲，與『御』音同，故能通借。『洡』字疑從『止』得義。而『止』『御』義近，故可通用。故書當作『御』。」廖名春《釋朱》指出：「『洡』从止得聲，止古音爲之部章母，御爲魚部疑母，相距太遠。不過，《詩經・鄘風・蝃蝀》《小雅・巷伯》有之、魚合韻例，可能當時某些地區之、魚音近，故可相通。」馮勝君《對比》排比相關字形，從裘說。

案：「謹」有禁止之義，《左傳・昭公二十年》「以謹無良」，杜預注：「謹，勑慎也。」「洡」字從裘說難以解通《六德》「行道朱之」。從音韻考慮，疑此字右部及《六德》「朱」，乃「桀」字省訛，桀古音群紐月部，可以讀爲「御」(疑紐魚部)。則簡文當隸定爲「滐」。「涇」字所从聲符「巠」稍有訛變，下部變形音化作「壬」，此字在楚文字中常作爲「淫」。

〔五〕《郭簡・緇衣》【注釋】[二〇]：「訌，从『言』『刁』聲，釋作『詞』。裘按：從文義看，似應讀爲辭讓之『辭』。今本有『臣儀行不重辭』之語(參見注二一)，蓋以『辭』爲『言辭』，亦非。」

〔六〕《郭簡・緇衣》【注釋】[二一]：「臣事君……則君不裟(勞)，今本作『臣儀行不重辭，不援其所不及，不煩其所不知，則君不勞矣』。」

〔七〕《郭簡・緇衣》【注釋】[二二]：「頣，『夏』字，楚簡文字習見，在此借作『雅』。」

〔八〕「졸」，《郭簡・緇衣》隸定爲「卒」，【注釋】[二三]：「卒，簡文作[illegible]，李家浩釋作『卒』。以上

詩句見於《詩・大雅・板》。」「担」，劉信芳《解詁》指出：「今本作『癉』，《詩・大雅・板》作『癉』。《説文》：『癉，勞病也。』」廖名春《引詩》指出：「『卒』，今本、《毛詩》同。《韓詩外傳》卷五引作『瘁』。『瘁』从『卒』得聲，故可互用。但何爲本字，還值得研究。馬瑞辰《毛詩傳箋通釋》：『卒與瘁同，病也。』是以『瘁』爲本字。陳喬樅《四家詩異文考》：『案《毛詩》箋云天下之民盡病，是以卒字訓盡，與《韓詩》文義並異。』案馬説是。『卒癉』結構當與『板板』同，『板板』是複詞同義，『卒癉』也當是同義複詞。『担』，今本作『癉』。《經典釋文・毛詩音義下》：『僤，本又作癉，當但反，病也。沈本作癉。』《禮記音義之四》又説：『卒亶，丁但反，病也。本亦作癉。』由此可見有『担』『癉』『僤』『癉』『亶』五種異文。」李富孫《詩經異文釋》云：「《釋詁》曰：『癉，病也。』毛傳訓『癉』同。《説文》云：『僤，疾也。』『癉，勞病也。』癉，别體字。單、亶古通用。……《淮南子》『密子治亶父』，即『單父』也。故字或从單、从亶。僤亦同音。《士冠禮注》云：古文亶爲癉。是『癉』與『亶』亦通。」「其説是。僤、癉皆從單聲，『僤』與『癉』通。癉、亶、担皆从旦聲，『亶』『担』爲『癉』字之借。單、亶音同，作聲符可互用。所以『癉』『癉』是一字異構，義符同而聲符有别。但從郭店楚簡本『担』字看，本字當作『癉』。」

案：「卒」，今隸定爲「猝」。《毛傳》：「板板，反也。上帝，以稱王者也。」馬瑞辰《通釋》指出：「卒者，悴之省借……讀與瘁同。瘁、癉皆病也。《韓詩外傳》引《詩》正作『下民瘁癉』。……作癉者正字，亶、癉、僤皆假借字。」與廖説小有别，今從馬説。

〔九〕「𡳿」，《郭簡·緇衣》隸定爲「止」，此句《郭簡·緇衣》隸定爲「非其止之共唯王恭」，【注釋】[二四]：「以上詩句今本爲『匪其止共，惟王之卭』。見於《詩·小雅·巧言》。本節爲簡本第四章，今本第十二章。」李零《校記》指出：「簡文『共唯王』與『之』字互倒。」程元敏《引書》指出：「小少音近義同……唯惟同音，通。卭當正作邛。」「非其止之」，劉信芳《解詁》指出：「今本作『匪其止共』。鄭注：『匪，非也。』唯今本作『惟』，或作『維』。」孔仲溫《補釋》指出：「『恭』字同時具有雙聲符。」廖名春《引詩》認爲：「『共』，今本及毛詩同，《經典釋文·毛詩音義中》：『本又作「恭」。』《韓詩外傳》卷四引正作『恭』。『恭』从『共』得聲，故能與『共』通用……楚簡引『非其止恭，唯王之恐』詩證明的是『臣事君，言其所不能，不辭其所能，則君不勞』説。不過，這是反説，正説則是『臣事君，言其所能，辭其所能，則君勞』……『臣事君，言其所能，辭其所能』即『非其止恭』。『言其所能』就是祇稱自己之能，『辭其所能』就是能做的不做。這就是『臣事君』『非其止恭』之意。由此看，高亨『止，禮也。共，借爲恭。止恭猶禮敬。匪其止共，言以禮敬爲非』説最勝。……『止』之本義爲『趾』，引申則有停止義。《周易·艮·彖傳》：『艮，止也。時止則止，時行則行，動靜不失其時，其道光明。』《大象傳》：『兼山，艮；君子以思不出其位。』當止則止，當行則行，就是禮恭。『臣事君，言其所不能』即『止』；『不辭其所能』即『恭』。而以『言其所不能，不辭其所能』無非就是『非其止恭』，這正是天子所擔憂的，因爲臣不臣，則君不君，王焉得不懼？」張富海《緇研》認爲：「『邛』訓勞，見《爾雅・釋詁》。郝懿行《爾雅義疏》指出『邛』與『劬』爲一聲之轉，甚是。『邛』與『劬』聲母、聲調、等呼皆同，韻母的關係屬東、侯對轉，其爲同源詞的關係甚明。『邛』之本義爲地名，古書中假借用來表示一個與『劬』同源的詞；簡文作『恭』，也表示同一個詞。」「止」，馮勝君《對比》隸定爲「㞢」，讀爲「止」，下同。

案：毛傳「非」爲「匪」，鄭箋訓爲彼，以「止共」爲「不共其職事」，於此文稍合，此是以「共」爲「供」。今讀「非」爲「匪」。《爾雅・釋詁一》：「邛，癉，勞也。」此章引《大雅》證君使民勞，引《小雅》證民使君勞。

（5）子曰：民目（以）君爲心，君目（以）民爲體，心好𡖊（則）體安之，〔一〕君好𡖊（則）民忩（欲）𠆢之。〔二〕古（故）心目（以）體灋（法），〔三〕君目（以）民芒（望）。〔四〕《寺（詩）》員（云）：「隹（誰）秉宬（國）城（成），不自爲貞（正），卒（瘁）褮（勞）百眚（姓）。」〔五〕《君萏（牙）》員（云）：〔六〕「日傛（暑）雨，〔七〕少（小）𠃌民隹（惟）日悁（怨）；〔八〕晉（晉）各（冬）旨（耆）寒，〔九〕少（小）民亦隹（惟）日悁（怨）。」■〔一〇〕

〔一〕《郭簡・緇衣》【注釋】[二五]：「此句今本爲『心好之，身必安之』。今本於此句前有『心莊則體舒，心肅則容敬』，簡本無。」李存山《忠信》指出：「《文選》卷五十一《四子講德論》注引《子思子》曰：『民以君爲心，君以民爲體。心正則體修，心肅則身敬也。』按，《文選》注所引與《禮記・緇衣》基本相同，而楚簡《緇衣》顯然其文在前，《禮記・緇衣》或《子思子》是在楚簡《緇衣》的基礎上作了增添和修飾的。」

〔二〕《郭簡・緇衣》【注釋】[二六]：「此句今本爲『君好之，民必欲之』。」

案：「欲」，從前文「安」來看，義爲愛。《春秋繁露・爲人者天》：「傳曰：天生之，地載之，聖人教之。君者，民之心也；民者，君之體也。心之所好，體必安之；君之所好，民必從之。」

〔三〕「灋」，《郭簡・緇衣》隸定爲「法」，【注釋】[二七]：「法，簡文从『水』从『去』从『廌』省，即『法』之初文『灋』。此句今本爲『心以體全，亦以體傷』。裘按：簡文『法』字疑當讀爲『廢』，二字古通。」劉樂賢《劄記》指出：「(上博一)《緇衣》第十四簡『作五虐之刑曰法』的『法』字寫作上全下止。今本『心以體全』的『全』，似是由這種寫法的『法』字簡省或訛變而致。『心以體全』，似應讀爲『心以體廢』。今本因訛抄成『心以體全』，與後面『君以民亡』不諧，遂增加字句以求一致。」馮勝君《對比》指出：上博簡作「廌」，讀爲「存」，「心以體存」與下文「君以民亡」互文見義。顔世鉉《説灋》指出：裘錫圭已證「灋」所從的「去」爲「盍」的初文，「盍」「廌」

皆與「瀌」有音近關係。上博簡另有一處「瀌」作「全」，所從的全是聲符，與「瀌」音近。此處簡文應讀爲「存」。

案：「法」，今隸定爲「瀌」，下同。「全」與「存」音近古通。然而從上下文來看，簡文還是讀爲「法」好，「以」作「使」講，如《孟子‧公孫丑上》：「管仲以其君霸，晏子以其君顯」（「以」作「爲」字解更順暢，但尚缺詞例），這才與上文説心好、君好相應，也與下文引《詩》「誰秉國成，不自爲正，瘁勞百姓」對應。此爲正説，引《詩》爲反説。秉國者不爲正，民衆就會怨恨。《詩》用「誰秉國成，不自爲正，瘁勞百姓」，本來就是興觀群怨的怨。此處引詩斷章，「誰秉國成」指的是君，不是《詩‧小雅‧節南山》所説的師尹。第八章：「子曰：下之事上也，不從其所以令，而從其所行。上好此物也，下必有甚焉者矣。故上之好惡，不可不慎也，民之表也。《詩》云『赫赫師尹，民俱尔瞻』」，也引《節南山》。雖然「民俱爾瞻」和本章的「君以民望」更相應，但第八章講上、下，沒有直接談君與民，故可直接講師尹。

〔四〕《郭簡‧緇衣》【注釋】［二八］：「此句今本爲『君以民存，亦以民亡』。」劉樂賢《劄記》指出：「郭店簡的芒，是亡的通假字。」

案：據上下文，此「亡」宜讀爲「望」。

〔五〕《郭簡‧緇衣》【注釋】［二九］：「以上詩句見《詩‧小雅‧節南山》，今本作『誰秉國成，不自爲政，卒勞百姓』。今本《緇衣》此處引《詩》作『昔吾有先正，其言明且清，國家以寧，都邑以成，庶民以生；誰能秉國成，不自爲正，卒勞百姓』。其前五句不見於簡本及今本《詩經》。」程元敏《引書》指出：「陸《釋文・禮記音義》卷四、孔《禮記正義》均論『昔吾』五句爲逸《詩》。佳，音近借爲誰何字。或，邦也(《説文》)，衍爲或从宀，國从口，義同，古音同之部。《緇衣》引多一能字……能字莫須有，從《郭簡》本是。貞、正音近義通，《毛詩》正作政，音義並同。裻，金文有，義如勞。眚借爲姓。」廖名春《儒學》指出：《文選・張茂先答何劭二首》李善注：「《子思子》：《詩》云：『昔吾有先正，其言明且清。國家以寧，都邑以成。』」李家浩《瑣議》指出：「所隸『成』字實際上是『城』：《説文》説『成』从『戊』『丁』聲。簡文『城』是把『土』旁寫在『成』旁之下，並把『土』與『丁』的筆畫共用。這種寫法的『城』屢見於戰國文字。因『城』从『成』得聲，故簡文『城』可以用爲『成』。」下同。廖名春《引詩》認爲：「從郭店楚簡『貞』可知，『正』不能作『政』。『正』當是本字。」

案：「佳」形左下有點，今隸定爲「隹」，讀爲「誰」。馬瑞辰《通釋》指出：「卒者，瘁之省借，卒亦勞也，猶言賢勞、劬勞。」

〔六〕《郭簡・緇衣》【注釋】[三〇]：「牙，簡文下从，與《説文》『牙』字古文合，但其上部『牙』旁變得與簡文『刁(勺)』旁相混。《君牙》，《尚書》篇名。《君牙》原篇已佚，今本《尚書》中的《君

牙》爲僞古文。」程元敏《引書》指出：「今本《緇衣》改牙（或改舂）爲雅，雅借爲牙，古音同故也。鄭玄《禮注》：『雅，《書序》作牙，假借字也。』」

〔七〕「居」，《郭簡》隸定作「俗」，《郭簡·緇衣》【注釋】[三一]：「俗，簡文左旁與《汗簡》『容』字作□者形同。俗，讀作『溶』。《説文》：『溶，水盛貌。』溶雨，雨盛。此句今本作『夏日暑雨』。」李家浩《瑣議》指出：「應該釋寫作『居』，即『尻』字。……上古音『尻』『暑』都是魚部字。據今本，簡本『日尻雨』當讀爲『日暑雨』，其前並漏寫一『夏』字。」

案：《郭簡·緇衣》【注釋】「《説文》『溶，水盛貌』」，當是作「水盛也」。上博簡亦無「夏」字，今不補。

〔八〕《郭簡·緇衣》【注釋】[三二]：「悁，裘按：此字應从今本釋作『怨』，字形待考。此字又見二二號簡，今本亦作『怨』。」

案：簡四六「猒」字讀爲「厭」，湯餘惠、吴良寶《拾零》指出：「楚簡中『□』即『肙』，爲『猒（厭）』字省體。這批簡文中屢見一個从心、从厭省的字……從字形上看，該字从心、从厭省，可釋爲『懕』。《説文·心部》：『懕，安也。从心，厭聲。《詩》曰：懕懕夜飲。』『懕』與『怨』上古音同在影紐、元部，故《緇衣》一〇號簡文所引《尚書·君牙》『懕』字，今本《尚書》可作『怨』，這是音同通假關係。」「猒」字上部之「⊢」形，疑爲後來「厂」形之來源。「悁」可視爲

「悉」字省體，讀爲「怨」。

〔九〕《郭簡·緇衣》隸定、釋爲：「晉冬旨（耆）滄」，【注釋】〔三三〕：「晉，簡文从『臸』省。《汗簡》『晉』字與簡文形同。《説文》：『晉，進也。』滄，訓爲『寒』。此句今本作『資冬祁寒』，鄭注：『資當爲至。』裘按：簡文『旨』讀爲『耆』，『耆』『祁』音同可通。『祁寒』猶言極寒、嚴寒。」程元敏《引書》認爲：「鄭君斷資爲至誤，得之。晉，至也，正合鄭君義。」廖名春《論書》指出：「『晉』『資』音同，故可通用。《周易·旅》九四：『得其資斧，我心不快。』馬王堆帛書《易經》『資』作『溍』……『晚書』《君牙》其字作『咨』，乃由『資』字而來；其歸上讀，『怨咨』連言，更是望文生義。依『晚書』《君牙》，『夏日暑雨』句去掉一『日』字，以與『冬祁寒』相對；『咨』歸上讀，故下句『怨』後也得增一『咨』字，方能與上句相稱。這一調整，實際是没有認清『資』字的本義是至、到。楚簡作『晉』，説明『晚書』《君牙》以『咨』歸上讀，下句『怨』後增一『咨』字是完全錯誤的，可爲今本『晚書』《君牙》爲後人僞造説又添一新證。……裘説『旨』讀爲『耆』是。『耆』當爲本字，『祁』當爲借字。《廣雅·釋詁一》：『耆，強也。』」裘錫圭《錯字》認爲：「《郭簡》釋『旨』下一字爲『滄』，訓爲『寒』。此字上部雖然很像『倉』的古文，但寫法較怪，而且缺少應有的在下長横，此字下部横置的『水』也缺少左上方的一筆，頗爲可疑。如果跟上博的『寒』字對照一下，就可以斷定此字乃是那種寫法的『寒』字的誤摹。」郭永秉《寒字》認爲此字就是寒。

案：「晉」爲隸書字形，此字與後文簡二二有不同，今隸定爲「晉」。「冬」，今隸定爲「各」，《字彙・日部》：「各，古文冬字。」引《書》表面上和上文並無關係，實際上古代君特别是天子，是上天的代表，天人感應，酷暑耆寒，天災，都被認爲是人君有過。所以這裏引《君牙》説酷暑耆寒小民日怨，實際原因則是君失德，民怨的不是天災，而是所應瞻望、效法的君不正不賢。

〔一〇〕《郭簡・緇衣》【注釋】[三四]：「本章爲簡本第五章，今本第十七章。」

(6)子曰：上好急(仁)，炅(則)下之爲一〇急(仁)也𥝩(爭)先。〔一〕古(故)倀(長)民者章志目(以)卲(昭)百眚(姓)，〔二〕炅(則)民至(致)行异(己)炅(以)敚(悦)上。一一〔三〕《𡳿(詩)》員(云)：「又(有)㝵(覺)悳(德)行，四方𢖽(順)之。」■〔四〕

〔一〕「𥝩」，《郭簡・緇衣》隸定爲「争」，【注釋】[三五]：「争，簡文作□，與『嘉』字作□(包山楚簡第二一七號)有别，楚簡中還有另一個从『争』的字□(包山楚簡第一四〇號)，當釋作『諍』，於該段簡文中讀作『争』。此句簡文今本爲『上好仁，則下之爲仁爭先人』。句末之

『人』，係衍文。」《郭簡·老子》丙【注釋】〔三〕：「㥧，从『心』『身』聲，即《説文》『仁』字古文。《説文》以爲『古文仁从千心』，从『千』乃从『身』之誤。裘按：『千』『身』『人』古音皆相近，不必以『千』爲『身』之誤。」張富海《緇研》認爲：「『爭先人』亦可通，似不必以爲衍文。」

案：「争」，宜寫爲「爭」。簡文字形从禾从爭省，可隸定爲「秤」，馮勝君《對比》指出爲「耕」字異體，可讀爲「爭」。今本「人」字，或係某本「先」字下有句讀，謄寫者誤爲重文號，遂訛爲「先人」，且與前「仁」字押韻。

〔二〕《郭簡·緇衣》【注釋】〔三六〕：「今本作『章志、貞教、尊仁，以子愛百姓』。」「長民」，劉信芳《解詁》指出：「猶簡六『君民』。」李二民《研究》指出：「『章志、貞教、尊仁以子愛百姓』不是『章志以昭百姓』的解釋性文字，『章志貞教，尊仁以子愛百姓』的意思是『爲上者應該表明志向，以正道教於百姓，推崇仁道，像對待自己的孩子一樣愛護百姓』，『章志以昭百姓』强調的則祇是『爲上者表明志向，以號召百姓』，二者的含義相去甚遠。」

〔三〕「廾」，《郭簡·緇衣》隸定爲「𢍰」，今據簡文字形隸定，讀爲「己」。

〔四〕「𥝢」，《郭簡·緇衣》原形摹寫，【注釋】〔三七〕：「□，此字今本作『梏』。」《郭簡·緇衣》【注釋】〔三八〕：「《詩·大雅·抑》：『有覺德行，四國順之。』以上爲簡文第六章，今本第六章。」張富海《緇研》指出：「此字上所从之黑圓點應與《唐虞之道》中□字所从之黑圓點同意，表示一抽象之物。疑此字即『匊(今作掬)』的表意字。《説文・勹部》：『匊，在手曰匊。』段注：『《唐風》椒聊之實，蕃衍盈匊，《小雅》終朝采綠，不盈一匊，毛皆云兩手曰匊。此云在手，恐傳寫之誤。』『匊』無疑是兩手盛物之義，而此字正象兩手盛物之形。按之字音，『匊』『梏』『覺』的上古音皆爲見母覺部，固可相通假。又《説文・廾部》有『𢍁』字，其義爲『兩手盛也』。《廣韻・屋韻》：『𢍁，兩手捧物。《説文》音匊。』『𢍁』『匊』應是異體關係，簡文此字與『𢍁』則是表意初文與後起形聲字的關係。覺，《毛傳》訓『直』，鄭箋訓『大』。梏，《釋文》音角，即讀如覺也。《爾雅・釋詁》：『梏，直也。』……『有覺』又見於《小雅・斯干》：『殖殖其庭，有覺其楹。』」廖名春《引詩》指出：「『方』『國』義近，故可通用。」

案：《春秋繁露・郊語》：「《詩》曰：『有覺德行，四國順之。』覺者，著也，王者有明著之德行於世，則四方莫不響應，風化善於彼矣。」馬瑞辰《通釋》指出《緇衣》引《詩》之「梏」與「覺」爲雙聲，「覺」「告」同音，「梏」爲「覺」之假借，取直大義；而《春秋繁露》則取著明之義，與直大義亦相通。但從簡文「章志以昭百姓」來看，此處宜取著明之義，《抑》或亦當用此義；《斯干》則用直大義。

（7）子曰：墨(禹)立三季(年)，百眚(姓)目(以)急(仁)道，〔一〕剴(豈)必二𦘔

（盡）⿱身心（仁）？〔二〕《⿱㞢又（詩）》員（云）：「城（成）王之孚，下土之弋（式）。」〔三〕《郘（呂）⿱井土（刑）》員（云）：〔四〕「一人又（有）慶，⿰土萬（萬）民⿰貝萬（賴）＝之。」■〔五〕

〔一〕《郭簡·緇衣》【注釋】［三九］：「道，今本爲『遂』。」劉信芳《解詁》指出：「禹，簡文字形从土禹聲，九店《日書》簡三九『禹』亦如是作。」張富海《緇研》指出：「『以仁道』就是依仁而行的意思。」鄒濬智《竹研》認爲：「筆者懷疑儒典《緇衣》此字，早先可能作『道』……後來或假以音近的『逐（澄紐覺部）』字抄錄。而『逐』『遂』二字可能因形音俱近，在文獻流傳過程中，互訛抄寫成傳世本面貌。」劉樂賢《三釋》指出：「鄒氏……似乎對『逐』『遂』相訛之説尚存疑慮。其實，出土文獻及傳世文獻中『逐』『遂』二字因形近致訛的例子很多，《緇衣》『遂』爲『逐』字之訛的説法可以成立。……今本《緇衣》本當作『逐』，『逐』和簡本的『道』……是音近通假關係。」

〔二〕「豈」，劉信芳《解詁》指出：「今本作『豈』。馬王堆漢墓帛書『豈』多作『豈』，參《老子》甲後佚書四四一、四四五，《戰國縱横家書》一九五行。」

〔三〕《郭簡·緇衣》【注釋】［四〇］：「以上引《詩》見於《詩·大雅·下武》。」程元敏《引書》指出：「裘錫圭曰：『用作虚詞的弋，應該讀爲《詩經》常見的虚詞式。』（見《金文詁林補》）弋式音近，通讀。」

〔四〕《郭簡·緇衣》【注釋】[四一]：「郘坓，即『呂刑』，《尚書》篇名。今本作『甫刑』。今本於本句前有『《詩》云：赫赫師尹，民具爾瞻』。」程元敏《引書》指出：「郘，字見金文（如《郘鐘》），金文亦作呂（習見）。作呂得正。呂甫音近，傳寫異字，當正作《呂刑》。下三〇、三二兩引此篇名則均作《呂型》，呂得之。」王金凌《比論》認爲：「今本第五章所引《節南山》詩意，與該章旨趣不切。」張富海《緇研》認爲：「僞孔傳：『後爲甫侯，故或稱《甫刑》。』按傳説以呂侯之後封爲甫侯，故《呂刑》又稱《甫刑》，其實無據。『呂』和『甫』音近古通。古文字材料中今从呂之字或从膚，『甫』和『膚』同是脣音字，可爲『呂』『甫』相通的佐證。」

案：《郭簡》隸定爲「型」，【注釋】作「坓」，不同。當隸定作「坓」。程元敏《引書》之「三〇、三二兩引此篇名」，當是簡二六、二九。今本第五章所引《節南山》之「赫赫師尹，民具爾瞻」，見於簡本下一章，其意與此章仍有關聯。今本或由此致誤，而將此兩章之「子曰」、引詩書合而爲一。

〔五〕《郭簡·緇衣》【注釋】[四二]：「壞，借作『萬』。今本引作『兆』，與今本《尚書·呂刑》合。今本《甫刑》引文在《大雅》引文之前，與簡本次序不同。以上爲簡本第七章，今本第五章。」「賴」，劉信芳《解詁》指出：「簡文字形从貝，萬聲，讀爲『賴』，今本作『賴』。《左傳》昭公四年

『遂滅賴』，《公羊傳》《穀梁傳》作『厲』。」

案：「慶」，簡文字形从鹿从白从虫形，「虫」形爲「鹿」字尾部之變，「白」或爲「心」之訛。

（8）子曰：下之事上也，不從丌（其）所目（以）命（令），而從丌（其）所行。上好此勿（物）也，一四下必又（有）甚安（焉）者矣。〔一〕古（故）上之好亞（惡），不可不訢（慎）也，民之蘖（表）也。〔二〕《寺（詩）》一五員（云）：「虘（赫）=［虘（赫）］帀（師）尹，〔三〕民昇（俱）尔贍（瞻）。」〔四〕

〔一〕「丌」，《郭簡》直接寫爲「其」。【注釋】［四三］：「安，用法同『焉』，今本無此字。」「不從其所以命」，劉信芳《解詁》指出：「今本作『不從其所令』，楚簡『令』多作『命』。」李二民《研究》指出：「《孟子・滕文公》：『上有好者，下必有甚焉者矣。』郭店簡《尊德義》：『上好是物，下必有甚焉者矣。』」張富海《緇研》認爲：「古漢語中，『此』爲近指代詞，『是』爲中指代詞，用法本來是有區別的。此處本應用『是』，而簡文卻用『此』，可能是方言現象。」

案：《郭簡・凡例》指出「其」與「丌」原本不是一字，而古籍或古文字中常常混用，用通行字「其」排印。今隸定爲「丌」，讀爲「其」。

〔二〕「訢」,《郭簡・緇衣》隸定爲「誓」;「蕘」,簡文作「[illegible]」,《郭簡・緇衣》隸定爲「萰」,【注釋】[四四]:「萰,讀作『柬』。《説文》:『柬,分別擇之也。』今本作『表』。」上博簡作「[illegible]」,劉釗《讀劄》認爲:「此字結構應該分析爲从艸从標,疑即蕘的本字。古『表』『標』音義皆近。」今將郭店簡此字隸定爲「蕘」,讀爲「表」。

案:「誓」,今從陳劍《説慎》隸定爲「訢」,讀爲「慎」,下同。

〔三〕「虔」,《郭簡・緇衣》隸定爲「虗」,【注釋】[四五]:「虗,簡文从『虍』从『㝉』省,與『虢』一字。其所从之『㝉』與《汗簡》『隙』之[illegible]形似,僅省去上部之『小』。與簡文相同的字形亦見於包山楚簡第一八〇號。『虢虢』,今本作『赫赫』。」程元敏《引書》指出:「帀,師之省文,金文習見。」

案:「虗」,簡文似从虍从炅,上博簡从虍从炅。此處炅疑爲炅之訛,或如注釋之分析,由「虗」訛變而來,今隸定爲「虔」。虍(虎)古音爲曉紐魚部字,與曉紐鐸部的「赫」「虢」音近,今讀爲「赫」。

〔四〕「昇」,《郭簡・緇衣》直接隸定爲「具」。【注釋】[四六]:「贍,簡文从『視』,右旁同《鄂君啟節》『擔』字的右旁。『贍』即『瞻』之異體,从『視』與从『目』同。以上兩句見於《詩・小雅・節南山》。這兩句詩今本見於第五章。該章中的引文有兩段《詩》、一段《尚書》,而在今本相當於簡本此章的第四章中却無任何引文，與《緇衣》各章體例顯然不合。據簡本，今本第五章中的『《詩》云：赫赫師尹，民具爾瞻』，應移至第四章。以上文字爲簡本第八章，今本第四章。」

案：「具」，《説文》「从廾，从貝省」，簡文字形从貝从廾，今隸定爲「昪」。《毛傳》：「具，俱。」

（9）子曰：倀（長）民者衣備（服）不攺（忒），〔一〕 從（從）頌（容）又（有）祟（常），〔二〕 則（則）民悳（德）一六弌（一）。〔三〕《㞢（詩）》員（云）：「亓（其）頌（容）不攺（改），出言又（有）丨（遜），利（黎）民所訁（訓）。」 〓〔四〕

〔一〕「攺」，《郭簡·緇衣》直接隸定爲「改」，【注釋】［四七］：「者，簡文字形有訛變，據今本及文義，當爲『者』字無疑。備，從朱德熙先生釋（《長沙帛書考釋》，《古文字研究》第十九輯）。此處借作『服』。」劉桓《讀記》認爲：「從文義看，『衣備（服）不改』與『衣服不貳』義近。」張富海《緇研》指出：「簡文『攺』字从巳聲。『攺』之从巳聲猶『起』之从巳聲。雖然《説文》『改』字从『己』，但如甲骨文、侯馬盟書、馬王堆帛書等較早文字材料中的『改』字皆从『巳』。」

案：古文字中「攺」常用爲「改」，例見《詛楚文》等。上博一「攺」字形近，作「[illegible]」，惟後一

「改」字（見香港中文大學藏簡）與此字形不同，作「□」，所从字形「□」據簡十一當是「巳」字。雖然古文字中「巳」「已」或不別，但上博一此處二字用不同寫法，疑有别。「改」古从「巳」得聲，古音邪紐之部，此處「改」疑當讀爲「忒」（古音透紐之部，「忒」从「弋」得聲，「巳」「弋」聲字皆與从「㠯」「臣」「異」得聲之字相通）。《禮記・緇衣》作「貳」，《釋文》云：「貳，本或作『貸』，同音二。」「同音二」或有不妥，「貸」當與「忒」音近。「忒」「貣」通假，當是後來轉寫爲「貳」「貸」，例同前文「民情不忒」或訛爲「民情不貳」，及《曹風・鳲鳩》「其儀不忒」，《禮記・緇衣》引文或訛爲「其儀不貳」。孫希旦《禮記集解》以「差忒」訓「貳」，實不若以「貳」爲「忒」之訛。《詩・大雅・瞻卬》「鞫人忮忒」，毛傳：「忒，變也。」「忒」與「改」義近，故後文引《詩》「其容不改」以説明之。

〔二〕「窔」，《郭簡・緇衣》據簡文形體摹寫爲「□」，【注釋】〔四八〕：「今本作『從容有常』。」此字陳劍《釋琮》綜合相關意見，有較詳盡考察，然僅以盂卣的「□」字勾連甲骨金文中不從「止」諸字，謂其本字爲「琮」，似仍有待證據。要此字可讀爲「從」已爲學界接受，今姑依形及年代較早之新蔡簡零：四八四字形「□」隸定爲「窔」，讀爲「從」。

〔三〕「戋」，《郭簡・緇衣》隸定爲「弋」，【注釋】〔四九〕：「則，簡文字形爲『則』字省文。今本於此句前有『以齊其民』句。」吴辛丑《異文》指出：「郭店簡中『弋』往往作『戋』形。」

案：「弌」同於庚壺銘文，與《古文四聲韻》卷五所收古《老子》「一」字近（「一」在「戈」形下），當可釋爲「一」。下同。《公孫尼子》佚文有：「古者長民，衣服不貳，從容有常，以齊其民。」《詩·小雅·都人士·序》：「周人刺衣服無常也。古者長民，衣服不貳，從容有常，以齊其民，則民德歸壹。傷今不復見古人也。」《新書·等齊》：「孔子曰：『長民者衣服不貳，從容有常，以齊其民，則民德一。』」

〔四〕「丨」，《郭簡·緇衣》摹寫爲「丁」；「訁」，《郭簡·緇衣》隸定爲「信」，【注釋】［五〇］：「末句『又』下一字作『丁』，疑爲字之未寫全者。」【注釋】［五一］：「以上引詩見於《詩·小雅·都人士》，但文字有出入。今本所引爲『彼都人士，狐裘黄黄，其容不改，出言有章，行歸于周，萬民所望』。文字與今本《詩經》同。本段文字爲簡本第九章，今本亦爲第九章。」「丨」，劉信芳《解詁》指出：「今本作『章』。《説文》：『丨，上下通也，引而上行讀若囟，引而下行讀若退。』」顔世鉉《散論三》：「簡文丨釋爲《説文》『丨，上下通也』這個字是正確的；《古文四聲韻》卷三引《汗簡》，其形正與簡文相同，其標音爲『公本切』。」李二民《研究》提及陳劍認爲最後一字未必可以釋爲「信」。張富海《緇研》指出：「『訁』非『信』字甚明。『丨』『訁』正當韻脚，『訁』當从『丨』得聲。其釋讀待考。」裘錫圭《釋丨》認爲「丨」爲「針」之初文，簡文可以讀爲「出言有遜，黎民所訓」，或「出言有慎，黎民所信」。廖名春《引詩》指出：「『所望』，賈誼

《新書・等齊》篇作『之望』，『之』『所』虚詞互用。……《禮記・緇衣》篇所引『彼都人士，狐裘黄黄。其容不改，出言有章。行歸於周，萬民所望』六句，鄭玄注：『此詩毛氏有之，三家則亡。』孔穎達《毛詩正義》曰：『襄十四年《左傳》引此二句（行歸于周，萬民所望），服虔曰：逸《詩》也。《都人士》首章有之，《禮記注》亦言毛氏有之，三家則亡。今《韓詩》實無此首章，時三家列於學官，《毛詩》不得立，故服虔以爲逸。』其説是。漢代初年，《詩》的傳授主要有魯、齊、韓、毛四家……《左傳》和賈誼《新書・等齊》皆有引，是因爲它們皆與荀子有關……小戴《禮記》文多與《荀子》相同……據《經典釋文・序録》記載，二戴禮傳自后蒼，后蒼傳自蘭陵人孟卿。汪中據劉向《敘録》『蘭陵人多善爲學，蓋以荀卿也。長老至今稱之，曰蘭陵人喜字爲卿，蓋以法荀卿』，認爲『曲臺之《禮》，荀卿之支與餘裔也』，不能説沒有道理。所以《禮記・緇衣》篇引同於毛詩，並不值得奇怪。」李二民《研究》指出：「王先謙《詩三家義集疏》：『此詩毛氏五章，三家皆止四章。孔疏云：襄十四年《左傳》引此詩「行歸于周，萬民所望」二句，服虔曰：逸《詩》也。（按：是服虔從三家，不從毛詩。）《都人士》首章有之。《禮記・緇衣》鄭注云：毛氏有之，三家則亡。今《韓詩》實無此首章。細味全詩，二、三、四、五章「士」「女」對文，此章單言「士」，並不及「女」，其詞不類。且首章言「出言有章」，言「行歸于周，萬民所望」，後四章無一語照應，是明明逸詩孤章。毛以首二句相類，強裝篇首。觀其取《緇衣》文作序，亦無謂甚矣。』」

案：張舜徽《説文解字約注》以「丨」爲棍棒字初文。然裘文謂「丨」與「肸」所从之「关」形（[illegible]）有關係（兩手奉物形之字，有時兼以所奉之物爲聲），可從。沈培《㤅解》在討論「㤅」字當讀爲「遜」時，已經説明了从「关」形得聲的字，也可以讀爲曉母的「訓」。簡文可讀爲「出言有遜，黎民所訓」。如裘文所言：「出言有遜」就是出言謙恭有禮的意思。朱熹《詩集傳》釋「四方其訓之」爲「四方皆以爲訓」可從。「黎民所訓」就是黎民皆以之爲榜樣的意思。賈誼《新書・等齊》在前引「孔子曰『長民者衣服不貳，從容有常，以齊其民，則民德一』」後有「《詩》云：『彼都人士，狐裘黄裳，行歸於周，萬民之望。』」其下復引「孔子曰『爲上可望而知也』」云云，順序近今傳本《緇衣》章句，所引《詩》與今本《毛詩》略同，當脱漏了「其容不改，出言有章」兩句。今本《毛詩・都人士》首章與今本、簡本《緇衣》及《新書・等齊》所引《詩》，或可能是同一佚詩之不同章節。

（10）子曰：大人不新（親）亓（其）所臤（賢），〔一〕而一七信亓（其）所戔（賤），斈（教）此目（以）達（失），民此目（以）㝅（煩）。〔二〕《寺（詩）》員（云）：「皮（彼）求我𣅀（則），女（如）不我得。𤔲（執）我一八戭（仇）=［戭（仇）］，亦不我力。」〔三〕《君迧（陳）》員（云）：〔四〕「未見聖，如亓（其）弗克見；我既見，我弗迪（由）聖。」■〔五〕

〔一〕「新」，《郭簡・緇衣》隸定爲「新」，讀爲「親」。陳偉武《專字》隸定爲「新」：「字从『斤』从『木』，『辛』聲。」

〔二〕「達」，《郭簡・緇衣》隸定爲「遊」；「[illegible]」，《郭簡・緇衣》隸定爲「綬」，【注釋】[五二]：「綬，簡文从『糸』『𠭰(弁)』聲，讀作『變』。以上兩句今本作『民是以親失，而教是以煩』，其異文除『是』字較簡本『此』字爲長外，似皆當以簡本爲是。」周鳳五《郭札》指出：「遊字《老子》屢見，《郭簡》據以釋作『失』。按，此字見於子彈庫帛書與包山楚簡，當釋爲『佚』，包山楚簡別有『失』字。……其作遊者乃『佚』字，讀作失。」張光裕《緒説》認爲：「由今本《緇衣》之對照，『綬』確可讀爲『煩』。而《郭店》原書隸作『變』者，似亦可通。……然細審此字實仍應隸作『綬』，而讀如『笲』，而『笲』『煩』通用則因音近故也。今本《緇衣》書作『煩』字，足爲旁證。」陳偉《對讀》指出：「若聯繫語境，則衹有讀爲『繁』或者『煩』才是合適的。《國語・楚語上》引申叔時語云：『若民煩，可教訓。』將『民煩』與『教訓』聯繫起來，也印證簡書此字當以讀『煩』或『繁』爲是。」王金凌《比論》認爲：「今本『親失』不成義，疑蒙上文『大人不親其所賢』之『親』字而衍。」張富海《緇研》指出：「今本『教』『民』位置互易，但兩本皆可通。『教此以失』者，謂教化因此而失其正道。《漢書・嚴朱吾丘主父徐嚴終王賈傳》有云：『養失而泰，樂失而淫，禮失而采，教失而僞。』『民此以煩』者，謂民因此而亂也。《國語・楚語上》：『若民煩，可教訓。』注：『煩，亂也。』」

案：「遊」，今據趙平安《遊與逹》文，隸定爲「逹」，於此讀爲「失」。「緮」，今據趙平安《釋□》文，隸定爲「絭」，於此讀爲「煩」。「是以」「此以」同義，表推斷。今本「親失」之「親」古音清紐真部，或可讀爲「盡」（從紐真部），則未必爲衍文。

〔三〕「旻」，《郭簡・緇衣》直接寫爲「得」；「𣪠」，《郭簡・緇衣》隸定爲「執」；「戴」，《郭簡・緇衣》隸定爲「𢦏」，【注釋】［五三］：「𢦏，从『戈』『考』聲，在簡文中借作『仇』。包山楚簡第一三八號反面有此字，其文如下：『𢦏敍於娖之所誁（證）。與其𢦏，又悁不可誁（證）。』文中之『𢦏』讀作『考』。《廣雅・釋詁二》：『考，問也。』裘按：此字似不从『考』，待考。」【注釋】［五四］：「以上引詩見於《詩・小雅・正月》。」程元敏《引書》指出：「皮，借爲彼我義，皮彼音近故。」「得」，廖名春《引詩》隸定作「旻」：「『旻』爲『得』之古文。」「執」，《上博一・緇衣》形近，隸定爲「𣪠」，「𣪠　从夲、从丮、从女。《包山楚簡》常見，作『執』」。「𢦏」，黄德寬、徐在國《考釋》認爲：「此字左半所从即『棗』之省……此字應隸作『戴』。緇一九『執我戴戴』，此『戴』字應讀爲『仇』。古音棗屬精紐幽部，仇屬群紐幽部，而『戴』字應从『棗』聲，故『戴』字可讀爲『仇』。此字又見於緇四三『《寺（詩）》員（云）：君子好戴』，今本作『君子好逑』。『逑』

字爲群紐幽部字，故『戴』字也可讀爲『逑』。包山簡中亦見此字……疑此『戴』字應讀爲『仇』。《廣雅·釋詁三》『仇，惡也』。《玉篇·人部》：『仇，怨也。』簡文之意爲與⿰方呈有仇有怨的人不能出庭作證。」張富海《緇研》指出：「毛傳：『仇仇，猶謷謷也。』《爾雅·釋訓》：『仇仇，謷謷，傲也。』郭注：『皆傲慢賢者。』朱彬《禮記訓纂》引王念孫曰：《廣雅》：『扏扏，緩也。』『扏扏』，通作『仇仇』。《緇衣》鄭注『持我仇仇然不堅固』，即緩持之意，與《廣雅》同，與《爾雅》、毛傳、鄭箋皆異，蓋本於三家也。今按『彼求我則，如不我得』，言求我之急也。『執我仇仇，亦不我力』，言用我之緩也。三復《詩》詞，則緩於用賢之説爲切，而傲賢之説爲疏矣。王説是。」

案：胡承珙《後箋》指出：「《荀子·堯問》篇『貌執之士者百有餘人』，楊注：『執，猶待也。以禮貌接待之士百有餘人也。』然則『執我』猶言『待我』矣。……『傲慢』即有『緩』意……蓋傲則不固，《左傳》：『舉趾高，心不固矣。』然則鄭《緇衣》注以『仇仇』爲『不堅固』，與此傳『猶謷謷』者，義相成也。」馬瑞辰《通釋》指出：「則字爲句末語助詞，故箋但云『王之始徵求我』，不釋則字。……『不我力』即不我用。《緇衣》引此詩，注云『亦不力用我』，蓋本《韓詩》，其説是也。《緇衣》又引《君陳》曰：『未見聖，若已弗克見；既見聖，亦不克由聖。』注：『由，用也。』『亦不克由聖』正與引《詩》『亦不我力』同義，力即爲用明矣。又按：力又與勑同義。《漢書·王莽傳》『力來農事』，顔師古注：『力來，勸勉之也。』……『亦不我力』訓爲『不我勸』，義亦通。」「則」，裴學海《四補》讀爲「稷」：《楚茨》篇毛傳云：「稷，疾也。」裴學海《古書虛字集釋》指出：「『亦』猶『乃』也。」

〔四〕《郭簡・緇衣》【注釋】［五五］：「君陳，《尚書》篇名，已佚，今本《尚書》中之《君陳》爲僞古文。」

案：《正字通・辵部》：「迧，與陳同。」

〔五〕《郭簡・緇衣》【注釋】［五六］：「以上引文今本作『未見聖，若已弗克見，既見聖，亦不克由聖』。以上文字爲簡本第十章，今本第十五章。」程元敏《引書》指出：「如、若音近，作『似像』解，並是借義。其，稱代詞，可稱自我，義同己，其己同之部舌根音，通假。弗不音近義同。迪借爲由，由，用也。」廖名春《論書》指出：「『未見』句前，『晚書』《君陳》有『凡人』二字。……『我既見』句，『我』字，《禮記・緇衣》和『晚書』《君陳》皆無，但『既見』後多一『聖』字。『我弗迪聖』句，『我』字，《禮記・緇衣》和『晚書』《君陳》皆無，但多一『亦』字。……在『晚書』《君陳》中，這是成王批評常人、訓誡君陳之語。既是常人之爲，而非己之行，故稱『人』而不稱『我』。如稱『我』，不但與稱『人』矛盾，而且下文『爾其戒哉』，也難以解釋。楚簡所引，不稱『人』而稱『我』，顯然不能置之於『晚書』《君陳》中。楚簡所引，反映的當是戰國中期以前人所見到的《尚書・君陳》的原貌，它與『晚書』《君陳》的上下文不合，説明『晚書』《君陳》並非戰國中期以前人所見之《尚書·君陳》之舊。説它是後人利用《禮記·緇衣》等所引加以編造而成，是有道理的。」

案：《郭簡·緇衣》【注釋】「已」當作「己」。裴學海《古書虚字集釋》指出：「『我』猶『其』也」，「未見聖，如其弗克見；我既見，我弗由聖」即是「未見聖，如其弗克見；其既見，其弗由聖」；今本「未見聖，若己弗克見；既見聖，亦不克由聖」之「己」可讀爲「其」，則今本與簡本意思接近。

（11）子一九曰：大臣之不新（親）也，𠬝（則）忠敬不足而賶（富）貴（貴）巳（已）𨒪（過）也；〔一〕邦豪（家）之不盜（寧）二〇也，𠬝（則）大臣不台（治）而𢀩（邇）臣怋（度）也。〔二〕此目（以）大臣不可不敬，民之蕝（蕝）也。〔三〕古（故）二一君不與少（小）悔（謀）大，𠬝（則）大臣不𢙂（怨）。〔四〕《㬜（祭）公之𡖞（顧）命》員（云）：〔五〕「毋目（以）少（小）悔（謀）敗（敗）大二二惜（圖），〔六〕毋目（以）卑（嬖）御憩（蠹）妝（莊）句（后），〔七〕毋目（以）卑（嬖）士憩（蠹）夫〓「大夫」、卿事（士）。」■〔八〕

〔一〕「新」，《郭簡·緇衣》隸定爲「新」。【注釋】〔五七〕：「賶，簡文作□，長沙子彈庫帛書『福』字寫作[illegible]，其上部與簡文同。貴，簡文字形與常見的寫法略有區别。」李存山《忠信》指出：「按楚簡《緇衣》篇的文意，此句是説，大臣對君主不親，是因爲君主對大臣的忠敬不足，而使大臣富貴則有餘（或解爲，君主的富貴已過）。此處『忠敬』與『富貴』對舉，『忠敬』的道德主體和使大臣富貴的施動者都是君主，『忠敬』同『富貴』一樣不應分讀。然而，《禮記・緇衣》篇鄭玄《注》曰：『忠敬不足，謂臣不忠於君，君不敬其臣。』將忠、敬分屬臣和君兩個道德主體，意甚牽强。這是由於在漢代『忠』已成爲衹是對臣而不是對君的道德要求。這與楚簡《緇衣》的『忠敬』和《忠信之道》的『忠信』有著很大的區别。」劉信芳《解詁》認爲：「鄭注之『牽强』，在於傳本有誤，非鄭玄之失也。」張富海《緇研》指出：「楊樹達《詞詮》認爲連詞『則』表因果關係時，其上之文爲原因，其下之文爲結果。這顯然是最一般的情況。但相反的情况，即『則』上之文爲結果，『則』下之文爲原因的情况也是有的……簡文是相同的情况。簡文之『忠』應當指君主對臣下之『忠』。關於『忠』本可以指上對下之德，詳另文。《管子・四稱》：『昔者有道之君，敬其山川、宗廟、社稷，及至先故之大臣（尹注：先故之臣，謂祖考時舊臣也），收聚以忠而大富之。』言君既忠於大臣而又富之，語義與此簡文相近，可爲佐證。……從此章乃至全篇旨在勸君而非勵臣這一點來看，將『忠』理解爲臣對君之忠也是不太合適的。」

案：「新」，簡文字形有殘損，參以簡二五，當是作「新」，同金文「新」字，讀爲「親」。《經詞衍釋》指出：「則，猶『以』也。」其舉例中，有一些作「以」講的「則」字可訓爲「因爲」。《正義》引沈重之説言及「是忠敬不足致然」，可取。後文説「此以大臣不可不敬」。李守奎《三則》曾指出「遺」與「貴」之别，説「『□』是『遺棄』之『遺』的本字，『□』是某種器物『蕢』的本字。二字本不同形，衹是同音」。楚文字的「貴」，「貝」字上多作「□」形。本篇所釋「貴」字作「□」，簡四四作「□」，他們與从「□」形「貴」字之間，或是形變。本篇可能是从甶从貝而稍有變化。「蕢」，《説文》「艸器也」，《漢書・何武王嘉師丹傳》贊：「以一蕢障江河，用沒其身。」顔師古注：「蕢，編草爲器，所以盛土也。」《集韻・怪韻》「塊，或作墤」，而「塊」字本作「甶」，且「蕢」與「甶」古有通假之例，故从「甶」者可讀爲「貴」。疑「甶」爲「蕢」之本字，象裝土之器形，亦意指「蕢」中之土。本簡或可隸定爲「貴」，下同。

〔三〕「盜」，《郭簡・緇衣》隸定爲「盜」；「婁」，《郭簡・緇衣》隸定爲「埶」；「侘」，《郭簡・緇衣》隸定爲「恑」。【注釋】[五八]：「埶，借作『褻』。恑，借作『託』。《説文》：『託，寄也。』以上六句的文字與次序與今本多有不同，今本作『大臣不親，百姓不寧，則忠敬不足，而富貴已過也。大臣不治，而邇臣比矣』。」顔世鉉《儒字》指出：「《禮記・檀弓下》：『調也，君之褻臣也。』鄭《注》：『褻，嬖也。』『褻臣』即親近寵幸之臣，與今本《緇衣》之『邇臣』同義。然簡文『埶』也可讀作『邇』，古籍及出土文獻均多此例。……《緇衣》簡四三：『此以徲（邇）者不惑，而遠者不疑。』徲，今本《緇衣》作『邇』。裘按：『……此即「邇」字異體。』……故《緇衣》簡二一之『埶』字讀爲『邇』或讀爲『褻』均可通。」李二氏《研究》認爲：今本中「百姓不寧」，相當於簡本中的「邦家之不寧也」，但位置不同。張富海《緇研》指出：「寍，原形从穴。古文字『宀』旁與『穴』旁或可通用。」

案：「寍」，《上博一·緇衣》形近，隸定爲「寍」，今從之。「埶」，今依形隸定爲「埶」，下同。此即「埶」字異構，今據顏世鉉說讀爲「邇」。「怩」，《集韻》有「㤤」字，簡文當即此字。《集韻·鐸韻》：「㤤，忖也。」《集韻·陌韻》：「宅，或作度。」故此處「㤤」當可讀爲「度」。《字彙·广部》：「度，算謀也，料也，忖也。」此處「㤤」「度」是謀慮之義。今本「比」通「庀」，是治理之義。《集韻·紙韻》：「庀，治也，具也。或作比。」《國語·魯語》「子將庀季氏之政焉」，韋昭注：「庀，治也。」簡本、今本之義均是説大臣不治政而近臣治政。簡本「怩」字心之外的部分也可能源于「庀」之誤摹。

〔三〕《郭簡·緇衣》【注釋】[五九]：「𢇍，蕝字。楚簡文字中的『絶』多作㡭、𢇍。《說文》：『朝會束茅表位曰蕝。』於簡文中則有表徵之意。」彭浩《分章》指出：「今本的『邇臣不可不慎也，是民之道也』『毋以遠言近，毋以内圖外』和『邇臣不疾，而遠臣不蔽矣』不見於簡本。有關『邇臣』的文句兩次見於今本，而簡本皆無，可知並不是脱抄，而是以後加入的。」周桂鈿《校讀》指出：「此以，所以。」劉信芳《解詁》指出：「《國語・晉語八》：『置茅蕝，設望表。』……《大戴禮・主言》：『上者，民之表也，表正則何物不正。』」

〔四〕《郭簡・緇衣》【注釋】［六〇］：「今本與簡本以上兩句相對應的文字是『君毋以小謀大，毋以遠言近，毋以内圖外，則大臣不怨，邇臣不疾，而遠臣不蔽矣』。」

案：《上博一・緇衣》注釋指出：「經籍『與』『以』通用。」吴昌瑩《經詞衍釋》指出：「『與』，猶『以』也……以，『用』也。」《集韻・侯韻》：「謀，或作思。」「思」與「悔」當爲一字異體。或讀「悔」爲侮，周波《考論》指出：迄今爲止我們在出土文字資料中尚未發現可以確定寫作「思」或「悔」形之「侮」。

〔五〕「晉」，《郭簡・緇衣》摹寫字形爲「□」；「乘」，《郭簡・緇衣》隸定爲「㬥」，【注釋】［六一］：「□，今本作『葉』。㬥，『寡』字異體，借作『顧』。《禮記・緇衣》鄭注：『葉公，楚縣公葉公子高也。臨死遺書曰顧命。』孫希旦云：『葉當作祭』，『祭公之顧命者，祭公謀父將死告穆王之言也。今見《逸周書・祭公解篇》』（《禮記集解》）。」李學勤《釋祭》指出：「祭字古音爲精母月部。葉字从枼聲，而枼又从世聲，世字爲書母月部，从世聲的字多在心母月部，都與祭音近。因此，祭與葉仍是通假的關係。」陳高志《檢討》指出：「簡本應隸作『晉』。」廖名春《論書》指出：「朱駿聲《説文通訓定聲·豫部》：『寡，叚借爲顧。』《禮記·緇衣》：『故君子寡言而行。』鄭玄注：『寡當爲顧，聲之誤也。』楚簡此字左從『見』（即視），右從『㝅』，裘錫圭認爲『當釋爲顧，可證鄭注之確』。其説是。故楚簡之『寡命』當依《禮記·緇衣》作『顧命』。」李家浩《大府》指出：「『祭公』之『祭』，原文寫法與大府鎬的『晉』相似，也應該釋爲『晉』。楊樹達説『晉』是『箭』的古文。『箭』從『前』聲。古書中有從『前』聲之字與『淺』通用的例子。郭店楚簡『淺』『察』二字所從聲旁相同，『察』從『祭』聲。於此可見『晉』可以讀爲『祭』。」徐在國《三考》指出：「『晉』字本像二倒矢插入器形，爲箭字古文。後來二倒矢訛爲臸，成爲晉字聲符，下器形訛爲日。祭字古音屬精紐月部，箭字爲精紐元部，二字聲紐相同，月、元對轉，而『晉』爲『箭』字古文，故簡文『晉公』可以讀爲祭公。」張富海《緇研》指出：「本篇簡一〇有可以確定的『晉』字，與此字字形有別，但這一點似不宜作爲否定此字爲『晉』字的理由。曾侯乙編鐘銘文中也有兩個不同字形的『晉』字。其一較常見（《殷周金文集成》2.322·6），其二上所从亦爲兩倒矢形（《殷周金文集成》2.290·6），但與此字所从稍有別，即彼字所从的倒矢無上一横。」

案：今將「[illegible]」隸定爲「瞀」，讀爲「祭」。「㝅」，今依形隸定爲「寡」。黄德寬《字際》指出此爲「顧」之本字加繁飾以與「頁」作區分。簡文「命」字从令从二，「二」當表示「口」之省。

〔六〕「敗」，《郭簡·緇衣》隸定爲「敗」。「悋」，陳斯鵬《初讀》指出：「字當讀『圖』。馬承源先生在討論《孔子詩論》時引上博簡《魯邦大旱》有『圖』字从口从者，可爲佐證。圖，亦謀也。圖謀由心出，故字从心作。」

案：「以」，裴學海《古書虛字集釋》指出：「『以』猶『使』也。」「敗」，簡文字形同三體石經《僖公》「敗」字，今隸定爲「敗」。

〔七〕《郭簡·緇衣》【注釋】[六二]：「息，簡文从『鼩』从『心』，借作『塞』。《國語·晉語》『是自背其信而塞其忠也』注：『絶也。』」程元敏《引書》認爲：「嬖音同卑，今本《緇衣》……『御』下『人』字蛇足，當刪。……妝莊同音。后，借句爲之。」廖名春《論書》指出：「『卑』，《禮記·緇衣》《逸周書·祭公》皆作『嬖』。《説文》：『卑，賤也。』『嬖，便嬖，愛也。』從楚簡可知，『嬖』……爲形容辭……修飾名詞『御』。『卑御』……指地位低下的嬪妃。楚簡和《逸周書·祭公》『御』後皆無『人』字，可知《禮記·緇衣》『人』爲衍文。」李零《校記》認爲：「今本作『疾』，簡文可能是『蠱』字的省體（『蠱』是曉母職部字，『疾』是從母質部字，『息』是心母職部字），『蠱』是傷痛之義，與『疾』含義相近。」

案：《逸周書·祭公》孔晁注：「嬖御，寵妾也。」

〔八〕《郭簡·緇衣》【注釋】[六三]：「以上爲簡本第十一章，今本第十四章。」程元敏《引書》認爲：「今本《禮記》『人』『御』『莊士』字、《周書》『御』字，皆當依《郭簡》删正。士、事同音，義又同。卿士詞後起，是借士爲事。」

案：「嬖」，《左傳·隱公三年》「嬖人之子也」，陸德明《釋文》：「賤而得幸曰嬖。」俞樾《古書疑義舉例》卷五指出：「《緇衣篇》：『毋以嬖御士疾莊士大夫卿士。』注曰：『莊士亦謂士之齊莊得體者，今爲大夫卿士。』按：《禮記》原文本作『毋以嬖御士疾莊士』，與上文『毋以嬖御人疾莊后』一律。鄭注：『今爲大夫卿士』，本作『或爲大夫卿士』。蓋别本有作『毋以嬖御士疾大夫卿士』者，故鄭記其異也。今正文作『莊士大夫卿士』，即涉注文而衍；又改注文『或爲』作『今爲』，而《正義》從而爲之辭，失之甚矣。」今《逸周書·祭公》、郭店簡皆作「大夫、卿士」。

（12）子曰：倀（長）民者耆（教）之二三目（以）悳（德），〔一〕𠫔（齊）之目（以）豊（禮），則（則）民又（有）懽（勸）心；〔二〕耆（教）之目（以）正（政），𠫔（齊）之目（以）坓（刑），則（則）民又（有）勉（免）心。二四〔三〕古（故）孳（慈）目（以）悉（愛）之，〔四〕則（則）民又（有）新（親）；信目（以）結之，則（則）民不伓（背）；共（恭）目（以）位（涖）之，則（則）民二五又（有）愻（遜）心。〔五〕《寺（詩）》員（云）：「虗（吾）夫=［大夫］共（恭）叡（且）韙（儉），𪓐（靡）人不斂（斂）。」〔六〕《吕坓（刑）》員（云）：〔七〕「非甬（用）臸（靈），〔八〕

斮（制）目（以）坓（刑），二六隹（惟）乍（作）五瘧（虐）之坓（刑）曰灋（法）。」■〔九〕

〔一〕《郭簡·緇衣》【注釋】［六四］：「今本作『夫民教之以德』。」李二民《研究》指出：「簡本『長民者教之以德』，今本作『夫民教之以德』，二者語法結構不同。今本爲被動語態，故今本後半句多『君民者』。」

〔二〕「𢀩」，《郭簡·緇衣》直接隸定爲「齊」，「𡫸」，《郭簡·緇衣》隸定爲「懽」，【注釋】［六五］：「懽，其上部爲『雚』的異體，讀作『歡』。今本作『格』。裘按：『懽』也有可能讀爲『勸』。勸，勉也。」季旭昇《讀本一》指出：「『格（見母鐸部）』……『勸（溪母元部）』，與『格』音義俱近。」案：「齊」，今依形隸定爲「𢀩」，《玉篇·二部》：「𢀩，古文齊。」「懽」，依形可隸定爲「𡫸」，當从宀从心瞿聲，而瞿从隹吅聲；「勸」从力雚聲，「雚」从萑吅聲，今讀「𡫸」爲「勸」。下同。

〔三〕「娩」，《郭簡·緇衣》摹寫字形爲「□」，【注釋】［六六］：「□，此字待考。此句今本作『則民有遯心』。」李零《校記》指出：「此字又見《成之聞之》簡二三，疑是『娩』字的古寫，『免』與『遯』含義相近。」李家浩《九店》指出：「朱彬《禮記訓纂》説：『民有遯心』即『孔子所謂「免而無恥」者也』。按朱彬所引孔子語，見於《論語·爲政》：『道之以政，齊之以刑，民免而無恥。』劉寶楠《論語正義》在引《緇衣》鄭玄注『遯，逃也』之後説：『彼言「遯」，此言「免」，義同，

《廣雅・釋詁》：「免，脱也。」謂民思脱避於罪也。』……《説文》篆文『娩』作『挽』……『□』可能是『挽』字的異體。」

案：《大戴禮記・禮察》：「以禮義治之者積禮義，以刑罰治之者積刑罰；刑罰積而民怨倍，禮義積而民和親。故世主欲民之善同，而所以使民之善者異。或導之以德教，或敺之以法令。導之以德教者，德教行而民康樂；敺之以法令者，法令極而民哀戚。」《孔子家語・刑政》：「孔子曰：『聖人之治化也，必刑政相參焉，太上以德教民，而以禮齊之。其次以政焉導民，以刑禁之，刑不刑也。化之弗變，導之弗從，傷義以敗俗，於是乎用刑矣。』」《孔叢子・刑論》：「孔子曰：『古之刑省，今之刑繁。其爲教，古有禮然後有刑，是以刑省；今無禮以教而齊之以刑，刑是以繁。』」

〔四〕《郭簡・緇衣》【注釋】[六七]：「□，讀作『慈』。金文中『慈』字作□（中山王□壺）或□（盜壺）。本句今本爲『故君民者，子以愛之』。」李二民《研究》指出：「朱彬《禮記訓纂》：王引之曰：『子以愛之，謂慈以愛之。』」

案：《玉篇・心部》：「炁，今作愛。」

〔五〕「涖」，《郭簡・緇衣》釋作「莅」。「愻」，劉信芳《解詁》：「今本作『孫』，注：『孫，順也。』《釋文》引《音類》：『音遜。』按《説文》：『愻，順也。从心，孫聲。《唐書》曰：五品不愻。』愻、遜古今字。」

案：「伓」，《馬王堆漢墓帛書・經法》習見，同「背」，今本《緇衣》作「倍」。「倍」「背」古通，今讀爲「背」。「莅」通作「涖」，今本同，今讀作「涖」。

〔六〕「韽」，《郭簡・緇衣》隸定爲「翰」；「歛」，《郭簡・緇衣》隸定爲「斂」。【注釋】〔六八〕：「以上詩句爲逸詩。裘按：第一句疑當讀爲『吾大夫恭且儉』。」劉樂賢《三札》指出：「『𦁣』當與『麻』讀音相近……可以將上引《緇衣》的『𦁣』字讀爲另一個从『麻』得聲的『靡』字。『靡』訓『無』，『靡人不斂』即『無人不斂』。」

案：「虗」，《郭簡・老子》甲【注釋】〔五二〕：「虗，从『虍』聲，讀作『吾』，在本批簡文中屢見。信陽楚簡『虗（吾）聞周公』之『吾』也作此形。」「翰」，廖名春《引詩》隸定作「韽」，今從之。「斂」，依形可隸定爲「歛」。《漢書・陳咸傳》：「郡中長吏皆令閉門自斂，不得踰法。」

〔七〕《郭簡・緇衣》【注釋】〔六九〕：「前文亦作『郘型』。」

〔八〕《郭簡・緇衣》【注釋】〔七〇〕：「本句今本引作『苗民匪用命』，《尚書・呂刑》作『苗民弗用靈』。巠，此處不知用爲何義。」周桂鈿《校讀》指出：「引文中，簡本沒有『苗民』二字，另兩本皆有。『非甬巠』，『匪用命』，『弗用靈』，非、匪、弗，三字可通用。……在《曾姬無恤壺》的銘文中，用字作『甬』。」顏世鉉《淺釋》認爲：「靈、命，均訓爲『善』。《廣雅・釋詁》：『靈，善也。』

《爾雅·釋詁上》：『令，善也。』令同命。」程元敏《引書》指出：「《墨子》靈引作練，練亦訓善。」張富海《緇研》認爲：「簡文之『痓』字，亦見於壽縣出土的鑄客匜，朱德熙先生讀爲『馹』；此字《説文》大徐本注音人質切，與『日』『馹』同音，與『令』亦音近。疑簡文此字亦當讀『靈』或『令』，訓爲『善』。」

案：《墨子·尚同中》：「譬之若有苗之以五刑然。昔者聖王制爲五刑，以治天下，逮至有苗之制五刑，以亂天下。則此豈刑不善哉？用刑則不善也。」「痓」，今據上博簡讀爲「靈」。

〔九〕「斳」，《郭簡·緇衣》隸定爲「折」；「瘧」，《郭簡·緇衣》隸定爲「瘧」。【注釋】[七一]：「以上爲簡本第十二章，今本第三章。」顔世鉉《淺釋》認爲：「簡文『折以型』，今本《緇衣》《吕刑》均作『制以刑』，《墨子·尚同中》引《吕刑》文作『折則刑』……古字『制』與『折』通用。……折，意爲裁斷。」程元敏《引書》指出：「虐與瘧同音，《郭簡》瘧借爲虐。」廖名春《論書》認爲：「『則』也有可能爲助詞，與『以』同義通用。」張富海《緇研》指出：「此『折』字左部與一般的『折』字所从有别。或以此字爲『斷』字。但其左部與郭店簡中可以確認的『斷』字所从亦有異。……今本此下有『是以民有惡德，而遂絶其世也』句，爲簡文所無。按《緇衣》全篇各章都以詩書結，今本此章例外多出一句，係後人據《吕刑》『遏絶苗民，無世在下』等語補加。引《吕刑》證上『教之以政，齊之以刑，則民有免心』。」

案：「折」，今依形隸定爲「斲」，當爲「折」字變體。《經詞衍釋》《古書虛字集釋》均指出「以」猶「則」也。「㾑」，依形隸定爲「瘖」，「㡯」爲《説文》「虐」字古文，故「瘖」即「㾑」。

(13)子曰：正(政)之不行，䜴(教)之不城(成)也，𠬝(則)坓(刑)罰不二七足恥，而雀(爵)不足蠶(勸)也。〔一〕古(故)上不可目(以)㪍(褻)坓(刑)而翌(輕)雀(爵)。〔二〕《康(康)亯(誥)》員(云)：〔三〕「敬二八明乃罰。」《吕坓(刑)》員(云)：「𦐧(播)坓(刑)之迪。」■〔四〕

〔一〕《郭簡・緇衣》【注釋】[七二]：「以上兩句今本作『爵祿不足勸也，刑罰不足恥也』。」張富海《緇研》指出：「今本……似前脱一『則』字。自『政之不行』至此是一個前果後因的判斷句。」

〔二〕「翌」，《郭簡・緇衣》隸定爲「翌」。

案：《郭簡・緇衣》【注釋】[一一一]當移於此：「翌，从『羽』『巠』聲，讀作『輕』。」今依形隸定爲「翌」，「巠」爲楚文字「巠」，讀爲「輕」，下同。

〔三〕「康」，《郭簡・緇衣》直接隸定爲「康」。

案：施謝捷《用字》指出上博簡當隸定作「康」，「宜看作『康(糠)』的借字，二字均从『庚』得聲，故可相通」。本簡亦然。

〔四〕《郭簡·緇衣》【注釋】〔七三〕：「[illegible]，从『番』聲，讀作『播』。本句今本作『播刑之不迪』。《尚書·康誥》作『布刑之迪』。《禮記·緇衣》鄭玄注：『不，衍字耳。』以上爲簡本第十三章，今本亦爲第十三章。」李二民《研究》指出：「楊樹達先生認爲這裏的『不』字不是衍文，而是同『丕』字，句中虛詞，無義。」

案：鄭注：「播，猶施也……迪，道也。」王引之《經傳釋詞》：「《緇衣》引《甫刑》曰：『播刑之不迪。』不，語詞。不迪，迪也。故古文《尚書》作『播刑之迪』，鄭以『不』爲衍文，失之。」裴學海《古書虛字集釋》從王引之説，又補充認爲「不」字或作「丕」。

（14）子曰：王言女（如）絲，亓（其）出女（如）緍（緡）；〔一〕王言女（如）索，二九亓（其）出女（如）綍（紼）。〔二〕古（故）大人不回（倡）淮（流）。〔三〕《寺（詩）》員（云）：「訢（慎）尔（爾）出話，敬尔（爾）愄（威）義（儀）。」■〔四〕

〔一〕「緍」，《郭簡·緇衣》隸定爲「絬」，【注釋】〔七四〕：「絬，今本作『綸』。裘按：此字可能應釋作『緍』，即『緡』。『緡』與『綸』都可當釣魚的絲繩講，《緇衣》鄭注解『綸』爲『綬』，似非。」陳偉

《對讀》指出：「在郭店簡書中，《唐虞之道》二二號簡中的『昏』、二三號簡中的前一個『昏』，以及《緇衣》三八號簡中『聞』字所从的『昏』均與此字相似，可證裘先生此説可信。」

案：今從裘説隸定爲「緍」，讀爲「緡」。

〔二〕《郭簡·緇衣》【注釋】[七五]：「綷，借作『綍』。今本作『綍』。裘按：『綍』『綍』二字，字書以爲一字異體，『聿』『弗』皆物部字。又疑『綷』所从的『聿』實當爲『筆』，『筆』『綍』聲韻皆近。」「綷」，劉信芳《解詁》：「今本作『綍』，《釋文》作『綍』，『音弗，大索』。」

〔三〕「回」，《郭簡·緇衣》隸定爲「昌」；「湋」，《郭簡·緇衣》隸定爲「流」，【注釋】[七六]：「昌，與簡文相同的字形亦見於蔡侯盤，於此借作『倡』。此句今本作『故大人不倡游言』，簡本句末脱『言』字。」劉信芳《解詁》：「《大戴禮·曾子立事》：『君子不唱流言。』流，今本作『遊言』，或謂本簡脱『言』字。按『不昌流』讀亦可通，不必認爲有脱文。《荀子·致士》：『凡流言、流説、流事、流謀、流譽、流愬，不官而衡至者，君子慎之。』楊倞注：『流者，無根源之謂。』」

案：「昌」，依簡文字形可隸定爲「回」，非回復之「回」字，見於貨幣文字等，釋爲「昌」，此讀爲「倡」。「流」，簡文字形从水从𠃊，可隸定爲「湋」，李零《雜識》將之釋爲「流」。上博簡殘缺，從擬補字數上看或無「言」字（虞萬里《綜研》認爲有），今郭店簡暫不補。

〔四〕「愧」，《郭簡·緇衣》隸定爲「愄」。【注釋】[七七]：「上引詩句見於《詩·大雅·抑》。以上爲簡本第十四章。簡本此章及下一章，今本合爲第七章，簡本此章爲其前半，但此章所引詩句則不見於今本第七章而見於其第八章。」彭浩《分章》認爲：「簡本……這種文序較之今本顯然更爲合理，文義也更順暢。」「話」，簡文作「□」，趙平安《釋乇》考證确爲「話」字。

案：「愄」，依簡文字形可隸定「愧」。「愧」古音屬見紐微部，可以讀爲「威」（影紐微部字）。下同。

（15）子曰：可言三〇不可行，君子弗言；可行不可言，君子弗行，昗（則）民言不陒（詭）行，〔一〕［行］不陒（詭）三一言。〔二〕《寺（詩）》員（云）：「⺌（淑）訢（慎）尔（爾）𡳿（止），不侃（愆）于義（儀）。」■〔三〕

〔一〕《郭簡·緇衣》【注釋】［七八］：「陒，今本作『危』，鄭注：『危猶高也。』簡文此字从『秝』省。裘按：字當从『禾』聲，讀爲『危』，『禾』『危』古音相近。」顔世鉉《散記》認爲：「王引之《經義述聞》卷十六：『危，讀爲詭。詭者，違也，反也。言君子言行相顧，則民言不違行，行不違言矣。《吕氏春秋·淫辭篇》：所言非所行也，所行非所言也。言行相詭，不祥莫大焉。謂言行相違也。』……鄭注……王引之皆有道理。……對照上博簡『𡋾』字……以鄭玄注的説法才能相配合。」張富海《緇研》指出：「『詭』字本無欺詐義，衹有違反、不一致的意思。王氏讀『危』爲『詭』，於義極爲允洽。」大西克也《[illegible]字》論證了「陒」可讀爲「危」。

案：上博簡「奆」當爲「𠂈」字，王引之説是。

〔二〕《郭簡・緇衣》【注釋】［七九］：「簡文於『不』字前脱『行』字，亦即上句『行』字脱一重文號。」

案：上博簡有重文號，此當據補。

〔三〕《郭簡・緇衣》【注釋】［八〇］：「以上詩句見於《詩・大雅・抑》。侃，今本作『諐』，《詩》作『愆』。『諐』爲『愆』字籀文。以上爲簡本第十五章，今本第七章後半。」「侃」，劉信芳《解詁》：「今本作『諐』，鄭玄注：『諐，過也。』《詩・大雅・抑》作『愆』，鄭玄箋：『不可過差於威儀。』」

案：「止」，毛傳訓「至」，馬瑞辰《毛詩傳箋通釋》認爲「淑慎爾止」之「止」當從鄭箋訓「容止」。

（16）子曰：君子道（導）人目（以）言而歪〈極〉目（以）行，〔一〕古（故）言三〔則〕慮（慮）亓（其）所夂（終），行㝵（則）䭫（稽）亓（其）所㡀（敝），〔二〕㝵（則）民訢（慎）於言而慬（謹）於行。《㞢（詩）》員（云）：「穆（穆）＝〔穆（穆）〕三文王，於卙（緝）逅（熙）敬㞷（止）。」〔三〕

〔一〕「巠」，《郭簡・緇衣》隸定爲「至」，【注釋】〔八一〕：「至，其上部爲《説文》『恆』字古文，疑讀作『恆』。此句今本爲『而禁人以行』。」陳偉《别釋》指出：「在楚簡中，『亟』字往往寫作『亙』……這處簡文恐亦是『亟』字。今本《緇衣》此句作『而禁人以行』。鄭玄注：『禁，猶謹也。』从『亟』得聲之字有『慳』。《説文》：『慳，急性也。从心，亟聲。一曰謹重皃。』字義與『禁』相關。又『禁』有『忌』的意思，而从『亟』得聲的『極』與『忌』在古書中屢見通假。」裘錫圭《極先》認爲：「『極』在古書中多訓『中』，其實也有準則、法度一類意義。『極以行』可能是以自己的行爲作爲民之準則、法度的意思。」王力波《緇校》指出：「道：《經典釋文》：『道音導。』……至……疑借作亙。亙，引也，《文選・左思〈吴都賦〉》：『樹以青槐，亙以緑水。』李善注：『亙，引也。』引（人）以行，用行動引導人向善。」

案：「道」，今據《釋文》讀爲「導」。「至」，今依形隸定爲「巠」。王説簡潔，然此義少見，用例較晚。今從陳、裘説。竹簡「巠」下可能承上文「導人」而省略「人」字，今本有。

〔二〕「夂」，《郭簡・緇衣》直接隸定爲「終」；「飵」，《郭簡・緇衣》隸定爲「飵」；「㡀」，《郭簡・緇衣》直接隸定爲「敝」，【注釋】〔八二〕：「飵，从『旨』聲，讀作『稽』。」劉信芳《解詁》：「原簡从食，旨聲，《郭店》未予隸定。……敝，今本《疏》釋爲『終敝』，是『敝』與上文『終』爲互文。」何琳儀《郭選》隸定爲「䲔」。楊澤生《竹研》認爲：「『稽其所敝』的『稽』，鄭注釋『考』『議』，我們認爲它應該和上文的『慮』相應並且意思相近，指計算、盤算。」張富海《緇研》指出：「慮，从心膚聲，爲『慮』字異體。『慮』字本从『虐』聲，『膚』字亦从『虐』聲。簡文『終』字原形即《説文》古文『終』。『㡀』字的考釋見《九店楚簡》（中華書局，二〇〇〇年）一〇七頁注［一七一］。『敝』與『終』義近。」

案：「終」，依簡文字形可隸定爲「夂」，《集韻・東韻》：「終……隸作夂。」「幣」，相近字形李零《雜識》、李家浩《九店》均有考釋，依其意見可隸定爲「㡀」，今讀爲「敝」，下同。

〔三〕「緐」，《郭簡・緇衣》隸定爲「穆」；「訃」，《郭簡・緇衣》隸定爲「偮」，【注釋】［八三］：「偮，讀作『緝』。迡，从『臣』聲，讀作『熙』。以上詩句見《詩・大雅・文王》。《詩》云，今本作『《大雅》曰』，並於此前引『《詩》云：慎爾出話，敬爾威儀』。簡本則引於第十四章。以上爲簡本第十六章，今本第八章。裘按：『於』下一字似非从『人』，《説文》有『訃』字，疑即由此字訛變而成。」

案：「穆」，簡文禾形在右，無「小」形，《字彙補・禾部》：「緐，古穆字。」今依之隸定爲「緐」。戴震《毛鄭詩考正》指出：「緝熙者，言續其光明不已也。敬止者，言敬慎其止居不慢也。……《緇衣》篇引之以明『慎言行』。」（《戴震全集》第一冊，六三四頁）竹添光鴻《毛詩會箋》指出：「穆穆有幽深嚴肅之義。……於，嘆辭。緝熙，日新之義。緝，續也……熙爲廣。……敬止者，敬于其所當止，所謂敬厥止也。」「敬」，歐陽修《詩本義》解釋爲「敬慎不墜」。從上下文考慮，歐陽修説可信，《周頌・閔予小子》「宿夜敬止」，鄭箋：「敬，慎也。」

(17)子曰：言從行之，炅(則)行不可匿。〔一〕古(故)君子顧(顧)言而三四行，〔二〕目(以)成其信，炅(則)民不能大因(其)娧(美)而少(小)因(其)亞(惡)。〔三〕《大虽(雅)》云：〔四〕「白珪之石〈砧(玷)〉，〔五〕尚可三五戬(磨)也；〔六〕此言之砧(玷)，〔七〕不可爲也。」《少(小)頣(雅)》員(云)：「躳(允)也君子，〔八〕廛(展)也大城(成)。」〔九〕《君奭》員(云)：〔一〇〕三六「昔(昔)才(在)上帝，戡(蓋)緟(申)矔(觀)文王悳(德)，〔一一〕因(其)集大命于㝵(厥)身。」■〔一二〕

〔一〕《郭簡・緇衣》【注釋】〔八四〕：「匿，《廣雅・釋詁四》：『匿，藏也。』今本此句作『言從而行之，則言不可飾也』，並在此句後有『行從而言之，則行不可飾也』。」張富海《緇研》指出：「據簡文，今本『則言不可飾也』與『則行不可飾』中『言』『行』兩字誤倒。如乙正，『言從而行之，則行不可飾也』及簡文『言從行之，則行不可匿』義近。」

案：楚永安《文言複式虛詞》指出「從而」可譯作「因此而」「因而」，蕭旭《古書虛詞旁釋》指出「從猶將也」，或簡本與今本意思不同。

〔二〕「䁝」，《郭簡·緇衣》隸定爲「䁝」，【注釋】[八五]：「䁝，裘按：此字今本作『寡』，但鄭注認爲『寡當爲顧，聲之誤也』。簡文此字从『見』（亦可謂从『視』，偏旁中二字一般不別），當釋爲『顧』，可證鄭注之確。」

〔三〕案：第一個「其」字，直接作「其」，不作「亓」。第二、三個「其」字，作「𠀠」，同《說文》「箕」字古文，實爲「其」之初文，今隸定爲「𠀠」，讀爲「其」。

〔四〕《郭簡·緇衣》【注釋】[八六]：「㱼，即『夏』之簡體，讀爲『雅』。湖南省文物考古研究所張春龍同志以慈利楚簡與古籍對勘，發現『㱼』當釋『夏』，並謂即楚簡『夏』字作『𩒨』一體之省寫，其說可從。」

〔五〕《郭簡·緇衣》【注釋】[八七]：「石，今本作『玷』。」李零《校記》指出：「『石』，與下文『玷』字（从石从占）寫法相似，當是誤書，今本作『玷』。」廖名春《引詩》指出：「今本及《毛詩》作『玷』……毛《傳》云：『玷，缺也。』……臧氏曰：案《說文》，《詩》本作『刮』，从刀，有缺失義，故又爲『斯言之刮』。俗人以文連『白圭』，遂改從玉矣。」

案：今且從詩作「玷」，下同。

〔六〕《郭簡・緇衣》【注釋】［八八］：「礐，从『石』从『麻』省，即『磨』字。」「礐」，劉信芳《解詁》認爲：「今本作『磨』，《釋文》作『䃺』，《石經》同《釋文》。舊多以『磨』爲『䃺』之俗字，𣏟、麻古蓋同字（段玉裁説），如是則『磨』非俗字矣。」

〔七〕《郭簡・緇衣》【注釋】［八九］：「砧，簡文作占，『石』『占』共用『口』旁，讀爲『玷』。以上詩句見於《詩・大雅・抑》。」廖名春《引詩》指出：「『此』，今本及《毛詩》作『斯』。鄭玄箋：『斯，此也。』」

〔八〕《郭簡・緇衣》【注釋】［九〇］：「躳，从『吕』聲，讀作『允』。」廖名春《引詩》指出：「『也』，今本同，《毛詩》作『矣』。『也』『矣』義近，故可互用。」

案：鄭箋：「允，信。」

〔九〕「㢆」，《郭簡・緇衣》隸定爲「㘸」，【注釋】［九一］：「㘸，簡文从『厂』从『土』从『則』省，讀作『則』。《爾雅・釋詁》：『則，法也。』以上引詩見於《詩・小雅・車攻》。裘按：此句今本作『展也大成』。簡文『也』上一字似當釋『㢆』，『㢆』『展』音近可通。」

案：裘按之「㢆」字，不見於字書，當爲「㢆」排印之誤。「㢆」，簡文作「[illegible]」，上博簡作「[illegible]」。趙平安《四篇》指出：「從《十鐘山房印舉》（三・十一、三・二一）『纏』所從『㢆』的寫法看，裘先生的意見無疑是正確的。[illegible]和郭簡『㢆』比較，只是少一广而已。《侯馬盟書》『而敢或敍改助及免」的『助』，異文作『勴』，説明『墨』可以讀爲壥。□即墨，讀爲壥，通展。」鄭箋：「展，誠也。」

〔一〇〕《郭簡・緇衣》【注釋】[九二]：「君奭，《尚書》篇名。」

〔一一〕「昔」，《郭簡・緇衣》隸定爲「昔」；「繣」，《郭簡・緇衣》隸定爲「紳」；「𨏉」，《郭簡・緇衣》隸定爲「觀」。【注釋】[九三]：「𢧵，从『戈』『害』聲，讀作『割』。紳，簡文寫作□。蔡侯墓銅器銘文有『𩇯』，于省吾先生釋作『申』。『𩇯』是『𩇯』字異體。裘錫圭先生釋『𩇯』爲『申』(《史牆盤銘文解釋》)。據此，簡文當釋作『紳』。此句今本爲『昔在上帝，周田觀文王之德』。鄭玄注：『古文周田觀文王之德爲割申勸寧王之德。』」程元敏《引書》指出：「『周田』句爭議多。……漢代《今文尚書》博士讀《尚書・君奭》篇本經『割申』爲『厥亂』……割、厥音近得通假。亂、率形似易混。……害，今本誤作周，形近故。紳从申聲，借爲申，田爲申之誤。……深疑《尚書・君奭》本經及《禮記・緇衣》善本原均無『之』字。」廖名春《論書》指出：「『昔才』即《禮記・緇衣》引之『昔在』，《尚書》作『在昔』，並可。……鄭注『割之言蓋也』，説明『古害蓋通用』。『害』爲『蓋』之借字，『蓋』表推測原因。其意是説過去上帝大概是多次看到了文王的德行，才把統治天下的大命降臨到他身上。『紳』爲『申』之借。曾運乾曰：『申，《緇衣》讀田，博士讀率，率轉爲亂，竝形之誤也。古文作申不誤。申，重也。』……古『申』字多有形符『受』，故今文《尚書》博士夏侯、歐陽將其誤讀爲『亂』；其从『田』聲，故《禮記·緇衣》从聲寫作『田』。『觀』，《禮記·緇衣》同，古文和今文《尚書》皆作『勸』。兩字音同，故可通用。從楚簡和文意可知，『觀』當爲本字。『文王』，《禮記·緇衣》同，古文和今文《尚書》皆作『寧王』，誤矣。鄭玄注實際已以『寧王』爲『文王』。清儒以金文爲據，進一步從字形上解決了此問題。」王金凌《比論》認爲：「『觀』字，今本與簡文同，揆本章旨趣，《緇衣》作者取『觀』之義以切於『言從而行之，則言不可飾也』。」

案：「昔」，依簡文字形可隸定爲「畨」，乃變體。「紳」，依簡文字形可隸定爲「緟」。「觀」，依簡文字形可隸定爲「雚」。

〔三〕《郭簡·緇衣》【注釋】［九四］：「以上爲簡本第十七章，今本第二十三章。」李零《校記》指出：「此章，注釋謂相當今本第二十三章，其實是相當今本第二十四章。」李零《增校》加有「（指二十五章的章序，下同）」。「身」，今本作「躳」，程元敏《引書》指出：「身躳義同。」

案：《郭簡》分今本爲二十四章（詳【注釋】［一〇〇］），李零分爲二十五章，故有不同。本校釋據孫希旦《禮記集解》分爲二十五章，則此章對應今本第二十四章。「命」字簡文「口」形省作「=」。

（18）子曰：君子言又（有）勿（物），行又（有）三七逹（格），〔一〕此㠯（以）生不可敓（奪）志，〔二〕死不可敓（奪）名。古（故）君子多䎽（聞），𠫤（齊）而獸（守）之；〔三〕多志（識），𠫤（齊）而三八𣂋（親）之；〔四〕精（精）智（知），逹（格）而行之。〔五〕《𦘔（詩）》員（云）：「𠁗（淑）人君子，亓（其）義（儀）弌（一）也。」〔六〕《君迧（陳）》員（云）：「出内（入）自尔（爾）帀（師）于（虞），三九庶言同。」▬〔七〕

〔一〕《郭簡·緇衣》【注釋】［九五］：「逹，从『丯』聲，從今本讀作『格』。」劉信芳《解詁》指出：「鄭注：『格，舊法也。』」李二民《研究》指出：「《周易》：君子以言有物而行有恒。可與此章參看。」

案：格之義當爲法。《方言》卷三：「格，正也。」「法」之義與「正」相關。《周易》「恆」字疑爲「極」之訛。《商頌·殷武》「四方之極」，馬瑞辰：「極，亦法也。」

〔二〕《郭簡·緇衣》【注釋】［九六］：「敓，通作『奪』。」

案：「敓」宜作「敚」。

〔三〕「獸」，《郭簡·緇衣》，隸定爲「獸」。【注釋】［九七］：「齊，《詩·小雅·小宛》『人之齊聖』傳：『正也。』今本作『質』。裘按：『齊』『質』古音相近。」

案：《字彙補·耳部》：「䎽，古文聞字。」「齊」「質」皆有正之義。宋代吕大臨已釋質爲正。《國語·周語上》「其君齊明」，韋昭注：「齊，一也。」參以下引《詩》，簡文宜讀爲「齊」。「而」，乃也。下同。「獸」，依簡文字形可隸定爲「戰」，《郭簡·成之聞之》【注釋】[二二]：裘按：「嘼」在古文字中即「單」字繁文，《説文》説此字不可信。故「戰」即「獸」字異體，「獸」「守」古通。

〔四〕張富海《緇研》指出：「此『志』應讀爲『識』。」

案：《廣雅·釋詁二》：「志，識也。」王念孫《疏證》：「鄭注云：『志，古文識。識，記也。』」《大戴禮記·曾子立事》：「多知而無親，博學而無方，好多而無定者，君子弗與也。君子多知而擇焉，博學而算焉，多言而慎焉。」「親」，王聘珍注：「《論語》曰：『汎愛衆，而親仁。』」

〔五〕《郭簡·緇衣》【注釋】[九八]：「逹，從今本讀作『略』。」陳高志《簡札》認爲：「應隸作『恪』。今本此字鄭玄未注，孔穎達《正義》説：『「精知略而行之者」……謂聞見雖多，執守簡要也。』……以這些疏注去通讀今本《禮記》，總覺文脈扞格。若讀爲『恪』，則上下一氣連貫。因爲，《爾雅·釋詁》説：『恪，敬也。』有硜硜堅守之意……唯有將略字讀爲『恪』，才能扣緊下文『淑人君子，其儀一也』的詩意，也唯有如此，才能使文章密接無縫。」

案：「精」，即「精」，參以《大戴禮記·曾子立事》「君子多知而擇焉」，「精」之義當爲明審，朱駿聲《説文通訓定聲》指出：「靜，審也。从青，爭聲。按：從清省，經傳皆以精爲之。」「迲」，仍讀爲格，正也。

〔六〕《郭簡·緇衣》【注釋】［九九］：「以上引詩見於《詩·曹風·鳲鳩》。」廖名春《引詩》指出：「『也』，今本同，《毛詩》作『兮』。義近互用。」

案：此處可謂引《詩》斷章，「一」與「齊」意思相近，但簡文「齊」之義爲正。

〔七〕《郭簡·緇衣》【注釋】［一〇〇］：「今本將《君陳》引文置於引《詩》之前。以上爲簡本第十八章，今本的第十八章。今本十八章有兩處『子曰』，本應爲兩章，但《正義》將它們合在一起解釋。」程元敏《引書》指出：「入、内互訓古通用。……先秦書本文獻未見師作帀例，《郭簡》引經竟有，與金文合。……于虞音極近，借爲虞。」季旭昇《讀本一》認爲：「古本《尚書》『師㐺』之『㐺』即『旅』，應讀『慮』。《郭店》本之『於』、《上博》本之『雩』、今本之『虞』、古本《尚書》之『魯』，聲近韻同。」諸字均應讀爲「慮」，「慮」與《禮記》鄭注「度也」同義。

案：鄭注：「自，由也。師，庶，皆衆也。虞，度也。言出内政教，當由女衆之所謀度，衆言同乃行之，政教當由一也。」朱熹《詩集傳》釋《詩·大雅·抑》「用戒不虞」之「虞」爲慮，似不必從季旭昇改讀。由文義來看，引《書》中「虞」字前當斷讀。《廣韻·東韻》：「同，齊也。」此處引《書》亦當爲斷章取義。

（19）子曰：句（苟）又（有）車，必見亓（其）𢼸（轍）。〔一〕句（苟）又（有）卒〈衣〉，必見亓（其）㡀（褹）。〔二〕人［句（苟）又（有）言，必𦖞（聞）亓（其）聖（聲）］。四〇背〔三〕句（苟）又（有）行，必見亓（其）城（成）。四〇《𧦝（詩）》員（云）：「備（服）之亡（無）懌（斁）。」〔四〕

〔一〕「𢼸」，《郭簡・緇衣》隸定爲「𢼸」，【注釋】［一〇一］：「𢼸，從朱德熙先生釋（《長沙帛書考釋》，《古文字研究》第十九輯）。𢼸，於此讀作『弼』，字亦通作『第』。《詩・衛風・碩人》『翟茀以朝』傳：『茀，蔽也。』即車蔽。裘按：今本此字作『軾』，『𢼸』从『曷』聲，疑可讀作『蓋』，指車蓋。」李零《校記》認爲：「疑讀『轍』。此字亦見《語叢四》簡一〇。」白於藍《釋[illegible]》隸定爲「𢼸」。馮勝君《對比》於「𢼸」與「𢼸」有較深入討論，仍有待研究。

案：今將之隸定爲「𢼸」，讀爲「轍」。

〔二〕《郭簡・緇衣》【注釋】［一〇二］：「㡀，今本作『敝』，鄭注：『敗也。』」陳高志《檢討》指出：「王引之的説法，以爲是褹的假借字，指衣袂而言（按《廣韻・屑韻》：『褹，袖褾袂也。』此字《説文》未見，王引之認爲是借敝爲之。）……鄭玄的説解是不妥適的。」劉信芳《解詁》指出：「該章既以制車、裁衣喻言行之『成』，故不可釋『敝』爲『敗衣』。」

案：楚文字「衣」「卒」常混訛。

〔三〕《郭簡・緇衣》【注釋】[一〇三]：「『句又言必䎽其聖』七字原脱，是補寫在此簡簡背的。其『句』字位置與簡正面的『人』字和『句又行……』的『句』字之間的位置相當。」

〔四〕「㬥」，《郭簡・緇衣》隸定爲「懌」，【注釋】[一〇四]：「簡文的『懌』今本作『射』，《詩》作『斁』，字皆通。《詩》毛傳：『斁，厭也。』引詩見於《詩・周南・葛覃》。以上爲簡本第十九章，今本第二十二章。」程元敏《引書》指出：「備、服聲母古近，讀備爲服。」廖名春《引詩》指出：「『亡』，今本及毛詩作『無』。『亡』『無』多通用。」張富海《緇研》指出：「㬥，从心臭聲，『臭』即《説文》之『臭』，《説文》：『臭，大白澤也。从大从白。古文以爲澤字。』簡文『㬥』字所从之『臭』是作爲古文澤來用的。」「詩句所引爲《周南・葛覃》，今本此句作『服之無斁』。」

（20）子曰：厶（私）㥅（惠）不𡐦〈壞（懷）〉悳（德），君子不自留（留）女（安）。〔一〕《㞢（詩）》員（云）：「人之好我，四一旨（示）我周行。」■〔二〕

〔一〕「㥅」，《郭簡・緇衣》隸定爲「惠」。【注釋】[一〇五]：「留，簡文字形與包山楚簡『留』字形近，讀作『留』。安，借作『焉』。」陳偉《别釋》指出：「『德』上一字疑是『壞』之異構或訛體。讀作『懷』。今本《緇衣》作『私惠不歸德』，鄭玄注云『歸或爲懷』。」陳高志《檢討》認爲：「此字應隸定作『壞』，讀作『懷』。……簡文中的字形，中間部分已訛成『馬』，楚系文字中的『馬』雖也作如是狀，但它卻是『罪』的訛變。」吴辛丑《異文》指出：「『女』『安』異文。郭店楚簡《緇衣》：『君子不自留女。』今本《緇衣》作『君子不自留焉』。簡本『女』讀同『安』，與『焉』同義。……《郭店楚墓竹簡》《緇衣》釋文作『君子不自留（留）女〈安（焉）〉』，把『女』作爲錯字處理，似有不當。」

案：中山王壺「惠」字心上部即作「呰」，與簡文同。今依形隸定爲「㥯」。

〔三〕《郭簡・緇衣》【注釋】［一〇六］：「旨，似讀作『指』。《爾雅・釋言》：『指，示也。』今本作『示』。引詩見於《詩・小雅・鹿鳴》。以上爲簡本第二十章，今本第二十一章。裘按：『旨』『示』古音相近。」

案：「指」「示」古通，《禮記・仲尼燕居》「治國其如指諸掌而已乎」，《中庸》作「治國其如示諸掌乎」。故「旨」可讀作「示」。毛傳：「周，至。行，道也。」

（21）子曰：唯君子能好㠯（其）駜（匹），〔一〕少（小）{=}人剴（豈）能好亓（其）駜（匹）。〔二〕古（故）君子之咨（友）也四二又（有）向，亓（其）亞（惡）又（有）方。〔三〕此目

（以）逩（邇）者不賊（惑），〔四〕而逮（遠）者不悏（疑）。《𡭊（詩）》員（云）：「君子好𢧵（仇）。」■〔五〕

〔一〕《郭簡・緇衣》【注釋】［一〇七］：「駜，讀作『匹』。今本作『正』，鄭注：『正當爲匹，字之誤也，匹謂知識朋友。』」

〔二〕《郭簡・緇衣》【注釋】［一〇八］：「今本此句爲『小人毒其正』。簡文『少』字下衍重文號。」

〔三〕「𡋾」，《郭簡・緇衣》直接隸定爲「友」。「向」，《郭簡・老子》乙【注釋】［二八］「裘按：簡文此字是『向』之訛體。……此字又見本書《緇衣》四三號、《魯穆公問子思》三號、《尊德義》二八號、《語叢四》一五號等簡，後三者的字形與『向』較近。『向』本从『∧（宀）』，變从二『∧』。簡文『輪』字所从的『侖』旁上部或變作⋀⋀（《語叢四》二〇號簡），與此相類。」案：裘所云「《語叢四》簡一五」，疑爲簡一一。「友」字金文寫作「𡋾」。上博本「惡」字後有「也」字。

〔四〕「逩」，《郭簡・緇衣》【注釋】［一〇九］：「裘按：此字左旁爲『彳』；右旁上爲『木』，下爲『𡉚』，實即『埶』字省『土』之變體。『埶』『爾』古音相近可通，从『彳』與从『辵』同意，故此即『邇』字異體。」張富海《緇研》指出：「逮，原形省『衣』內的圓圈。」今依形隸定爲「逮」。

〔五〕《郭簡·緇衣》【注釋】〔一一〇〕：「𢦏，亦見於第一九號簡，參看注五三。在此讀作『逑』。今本作『仇』。引詩見於《詩·周南·關雎》。以上爲簡本第二十一章，今本第十九章。」廖名春《引詩》指出：「『𢦏』，今本作『仇』，《毛詩》作『逑』。李富孫《詩經異文釋》：『《釋文》云：「逑本亦作仇。」……案毛傳云：「逑，匹也。」』」張富海《緇研》認爲：「蓋《緇衣》撰人誤讀《周南·關雎》此句之『好』爲『喜好』之『好』，故引以證上『好其匹』。」

案：《緇衣》引詩當爲斷章取義。

（22）子曰：四三⿱羽巠(輕)㡭(絶)貧戔(賤)，〔一〕而至(重)㡭(絶)⿰貝畐(富)貴(貴)，〔二〕㫚(則)好⿱身心(仁)不⿱臤石(堅)，〔三〕而亞(惡)＝「亞(惡)」不紑(著)也。〔四〕人唯(雖)曰不利，虗(吾)弗信四四之矣。《峕(詩)》員(云)：「倗(朋)友卣(攸)⿱聑大(攝)＝「，⿱聑大(攝)」目(以)愧(威)義(儀)。」■〔五〕

〔一〕《郭簡·緇衣》【注釋】〔一一一〕：「⿱羽巠，从『羽』『巠』聲，讀作『輕』。」

案：參見前文簡二八。「㡭」，《郭簡·老子》甲【注釋】〔一〕：「『㡭』，讀作『絶』。字也寫作『㡭』，這是楚簡文字中特殊的寫法。」

〔二〕「㙗」，《郭簡・緇衣》隸定爲「厚」，【注釋】[一一二]：「厚，今本作『重』。」劉信芳《解詁》指出：「《郭店》釋『厚』，非是。簡文『輕』『重』互文，益知『㙗』乃『重』字。説參拙文《包山簡近似之字辨析》，《考古與文物》一九九六年二期。」今依形隸定爲「㙗」。

〔三〕《郭簡・緇衣》【注釋】[一一三]：「㥯，今本作『賢』。」

〔四〕案：「䋣」當从尼聲，尼从乇聲，乇古音端紐鐸部，可以讀爲「著」（端紐魚部）。

〔五〕「𢝉」，《郭簡・緇衣》隸定爲「𠧪」。【注釋】[一一四]：「𢝉，借作『威』。引詩見於《詩・大雅・既醉》。以上爲簡本第二十二章，今本第二十章。裘按：『𢝉』字从『䀠』聲。」程元敏《引書》指出：「倗堋塱㥑皆從朋得聲，通用。𠧪、攸同音，攸𠧪皆語辭。䀠攝古音誠近。」

案：「𠧪」，今依形隸定爲「𢝉」，楚文字多讀爲「攸」。裴學海《古書虛字集釋》：「攸猶是也。」王引之《經義述聞》：「攝即佐也……謂相佐助也。」

（23）子曰：宋人又（有）言曰：〔一〕「人而亡（無）㬜（恆），不可爲四五卜筮（筮）也。」〔二〕亓（其）古之遺言𡋭（歟）？ 龜〈龜〉䇊（筮）猷（猶）弗智（知），而𡈼（況）於人唇（乎）。〔三〕《𠴊（詩）》員（云）：「我龜〈龜〉既猒，四六不我告猷（猶）。」■〔四〕二十又三四七〔五〕

〔一〕《郭簡・緇衣》【注釋】〔一一五〕：「宋，今本作『南』。」何琳儀《郭選》指出：「今本作『南人有言曰』，正義『南人，殷掌卜之人。』按，宋人爲殷人之後，殷人每事必卜，有大量出土卜辭爲證。故當據簡本『宋人』爲是。『南』字下半部與『宋』字形近，故今本譌作『南』。」李二民《研究》指出：「簡本『宋人』，今本作『南人』。此章與《論語・子路》中一章文字基本相同，《論語》此章爲：子曰：『南人有言曰：人而無恆，不可以作巫醫。善夫！』『不恆其德，或承之羞。』子曰：『不占而已矣。』亦作『南人』。」

案：「宋」訛作「南」，傳世文獻亦見，如《藝文類聚》卷七九「《周書》曰『大姒夢見商之庭產棘』」，卷八九作：「《周書・程寤》曰：『文王在翟，夢南庭生棘。』」

〔二〕「𧶠」，《郭簡・緇衣》隸定爲「𧷏」。依簡文字形可隸定爲「𧶠」，當从「亙(恆)」聲。「𥮲」字馮勝君《對比》有分析。

〔三〕「𡴀」，《郭簡・緇衣》隸定爲「皇」。陳高志《檢討》認爲：「將『皇』當作『況』的通段是合理的。但在字形上隸定作『皇』則非……應隸作𡴀。」程元敏《引書》指出：「㲋，借爲歟，與㲋歟同音。」「龜」，裘錫圭《錯字》認爲：「是『黽』字……應該看作『龜』的形近誤字。」馮勝君《對比》指出：「新蔡楚簡中更有『黽』讀爲『龜』的直接證據……表明戰國楚文字中經常以『黽』爲

『龜』，所以郭店簡『龜』字寫作『黽』，恐怕不能簡單地看作是形近訛混。吳振武先生進一步認爲，上述用爲『龜』的『黽』或『黽』旁也可能應該直解釋爲『龜』。」

案：「遺」，簡文爲其初文。「虐」，《郭簡·老子》甲【注釋】[五]：「裘按：『虐』从『口』，『虎』聲，『虎』『乎』音近，簡文多讀爲『乎』。」

〔四〕「厭」，《郭簡·緇衣》隸定爲「猒」，【注釋】[一一六]：「引詩見於《詩·小雅·小旻》。今本此下尚引《兑命》與《易》，爲簡文所無。以上爲簡本第二十三章，今本第二十四章。」程元敏《引書》認爲：「經典猷猶同義錯出。」劉信芳《解詁》指出：「鄭玄注：『猶，道也。言褻而用之，龜厭之，不告以吉凶之道也。』」

案：「猒」，依前簡十之説，可隸定爲「厭」。「猷」，今從今本讀作「猶」。

〔五〕《郭簡·緇衣》【注釋】[一一七]：「這是簡本《緇衣》全文的章數。」程元敏《引書》認爲：「《郭簡·緇衣》出，乃得知自戰國中期以來的已有分篇分章之實。漢本經書分章，法度承古，由《郭簡》而證實。」

參考文獻

專書及簡稱：

馮勝君《二十世紀古文獻新證研究》，吉林大學博士學位論文，2002年6月；濟南：齊魯書社，2006年1月。簡稱：《新證》。

馮勝君《郭店簡與上博簡對比研究》，北京：綫裝書局，2007年4月。簡稱：《對比》。

季旭昇主編，陳霖慶、鄭玉姍、鄒濬智合撰：《〈上海博物館藏戰國楚竹書（一）〉讀本》，臺北：萬卷樓圖書股份有限公司，2004年6月。簡稱：《讀本一》。

荆門市博物館編：《郭店楚墓竹簡》，北京：文物出版社，1998年5月。簡稱：《郭簡》。

楊澤生《戰國竹書研究》，中山大學博士學位論文，2002年4月；廣州：中山大學出版社，2009年12月。簡稱：《竹研》。

論著及簡稱：

白於藍《釋「[illegible]」》，《古文字研究》第二十四輯，北京：中華書局，2004年8月。簡稱：《釋[illegible]》。

陳高志《讀〈郭店楚墓竹簡〉札記》，《中國哲學》第二十一輯，瀋陽：遼寧教育出版社，2000年1月。簡稱：

《簡札》。

陳高志《〈郭店楚墓竹簡·緇衣篇〉部分文字隸定檢討》，《張以仁先生七秩壽慶論文集》，臺北：臺灣學生書局，1999年1月。簡稱：《檢討》。

陳劍《釋「琮」及相關諸字》，《甲骨金文考釋論集》，北京：綫裝書局，2007年4月。簡稱：《釋琮》。

陳劍《説「慎」》，李學勤、謝桂華主編：《簡帛研究二〇〇一》，桂林：廣西師範大學出版社，2001年9月。簡稱：《説慎》。

陳金生《郭店楚簡〈緇衣〉校讀札記》，《中國哲學》第二十一輯，瀋陽：遼寧教育出版社，2000年1月。簡稱：《札記》。

陳斯鵬《初讀上博楚簡》，簡帛研究網，2002年2月5日。簡稱：《初讀》。

陳偉《郭店楚簡别釋》，《江漢考古》1998年第4期。簡稱：《别釋》。

陳偉《上博、郭店二本〈緇衣〉對讀》，簡帛研究網，2002年1月21日；朱淵清、廖名春編：《上博館藏戰國楚竹書研究》，上海：上海書店出版社，2002年3月。簡稱：《對讀》。

陳偉武《新出楚系竹簡中的專用字綜議》，廖名春編：《新出楚簡與儒學思想國際學術研討會論文集》，第217頁，清華大學思想文化研究所，2002年3月。簡稱：《專字》。

程元敏《郭店楚簡〈緇衣〉引書考》，臺北：臺北楚文化研究會：《古文字與古文獻》（試刊號），1999年10月。簡稱：《引書》。

大西克也《試論上博楚簡〈緇衣〉中的「□」字及相關諸字》，《第四届國際中國古文字學研討會論文集》，香港中文大學中國語言及文學系，2003年10月。簡稱：《[illegible]字》。

郭永秉：《從戰國文字所見的類「倉」形「寒」字論古文獻中表「寒」義的「滄/滄」是轉寫誤釋的産物》，復旦大學出土文獻與古文字研究中心編：《出土文獻與古文字研究》第六輯，上海：上海古籍出版社，2015年。簡稱：《寒字》。

何琳儀《郭店竹簡選釋》，《文物研究》第十二輯，安徽：黄山書社，1999年12月；李學勤、謝桂華主編：《簡帛研究二〇〇一》，桂林：廣西師範大學出版社，2001年9月。簡稱：《郭選》。

黄德寬《關於古代漢字字際關係的確定——以「顧」及相關字爲例》，《中國文字研究》第四輯，南寧：廣西教育出版社，2003年。簡稱：《字際》。

黄德寬、徐在國《郭店楚簡文字考釋》，《吉林大學古籍整理研究所建所十五周年紀念文集》，長春：吉林大學出版社，1998年12月。簡稱：《考釋》。

孔仲溫《郭店楚簡〈緇衣〉字詞補釋》，《古文字研究》第二十二輯，北京：中華書局，2000年7月。簡稱：《補釋》。

李存山《先秦儒家的政治倫理教科書——讀楚簡〈忠信之道〉及其他》，《中國文化研究》1998年冬之卷（總第22期）；《讀楚簡〈忠信之道〉及其他》，《中國哲學》第二十輯，瀋陽：遼寧教育出版社，1999年1月。簡稱：《忠信》。

李二民《〈緇衣〉研究》，北京大學碩士學位論文，2001年6月。簡稱：《研究》。

李家浩《楚大府鎬銘文新釋》,《語言學論叢》第二十二輯,北京:商務印書館,1999年7月。簡稱:《大府》。

李家浩《讀〈郭店楚墓竹簡〉瑣議》,《中國哲學》第二十輯,瀋陽:遼寧教育出版社,1999年1月。簡稱:《瑣議》。

李家浩《九店楚簡·釋文與考釋》,湖北省文物考古研究所、北京大學中文系編:《九店楚簡》,北京:中華書局,2000年5月。簡稱:《九店》。

李零《古文字雜識(二則)》,《第三屆國際中國古文字學研討會論文集》,香港:香港問學社有限公司,1997年10月。簡稱:《雜識》。

李零《郭店楚簡校讀記》,《道家文化研究》第十七輯,北京:生活·讀書·新知三聯書店,1999年8月。簡稱:《校記》。

李零《郭店楚簡校讀記(增訂本)》,北京:北京大學出版社,2002年3月。簡稱:《增校》。

李零《上博楚簡校讀記之二:〈緇衣〉》,簡帛研究網,2002年1月12日;朱淵清、廖名春編:《上博館藏戰國楚竹書研究》,上海:上海書店出版社,2002年3月。簡稱:《校二》。

李守奎《〈說文〉古文與楚文字互證三則》,《古文字研究》第二十四輯,北京:中華書局,2002年8月。簡稱:《三則》。

李學勤《論楚簡〈緇衣〉首句》,廖名春編:《清華簡帛研究》第二輯,清華大學思想文化研究所,2002年3月;《中國古代文明研究》,上海:華東師範大學出版社,2005年4月。簡稱:《首句》。

李學勤《釋郭店簡祭公之顧命》,《文物》1998年第7期。簡稱:《釋祭》。

廖名春《郭店楚簡儒家著作考》，《孔子研究》1998 年第3 期。簡稱：《著作》。

廖名春《郭店楚簡引〈書〉論〈書〉考》，武漢大學中國文化研究院編：《郭店楚簡國際學術研討會論文集》，武漢：湖北人民出版社，2000 年5 月。簡稱：《論書》。

廖名春《郭店楚簡〈緇衣〉篇引〈詩〉考》，饒宗頤主編：《華學》第四輯，北京：紫禁城出版社，2000 年8 月。簡稱：《引詩》。

廖名春《郭店簡从「柒」之字考釋》，饒宗頤主編：《華學》第六輯，北京：紫禁城出版社，2003 年6 月。簡稱《釋柒》。

廖名春《荆門郭店楚簡與先秦儒學》，《中國哲學》第二十輯，瀋陽：遼寧教育出版社，1999 年1 月。簡稱：《儒學》。

廖名春《上海博物館藏〈孔子閒居〉和〈緇衣〉楚簡管窺》，《新出楚簡試論》，臺北：臺灣古籍出版有限公司，2001 年5 月。簡稱：《管窺》。

劉桓《讀〈郭店楚墓竹簡〉札記》，李學勤、謝桂華主編：《簡帛研究二〇〇一》，桂林：廣西師範大學出版社，2001 年9 月。簡稱：《讀記》。

劉樂賢《讀郭店楚簡札記三則》，《中國哲學》第二十輯，瀋陽：遼寧教育出版社，1999 年1 月。簡稱：《三札》。

劉樂賢《讀上博簡札記》，2002 年1 月5 日清華大學「簡帛研討班」論文；《讀上博簡劄記》，朱淵清、廖名春編：《上博館藏戰國楚竹書研究》，上海：上海書店出版社，2002 年3 月。簡稱：《劄記》。

劉樂賢：《上博楚簡考釋三則》，丁四新主編：《楚地簡帛思想研究（三）》，武漢：湖北教育出版社，2007年4月。簡稱：《三釋》。

劉曉東《〈郭店楚墓竹簡・緇衣〉初探》，《蘭州大學學報（社會科學版）》2000年第4期。簡稱：《初探》。

劉信芳《郭店簡〈緇衣〉解詁》，武漢大學中國文化研究院編：《郭店楚簡國際學術研討會論文集》，武漢：湖北人民出版社，2000年5月。簡稱：《解詁》。

劉釗《讀〈上海博物館藏戰國楚竹書（一）〉札記（一）》，簡帛研究網，2002年1月8日；《讀〈上海博物館藏戰國楚竹書（一）〉劄記》，朱淵清、廖名春編：《上博館藏戰國楚竹書研究》，上海：上海書店出版社，2002年3月。簡稱：《讀劄》。

裴學海《古書疑義舉例四補》，《北強月刊（國學專號）》，1935年。簡稱：《四補》。

彭浩《郭店楚簡〈緇衣〉的分章及相關問題》，《簡帛研究》第三輯，南寧：廣西教育出版社，1998年12月。簡稱：《分章》。

裘錫圭《談談上博簡和郭店簡中的錯別字》，清華大學、輔仁大學「新出楚簡與儒學思想」國際學術研討會論文，2002年3月，北京；清華大學；饒宗頤主編：《華學》第六輯，北京：紫禁城出版社，2003年6月。簡稱：《錯字》。

裘錫圭《釋郭店〈緇衣〉「出言有丨，黎民所訁」》，荆門郭店楚簡研究（國際）中心編：《古墓新知——紀念郭店楚簡出土十周年論文專輯》，香港：國際炎黃文化出版社，2003年11月。簡稱：《釋一》。

裘錫圭：《是「恆先」還是「極先」？》，「2007中国簡帛學国際論壇」論文，臺灣大學中文系，2007年11月10—

11日。簡稱：《極先》。

沈培《從語法角度看〈緇衣〉在流傳過程中的改動》，《古文字研究》第二十八輯，北京：中華書局，2010年10月。簡稱：《語法》。

沈培《上博簡〈緇衣〉篇「𢘊」字解》，廖名春編：《新出楚簡與儒學思想國際學術研討會論文集》，北京：清華大學思想文化研究所，2002年3月；饒宗頤主編：《華學》第六輯，北京：紫禁城出版社，2003年6月。簡稱：《𢘊解》。

施謝捷《説上博簡〈緇衣〉中用爲「望（朢）」「湯」的字》，「先秦文本與思想國際學術研討會」，臺灣大學中文系，2010年8月7—8日。簡稱：《用字》。

湯餘惠、吳良寶《郭店楚簡文字拾零（四篇）》，李學勤、謝桂華主編：《簡帛研究二〇〇一》，桂林：廣西師範大學出版社，2001年9月。簡稱：《拾零》。

王金凌《〈禮記·緇衣〉今本與郭店、上博楚簡比論》，廖名春編：《新出楚簡與儒學思想國際學術研討會論文集（續）》，清華大學思想文化研究所，2002年3月。簡稱：《比論》。

王力波《郭店楚簡〈緇衣〉校釋》，東北師範大學碩士學位論文，2002年5月。簡稱：《緇校》。

吳辛丑《簡帛典籍異文與古文字資料的釋讀》，《古文字研究》第二十四輯，北京：中華書局，2002年8月。簡稱：《異文》。

徐在國《郭店楚簡文字三考》，李學勤、謝桂華主編：《簡帛研究二〇〇一》，桂林：廣西師範大學出版社，2001年9月。簡稱：《三考》。

顏世鉉《郭店楚墓竹簡儒家典籍文字考釋》，《經學研究論叢》，臺北：臺灣學生書局，1999年3月。簡稱：《儒字》。

顏世鉉《郭店楚簡淺釋》，《張以仁先生七秩壽慶論文集》，臺北：臺灣學生書局，1999年1月。簡稱：《淺釋》。

顏世鉉《郭店楚簡散論(三)》，《大陸雜誌》第101卷第2期，2000年8月。簡稱：《散論三》。

顏世鉉《説簡本〈緇衣〉「瀍」與「廌」的關係》，「中國古文字研究會第二十一屆年會」論文，北京：首都師範大學，2016年10月21—23日。簡稱：《説瀍》。

顏世鉉《上博楚竹書散論》，簡帛研究網，2002年4月18日；《上博楚竹書(一)、(二)讀記》，《臺大中文學報》，第十八期，2003年6月。簡稱：《散記》。

虞萬里：《上博館藏楚竹書〈緇衣〉綜合研究》，武漢：武漢大學出版社，2009年12月。簡稱：《綜研》。

虞萬里《上博簡、郭店簡〈緇衣〉與傳本合校補證(上)》，《史林》2002年第2期。簡稱：《校上》。

虞萬里《上海簡、郭店簡〈緇衣〉與傳本合校拾遺》，簡帛研究網，2002年2月28日。簡稱：《拾遺》。

張富海《郭店楚簡〈緇衣〉篇研究》，北京大學碩士學位論文，2002年6月。簡稱：《緇研》。

張光裕《〈郭店楚簡研究〉第一卷(文字編)緒説》，日本中國出土資料學會：《中國出土資料研究》第3號，1999年3月。簡稱：《緒説》。

趙平安《上博藏〈緇衣〉簡字詁四篇》，朱淵清、廖名春編：《上博館藏戰國楚竹書研究》，上海：上海書店出版社，2002年3月。簡稱：《四篇》。

趙平安《釋甲骨文中的「□」和「□」》,《文物》2000 年第8 期。簡稱:《釋□》。

趙平安:《續釋甲骨文中的「乇」「舌」「𦧇」》,饒宗頤主編:《華學》第四輯,北京:紫禁城出版社,2000 年8 月。簡稱:《釋乇》。

趙平安《戰國文字的「遊」與甲骨文「𡴘」爲一字説》,《古文字研究》第二十二輯,北京:中華書局,2000 年7 月。簡稱:《遊與𡴘》。

周波《「侮」字歸部及其相關問題考論》,《古籍研究》2008 卷下,合肥:安徽大學出版社,2009 年。簡稱:《考論》。

周鳳五《郭店楚簡釋字札記》,《張以仁先生七秩壽慶論文集》,臺北:臺灣學生書局,1999 年1 月。簡稱:《郭札》。

周桂鈿《荊門竹簡〈緇衣〉校讀札記》,《中國哲學》第二十輯,瀋陽:遼寧教育出版社,1999 年1 月。簡稱:《校讀》。

鄒濬智:《〈上海博物館藏戰國楚竹書(一)·緇衣〉研究》,臺灣師範大學國文研究所碩士學位論文,2004 年6 月。簡稱:《竹研》。

魯穆公問子思

李　銳　校釋

校釋説明

《魯穆公問子思》是《郭店楚墓竹簡》中的一篇，原無篇題，整理者據簡文擬加。本篇存簡八枚，其一有殘斷。竹簡兩端均修削成梯形，簡長二六・四釐米。編綫兩道，編綫間距爲九・六釐米。本篇有篇號在篇尾，作「■」；還有個别小墨點，見於簡一、二、七，作「-」，似爲句讀號；簡三「子思」二字下皆有重文號，作「=」。

本篇不見於今存古代典籍，然與傳世文獻中子思言行風格相近。簡文稱「穆公」，乃謚號，則本篇定本之時代上限，當在魯穆公卒、得謚之後，很可能是子思晚年弟子或早期再傳弟子的作品。當然也或可能是弟子所記，後來傳抄時改寫謚號。本篇竹簡形制及簡文書體與《窮達以時》接近，或二書曾編爲一卷。

校釋者　李　鋭

凡例

一、本書以《郭店楚墓竹簡·魯穆公問子思》(文物出版社,一九九八年五月)的釋文爲校勘底本。

二、竹簡簡號一依《郭店楚墓竹簡》,標在每簡最後一字的右下旁。

三、竹簡上原有的標識一依其舊,以裨研究。重文號後補出重文及標點,合文號後寫出合文及標點,於其外加方括號「[]」。釋文另加新式標點符號。

四、釋文儘量按簡文字形隸定,以裨研究。奇特者如「於」「者」從略,個別有省略筆畫者從略。

五、簡文殘缺或殘泐無法辨識的字,可據行文格式推定字數者,釋文以「□」號表示,一「□」代表一字;不能確定字數者,釋文以「……」號表示。

六、簡文殘缺之字,尚有殘留筆畫可辨認者,外加「□」號;補字及據文義擬補者,外加方括號「[]」。

七、簡文中的通假字、異體字隨文注出本字、正字,外加「()」表示;訛字隨文注出正字,外加「〈〉」表示;衍文外加「{}」表示。

八、原簡已釋讀出一般之字,注釋不一一標出、補充。學者有輔助討論者,爲便研究而録入。

魯𥞞(穆)公昏(問)於子思曰：〔一〕「可(何)女(如)而可胃(謂)忠臣？」━子思曰：「恆(恒)爯(稱)亓(其)君之亞(惡)者，〔二〕可胃(謂)忠臣矣。」公不敓(悅)，咠(揖)而退(退)之。━〔三〕城(成)孫弋見，〔四〕二公曰：「向(鄉)者虗(吾)昏(問)忠臣於子=思=，〔五〕[子思]曰：『亙(恒)爯(稱)亓(其)君之亞(惡)者，可胃(謂)忠三臣矣。』㝥(寡)人惑女(安)，〔六〕而未之㝵(得)也。」〔七〕城(成)孫弋曰：「俟(唉)！善才(哉)言虐(乎)！〔八〕四夫爲亓(其)君之古(故)殺亓(其)身者，嘗又(有)之矣〔九〕，亙(恒)爯(稱)亓(其)君之亞(惡)者，五未之又(有)也。夫爲亓(其)君之古(故)殺亓(其)身者，交彔(祿)雀(爵)者也〔一〇〕。亙(恒)六[稱其君]之亞(惡)[者，遠]彖(祿)簪(爵)者也。〔一一〕[爲]義而遠彖(祿)簪(爵)，━非七子思，虗(吾)亞(惡)昏(聞)之矣！」▇八〔一二〕

〔一〕「𥞞」，《郭簡·魯穆公問子思》隸定爲「穆」，【注釋】[一]：「魯穆公，也作魯繆公，『穆』『繆』兩字古通。」「昏」，讀爲「問」，古音相近。

案：「穆」，簡文禾形在右，無「小」形，《字彙補·禾部》：「𥞞，古穆字。」今依之隸定爲「𥞞」。

〔二〕「悉」，「死」即是《説文》所載「恆」字古文。古文字中「死」「亟」二字常相混淆。陳偉《別釋》指出：「先秦古書有『亟（極）稱』『亟（極）言』的用例。……簡文『亟稱』存在兩種可能，一是『屢次稱述』，一是『急切指出』。後一種可能性似更大。……又先秦古書似不見『恆稱』用例。」黄人二《考釋》認爲：「『亟稱』指『直言極諫』。」蘇建洲《再議》認爲：「亟稱」對應「言極」或「極言」，都應該解釋爲「盡言」的意思。

案：簡文後文成孫弋説「死稱其君之惡者，未之有也」。上述各種釋讀，都不能説未之有，也當不會招致「公不悦」。文中子思之説當非一般言論，而成孫弋對君之言亦不當過於誇大。故綜合考慮，還是從整理者讀爲「恆稱」爲好，不得以先秦古書是否有「恆稱」用例爲限。下同。

〔三〕「逯」，《集韻・隊韻》：「復，隸作退。」簡文與《説文》「復」字古文形近，當隸定爲「逯」。

〔四〕「城」，《郭簡・魯穆公問子思》隸定爲「成」，李家浩《瑣議》指出：「所隸『成』字實際上是『城』。《説文》説『成』从『戊』『丁』聲。簡文『城』是把『土』旁寫在『成』旁之下，並把『土』與『丁』的筆畫共用。這種寫法的『城』屢見於戰國文字。因『城』从『成』得聲，故簡文『城』可以用爲『成』。」

案：成孫弋，其人不詳。

〔五〕「向」，《郭簡·老子》乙【注釋】〔二八〕：「裘按：簡文此字是『向』之訛體，讀爲『鄉』。此字又見本書《緇衣》四三號、《魯穆公問子思》三號、《尊德義》二八號、《語叢四》一五號等簡，後三者的字形與『向』較近。『向』本从『∧(宀)』，變从二『∧』。」「向」「嚮」古通。

「虗」，《郭簡·老子》甲【注釋】〔五二〕：「虗，从『虍』聲，讀作『吾』，在本批簡文中屢見。信陽楚簡『虗(吾)聞周公』之『吾』也作此形。」

「子思」二字下的「=」爲重文號。

〔六〕「㝱」，黄德寬《字際》指出此爲「顧」之本字加繁飾以與「頁」作區分，可以讀爲「寡」。「女」，楚文字「安」字，今依習慣讀爲「焉」。

〔七〕「㝵」，字近《三體石經·僖公》「得」字，《説文》古文「得」字从見从寸，羅振玉《增定殷虚書契考釋》指出「見」爲「貝」之訛。簡文从貝省。

〔八〕黄人二《考釋》指出：「悏，讀爲『嘻』，與《大戴禮記·四代》：『嘻，美哉。子道廣矣。』用法相同。又『善才(哉)言虖(乎)』要連讀，釋文讀法可商。」

案：「悏」从「矣」聲，也可讀爲「唉」。王引之《經傳釋詞》：「嘻，歎聲也。……《史記·項羽紀》作『唉』……竝字異而義同。」裴學海《古書虚字集釋》：「『唉』，歎聲也。《莊子·知北遊》：『狂屈曰：唉！予知之。』」《集韻·咍韻》：「哉，古作才。」「虖」，《郭店·老子》甲【注釋】[五]：「裘按：『唇』从『口』，『虎』聲，『虎』『乎』音近，簡文多讀爲『乎』。」

〔九〕案：「夫爲其君之故殺其身者，嘗有之矣」，《禮記・文王世子》「仲尼曰『聞之曰：爲人臣者，殺其身有益於君則爲之』」，亦見《孔子家語・曲禮子夏問》；《春秋繁露・竹林》：「逢丑父殺其身以生其君。」

〔一〇〕案：交，《小爾雅・廣言》：「交，報也。」

〔一一〕「㒸」，《郭簡・魯穆公問子思》隸定爲「彔」。李家浩《釋逯》指出：「『彔』字上面從『夕』。」今隸定爲「㒸」。

〔一二〕《郭簡・魯穆公問子思》【注釋】[二]：「裘按：自『夫爲其[君]』以下一段簡文中有缺文，據文義似可釋讀並補字如下：夫爲其[君]之故殺其身者，效禄爵者也。恆[稱其君]之惡[者，遠]禄爵者[也]。[爲]義而遠禄爵，非子思，吾惡聞之矣！」

案：「君」字有殘筆。

參考文獻

專書及簡稱：

陳偉《郭店竹書別釋》，武漢：湖北教育出版社，2002年12月；簡稱：《竹書》。

荊門市博物館編《郭店楚墓竹簡》，北京：文物出版社，1998年5月；簡稱：《郭簡》。

論著及簡稱：

陳偉《郭店楚簡別釋》，《江漢考古》1998年第4期。簡稱：《別釋》。

黃德寬《關於古代漢字字際關係的確定——以「顧」及相關字爲例》，《中國文字研究》第四輯，南寧：廣西教育出版社，2003年。簡稱：《字際》。

黃人二《郭店楚簡〈魯穆公問子思〉考釋》，《張以仁先生七秩壽慶論文集》，臺北：臺灣學生書局，1999年1月。簡稱：《考釋》。

李家浩《讀〈郭店楚墓竹簡〉瑣議》，《中國哲學》第二十輯，瀋陽：遼寧教育出版社，1999年1月。簡稱：《瑣議》。

李家浩《戰國竹簡〈緇衣〉中的「逯」》，《古墓新知——紀念郭店楚簡出土十周年論文專輯》，荊門郭店楚簡研究(國際)中心編:《古墓新知——紀念郭店楚簡出土十周年論文專輯》,香港:國際炎黃文化出版社,2003年11月。簡稱:《釋逕》。

蘇建洲《郭店簡〈魯穆公問子思〉「亟稱」釋讀再議》,《中國文字》新42期,臺北:藝文印書館股份有限公司,2016年。簡稱:《再議》。

窮達以時

李銳 校釋

校釋説明

《窮達以時》是《郭店楚墓竹簡》中的一篇，原無篇題，整理者據簡文擬加。本篇存簡一五枚，其中有兩簡殘損，是否有缺簡則尚未知。竹簡兩端均修削成梯形，簡長二六·四釐米。編綫兩道，編綫間距爲九·四—九·六釐米。本篇有篇號在篇尾，作「▇」；還有個別小墨點，見於簡二、三、九、一四，作「▬」，似爲句讀號；簡五「七十」字下有合文號，作「=」；簡七「穆」字下有不規則之「▇」，疑表示有脱字，非篇號。

本篇内容與今存古代典籍頗有多能對應者，《郭簡·窮達以時》指出：「其内容與《荀子·宥坐》《孔子家語·在厄》《韓詩外傳》卷七、《説苑·雜言》所載孔子困於陳蔡之間時答子路的一段話類似，與後二書所載尤爲相近。」實際上，《説苑·雜言》有相鄰兩篇與簡文相關，而《吕氏春秋·慎人篇》《風俗通·窮通》、馬王堆漢墓帛書《繆和》《琴操·猗蘭操》等，皆有與簡文相關之内容。本篇定本之時代上限，當在公元前三百年之前，應在《荀子·宥坐》之前。然而有學者根據簡文内容或《宥坐》等來推定本篇的時間，不可信。有關討論可參李鋭《郭店楚簡〈窮達以時〉再考》。本篇竹簡形制及簡文書體與《魯穆公問子思》接近，或二書曾編爲一卷。

本篇原文，或認爲抄寫時有脱簡者，或以爲缺簡，或有改動編聯者。今據釋讀，可以認爲不缺簡，不需改動編聯；至於是否抄寫時有脱簡抑或字誤，則不可知矣。

校釋者　李　鋭

凡　例

一、本書以《郭店楚墓竹簡·窮達以時》(文物出版社，一九九八年五月)的釋文爲校勘底本。

二、竹簡簡號一依《郭店楚墓竹簡》，標在每簡最後一字的右下旁。

三、竹簡上原有的標識一依其舊，以裨研究。重文號後補出重文及標點，合文號後寫出合文及標點，於其外加方括號「[]」。釋文另加新式標點符號。

四、釋文儘量按簡文字形隸定，以裨研究。奇特者如「於」「者」從略，個別有省略筆畫者從略。

五、簡文殘缺或殘泐無法辨識的字，可據行文格式推定字數者，釋文以「□」號表示，一「□」代表一字；不能確定字數者，釋文以「……」號表示。

六、簡文殘缺之字，尚有殘留筆畫可辨認者，外加「□」號；補字及據文義擬補者，外加方括號「[]」。

七、簡文中的通假字、異體字隨文注出本字、正字，外加「()」表示；訛字隨文注出正字，外加

「〈〉」表示；衍文外加「{}」表示。

八、原簡已釋讀出一般之字，注釋不一一標出、補充。學者有輔助討論者，爲便研究而錄入。

又(有)天又(有)人，天人又(有)分。〔一〕諓(察)天人之分，〔二〕而智(知)所行矣。〔三〕又(有)亓(其)人，亡(無)亓(其)殜(世)，〔四〕唯(雖)臤(賢)弗行矣。句(苟)又(有)亓(其)殜(世)，可(何)慬(難)之又(有)才(哉)▪？〔五〕叜(舜)畊(耕)於鬲(歷)山，〔六〕匋(陶)笞(拍)二於河固(滸)，〔七〕立而爲天子，堣(遇)㝵(堯)也▪。〔八〕佋(咎)繇(繇)〈傅說〉衣胎(枲)蓋(褐)，〔九〕冒絰(祾)冡(蒙)慬(巾)，三〔一〇〕斁(釋)板𥮷(築)而差(佐)天子，〔一一〕堣(遇)武丁也。郘(呂)𦣞(望)爲牂(臧)𣐺(棘)𣿅(津)，〔一二〕戰(守)監(監)門四𦮃(萊)𨸏(地)，〔一三〕行𠦃(年)七=[七十]而賭(屠)牛於朝訶(歌)，〔一四〕𦦙(舉)(興)而爲天子帀(師)，〔一五〕堣(遇)周文也。五𦍒(管)寺(夷)虛(吾)𡦹(拘)繇(囚)𢍏(束)縛，〔一六〕斁(釋)杙(械)𣝓(柙)而爲者(諸)厌(侯)相，〔一七〕堣(遇)𠫵(齊)逗(桓)也。六〔一八〕白(百)里迢(轉)逭(鬻)五羊，〔一九〕爲敀(伯)斀(牧)牛，〔二〇〕斁(釋)板(鞭)𡏳(箠)而爲𡋈(命)卿，〔二一〕堣(遇)秦穆■[也]。七〔二二〕孫君(叔)三𢝖(舍)𢀴(期)思少(小)司馬，〔二三〕出而爲命(令)尹，堣(遇)楚臧(莊)也。八〔二四〕初滔(沉)酭(鬱)，逡(後)名易(揚)，〔二五〕非亓(其)悳(德)加▪。〔二六〕子疋(胥)𡕝(前)多紅(功)，逡(後)翏(戮)死，〔二七〕非亓(其)智(智)𠃬(衰)也。〔二八〕驥(驥)馰(約)張(長)山，驥（騏）空（困）於凸（廄）桼（棘），〔二九〕非亡（無）體（體）壯（狀）也。穿（窮）四海（海），至（致）千一〇里，堣（遇）告（造）［父］故也。〔三〇〕堣（遇）不堣（遇），天也。〔三一〕童（動）非爲迮（達）也，〔三二〕古（故）穿（窮）而不一一［悶；隱非］爲名也，古（故）莫之智（知）而不叜（吝）。〔三三〕芑（芷）［蘭生於深林，非一二以無人］嗅（嗅）而不芳－；〔三四〕無（璑）茖（璐）堇（瑾）愈（瑜）坵（包）山石，不爲［無人識而］一三善伓（鄙）㠯（改）也。〔三五〕穿（窮）迮（達）㠯（以）旹（時），悳（德）行弌（一）也。〔三六〕譽（譽）皇（毀）才（在）仿（旁），〔三七〕聖（聽）之弋（忒）母（侮），之（緇）白一四不耋（釐）。〔三八〕穿（窮）迮（達）㠯（以）旹（時），學（幽）明不再，〔三九〕古（故）君子惇（敦）於怌（反）㠯（己）。一五〔四〇〕■

〔一〕「分」，龐樸《天人》指出：「讀去聲，用如名分、職分之『分』。」王志平《天論》認爲：「『分』既指分別，又指職分。《禮記・禮運》云『男有分』，注：『分猶職也。』《荀子・榮辱》：『先王之道，仁義之統，詩書禮樂之分乎。』楊倞注：『分，制也。』」裘錫圭《研讀》也認爲當讀去聲：《韓非子・外儲説左上》：「夫不明分，不責誠，而以躬親位（莅）下……」案：分當指「制」、職分。《郭簡・語叢一》簡二九、三〇：「知天所爲，知人所爲，然後知道，知道然後知命。」《文子・微明》：「知天之所爲，知人之所行，即有以經於世矣。知天而不知人，即無以與俗交；知人而不知天，即無以與道游。」

〔二〕「諓」，《郭簡・窮達》摹寫字形「[illegible]」，【注釋】〔一〕：「裘按：此字似當讀爲『察』。請參看《五行》注七、《語叢一》注一五、《語叢四》注七等。」《五行》【注釋】〔七〕：「裘按：帛書本與此字相當之字爲『察』，簡文此字似亦當讀爲『察』。此字在包山簡中屢見，讀爲『察』，義皆可通。在郭店簡中，此字及以其右旁爲偏旁之字尚見於《語叢一》等篇。請參看本篇注六三、《語叢一》注一五等。本篇一三號簡亦有此字。」《五行》【注釋】〔六三〕：裘按：「此句首尾各有一从『水』的相同之字，似當讀爲『淺』。它們的右旁據帛書本當讀爲『察』（參看本篇注七）。『察』『竊』古通。『竊』『淺』音近義通。《爾雅・釋獸》『虎竊毛謂之虦貓』郭注：『竊，淺也。』參看《語叢四》篇注七。」《語叢一》【注釋】〔一五〕：「裘按：此簡第一字，與《五行》當讀爲『察』之从『言』之字基本相同。不過右旁下部有从『又』从『収』之別，疑亦當讀爲『察』，參看《五行》注七、注六三。」《語叢四》【注釋】〔七〕：「裘按：簡文第一、五二字左旁，與本書《五行》中應讀爲『察』的从言之字的右旁相近。包山楚簡中應讀爲『察』的从言之字，其右旁並有與此字左旁極相似者。可知此字之音與『察』相近。『竊』『察』古通（《古字通假會典》六二五頁），故此字可讀爲『竊』。參看《五行》篇注七、注六三。」裘錫圭《附識》指出：「包山和郭店簡所見的『詧』（察）、『竊』二字和郭店簡所見的『淺』『俴』（見《語叢二》一九號簡，原未釋）等字的聲旁（以下以『△』代替），其實已見於三體石經，石經《春秋》『殘土』之『踐』的古文『[illegible]』，所从聲旁與郭店簡『淺』字『[illegible]』所从之『△』，寫法幾乎全同。楚簡从二『戈』的『戔』字及『戔』旁，其二『戈』多作並列形，『△』實即由此種『戔』形譌變而成。」劉釗《一則》指出簡文從「丵」，讀爲「察」。

案：今據劉説隸定爲「諓」，讀爲「察」。

〔三〕《郭簡·凡例》指出：「『智』字簡文作『智』『智』等形，現皆用『智』字排印。」楚簡智字所从「矢」形多訛作「大」，今依簡文字形可隸定爲「智」。「智」當爲「智」字之省訛，此讀爲「知」。

〔四〕「亓」，《郭簡·緇衣》直接寫爲「其」。「殊」，《郭簡·窮達》【注釋】[二]：「裘按：此字讀爲『世』。古文字多借『法』爲『廢』。『世』『枼』在古音上的關係，與『廢』『法』相類，與『蓋』『盍』也相類，所以『殜』可讀爲『世』。」黃錫全《札記》隸定爲「殜」，指出：「《窮達以時》簡二的『殜』字，依字義可釋讀爲『世』。所从的『世』當是省形或者以『止』爲聲。」廖名春《考釋》指出：「清人孔廣居《説文疑疑》載：『昭孔謂世从卉，止聲。』吴大澂《説文古籀補》也認爲：『世，从十从止，十止爲世。』其《世字説》又謂：『古文世从卅从止，見《邵鐘》世世子孫永以爲寶……或从十止，見《師遽敦》。……世止同音，古或相通。』高鴻縉也説：『字从三個十，會三十年之意，止聲。』于省吾進一步揭示：『周代金文有的以止爲世（伯尊），有的以杫（从止聲，見槅簋）爲世，可見止與世有時通用。……世字的造字本義，係於止字上部附加一點或三點，以別於止，而仍因止字以爲聲（止世雙聲）。』由此可知，『世』乃『止』字所孳乳，當从止得聲。」案：簡文此字，同簡兩見，後一處較爲清晰，作「[illegible]」，右上從「亡」，亦近於「止」。今隸定爲「殊」，讀爲「世」。《郭簡·凡例》指出「其」與「丌」原本不是一字，而古籍或古文字中常常混用，用通行字「其」排印。然「亓」與「丌」非一字，或以爲「亓」爲「丌」字加一飾筆，但《集韻·之韻》載：「其，古作丌、亓。」今隸定爲「亓」，釋爲「其」，下同。

〔五〕「慬」，《郭簡·窮達》隸定、釋爲「慬〈𢜩（難）〉」。張立文《篇題》認爲：「慬，《玉篇·心部》：慬，憂也，煩也。《廣韻·欣韻》：慬，憂哀。从心，堇聲。慬、難相通。」裘錫圭《研讀》指出《說文》無「𦰩」字而有從「𦰩」之「漢」「難」「嘆」「歎」等字，從土則有「堇」字。「𢜩」與「慬」意義不同，此處當讀爲「難」。

〔六〕「𡊅」，《郭簡·窮達》隸定爲「舜」，廖名春《管窺》隸定爲「𡊅」：「『舜』字郭店楚簡十一見，皆與『𡊅』近。其中《窮達以時》第二簡即作『𡊅』。……『允』『舜』古音近。《禮記·中庸》：『其斯以爲舜乎！』鄭玄注：『舜之言充也。』朱駿聲《說文通訓定聲》：『充當爲允。』其說是。《說文》：『允，信也。』《白虎通·號》篇：『謂之舜者何？……言能推信堯道而行之。』是

『允』表音亦表義。」「昧」，《郭簡·窮達》未隸定，【注釋】[三]：「□，裘按：疑即『耕』之異構。」趙平安《耕字》指出：簡文實爲從田從爭，讀爲耕。今從之隸定爲「畘」。張立文《天人》指出：「朱駿聲《説文通訓定聲》：『歷，假借爲鬲。』」

〔七〕王志平《簡釋》：「拍」，《廣雅·釋言》：「拍，搏也。」《考工記》：「搏埴之工二。」注：「搏之言拍也。」李零《校記》：「『滸』，原作『𢀜』，疑讀『滸』，『滸』是水邊。」季旭昇《五題》指出：「河𢀜，袁國華、李家浩先生都讀爲河浦。……但是，考慮到『古』的上古音與幫母字有直接關係的例證畢竟數量不是很多，而且在銅器中从『古』得聲的『𢀜』系銅器有……十六種寫法，从『甫』得聲的『簠』系銅器則有……五種寫法，『古』聲……和『甫』聲之間似乎有一道很明顯的界綫。基於這樣的理由，我們以爲，『河𢀜』不妨讀爲『河滸』。」裘錫圭《研讀》指出從音上講，李零讀「滸」要合理一些。王志平《郭校》：「疑當讀爲『湖』。郭店楚簡《語叢四》有『不見江𢀜（湖）之水』之語，可證。」

案：古書多説舜陶於河濱，未見提及湖者，今從李零説。

〔八〕《郭簡·唐虞之道》【注釋】[一九]：「堣，裘按：讀爲『遇』。」《郭簡·窮達》【注釋】[四]：「旡，《説文》古文『堯』字從二『旡』。上述各事見於《史記·五帝本紀》。」

〔九〕「繇」，《郭簡·窮達》隸定作「䌛」，【注釋】[五]：「簡文『卲䌛』之名不見於各書，所記爲傳説之事。」黃德寬、徐在國《考釋》指出：「『□』，原書隸定作『卲』，誤。我們認爲此字从『九』从『口』，應釋爲『㕤』。包山楚簡中習見一個从『羽』从『㕤』的字，李家浩先生考釋説：上古音『咎』『㕤』都是群母幽部字，可以通用。《詩・小雅・大車》『有洌氿泉』，陸德明《釋文》：『氿音軌，字又作晷。』此是其例。其説甚是。如此，『㕤』可讀爲『咎』。窮三『㕤繇』即典籍中習見的『咎繇』，又作『皋陶』。據簡文上下文以及傳世典籍的比勘，此處的『咎繇』乃『傳説』之誤，係抄書者誤寫。」魏宜輝、周言《讀札》指出：「簡三和簡四之間有脱文，脱漏的部分應爲：皋陶遇舜，傳説遇武丁，或伊尹遇湯。」周鳳五《郭札》指出：「『胎蓋』……當讀作『枲褐』。胎、枲二字古音同屬之部，可通。蓋古音見母月部；褐，匣母月部，可通。《説文》：『枲，麻也。』又：『褐，編枲韤也。一曰粗衣。』是枲褐即粗麻之衣，爲賤者或居喪者所服。」

案：黃德寬、徐在國所引《小雅・大車》當爲《小雅・大東》。「繇」乃後世寫法，今依形寫爲「繇」。《集韻・宵韻》：「繇，或作繇。」周所引「編枲韤也」當作「編枲韤」。此處是缺簡還是抄寫時脱簡等，待考，姑取字誤之説。

〔一〇〕《郭簡・窮達》隸定、釋爲「冒(帽)衽(絰)冡(冢)慬(巾)」。周鳳五《郭札》指出：「『蒙巾』，謂以巾蒙頭不冠，亦罪人、刑徒所服。《荀子・正論》載象刑之説，有『墨黥慅嬰』一語，楊《注》引或説：『墨黥，當爲墨幪，但以墨巾幪其頭而已。』《尚書大傳・唐傳》載唐虞之象刑：『唐虞之象刑，上刑赭衣不純，中刑雜屨，下刑墨幪，以居州里而民恥之。』《注》：『純，緣也。時人尚德義，犯刑者但易之衣服，自爲大恥。屨，履也。幪，巾也，使不得冠飾。』此即以衣冠之辱取代肉刑之説，雖出於秦漢經師託古，然亦有其真實的時代背景。雲夢秦簡《司空》云：『城旦，舂，衣赤衣，冒赤氈。』可以爲證。」王志平《簡釋》：「冒，訓爲覆。《廣雅・釋詁二》：『冒，覆也。』」

案：「⿰衤圣」，宜讀爲「⿰衤致」或「襧」。《集韻・旨韻》：「襧，《説文》：『紩衣也。』或作⿰衤致。」古有紩衣，但少見單稱「紩」者，如《晏子春秋・内篇諫下》：「且古者嘗有紩衣攣領而王天下者。」《方言》卷四：「楚謂無緣之衣曰襤，紩衣謂之褸，秦謂之緻。」《説文》：「緻，密也。」《方言》之「緻」與《説文》義不同，疑爲「⿰衤致」之借字。「⿱冃尨」，《郭簡・窮達》釋爲「冡」，「冡」字今作「蒙」，「龙」與「蒙」古通。《方言》卷十二：「蒙，覆也。」

〔一二〕「⿱臭女」，《郭簡・窮達》隸定、釋爲「⿰睪又（釋）」；「管」，《郭簡・窮達》讀爲「築」；「差」，《郭簡・窮達》讀爲「佐」。

案：「⿰睪又」，今依形隸定爲「⿱臭女」。《説文》「臭」字下云：「古文以爲澤字。」簡文「大」作「矢」，形譌（楚文字「智」所從「矢」或作「大」形），可以讀爲「釋」。「⿱⺮⿱旨土」，《説文・木部》「築」之古文，徐鍇《繫傳》作「从土，管聲」。「差」，簡文下从口，爲楚文字「左」字習慣。「差」「佐」皆从「左」

聲，音近可通。

〔二〕「郘𡧖」，《郭簡・窮達》釋爲「吕望」，【注釋】〔六〕：「簡文所述吕望之事，《史記・周本紀》及《説苑・雜言》《韓詩外傳》卷七均有記載，但内容彼此有出入。裘按：『牂』疑讀爲『臧』。《方言三》：『臧、甬、侮、獲，奴婢賤稱也。荆淮海岱雜齊之間，駡奴曰臧……燕之北鄙，凡民男而婿婢謂之臧。……』吕望傳説中提到地名『棘津』，馬王堆帛書《老子》甲本以『朸』爲『棘』。『力』『來』古音極近，疑簡文之『𨚗』與『棘』通。『廌』字古有『薦』音（《朱德熙古文字論集》，五五頁），『薦』『津』古音相近。」「𨚗」，簡文作「[illegible]」，徐在國、黄德寬《輯説》：「棘，《古文四聲韻》入聲引《古老子》作『[illegible]』。古文字中，『[illegible]』『[illegible]』用作偏旁時常常譌混。」

案：「𡧖」即「望」省形。「瀳」，《集韻・先韻》：「瀳，或作濽。」「瀳」从水薦聲，可讀爲「津」。

〔三〕「監」，《郭簡・窮達》隸定爲「監」；「陞」，《郭簡・窮達》隸定、釋爲「陞（地）」。顔世鉉《儒釋》指出：「『戰』所從之『單』，古文字和『嘼』同。嘼字，甲骨文、金文和楚簡文字多从『單』構形，嘼、獸古通，李師孝定説：『獸即狩之本字，田狩者以單（盾也）自蔽，以犬相隨，故於文從單、從犬會意也。』」王志平《簡釋》釋爲「闡監門汲地」：「《水經注・清水注》、《吕氏春秋・當染》《首時》注、《淮南子・氾論》注均以太公望爲河内汲人。」李鋭《補二》認爲：「吕望或曾居於汲，但古書記守監門者，似無將地名後置且加『地』之習慣。」裘錫圭《研讀》則指出：「古有齊地、呂地等説法。」並同意王志平之説。李步嘉《呂望》指出：「《周禮・地官・司門》……『監門養之』句下，鄭玄注：監門，門徒。……『𨺅』字从『來』得聲，疑爲『萊』之假借。」

案：「監」，今依形隸定爲「監」，「監」字篆文。「陸」，今依形隸定爲「𡎸」，从土陀聲（古音屬透紐歌部），可以讀爲「地」（定紐歌部字）。「萊」爲國名，今據裘説及李步嘉説讀「𨺅」爲「萊」。

〔二四〕「秊」，《郭簡・窮達》隸定「年」。黄人二《郭考》指出：「睹」「屠」「訶」「歌」皆音近通假。

案：今依形隸定爲「秊」，《説文・禾部》：「秊，穀孰也，从禾，千聲。」今省作「年」。「𡈼」後的「=」爲合文符，讀爲「七十」。

〔二五〕「𦦨」，《郭簡・窮達》隸定、釋爲「𦥯（舉）」。《郭簡・窮達》【注釋】［六］：「裘按：『訶』字下一字似不从『與』，疑是『𦥑』字，讀爲『遷』。西周銅器何尊與大盂鼎銘文中的『𦥑』字皆从『□』，此字亦从『□』。」李零《校增》認爲：「此字從字形看，似可釋『興』；從文義看，似應讀舉。」李鋭《補釋》指出：「簡文从興从口，口爲繁飾。《禮記・曲禮下》：『唯興之日，從新國之法。』鄭注：『興，謂起爲士大夫。』《淮南子・氾論》：『（百里奚）興於牛領之下。』」「帀」字釋爲「師」，古文字習見。

〔二六〕「𠔃」，《郭簡・窮達》隸定爲「弁」，【注釋】［七］：「完寺虗，讀作『管夷吾』。裘按：句首一字似从『艸』『关』（卷字所从）聲，可能是『莞』的異體，與『管』音近。『𦃻』疑當讀爲『囚』。『弁』

疑當釋爲『束』。」李家浩《瑣議》指出：「『完』，據原文當釋爲『关』……可以讀爲『管』。」「弃」，簡文作「[illegible]」，王志平《簡釋》釋爲「梏」，《郭校》指出：「三體石經古文『誥』字作『[illegible]』之形，即此形之譌變，可隸定爲『靠』，讀爲『梏』。」陳偉武《掇瑣》指出：「『弃』字疑當釋爲『鼓』，讀爲『梏』。」裘錫圭《研讀》指出：「『梏縛』不如讀作『束縛』。」

〔一七〕「杙檡」，《郭簡・窮達》釋爲「桎梏」。《郭簡・窮達》【注釋】〔八〕：「杙，讀作『桎』。檡，其右旁下从『㚔』，朱德熙、裘錫圭認爲，『㚔』即梏之表意初文（《平山中山王墓銅器銘文的初步研究》，《文物》一九七九年第一期）。檡，似可讀作『梏』。」李家浩《瑣議》釋「杙檡」爲「械柙」，指出即是檻車，裝罪人的籠子。

案：「侯」，今依形隸定爲「医」，《説文・矢部》：「医，古文矦。」矦字今多作侯。

〔一八〕「亝」，《郭簡・窮達》直接隸定爲「齊」。

案：「亝」，「齊」字古文。「逗」，《説文》有「趄」字，从辵與从走皆爲形符，每相通。「趄」「逗」當从亘聲，桓从木亘聲，故「逗」可讀爲「桓」。

〔一九〕「遣」，《郭簡・窮達》釋爲「饋」，【注釋】〔九〕：「裘按：各書多言百里奚以五羊之皮賣身，『五羊』上二字疑當與『賣』義有關。疑第二字从『辵』『䏌』聲，即『遺』字，讀爲『賣』，通『鬻』。第一字从『旦』聲，似可讀爲『轉』。《淮南子・脩務》：『百里奚轉鬻。』」黄人二《郭考》：「白里，即百里奚，各書多作『百里』。……古書中有關『百里奚』的故事傳説經筆者整理大約可有轉賣、自賣兩種情形。」劉樂賢《慎人》指出：「《韓詩外傳》《説苑》等書的『自賣』説，在孟子看來不可信，乃是『好事者爲之』。」

案：「遀」，劉釗《釋「儥」》探討了字形演變過程，此當讀爲「鬻」。《墨子・經説上》：「買鬻，易也。」孫詒讓《墨子閒詁》：「俞云：《説文・貝部》：『賣，衒也。讀若育。』今經典通以鬻爲之。」「衒」，《説文》中爲「衙」字的或體，意爲「行且賣也」，是「鬻」字本意爲行且賣。所謂「自鬻」，當由百里奚自己四處行走賣羊傳訛而爲賣身；而「自賣」之「賣」字，當爲「賫（賣）」字之訛，「賫」省變爲「賣」，與「賣」易混。此處「百里轉鬻五羊」，即是説百里奚自己四處行走賣羊，與《孟子・告子上》「百里奚舉於市」之説相合。以百里奚之智，孟子不信其自賣之説，當然更不可能被多次轉賣。

〔三〇〕《郭簡・窮達》【注釋】〔一〇〕：「裘按：『敀』讀爲『伯』，『斅』讀爲『牧』。《韓詩外傳》卷七言百里奚事有『爲秦伯牧牛』語。」

〔三一〕「瞾」，《郭簡・窮達》隸定，釋爲「瞾（朝）」。「板桎」，白於藍《四篇》讀爲「鞭箠」，劉剛《圣朱》詳細討論了相關字形。裘錫圭《研讀》指出：「『瞾』可能原本是一個从『口』『鼂』聲的字，由於古文字階段『口』旁往往會變作『曰』『甘』等形，所以後來寫作从『甘』了。『瞾』字初文應該分析爲从『口』『黽』聲，可能是『名』字的異體，這種把會意字的部分偏旁改造成聲符的現象在古文字中是常見的。『鼂卿』可以讀爲『名卿』，『名卿』見於《墨子·耕柱》和《法言·問神》。」宋華強《鼂字》指出：「字實是从『黽』从『甘』，應該隸定作『鼂』。……『鼂卿』除了可以讀爲『名卿』，還有另一種可能性，就是讀爲『命卿』。『命卿』見《周禮·夏官司馬·敘官》《左傳·成公二年》，這裏所説的『命卿』是周天子任命之卿。古書中不見周王任命百里奚爲卿的記載，或者是史闕有閒，或者因爲《窮達以時》是戰國時期作品，稱百里奚爲『命卿』，只是泛指諸侯卿相的意思，不一定如春秋制度專指天子任命之卿。」

案：「名卿」又見《管子·幼官》，前人張佩綸、章太炎的注解已指出「名卿」即「命卿」。

〔二二〕穆字下有墨痕作「●」，陳偉《别釋》以之爲墨塊作爲分章符，將八號簡置於七號簡前以分章。黄人二《校勘》指出：「穆」字後「■」形爲「字之脱」的標誌。

案：此墨痕不似規範之墨塊，百里奚之事也當在孫叔敖之前。今從黄人二説補一「也」字。八號簡末留有一字之空白，或疑當以1—8號簡爲一章，但下文「初沉鬱」似包舉以上諸人。

〔二三〕「弞」，《郭簡·窮達》隸定爲「躲」；「壓」，《郭簡·窮達》隸定、釋爲「邳（㤥）」。【注釋】〔一一〕：「孫叔，即孫叔敖。㤥思少司馬，楚職官，亦見於包山楚簡。裘按：『孫叔』下一字，朱德熙、李家浩認爲是『躲（射）』字（《朱德熙古文字論集》一九六頁）。」陳偉《郭别》認爲「壓」所從「丞」

爲「亟」之譌：楚地有期思。「亟」字上古音在職部，「期」字上古音在之部，讀音相近。《山海經·海内東經》：「汝水出天息山，在梁勉鄉西南，入淮極西北。一曰淮在期思北。」疑「西」爲「思」字之誤，「極西」實即「期思」。這是「期思」曾寫作「亟思」的間接證據。孫叔敖與期思有密切關係。《荀子·非相》云：「楚之孫叔敖，期思之鄙人也。」《呂氏春秋·贊能》及東漢延熹三年所立《楚相孫叔敖碑》亦有此説（碑文見洪适《隸釋》卷三）。又《淮南子·人間訓》云：「孫叔敖決期思之水，而灌雩婁之野，莊王知其可以爲令尹也。」簡文所載與此恐有某些聯繫。裘錫圭《三則》指出：「『少』疑當讀爲『小』。……《楚語下》説『鬭子文三舍令尹』，《國語》韋昭注：『舍，去也。』『射』是船母魚部字，『舍』是書母魚部字，上古音很相近。『三射』的『射』無疑就應讀爲『舍』。不過韋昭直接把『舍』訓爲『去』，恐怕並不十分妥當。『舍』在古代可訓爲『置』（這種『舍』亦作『捨』）。『舍令尹』是放下令尹職位的意思，這當然意味着『去令尹』，即離開令尹職位，但『放下』畢竟不等於『離開』。」

案：「弔」古讀與「叔」同，故「弔」可讀爲「叔」。「䠶」，當隸定爲「弞」。朱德熙先生指出，鄂君啟舟節該形字从引省从倒矢（引者案——本簡簡文同），由於楚文字中「矢」字有時倒寫（擂鼓墩一號墓竹簡可以爲證），隸定當作「弞」，釋爲「䠶」，即「射」字（《朱德熙文集》第五卷，一九六頁）。「郢」，今依形隸定爲「郢」，其右部爲《説文》「恆」字古文。

〔三四〕「臧」字當从「爿」聲，《郭簡・窮達》讀爲「莊」，是。

〔三五〕「湝」，《郭簡・窮達》隸定爲「洦」而加問號存疑；「逡」，《郭簡・窮達》隸定爲「後」。黄德寬、徐在國《考釋》指出：「應釋爲『沈』，讀爲『沉』。該字右部所从，與信陽楚簡2-023枕，包山楚簡邥(枕)、酖字所从『冘』相近，應釋爲『沈』。」劉釗《字札》指出：「『沈酭』之『酭』應讀作『鬱』。『酭』从『有』聲……典籍『郁』『鬱』相通。……『沉鬱』即『沉滯』。《左傳》昭公二十九年：『若泯棄之，物乃坻伏，鬱湮不育。』杜注：『鬱，滯也。』……『沉滯』本義爲『伏積』『伏止』，引申爲『不遇』之意。……《楚辭・九辯》『原沈滯而不見兮』，注：『思欲潛匿，自屏棄也。』……簡文『初沈酭(鬱)，後名揚』即『開始沈滯不遇，後來聲名遠揚』之意。」趙平安《比干》認爲：「若嚴格隸定，還是隸定作『湝』爲好。」

案：《説文・彳部》：「逡，古文後从辵。」此處「初沉鬱，後名揚」當指前舜及以下諸人。

〔三六〕「悳」，《郭簡・窮達》隸定、釋爲「悳(德)」，今依形隸定爲「悳」。

〔三七〕「睘」，《郭簡・窮達》隸定爲「翏」。

案：「睘」从彔聲，讀爲「戮」，彔與翏二字古通。《史記・儒林列傳》「後世學者多録焉」，裴駰《集解》引徐廣曰：「録，一作繆。」

〔三八〕「𡬠」，《郭簡・窮達》直接隸定爲「前」；「𢡟」，《郭簡・窮達》隸定爲「㥯」，【注釋】〔一二〕：

「裘按：《韓詩外傳》卷七：『伍子胥前功多，後戮死，非知有盛衰也，前遇闔閭，後遇夫差也。』『非知有盛衰也』句，《説苑・雜言》作『非其智益衰也』。二書此段文字與簡文基本相同。」張立文《篇題》指出：「疋、胥同聲系相通。红、工同聲系相通。」

案：《玉篇・止部》：「歬，今作前。」「懐」，今依形隸定爲「𢟪」，上部爲「衰」字古文，讀爲「衰」。《越絶書・越絶外傳紀策考》記子胥之語：「吾前獲功，後遇戮，非吾智衰，先遇闔廬，後遭夫差也。」

〔二九〕「⿰馬幾」，《郭簡・窮達》釋爲「驥」。李零《校記》讀「馰」爲「厄」：「『厄』原从馬从勹，疑同『約』，讀爲『厄』(『厄』是影母錫部字，『約』是影母藥部字，讀音相近)。」徐在國《三考》指出：「『馰』字在簡文中似當讀爲『約』……引申爲窮困義。《論語・里仁》：『不仁者不可以久處約。』何晏注：『久困則爲非。』《楚辭・九辯》：『離芳藹之方壯兮，余萎約而悲愁。』洪興祖補注：『約，窮也。』『張』當讀爲『長』，長有大義……如此『張山』即長山，義爲大山。……騹字不見於《説文》。《荀子・性惡》：『驊騮騹驥、纖離綠耳，此皆古之良馬也。』楊倞注：『皆周穆王八駿名，騹，讀爲騏。』《廣雅・釋獸》『騏驥』條，王念孫《疏證》：『《莊子・秋水篇》：「騏驥驊騮，一日而馳千里。」騏，或作騹。』騹、騏變聲，故騹字可讀爲騏。如此，簡文『騹』字亦應讀爲『騏』。……《易林・夬之井》：『虎除善猛，難爲政毉；驥疲鹽車，困於銜箠。』」裘錫圭《研讀》指出：「『空』有音同『穴』。新蔡簡乙一22、24有『空酓』，即楚先『穴熊』，證明『空』當讀爲『穴』。」李家浩《楚先》指出馰「應該讀爲『僡』……訓爲困……簡文『穴』應該讀爲『困』」。案：「約」與「僡」義近，今讀「馰」爲「約」。「空」字今從裘錫圭、李家浩說。「㕣」，辨見前簡三，此讀爲廄（㕆）。「埶」依前簡四讀爲「棘」，《廣雅・釋詁二》：「行、隊、棘、列，陳也。」「騏困於廄棘」，當指良馬被置於普通馬廄之中。

〔三〇〕《郭簡・窮達》【注釋】［一三］：「裘按：《韓詩外傳》卷七和《説苑・雜言》緊接在上注所引文字之後，都有一段與此段簡文内容相近的文字，可資參考。前者説：『夫驥罷鹽車，此非無形容也，莫知之也。使驥不得伯樂，安得千里之足，造父亦無千里之手矣。』後者説：『夫驥厄罷鹽車，非無驥狀也，夫世莫能知也。使驥得王良、造父，驥無千里之足乎？』簡文『體壯』之『壯』，似當讀爲『狀』。『至千里』似當讀爲『致千里』。『告』當讀爲『造』，其下蓋脱『父』字。楚簡『告』字中的上端皆直，此『告』字上端則向左斜折，與楚簡『告』『倍』等字所从之『告』相同，故此字無疑當讀爲『造』。有學者指出『造』字所从之『告』與祝告之『告』本非一字，是有道理的。」張立文《篇題》指出：「海……《馬王堆漢墓帛書・九主》『伊尹受命於湯，乃論海内四邦』，海讀爲海。《六朝别字記》：『海作海。』」

案：《郭簡・老子乙》【注釋】［二一］：「穿，『窮』字省形，讀作『窮』。《古文四聲韻》引《道經》

『窮』字从『宀』从『躳』。」

〔三一〕王志平《簡釋》指出：「《荀子·宥坐》《韓詩外傳》卷七、《説苑·雜言》等作『遇不遇者，時也』。《孔子家語·在厄》作『夫遇不遇者，時也』。《論衡·逢遇》作『遇不遇者，時也』。《漢書·揚雄傳上》《劉子·遇不遇》均作『遇不遇，命也』。」

〔三二〕「造」，《郭簡·窮達》隸定爲「達」，《郭簡·窮達》【注釋】〔一六〕：「關於『達』的字形，請參看《老子》甲注一九。」《老子》甲【注釋】〔一九〕：「達，簡文作[illegible]，《古文四聲韻》引《古老子》『達』作[illegible]，與簡文極近似。」何琳儀《二考》指出：「戰國文字中，『=』形和『口』形往往是裝飾部件，可以互換，有時在一字中共見。有理由推測『達』的主體部分是由『辵』旁和『午』形所構成。還有一種可能，可以推測郭店簡『達』所从『=』形乃省形符號，所省者爲『羊』旁。」

案：「童」與「動」古音皆屬定紐東部，音近可通。「達」，今依何説隸定爲「造」。

〔三三〕《郭簡·窮達》【注釋】〔一四〕：「裘按：『爲名』上所缺一字當爲『非』，『□非爲名也，故莫之知而不叜』與上句『動非爲達也，故窮而不□』爲對句。」李零《校記》釋爲「故窮而不［怨。隱非］爲名也，故莫之知而不吝」。顔世鉉《散二》指出：「『叜』讀作『吝』，《説文》：『吝，恨惜也。』」

案：《孟子·萬章下》「遺佚而不怨，阨窮而不憫」，此疑補入「憫」字，與下文「吝」皆爲文部字，押韻。據《禮記·中庸》：「君子依乎中庸，遯世不見知而不悔，唯聖者能之。」「遯」與「隱」義近，「悔」與後文「吝」義近，此疑補入「隱」。

〔三四〕《郭簡·窮達》【注釋】〔一五〕：「裘按：與『□（此字殘存艸頭）□□□□□□□□□嗅而不芳』相當之句，《荀子·宥坐》作『且夫芷蘭生於深林，非以無人而不芳』，《韓詩外傳》卷七作『夫蘭茝生於茂林之中，深山之間，不爲人莫見之故不芳』。簡文『而』上一字疑當釋『嗅』，但與見於字書之『嗅』異義，當是『嗅』之異體。」第一字殘存筆畫作「[illegible]」，陳劍《簡序》隸定爲「芑」：「『芑』字下部大半已經殘去，所从『巳』字之『圓頭』尚有部分可見。『巳』『止』『㠯』三字古音都很接近，以之爲聲符的字常可相通，故『芑』應即『芷』或『茝』字異體。『芑（茝）［□□□□□］，【一二】［□□□□□］嗅而不芳』可據上舉古書有關內容補爲『芑（茝）［蘭生於深林］，【一二】［不以無人］嗅而不芳』之類。」

案：《荀子·宥坐》作「芷蘭」，《韓詩外傳》作「蘭茝」，今讀爲「芷蘭」。「嗅」可讀爲「嗅」，上博七《凡物流形》甲本簡十九、乙本簡十三有「咀之有味，嗅之有臭」，「嗅」「臭」從臭作。

〔三五〕「𠰥」，《郭簡·窮達》釋爲「己」。顏世鉉《散二》指出：「無璐瑾喻寶，山石不爲□□□□。」劉釗《字札》認爲：「簡文『堇愈』應讀作『瑾瑜』。」劉樂賢《五則》進一步指出：「『茖』字从『各』聲，可讀爲『璐』。《說文解字·玉部》：『璐，玉也。』《玉篇·玉部》：『璐，美玉也。』接連使用了三個表示美玉的字，説明這句話可能是以美玉爲議題。從簡文看，前句講芝蘭，此句講美玉，文意正好相接。如果這一思路不誤，則本句最前面的『無』字恐非本字，似應讀爲『璑』。《説文解字·玉部》：『璑，三采玉也。』璑雖衹是次等之玉，質地較『璐』『瑾』『瑜』等差，但畢竟是玉而不是石，故能與『璐』『瑾』『瑜』並列。《廣雅·釋地》講到各種玉名時，就將『璑』與『璐』『瑾』『瑜』等收在一塊。因此簡文的『璑璐瑾瑜』實際上就是玉或美玉的代名詞。簡文的『坴』字可讀爲『韜』。」裘錫圭在《動態》中指出：「『坴』似乎不如讀爲『包』更直截了當。」李鋭《補釋》指出：「《周禮·弁師》：『瑉玉三采。』鄭注：『三采，朱，白，蒼也……故書瑉作璑。鄭司農云：……璑，惡玉名。』《荀子·法行》記載：『子貢問於孔子曰：君子之所以貴玉而賤珉者，何也？』似『璑』爲極賤之玉，爲美玉之反襯。顔、劉將『茖』讀爲『璐』，雖可講通，但依『璑』之義來看，似不如讀『茖』爲『珞』。《集韻·錫韻》：『礫……或作硌、……珞。』……《老子》三十九章『珞珞如石』……帛書本作『硌』。《玉篇·石部》：『硌，山上大石，又石次玉。』……玉本身是石，此處之璑、珞、瑾、瑜，當指良玉、惡玉俱包藏於山石之中，與《琴操·猗蘭操》薌蘭在隱谷之中，而又與衆草爲伍義近。又《淮南子·脩務》載：『玉石之相類者，唯良工能識之。』高誘注：『卞和是也。』王褒《四子講德論》也説：『美玉藴於碔砆，凡人視之怢焉。』李善注：《戰國策》曰：『白骨疑象，武夫類玉。』張揖《漢書注》曰：『武夫，石之次玉者。』」今補爲「璑珞瑾瑜包山石，不爲【無人識而掩光……】」，下當缺簡。其後，相關文獻皆言及君子修身端行以待時，今依文意，主要據《孔子家語・在厄》，補爲『君子修道立德，不爲窮困而敗節。生死，命也』，待考。」

案：《吕氏春秋・疑似》：「玉人之所患，患石之似玉者。」今連下文讀爲「不爲［無人識而］善伓（鄙）㠯（改）也」，則或不缺簡。「伓」从不聲，可以讀爲「鄙」，《書・堯典》「否德忝帝位」，《史記・五帝本紀》引「否」作「鄙」。「改」从「己」聲。《淮南子・人間》：「善鄙同，誹譽在俗。」

〔三六〕池田知久《研上》指出：「《淮南子・齊俗》：『故趨舍同，誹譽在俗；意行鈞，窮達在時。湯、武之累行積善，可及也；其遭桀、紂之世，天授也。今有湯、武之意，而無桀、紂之時，而欲成霸王之業，亦不幾矣。』」

案：《論衡・禍虚》：「凡人窮達禍福之至，大之則命，小之則時。太公窮賤，遭周文而得封；甯戚隱阨，逢齊桓而見官。非窮賤隱阨有非，而得封見官有是也。窮達有時，遭遇有命也。太公、甯戚，賢者也，尚可謂有非。聖人，純道者也。虞舜爲父弟所害，幾死再三。有〈後〉遇唐堯，堯禪舜，立爲帝。嘗見害，未有非；立爲帝，未有是。前，時未到；後，則命時至也。案古人君臣困窮，後得達通，未必初有惡，天禍其前；卒有善，神佑其後也。一身之行，一行之操，結髮終死，前後無異。然一成一敗，一進一退，一窮一通，一全一壞，遭遇適然，命時當也。」

〔三七〕《郭簡·窮達》隸定、釋爲「嵒（譽）皇（毁）才（在）仿（旁）」。案：此處「譽毁」當爲偏義複詞，重在「毁」，如《管子·形勢解》：「訾讆之人得用，則人主之明蔽，而毁譽之言起。」「才」與「在」古通。「仿」（古音屬滂紐陽部）與「旁」（並紐陽部字）音近可通。

〔三八〕「聖」，《郭簡·窮達》釋爲「聽」而加問號存疑。李零《校記》指出：「『之白』，應與下文『幽明』相似，也是反義合成詞，這裏讀爲『緇白』（『緇』是莊母之部字，『之』是章母之部字，讀音相近）。」黄人二《郭考》認爲：「不釐」疑讀爲「不埋」，《太一生水》云：「此天之所不能殺，埅（地）之所不能釐（埋），侌（陰）昜（陽）之所不能成。」陳劍《簡序》認爲：「『聖之弋母之白』中『母之』二字應係誤抄倒。細看圖版，『母之白』的『之』字右旁靠上的竹簡邊有一個小墨點，顏色較淡。它應該就是起提示此處『母之』二字係誤抄倒作用的。」他將簡一四接簡九。但是裘錫圭《研讀》指出「『緇白』一詞魏晉時期才出現，爲佛教用語」。而龐光華《輔音》認爲：「『埋』是漢代以後才有的俗字，先秦似乎沒有『埋』字形。」李鋭《補二》指出：「二〇〇三年元月在荆門市博物館『郭店楚簡考查·高級研究班』上，檢郭店楚簡《窮達以時》第一四號簡實物，『之』字右旁沒有小墨點，《郭店楚墓竹簡》圖版上的小墨點，當係底片加工時出現的誤差。」

案：《論語・陽貨》有：「子曰：……不曰白乎，涅而不緇。」則「緇白」當可作爲聯合式詞組使用。「聖」與「聽」古通。「弋」，亦見於《緇衣》簡五，通「忒」。《尚書・洪範》：「民用僭忒。」《釋文》：「馬云：『惡也。』」「母」與「侮」古通。《廣韻・之韻》「釐，理也」，有處理之義。「譽毀在旁，聽之忒侮，緇白不釐」即是説即使旁人惡言詆毀，也任之誹謗，不去爲自己爭辯是非黑白。

〔三九〕王志平《簡釋》指出：「《論衡・禍虛》：『窮達有時，遭逢有命也。』《呂氏春秋・首時》：『天不再與，時不久留，能不兩工，事在當之。』」李鋭《補二》指出：「『幽明』爲習語，《易・繫辭上》『知幽明之故』，注：『幽明者，有形无形之象。』此處當用爲比喻義，疑指時世。『不再』，《禮記・儒行》『過言不再』，鄭注：『不再，不更也。』參以《呂氏春秋・首時》，此處當是説（好的）時世不會再次碰上。」裘錫圭《研讀》指出：「王寧在來信中説：明可訓顯、通。《國語・周語》『尊貴明顯』，韋昭注：『明，顯也。』這句話是説：窮達要根據時機，時機來臨，要積極掌握，幽隱與通達，機會不可再來。」

案：「幽明」爲偏義複詞，重在「明」。《文子・道德》：「聖人和愉寧靜，生也；至德道行，命也；故生遭命而後能行，命得時而後能明，必有其世而後有其人。」此句之「窮達」當亦是偏義複詞，重在「達」。前一句「窮達」亦是偏義複詞，重在「窮」。

〔四〇〕顔世鉉《淺釋》指出：「惇，讀作『惇』。」李零《校記》釋爲「敦」。案：「惇」即《説文》「惇」字繁體省形。王筠《説文句讀》：「經典多借敦字爲之。」今釋爲「敦」。《吴越春秋·闔閭内傳》：「夫差信以愛人，端於守節，敦於禮義。」

簡序、篇章意見

原編者：一～八，九～一三，一四，一五

李零《校記》：一～七；八～一五

陳劍《簡序》：一～八、一四、九～一三、一五

陳偉《別釋》：一～六、八、七；一四、九～一三、一五

李銳《再考》：一～一三、補一、一四～一五

本文：一～一五

案：《窮達以時》多用押韻，尤其是相、羊、卿、莊、揚、狀，皆爲陽部字，而這一段中還有桓爲元部字，馬爲魚部字，加爲歌部字，故爲魚部字，這一大段可爲魚鐸陽歌月元通轉押韻；功爲東部字，也是東陽合韻。其後天、[憫]、吝爲真文合韻。最後的改、時、犛、時、再、已，則皆爲之部字，侮爲侯部字，侯之也是合韻的。比較而言，其他的編聯方法都不如此編聯法押韻多。

參考文獻

專書及簡稱：

陳偉《郭店竹書別釋》，武漢：湖北教育出版社，2002年12月。簡稱：《別釋》。

荆門市博物館編：《郭店楚墓竹簡》，北京：文物出版社，1998年5月，簡稱：《郭簡》。

李零《郭店楚簡校讀記（增訂本）》，北京：北京大學出版社，2002年3月。簡稱：《校增》。

劉釗《郭店楚簡校釋》，福州：福建人民出版社，2003年12月。簡稱：《校釋》。

龐光華《論漢語上古音無複輔音聲母》，北京：中國文史出版社，2005年8月。簡稱：《輔音》。

論著及簡稱：

白於藍《郭店楚墓竹簡考釋（四篇）》，李學勤、謝桂華主編：《簡帛研究二〇〇一》，桂林：廣西師範大學，2001年9月。簡稱：《四篇》。

陳劍《郭店簡〈窮達以時〉〈語叢四〉的幾處簡序調整》，《國際簡帛研究通訊》第二卷第五期，2002年6月。簡稱：《簡序》。

陳偉《郭店楚簡別釋》，《江漢考古》1998年第4期。簡稱：《郭別》。

池田知久《郭店楚簡〈窮達以時〉研究(上)》，臺灣《古今論衡》2000年第4期。簡稱：《研上》。

何琳儀《郭店簡古文二考》，《古籍整理研究學刊》2002年第5期。簡稱：《二考》。

黄德寬、徐在國《郭店楚簡文字考釋》，吉林大學古籍整理研究所編：《吉林大學古籍整理研究所建所十五周年紀念文集》，長春：吉林大學出版社，1998年12月。簡稱：《考釋》。

黄人二《郭店竹簡〈窮達以時〉考釋》，楚文化研究會編：《古文字與古文獻》(試刊號)，臺北：楚文化研究會籌備處，1999年10月。簡稱：《郭考》。

黄人二《簡論先秦兩漢書手抄寫後之校勘大概》，謝維揚、朱淵清主編：《新出土文獻與古代文明研究》，上海：上海大學出版社，2004年4月。簡稱：《校勘》。

黄錫全《讀上博楚簡札記》，廖名春編：《新出楚簡與儒學思想國際學術研討會論文集》，北京：清華大學思想文化研究所，2002年3月。簡稱：《札記》。

季旭昇《讀郭店、上博簡五題：舜、河滸、紳而易、牆有茨、宛丘》，《中國文字》新廿七期，臺北：藝文印書館，2001年12月。簡稱：《五題》。

李步嘉《楚簡記「呂望」事考釋》，《長江學術》第一輯，武漢：長江文藝出版社，2002年5月。簡稱：《呂望》。

李家浩《讀〈郭店楚墓竹簡〉瑣議》，《中國哲學》第二十輯，瀋陽：遼寧教育出版社，1999年1月。簡稱：《瑣議》。

李家浩《楚簡所記楚人祖先「毓(鬻)熊」與「穴熊」爲一人説》，《文史》2010年第3期。簡稱：《楚先》。

李零《郭店楚簡校讀記》，《道家文化研究》第十七輯，北京：生活·讀書·新知三聯書店，1999年8月。簡稱：《校記》。

李銳《郭店楚簡〈窮達以時〉再考》，謝維揚、朱淵清主編：《新出土文獻與古代文明研究》，上海：上海大學出版社，2004年4月；《簡帛釋證與學術思想研究論集》，臺北：臺灣書房出版有限公司，2008年3月。簡稱：《再考》。

李銳《郭店楚墓竹簡補釋》，饒宗頤主編：《華學》第六輯，北京：紫禁城出版社，2003年6月。簡稱：《補釋》。

李銳《郭店楚墓竹簡補釋（二）》，《古墓新知——紀念郭店楚簡出土十周年論文專輯》，香港：國際炎黃文化出版社，2003年11月。簡稱：《補二》。

廖名春《郭店簡從「𠦪」之字考釋》，饒宗頤主編：《華學》第六輯，北京：紫禁城出版社，2003年6月。簡稱：《考釋》。

廖名春《上海博物館藏楚簡〈武王踐阼〉篇管窺》，《新出楚簡試論》，臺北：臺灣古籍出版有限公司，2001年5月。簡稱：《管窺》。

劉剛《楚銅貝「坌朱」的釋讀及相關問題》，「中國古文字研究會第十九屆學術年會」論文，復旦大學，2012年10月23—25日。簡稱：《坌朱》。

劉樂賢《郭店楚簡雜考（五則）》，《古文字研究》第二十二輯，北京：中華書局，2000年7月。簡稱：《五則》。

劉樂賢《〈窮達以時〉與〈呂氏春秋・慎人〉》，《華學》第四輯，北京：紫禁城出版社，2000年8月。簡稱：《慎人》。

劉釗《讀郭店楚簡字詞札記》，武漢大學中國文化研究院編：《郭店楚簡國際學術研討會論文集》，武漢：湖北人民出版社，2000年5月。簡稱：《字札》。

劉釗《利用郭店楚簡字形考釋金文一例》，《古文字研究》第二十四輯，北京：中華書局，2004年8月。簡稱：《一則》。

劉釗《釋「儥」及相關諸字》，《中國文字》新28期，臺北：藝文印書館，2002年12月。簡稱：《釋「儥」》。

龐樸《天人三式》，武漢大學中國文化研究院編：《郭店楚簡國際學術研討會論文集》，武漢：湖北人民出版社，2000年5月。簡稱：《天人》。

裘錫圭《讀〈郭店楚墓竹簡〉札記三則》，《上海博物館集刊》第九輯，上海書畫出版社，2002年12月。簡稱：《三則》。

裘錫圭《郭店楚簡研讀》，2004年春季北京大學課程。簡稱：《研讀》。

裘錫圭《〈太一生水〉「名字」章解釋——兼論〈太一生水〉的分章問題·附識》，《古文字研究》第二十二輯，北京：中華書局，2000年7月。簡稱：《附識》。

宋華强《楚墓竹簡中的「譽」字及「纆」字》，「簡帛研究」網，2004年6月13日。簡稱：《譽字》。

王志平《郭店簡〈窮達以時〉校釋》，西北師範大學文學院、甘肅省文物考古研究所編：《簡牘學研究》第三輯，蘭州：甘肅人民出版社，2002年4月。簡稱：《郭校》。

王志平《〈窮達以時〉簡釋》，清華大學簡帛講讀班2000年4月8日；《清華簡帛研究》第一輯，北京：清華大學思想文化研究所，2000年8月。簡稱：《簡釋》。

王志平《〈窮達以時〉與〈荀子·天論〉》，清華大學簡帛講讀班論文，2000年4月8日。簡稱：《天論》。

魏宜輝、周言《讀〈郭店楚墓竹簡〉札記》，《古文字研究》第二十二輯，北京：中華書局，2000年7月。簡稱：《讀札》。

徐在國《郭店楚簡文字三考》，李學勤、謝桂華主編：《簡帛研究二〇〇一》，桂林：廣西師範大學出版社，2001年9月。簡稱：《三考》。

徐在國、黄德寬《傳抄〈老子〉古文輯説》，《中研院歷史語言研究所集刊》第73本第2分，2002年6月。簡稱：《輯説》。

顏世鉉《郭店楚簡淺釋》，《張以仁先生七秩壽慶論文集》，臺北：臺灣學生書局，1999年1月。簡稱：《淺釋》。

顏世鉉《郭店楚簡散論(二)》，《江漢考古》，2000年第1期。簡稱：《散二》。

顏世鉉《郭店楚墓竹簡儒家典籍文字考釋》，《經學研究論叢》第六輯，臺北：臺灣學生書局，1999年6月。簡稱：《儒釋》。

張富海《北大中國古文獻研究中心「郭店楚簡研究」項目新動態》，「簡帛研究」網，2003年6月2日。簡稱：《動態》。

張光裕《〈郭店楚簡研究〉第一卷(文字編)緒説》，日本中國出土資料學會：《中國出土資料研究》第3號，1999年3月。簡稱：《緒説》。

張立文《論郭店楚墓竹簡的篇題和天人有分思想》，《傳統文化與現代化》，1998年第6期。簡稱：《天人》。

趙平安《〈窮達以時〉九號簡考論——兼及先秦兩漢文獻中比干故事的衍變》，《古籍整理研究學刊》2002年第2期。簡稱：《比干》。

趙平安《釋清華簡〈命訓〉中的「耕」字》，《深圳大學學報（人文社會科學版）》2015年第3期。簡稱：《耕字》。

周鳳五《郭店楚簡釋字札記》，《張以仁先生七秩壽慶論文集》，臺北：臺灣學生書局，1999年1月。簡稱：《郭札》。

唐虞之道

李　銳
王晉卿　校釋

校釋説明

《唐虞之道》是《郭店楚墓竹簡》中的一篇，原無篇題，整理者據簡文擬加。本篇存簡二十九枚，其中有六簡一端殘損，一簡兩端殘損。竹簡兩端平齊，簡長二八・一至二八・三釐米。編綫兩道，編綫間距一四・三釐米。本篇無分章與句讀符號，篇末有「■」標識。簡二、一六、二六有合文符，作「=」。竹簡形制及簡文書體與《忠信之道》接近，或認爲是「具有齊系文字特點的抄本」。

本篇宣揚堯舜禪讓，主張「利天下而弗利也」，強調愛親與尊賢的統一，同時還強調「時」的觀念，指出「大時」在禪讓中的重要性。本篇主張的禪讓思想與上博簡《容成氏》《子羔》等文獻有一定聯繫，引起了學者對戰國中期禪讓思想的討論。學者對本篇的簡序多有不同意見，李零（1999）、周鳳五（1999）、陳偉（2002）等學者都曾調整簡序，本次校點在以往學者研究的基礎上重新調整簡序以供研究。

校釋者　李　鋭　王晉卿

凡例

一、本書以《郭店楚墓竹簡·唐虞之道》(文物出版社，一九九八年五月)的釋文爲校勘底本。

二、竹簡簡號一依《郭店楚墓竹簡》，標在每簡最後一字的右下旁。

三、竹簡上原有的標識一依其舊，以裨研究。重文號後補出重文及標點，合文號後寫出合文及標點，於其外加方括號「[ ]」。釋文另加新式標點符號。

四、釋文儘量按簡文字形隸定，以裨研究。個别有省略筆畫者從略。

五、簡文殘缺或殘泐無法辨識的字，可據行文格式推定字數者，釋文以「□」號表示，一「□」代表一字。

六、簡文殘缺之字，尚有殘留筆畫可辨認者，外加「□」號；補字及據文義擬補者，外加方括號「[ ]」。

七、簡文中的通假字、異體字隨文注出本字、正字，外加「( )」表示；訛字隨文注出正字，外加「〈 〉」表示；衍文外加「{ }」表示。

八、原簡已釋讀出一般之字，注釋不一一標出、補充。學者有輔助討論者，爲便研究而録入。

湯(唐)吳(虞)之道(道)，〔一〕𨗨(禪)而不𢔎(專)。〔二〕𡉏(堯)𡕥(舜)之王，〔三〕𥝢(利)天下而弗𥝢(利)也。〔四〕𨗨(禪)而不𢔎(專)，聖之一盛也。〔五〕𥝢(利)天下而弗𥝢(利)也，忎(仁)之至也。〔六〕古昔(昔)臤(賢)忎(人)聖者女(如)此。〔七〕𥨪=[躳身]不䞈(徇)，〔八〕叟(沒)二而弗𥝢(利)，〔九〕𥨪(窮)忎(仁)歖(矣)。北(必)正丌(其)身，〔一〇〕肰(然)后(後)正世，〔一一〕聖道(道)備歖(矣)。〔一二〕古(故)湯(唐)吳(虞)之興，[以]〔一三〕三竝(傍)烏(於)大旹(時)，〔一四〕神明將(將)從，〔一五〕天埅(地)右(佑)之，從(縱)忎(仁)聖可与(與)，〔一六〕旹(時)弗可及歖(矣)。〔一七〕夫古者一五𡕥(舜)佢(居)烏(於)茅=[草茅]之中而不惪(憂)，〔一八〕升爲天子而不喬(驕)。〔一九〕佢(居)茅=[草茅]之中而不惪(憂)，智(知)命一六也。〔二〇〕升爲天子而不喬(驕)，不流也。〔二一〕沭(述)虖(乎)大人之興，𢼸(美)也。〔二二〕今之戈(歌)烏(呼)直(德)者，〔二三〕未一七季(年)不弋(式)。〔二四〕君民而不喬(驕)，卒王天下而不矣(俟)。〔二五〕方才(在)下立(位)，不目(以)匹夫爲一八翟(輕)；〔二六〕及丌(其)又(有)天下也，不以天下爲重。又(有)天下弗能冄(益)，〔二七〕亡(無)天下弗能鼎(損)。〔二八〕亟(極)忎(仁)一九之至，𥝢(利)天下而弗𥝢(利)也。𨗨(禪)也者，上(尚)直(德)𠬝(授)臤(賢)之胃(謂)也。〔二九〕

上(尚)直(德)昊(則)天下又(有)君而二〇世明；〔三〇〕爰(授)臤(賢)則民礜(譽)效(教)而蠆(化)虖(乎)道(道)。〔三一〕不遴(禪)而能蠆(化)民者，自生民未之又(有)也。〔三二〕二一

〔一〕《郭簡·唐虞之道》隸定、釋爲「湯(唐)吳(虞)之道」，【注釋】[一]：湯，借作「唐」。吳，借作「虞」。簡文的「湯吳之道」即「唐虞之道」，亦即堯舜之道。黃錫全《新探》指出《孟子·公孫丑下》《韓非子·忠孝》有「堯舜之道」之語。

案：「道」，依簡文字形可隸定爲「道」，「百」乃古文「首」。

〔二〕遴，《郭簡·唐虞之道》隸定爲「徸」，【注釋】[二]：徸，从「彳」从「𡙁」从「壬」，義爲禪讓。周鳳五《新釋》指出此字从辵，番聲，讀作「禪」。徸，《郭簡·唐虞之道》讀作「傳」，周鳳五《新釋》指出當讀作「專」，指專擅、獨佔。禪而不專，即禪讓而不獨佔，亦即傳賢不傳子；若傳子則政權由一家一姓獨佔，不得稱之爲禪讓。且禪(嬗)字本訓「傳」，簡文若讀作「禪而不傳」，則語意矛盾。且楚文字「傳」皆从辵，簡文「專」字从彳，與从辵之字有別，不可混淆。

案：《古璽彙編》3431「番」字本當从之「米」形，缺左上點(《古璽彙編》1823「歠」字缺左下點)，近「朩」形，但其右上點作豎點而非短横。今且據周説，將原釋文所隸定之「徸」皆隸定

爲「遳」，讀爲「禪」，待考。《白虎通・封禪》：「言禪者，明以成功相傳也。」《廣雅・釋詁四》：「禪，傳也。」《集韻・線韻》：「禪，禪讓傳受。」「徝」，當從周鳳五説讀爲「專」。《説文》：「叀，專小謹也。」《玉篇》：「叀，擅也，獨也，壹也，今作專。」

〔三〕《郭簡・唐虞之道》隸定爲「尭舜之王」，【注釋】〔三〕：尭，簡文上部从「㚸」，與《説文》「尭」字古文同，下部从「土」。舜，簡文與《説文》「舜」字古文、《汗簡》引《古尚書》「舜」字形同。黄錫全《新探》：《管子・揆度解》有「尭舜之王」語。梁濤《研讀》：王，名詞，指做王的原則。

案：「尭」，依簡文可隸定爲「𡋡」。「舜」，《汗簡》引《古尚書》「舜」字作「[illegible]」（《古文四聲韻》引《汗簡》作「錖」，同《説文》古文，恐已訛），與《説文》「舜」字古文「錖」比較，上「肉」形内無筆畫，僅存外部輪廓。本簡等之「舜」字作「[illegible]」，字形與《汗簡》「舜」字接近，上「肉」字亦僅存外部輪廓，下从「人」从「火」从「土」，「人」形爲「火」字省訛，當爲「錖」（舜）字省形。今皆隸定爲「錖」，釋爲「舜」。

〔四〕弗利，周鳳五《新釋》：不自利，不求利己之義。《吕氏春秋・貴公》「利而勿利也」，高注：「務在利民，勿自利也。」王博《幾個問題》（一）、裘錫圭《三則》（二）：《管子・戒》「仁故不以天下爲利」。范麗梅《意義》：《管子・版法解》「是故與天下同利者，天下持之；擅天下之利者，天下謀之」，「凡所謂能以所不利利人者，舜是也」。

案：「㓠」，《説文》「利」字古文。《商君書・修權》：「故堯舜之位天下也，非私天下之利也，爲天下位天下也。」《淮南子・繆稱》：「堯王天下而憂不解，授舜而憂釋。憂而守之，而樂與賢終，不私其利矣。」

〔五〕《郭簡・唐虞之道》【注釋】[四]：聖，簡文寫作□、□、□等形，金文「聖」有作□（簷平鐘）者，與上列簡文第一例近。簡文第二例之下部係从「壬」省。第三例下部从「口」。

〔六〕王博《幾個問題》（一）：《管子・戒》：「仁故不以天下爲利，義故不以天下爲名。」周鳳五《新釋》：簡文「利」下有「也」字，蒙上而衍，當刪。

案：忎，「仁」字古文。本篇「仁」字實皆从「千」或「人」聲，从「千」者正與《説文》古文合。後面《忠信之道》八號簡「仁」字亦从「千」。「也」字連用，前一「也」字可視作「者」，《經傳釋詞》：也猶者也。成十七年《穀梁傳》曰：「不曰至自伐鄭也，公不周乎伐鄭也。」

〔七〕《郭簡・唐虞之道》隸定、釋爲「古（故）昔臤（賢）㤅（仁）聖者女（如）此。」【注釋】[五]裘按：「古昔」下一字，下文屢見，從文意上可以斷定是「臤」字省寫，讀爲「賢」。簡文「臤」字多作左从「臣」，右从「□」，簡文皆其右半之變形。古，周鳳五《新釋》讀爲本字。《合集》：《呂氏春秋・用民》：「古昔多由布衣定一世者矣。」陳偉《竹書別釋》：《禮記・曲禮上》：「必則古昔，稱先王。」《大戴禮記・五帝德》：「五帝用記，三王用度，女欲一日辨聞古昔之説，躁哉予也！」周鳳五《新釋》釋爲「賢人聖者」。

案：「昔」，依形可隸定爲「昔」。「仁」與「人」古通，此簡「仁」字當讀爲「人」，「賢人」與「聖者」正相稱。本篇「者」字較爲特殊，待考。

〔八〕案：包山楚簡、天星觀卜筮簡、望山一號墓卜筮簡中有相近之合文詞，作「竆＝」，皆釋爲「躬身」，内部「吕」非「吕」字。此宜仍釋爲「躬身」。「豹」，當从勻聲，疑讀爲「徇」（朱駿聲《説文通訓定聲》指出「旬」从勻省聲），《蒼頡篇》：「徇，求也。」《廣雅·釋言》：「徇，營也。」「躬身不徇」，是説唐虞之道是禪讓，受禪者自身決不主動營求。

〔九〕叟，簡文寫作「[illegible]」，李零《校讀記》（一）釋爲「沒」：此字原無水旁，但從字形看，實即「沒」字所从，這裏讀爲「沒」或「歿」，是身死命終的意思。這兩句，「身窮」對「沒」，「不貪」對「弗利」，乃互文見義。張桂光《商榷》：從字形上分析，疑即《説文》訓「入水有所取也，从又在回下。回，古文回。回，淵水也，讀若沬」之「叟」字。原辭意謂身沒（或隱退）亦不謀求私利。

案：此字又見於上博簡（四）《曹沬之陳》篇簡九。「沒身」，文獻一般指終身。簡文此處當用此義。「躬身不徇，沒而不利」之義，乃是説自己絕不主動營求什麼，終其身不謀私利。

〔一〇〕《郭簡·唐虞之道》隸定、釋爲「竆（躬）𢜩（仁）歖（嘻）杙。正其身」。【注釋】〔六〕：裘按：「歖」當讀爲「矣」，下同。此二字上古音極近。「杙」，張光裕《楚簡研究》：字从才从匕，「匕」

當爲聲符，「札」讀爲「必」。李零《校讀記》(一)點讀爲「窮仁矣。必正其身」。

案：所隸「竆」字，宜隸定爲「竆」，同《古文四聲韻》引《道經》、秦泰山刻石之「窮」字，爲「竆」之省，此當釋爲「窮」。《説文》：「竆，極也。」本簡「仁」字，上从「人」，今隸定爲「忎」。「其」、《郭簡・凡例》指出「其」與「丌」原本不是一字，而古籍或古文字中常常混用，用通行字「其」排印。《説文・丌部》：「丌，下基也。薦物之丌。」《集韻・之韻》：「其，古作丌、亓。」今依簡文隸定爲「丌」，釋爲「其」。下同。

〔一二〕彭邦本《初探》：《論語・顔淵》：「季康子問政於孔子。孔子對曰：政者，正也。子帥以正，孰敢不正？」《子路》：「子曰：其身正，不令而行；其身不正，雖令不從。」「子曰：苟正其身矣，於從政乎何有？不能正其身，如正人何？」

案：「然」从肰聲，「肰」可讀爲「然」。「后」與「後」古通。

〔一三〕簡文「聖」字耳下从「十」形，【注釋】[四]指出此形下部係从「壬」省，今視之爲「聖」之訛省寫法，隸定爲「聖」。

〔一三〕《郭簡・唐虞之道》隸定、釋爲「古(故)湯(唐)吴(虞)之□□」，下接簡四「也」字。趙彤《幾個問題》(二)、陳偉《竹書别釋》指出第一字殘筆與「興」相似。

案：陳偝學友亦曾疑殘字爲「興」。簡一、二備述堯、舜之利天下而弗利，聖之盛，仁之至，後文簡一五提及「縱仁、聖可与(譽)」，簡一九、二〇提及「極仁之至，利天下而弗利也」，與此緊密相關，前後呼應，當接在其後。本篇簡一四與簡一五並不相連接，説見後。此簡當下接簡一五，或有脱簡，今且補爲「故唐虞之[興，以]傍於大時，神明將從，天地佑之」。

〔一四〕竝，陳偉《竹書别釋》：「通『傍』，依順義」，依順。劉釗《校釋》：「並，傍也，依也。」

案：《老子》十六章「萬物並作」，帛書甲、乙本作「旁」，「傍」从「旁」聲，則「並」可讀爲「傍」。《漢書・武帝本紀》：「遂北至琅邪，並海。」師古曰：「並讀曰傍。傍，依也。」「烏」，郭店簡有多種寫法，今皆隸定爲「烏」，依習慣釋爲「於」。「旹」即《説文》時字古文。《禮記・學記》：「君子大德不官，大道不器，大信不約，大時不齊」，孔疏：「大時，謂天時也。」

〔一五〕⿰爿⿱月才，《郭簡・唐虞之道》隸定爲「均(?)」。李零《校讀記》(一)：似从爿从月从才，暫讀爲「將」。

案：「將」，與雲夢秦簡《效律》四六「將」字比較，簡文似爲「將」字而稍有筆誤。今依形隸定爲「⿰爿⿱月才」，讀爲「將」。《玉篇・寸部》：「將，助也。」《莊子・庚桑楚》「備物以將形」，陸德明《釋文》：「將，順也。」《漢書・禮樂志》「九夷賓將」，師古曰：「將猶從也。」

〔一六〕案：与，《説文・勺部》：「賜予也。一勺爲与。此与與同。」《論語・陽貨》「歲不我與」，邢昺疏以與爲留待。

〔一七〕及：《郭簡·唐虞之道》釋爲「隶」，以爲「及」之訛字。李家浩《瑣議》考訂實爲古文「及」。

案：《呂氏春秋·慎人》：「舜……其遇時也，登爲天子，賢士歸之。」「時弗可及」，强調「傍於大時」之重要性，甚至認爲「時」比仁、聖還重要，順應時運當爲戰國時人鼓吹禪讓之重要觀點。

〔一八〕悥：《郭簡·唐虞之道》【注釋】〔二一〕：悥，上部爲「百」之異體。

案：《孟子·盡心上》：「孟子曰：『舜之居深山之中，與木石居，與鹿豕遊，其所以異於深山之野人者幾希。及其聞一善言，見一善行，若決江河，沛然莫之能禦也。』」「茅=」，「屮茅」之合文。「屮」即古「草」字。《尸子》卷下：「舜一徙成邑，再徙成都，三徙成國，其致四方之士。堯聞其賢，徵之草茅之中。」「悥」，簡文作「□」，上部爲「頁」之變體。「悥」，朱駿聲《説文通訓定聲》：「經傳皆以憂爲之，而悥字廢矣。」

〔一九〕升：《郭簡·唐虞之道》隸定爲「身」。【注釋】〔二二〕：身，一般寫作□、□，簡文寫作□，爲異體。裘按：此字似可釋爲「升」，「升」猶言「登」。下簡亦有此字。顏世鉉《楚簡散論》：裘説可從。曾侯乙墓竹簡「迚」字（152），侯馬盟書「陞」（阩）字（156·22、194·11），温縣盟書「忎」字（7、12），所从均與之形近。《呂氏春秋·慎人》：「舜……其遇時也，登爲天子，賢士歸之。」《列女傳》「有虞二妃」云：「舜既嗣位，升爲天子，娥皇爲后，女英爲妃。」《風俗通・皇霸・三王》：「舜、禹本以白衣砥行顯名，升爲天子。」此均可爲簡文釋爲「升」「登」之證。又《吕氏春秋・下賢》：「得道之人，貴爲天子而不驕倨，富有天下而不騁夸；卑爲布衣而不瘁攝，貧無衣食而不憂懾。」《本生》云：「上爲天子而不驕，下爲匹夫而不惛，此之謂全德之人。」

案：喬，簡文字形从又从高，與侯馬盟書中「喬」字同，今隸定爲「喬」。「喬」與「驕」古通。《易傳・文言》：「是故居上位而不驕，在下位而不憂。」

〔三〇〕《郭簡・凡例》指出：「智」字簡文作「智」「㫰」等形，現皆用「智」字排印。楚簡智字所从「矢」形多訛作「大」，今依形隸定可作「㫰」，釋爲「知」。

〔三一〕流，《郭簡》摹寫字形爲「□」，未釋。劉釗《札記》隸爲「流」，釋爲「放」：猶今言「放縱」。

案：《爾雅・釋言》：「流，求也。」

〔三二〕逑，周鳳五《新釋》：讀爲「逑」，《詩經・周南・關雎》「君子好逑」傳：「逑，匹也。」簡文本句連下讀，「逑」字在句中有比擬、相較之意。敚，徐在國《三考》：見於《説文・人部》。假「敚」爲「美」。

案：「逑」釋爲匹即可。此處「大人」疑指堯。「敚」，《説文》段注：「微行而敚廢矣。」「美」，《玉篇・羊部》：「或作媺。」

〔二三〕戈，《郭簡·唐虞之道》隸定爲「弋」。

案：「弋」字形爲「[illegible]」，宜隸定爲「戈」。「弋」字有時加點，然似無加「丿」者，故此當爲「戈」字。「戈」，於此疑讀爲「歌」，古音皆屬見紐歌部。「烏」與「呼」古通，此疑可讀爲「歌呼」。

〔二四〕案：「未」有「無」之義：《戰國策·秦策五》：「秦人援魏以拒楚，楚人援韓以拒秦，四國之兵敵，而未能復戰也。」高注：「未，无也。」「无」與「無」同。《論語·學而》：「不好犯上，而好作亂者，未之有也。」《荀子·正名》等篇多「無之有」之説。《説文·禾部》：「秊，穀孰也，从禾，千聲。」今隸變作「年」。「弋」，當讀爲「式」。式，《説文·工部》：「从工，弋聲。」《漢書·李廣傳》：「登車不式，遭喪不服。」服虔曰：「式，撫車之式以禮敬人也。」引申爲「敬」：《後漢書·明帝紀》：「帝謁陵園，過式其墓。」注：「式，敬也。《禮記》曰：『行過墓必式。』」

〔二五〕案：「矣」，簡文字形作「[illegible]」，實即「疑」字初文而有筆畫共用，可隸定爲「矣」，讀爲「俟」，待也，候也。

〔二六〕匹，《郭簡·唐虞之道》隸定爲「仄」，【注釋】[二四]：裘按：據文義，「仄夫」似應爲「匹夫」之誤寫。李零《校讀記》(二)：此字的簡文寫法似應分析爲从厂从匕，疑以音近借爲「匹」。顏世鉉《竹書散論》：上博簡《緇衣》、郭店簡《唐虞之道》的「匹」字，从「人」，表示計人之量詞，可能是「匹夫」之「匹」的專字。

案：「罣」，「巠」字異構，「巠」與「輕」古通。《孟子·萬章上》：「匹夫而有天下者，德必若舜禹。」

〔二七〕《郭簡·唐虞之道》隸定、釋爲「又（有）天下弗能益」。

案：「能」字簡文省「目」，下簡二一未省，今從簡二一隸定爲「能」。所隸「益」字，簡文作「[illegible]」，形近《説文》「嗌」字籀文「𦎑」，《漢書·百官公卿表》顔師古以之爲古「益」字，段玉裁認爲「此假借籀文嗌爲益」。相近字何琳儀隸定爲「冄」，指出其「爲嗌之初文，讀若益」。

〔二八〕《郭簡·唐虞之道》隸定、釋爲「亡天下弗能員（損）」，【注釋】〔二五〕：員，簡文字形亦多見於《緇衣》等篇。在此借作「損」。

案：《緇衣》等篇中，所隸「員」字多讀爲「云」，實際字形爲「員」字籀文之省變，宜隸定爲「鼎」，本簡「員」字較《緇衣》又有訛變。「損」从「員」聲，此讀爲「損」。《尸子》卷下：「舜受天下顔色不變，堯以天下與舜顔色不變。知天下無能損益於己也。」

〔二九〕《郭簡·唐虞之道》隸定、釋爲「上直（德）受（授）臤（賢）之胃（謂）也」，【注釋】〔二六〕：受，讀作「授」。丁四新《思想研究》讀爲「尚德授賢」。

案：所隸「受」字與包山簡比較，可知實从爫从舟，較之甲骨文、金文，上部之「爪」與「舟」並排，而「舟」形稍訛，因而近於「臼」，可隸定爲「𤔲」。《説文》「受」字从爫，舟聲省，「𤔲」可分析爲从爰，舟聲，讀爲「受」，「受」與「授」古通。戰國文字「胃」字上部多訛爲「由」或「目」，且下「肉」形旁常加飾筆，今隸定爲「𦞂」，「胃」與「謂」古通。

〔三〇〕案：「炅」，「則」字省形。

〔三一〕《郭簡·唐虞之道》隸定、釋爲「受（授）臤（賢）則民興效（教）而蝺（化）虖（乎）道」。舉，簡文作「□」，陳偉《竹書別釋》釋爲「遷」。《合集》：「此字形體與《窮達以時》一四號簡讀『譽』之字類同。但從文義看，似可讀爲『興』。」

案：據《五行》三二號簡「□」字及其他楚文字，楚文字「遷」从「舉」从口从止。簡文「□」尚缺止。今依形隸定爲「舉」，疑爲「譽」字簡體。《廣韻·御韻》：「譽，稱美也。」《吕氏春秋·孝行》「人主孝，則名章榮，下服聽，天下譽」，高誘注：「譽，樂也。」《廣韻·效韻》：「效，古文（教）。」「蝺」，《忠信之道》【注釋】[三]：裘按：「蝺」疑當讀爲「化」。案簡文上部爲「爲」之省，下从虫，可隸定爲「蟡」，《説文》有「蟡」字，以爲「逶」之或體，字又見《管子·水地》，皆非此之義。當讀爲「化」。

〔三二〕周鳳五《新釋》：《孟子·公孫丑上》「自有生民以來，未有孔子也」，又「自生民以來，未有夫子也」，又：「自生民以來，未有盛於孔子也。」

案：《墨子·兼愛下》：「夫挈泰山以超江河，自古之及今，生民而來未嘗有也。」《戰國策·

秦策四》：「楚人有黃歇者，游學博聞，襄王以爲辯，故使于秦。說昭王曰：『……此從生民以來，萬乘之地未嘗有也。』」《史記·秦楚之際月表》：「自生民以來，未始有受命若斯之亟也。」《史記·曆書》：「太史公曰：自初生民以來，世主曷嘗不歷日月星辰？」此爲當時習語。

〈也〉[一]夫聖人上事天，敎（教）民又（有）尊（尊）也；[二]下事埅（地），敎（教）民又（有）新（親）也；[三]旹（時）事山川，敎（教）民四又（有）敬也；[四]新（親）事且（祖）濘（廟），敎（教）民孝也；[五]大（太）斆（學）之中，天子𥡴（親）齒（齒），敎（教）民弟（悌）也。[六]先聖五牙（與）遂（後）耶（聖），考遂（後）而逷（揆）先，[七]敎（教）民大川（順）之道（道）也。堯（堯）叅（舜）之行，㤅（愛）𥡴（親）隫（尊）臤（賢），㤅（愛）六𥡴（親）古（故）孝，尊（尊）臤（賢）古（故）遳（禪）。孝之粲（殺），[八]㤅（愛）天下之民。遳（禪）之流，[九]世亡忎（隱）直（德）。[一〇]孝，𢟪（仁）之宂（冕）也。[一一]七遳（禪），義之至也。六帝興烏（於）古，[一二]虘（皆）采（由）此也。[一三]㤅（愛）𥡴（親）㠩（忘）臤（賢），𢟪（仁）而未義也。尊（尊）臤（賢）八遻（遺）𥡴（親），我（義）而未𢟪（仁）也。[一四]

古者吳(虞)鍪(舜)簹(篤)事宖(瞽)寞(瞍)，〔一五〕乃戈(歌)丌(其)孝；忠事帝埜(堯)，乃戈(歌)其臣。九忎(愛)睪(親)尊(尊)臤(賢)，吳(虞)鍪(舜)丌(其)人也。墨(禹)紿(治)水，膶(益)紿(治)火，〔一六〕后禝(稷)紿(治)土足民羖(養)，〔一七〕□[使民]一〇相(述)虖(乎)脂(肌)膚(膚)血勢(氣)之嗇(情)，〔一八〕羖(養)眚(性)命之正，〔一九〕安命而弗宎(夭)，〔二〇〕羖(養)生而弗敡(殤)，〔二一〕智(知)[功力]、〔二二〕一一[明]豊(禮)、悬(懷)守、樂孫(遜)，民效(教)也。〔二三〕咎采(繇)內(入)用五刲(刑)，〔二四〕出(出)弋(試)兵革，〔二五〕辠(罪)淫(徑)秦(去)[也。虞]一二用戕(懷)，皇(夏)用戈(歌)，〔二六〕疋(胥)不備(服)也。〔二七〕忎(愛)而正之，〔二八〕吳(虞)皇(夏)之紿(治)也。遳(禪)而不逋(專)，義死(恆)[益於]一三紿(治)也。〔二九〕古者埜(堯)生爲(於)天子而又(有)天下，〔三〇〕聖目(以)墨(遇)命，〔三一〕忎(仁)目(以)逢(逢)峕(時)。〔三二〕未嘗墨(遇)[其世]一四之正者，能目(以)天下遳(禪)歡(矣)。〔三三〕古者埜(堯)之异(舉)鍪(舜)也，〔三四〕昏(聞)鍪(舜)孝，〔三五〕智(知)丌(其)能羖(養)天下二二之老也；昏(聞)鍪(舜)弟(悌)，智(知)丌(其)能紿(事)天下之兂(長)也；〔三六〕昏(聞)舜丝(慈)虖(乎)弟，[知其能愛民而]二三爲民宇(主)也。〔三七〕古(故)丌(其)爲宖(瞽)寞

（瞍）子也，昷（甚）孝；〔三八〕及亓（其）爲𡉵（堯）臣也，昷（甚）忠；　𡉵（堯）遳（禪）天下二四而𠬪（受）之，〔三九〕南面而王而〈天〉下而昷（甚）君。〔四〇〕古（故）𡉵（堯）之遳（禪）虖（乎）𨒅（舜）也，女（如）此也。古者㲋（聖）人廿而二五君（冠），〔四一〕卅而又（有）家，五＝［五十］而紿（治）天下，〔四二〕七＝［七十］而至（致）正（政）。〔四三〕亖（四）枳（肢）朕（倦）陸（惰），〔四四〕耳目䏸（聰）明𧙈（衰），〔四五〕遳（禪）天下而二六𠬪（授）臤（賢），退（退）而𦎫（養）亓（其）生，〔四六〕此目（以）智（知）其弗秎（利）也。《吳（虞）𨸏（志）》曰：〔四七〕「大明不出，㝵（萬）勿（物）𣅜（皆）訇（恂）。〔四八〕聖二七者不才（在）上，天下北（必）壊（壞）。〔四九〕紿（治）之至，𦎫（養）不喿（肖）；〔五〇〕𤔔（亂）之至，㓕（滅）臤（賢）。」〔五一〕忎（仁）者爲此進二八

〔一〕案：也，原釋文上接簡三，但簡三尾有缺字，故將「也」字另起一段。今將簡序重排，此處若無缺簡，則「也」字疑衍。「夫聖人上事天，教民有尊也；下事地，教民有親也；時事山川，教民有敬也；親事祖廟，教民孝也；太學之中，天子親齒，教民弟也。先聖與後聖，考後而歸先，教民大順之道也」指「後聖」之行事；「愛親尊賢，愛親故孝，尊賢故禪。孝之殺，愛天下

之民；禪之流，世無隱德」承「尚德授賢」。

〔二〕案：本簡「聖」字字形近於簡一，今從釋文隸定爲「聖」。「事」字承襲甲金文字而來，有訛變。《集韻・魂韻》：「尊，同尊。」

〔三〕劉釗《校釋》：《禮記・祭義》「教以慈睦，而民貴有親」。

案：「新」，同散盤銘文所釋「新」字，「新」與「親」古通。《禮記・郊特牲》：「取財於地，取法於天，是以尊天而親地也，故教民美報焉。」

〔四〕案：《禮記・祭義》：「諸侯爲藉百畝，冕而青紘，躬秉耒，以事天地、山川、社稷、先古，以爲醴酪齊盛，於是乎取之，敬之至也。」

〔五〕滜，《郭簡・唐虞之道》隸定爲「滜」，讀爲「廟」，【注釋】[七]：滜，下部爲「潮」字，通「朝」。劉釗《校釋》：《大戴禮記・朝事》：「率而享祀於太廟，所以教孝也。」

案：「且」爲「祖」之初文，陳侯因資錞「且」字即讀爲「祖」。金文中多有「廟」字與簡文形近。《禮記・坊記》：「子云：『祭祀之有尸也，宗廟之主也，示民有事也。修宗廟，敬祀事，教民追孝也。』」

〔六〕《郭簡・唐虞之道》隸定、釋爲「大教之中，天子罡（親）齒，效（教）民弟也」，【注釋】[八]：裘按：「大教」讀爲「太學」。周鳳五《新釋》釋爲「大學之中，天子親齒，教民悌也」：《大戴禮記・保傅》與《禮記・祭義》皆有與簡文關係密切者。李天虹《七則》：簡文天子「親齒」以教民孝悌，傳世文獻則以「諸侯」代「民」。「大學之中，天子親齒」的具體内涵就是「食三老五更於大學」。

案：所隸「教」依字形宜隸定爲「敎」，與本篇其他教字作「效」不同，有可能是表明此字當讀爲「學」，此當讀爲「大學」。所隸「睪」字形近《古璽彙編》3521、《古文四聲韻》卷四「親」字，上从目。今隸定爲「睪」，釋爲「親」。所隸「齒」字依簡文可隸定爲「𣥠」，當从「止」得聲（古音屬章紐之部），讀爲「齒」（昌紐之部字）。疑《集韻・止韻》「齒」之古文同此，因傳抄而下「臼」形訛爲「凵」形。「弟」與「悌」古通。

〔七〕《郭簡・唐虞之道》隸定、釋爲「先聖牙（與）後耶（聖）考，後而逯先」。白於藍《讀後記》：「考」字實當下讀。所謂「逯」字實乃「歸」字，包山簡二一八號竹簡「歸」字，與此字形極近。林志鵬《重探》：疑「歸」讀爲「揆」，「揆先」指以先聖之行事爲準則。

案：喬君鉦、中山王壺銘文、帛書《老子》「與」从舁从牙，《三體石經》「與」字从臼从牙，簡文「牙」當爲「與」字之省體。所隸「後」字依簡文宜隸定爲「逡」，《說文・彳部》：「逡，古文後从辵。」《玉篇・辵部》：「逡，古文後。」下同。「逯」，當隸定爲「遈」。《正字通・辵部》：「遈，同歸。」疑讀爲「揆」（古音屬群紐脂部，古音屬見紐微部的「歸」與屬群紐脂部「夔」古通），與

「考」意近，指考察「先聖」與「後聖」所行，皆是教民大順之道。《孟子·離婁下》（《韓詩外傳》卷三第二十九章以爲「子曰」）：「先聖與後聖，其揆一也。」趙注：「揆，度也。言聖人之度量同也。」此處雖是用作名詞，但文意與「考後而揆先，教民大順之道也」接近。「先聖」，古書常見。《孟子·離婁下》「先聖與後聖，其揆一也」之「先聖」指虞舜，「後聖」指文王。陸賈《新語·道基》有「先聖」「中聖」「後聖」，分別指伏羲、周公（王利器以爲「中聖」指文王、周公）、孔子，其中論「中聖」與本文相近。疑本文「先聖」指堯舜（猶重於舜）。

〔八〕𣏂，《郭簡·唐虞之道》隸定爲「蚉」，讀爲「方」。蚉，陳偉《楚簡別釋》：此即「殺」之異構，見《說文》「殺」字古文、《汗簡》所引《尚書》以及《古文四聲韻》卷五所引《崔希裕纂古》「殺」字等。

案：「殺」是「𣏂」之省或借字，意爲散佈。《荀子·大略》：「親親、故故、庸庸、勞勞，仁之殺也；貴貴、尊尊、賢賢、老老、長長，義之倫也。」

〔九〕「流」，見前簡一七。此爲流布之義。

〔一〇〕忈，《郭簡·唐虞之道》隸定爲「忆」，【注釋】[九]：忆，从「乚」聲，亦通作「隱」。

案：「忆」，依簡文宜隸定爲「忈」，當爲「忆」之異體。此處「忆」當从心乚聲，《玉篇·乚部》：「乚，今作隱。」則「忆」可讀爲「隱」，釋文是。

〔一一〕 宂，《郭簡・唐虞之道》隸定爲「免」，讀爲「冕」，【注釋】[一〇]：免，包山楚簡中亦多見此字。

陳偉《竹書別釋》釋爲「大」。

案：字本从宀从人，依形隸定爲「宂」，讀爲「冕」。

〔一二〕 鄧建鵬《新釋》：「六帝」指黃帝、顓頊、帝嚳、堯、舜、禹。

案：此處「六帝」疑當從《大戴禮記・五帝德》《孔子家語・五帝德》，且據傳説，至少堯、舜、禹之間爲禪讓。

〔一三〕 《郭簡・唐虞之道》隸定、釋爲「㦤（咸）采（由）此也」，【注釋】[一一]：㦤，下部作「含」，从「今」聲。讀作「咸」。裘按：此字似即「𧇊（皆）」之訛體。采，讀爲「由」。《説文》「䄂」字正篆即以之爲聲旁。

案：第一字與中山王鼎、方壺所釋之「皆」字極近，實爲从虍从步从口的「𧇊」字之省訛，中山王器𧇊所从之「步」已省上「卜」形，下从日（从口與从日有時無別）。簡二七之字，疑爲本字訛省。與《古文四聲韻》「皆」字極近，唯《古文四聲韻》所从「君」同《説文》古文。《忠信之道》【注釋】[一七]：「『𧇊』，簡文字形與《古文四聲韻》引《道德經》『皆』字形近，釋作『皆』。簡文『𧇊』『皆』二形並用。」此失注。今據中山王器將此字隸定爲「𧇊」，釋爲「𧇊」。何琳儀指出，𧇊、𧇊（或隸爲「𧇊」）一字之孳乳，讀爲「皆」，故「𧇊」可讀爲「皆」。

〔一四〕葉國良《譜系問題》：《表記》：「厚於仁者薄於義，親而不尊；厚於義者薄於仁，尊而不親。」《中庸》亦言「仁者，人也，親親爲大；義者，宜也，尊賢爲大」。

案：遚，簡文漫滅，似同於包山楚簡八九及天星觀遣策所釋「遺」字，从辵从臼从少，宜隸定爲「遚」。廖名春《著作考》、李零《校讀記》（一）均指出拼聯《語叢一》簡七七、八二、七九爲：「[厚於仁，薄]於義，親而不尊。厚於義，薄於仁，尊而不親」，簡文與之可以對應。

〔一五〕《郭簡·唐虞之道》隸定、釋爲「管（篤）事□寞」，「□」字摹寫簡文，未釋。【注釋】[一二]：□寞，當指舜父瞽叟。黄德寬、徐在國《考釋》：我們認爲此字从「宀」从「瓜」，應隸作「宎」，讀爲「瞽」。劉洪濤《補釋》認爲「寞」字所从之「莫」不是「从日在茻中」的「暮」字初文，而應該分析爲从「日」、「艸（茻）」聲，讀爲「瞍」。

案：《説文·竹部》：「管，讀若篤。」「□」，字亦見《汗簡》「宀」部，昔注闕，未收入《古文四聲韻》。上博《詩論》簡一八、一九之「木苽（瓜）」，所从瓜與簡文「宀」下形近，黄、徐説是。「寞」，疑當從劉説。

〔一六〕《郭簡·唐虞之道》隸定、釋爲「埀（禹）幻（治）水，膉（益）幻（治）火」，【注釋】[一三]：幻，从「司」聲，讀作「治」。劉樂賢《三則》（一）：益治火爲戰國時期較爲流行的説法。

案：《正字通·土部》：「埀，同宇。屋邊也。見鐘鼎文。」《説文》「籀文宇从禹」，段注「禹，聲也」，故垔可讀爲「禹」。郭店楚簡《老子》甲【注釋】[三〇]：裘按：「『门』之聲旁亦可隸定爲『𠃌』。下文从此聲旁之字同。」本篇簡二三、二六隸定爲「𢆶」之字，實从「糸」，本簡所从「幺」爲「糸」之古文。故依裘説，可將此等字隸定爲「綤」，讀爲「治」。「膉」，簡文該字右半近《説文》「嗌」字籀文「𦏧」，何琳儀《字典》將天星觀簡中與簡文形近之字隸定爲「膈」，以爲「膉」之異文。今依之，讀爲「益」。

〔一七〕案：「䘽」，「䙳」之省體。《集韻・職韻》：「䙳，通作稷。」《説文》：「羖，古文養。」

〔一八〕簡一〇尾缺三字，《郭簡・唐虞之道》下接簡一一，但簡一一另起一段，隸定、釋爲「卩（節？）虖（乎）脂膚血𣪠（氣）之青（情）」，【注釋】[一四]：𣪠，从「力」「既」聲，讀作「氣」。「脂膚」，梁濤《研讀》讀作「肌膚」。「卩」，李家浩《發言》隸定爲「札」。黃錫全《新探》：《春秋繁露・度制》「肌膚血氣之情」。

案：今補入「，□[使民]」。首字殘留短豎，待考。「札」，簡文若果从「朮」，疑省寫一短豎，疑讀爲「述」，《説文》：「循也。」

〔一九〕眚，《郭簡・唐虞之道》隸定爲「眚」，讀爲「性」，【注釋】[一五]：眚，簡文字形與一般「性」字有別，疑爲「眚」字異體。

案：原釋文之意，似當是與一般「眚」字有別。本簡从生从田，今隸定爲「𤯓」，當爲「眚」之變體(相近例如楚文字的「胃」字多从目形，少數則从田形)，或可分析爲从「生」聲，讀爲「性」(性从生聲)。「正」，《易・乾・彖》：「乾道變化，各正性命。」孔疏釋爲「正定」。

〔三〇〕《郭簡・唐虞之道》【注釋】〔一六〕：宎，讀作「夭」。《釋名・釋喪制》：「少壯而死曰夭。」

〔三一〕黄錫全《新探》：《吕氏春秋・節喪》：「知生也者，不以害生，養生之謂也；知死也者，不以害死，安死之謂也。此二者，聖人之所獨決也。」《合集》：《韓詩外傳》卷一有「安命養性者」之語。

案：《玉篇・戈部》：「戭，戈也。」「戭」當从戈昜聲，宜讀爲「殤」，「殤」與「夭」正相對應。

〔三二〕案：「晢」，「智(晢)」字變體，此當讀爲「知」。據《新語・道基》：「民知室居食穀，而未知功力。於是后稷乃列封疆，畫畔界，以分土地之所宜；闢土殖穀，以用養民；種桑麻，致絲枲，以蔽形體。」疑當補入「功力」。

〔三三〕《郭簡・唐虞之道》隸定、釋爲「□豊(禮)愄(畏)守樂孫(遜)民效(教)也」，上接簡一一而另起一段。李零《校讀記》(一)補「明」字，斷讀爲「[明]禮、畏守、樂遜，民教也」。

案：豊爲禮之初文。據《新語・道基》「民知畏法，而無禮義」，爲避免與上「知」字重複，今從李零補「明」字，於「禮」下加頓號。「愄」，宜隸定爲「䰠」，即是「愧」字異體。「愧」(見紐微部)，此疑讀爲「懷」(匣紐微部)。「守」，《書・洪範》「凡厥庶民，有猷有爲有守，汝則念之」，

「有守」，傳、疏釋爲「有所執守」。所隸「孫」字从子从古文系，「系」借用「子」之横畫，可視爲「孫」字簡體。「孫」與「遜」古通。「效」，依今之習慣，此宜釋爲「教」。《廣雅·釋詁三》：「教，效也。」《釋名·釋言語》：「教，效也，下所法效也。」《白虎通·三教》：「教者，效也。上爲之，下效之。」

〔二四〕《郭簡·唐虞之道》【注釋】[一七]：咎采，人名，亦作「咎繇」，皋陶，是帝舜之臣，制作五刑。事見《尚書·舜典》。裘按：「采」音「由」，與「繇」通。「内」，李零《校讀記》(一)釋爲「入」。案：「㓝」，所从刀訛近「力」字。《集韻·青韻》：「㓝，通作刑。」五刑，當即墨、劓、剕、宫、大辟，《書·舜典》：「帝曰：『皋陶！蠻夷猾夏，寇賊奸宄，汝作士。五刑有服，五服三就；五流有宅，五宅三居。惟明克允。』」

〔二五〕白於藍《讀後記》：「弋」在此應當讀爲「試」，義爲用。《史記·樂書》：「兵革不試，五刑不用。」

案：「㞢」，同甲骨文、金文，从止从凵，爲「出」之初文。簡文「弋」上加有點，同於《緇衣》簡一三等，當從白説釋爲「試」。《禮記·樂記》「兵革不試，五型不用」，與此文義正相反。

〔二六〕《郭簡·唐虞之道》隸定、釋爲「辠(罪)涇枯(?)□□用懴，㬚(夏)用戈」。「用懴」原另起一段。【注釋】[一八]：懴，讀作「威」。李零《校讀記》釋爲「罪輕法」：「法」，釋文作从木从去，但從照片看，似是上从去下从未。此句下缺文可容二字，試補「也。虞」。

案：《玉篇·辛部》：「辠，犯公法也。今作罪。」釋文是。「涇」字所从「巠」作「坙」形，可隸定爲「涇」，當讀作「徑」。所隸「[木去]」字从末，可參《尊德義》簡三五「沬」字，但本篇「末」字所从「木」頂端未出頭，疑爲筆誤。今且隸定爲「[夫木]」，疑讀爲「去」，《禮記·禮運》「在執者去」，鄭注：「去，罪退之也。」缺字依後文「愛而正之，虞、夏之治也」觀之，李説可從。「[忄鬼戈]」，此字从鬼字初文从心，旁从戈，戈與鬼字初文筆畫公用，可隸定爲「[鬼戈]」，當从鬼聲，此疑讀爲「懷」。《禮記·學記》「近者説服，而遠者懷之」，注：「懷，來也，安也。」《禮記·中庸》「懷諸侯則天下畏之」，孔疏：「懷，安撫也。」《呂氏春秋·上德》：「三苗不服，禹請攻之。舜曰：『以德可也。』行德三年，而三苗服。」《緇衣》【注釋】〔八六〕：[日/虫]，即「夏」之簡體，讀爲「雅」。張春龍：「[日/虫]」當釋「夏」，即是「夏」字作「顕」一體之省寫。「戈」，疑仍讀爲「歌」。《淮南子·繆稱》：「故禹執干戚舞於兩階之間，而三苗服。」「涇[木去]」，或以爲下一字爲「暴」字變體，讀爲「淫暴」。

〔二七〕《郭簡·唐虞之道》隸定、釋爲：「正不備（服）也。」何有祖《四則》：□，釋「正」恐不確，當釋「疋」，讀爲「胥」。胥，待也，見《管子·大匡》「將胥有所定也」尹知章注。

案：「胥」，《管子·樞言》：「進退勞佚，與人相胥，如此者不能制人，人亦不能制也。」王念孫《讀書雜志》：「胥，待也，言與人相待也。」簡文「備」字訛變較嚴重，「備」與「服」古通。

〔二八〕案：「正」當訓「治」，《呂氏春秋·順民》「昔者湯克夏而正天下」，高注：「正，治也。」

〔二九〕《郭簡·唐虞之道》隸定、釋爲「義亙（恆）□□幻（治）也」，「幻（治）也」原另起一段。

案：「亙」，依簡文可隸定爲「죠」，即是《説文》所載「恆」字古文。今補「益於」二字，待考。

〔三〇〕案：「於」義爲「爲」。

〔三一〕《郭簡·唐虞之道》隸定、釋爲「聖以堣命」，【注釋】〔一九〕：裘按：堣，讀爲「遇」。

案：《郭簡·凡例》指出「以」與「㠯」原本不是一字，而古籍或古文字中常常混用，用通行字「以」排印。今隸定爲「㠯」。據簡文字形，堣宜隸定爲「墨」，下文作「堣（遇）」，此當補。

〔三二〕遠，《郭簡·唐虞之道》【注釋】〔二〇〕：裘按：疑此字从「辵」，其聲旁爲一从「丰」聲之字，似可讀爲「逢」。

〔三三〕原釋文「未嘗堣（遇）□□」下接簡一五「並於大旹（時）」；簡二二「之正者，能以天下㣑歖（嘻）」上接簡二一「自生民未之又（有）也」。

案：依文脈，今補爲「未嘗遇［其世］之正者，能以天下禪矣」。《尚書·堯典》：「帝曰：『咨！四岳！朕在位七十載，汝能庸命，巽朕位？』岳曰：『否德忝帝位。』曰：『明明揚側陋。』師錫帝曰：『有鰥在下，曰虞舜。』帝曰：『俞，予聞。如何？』岳曰：『瞽子，父頑，母嚚，象傲，克諧以孝，烝烝乂，不格奸。』帝曰：『我其試哉。』」是堯未嘗遇舜，故本篇後文記堯聞舜之孝、弟、慈，因而禪位於舜。

〔三四〕弆，《郭簡・唐虞之道》釋爲「與」，周鳳五《新釋》讀爲「舉」。《合集》：《管子・君臣上》「是以明君之舉下也，盡知其短長，知其所不能益，若任之以事」。

〔三五〕案：「昏」，楚簡常以「聒」作「聞」，故此處「昏」可以讀爲「聞」。

〔三六〕㣇，《郭簡・唐虞之道》隸定爲「㣇」，【注釋】[二七]：㣇，讀作「嗣」。《爾雅・釋詁》：「嗣，繼也。」裘按：從文義看，此字也有可能讀爲「事」。

案：《禮記・坊記》：「子云：『孝以事君，弟以事長，示民不貳也。』」叀，簡文字形近《説文》古文「長」。

〔三七〕《郭簡・唐虞之道》隸定、釋爲「昏(聞)舜丝(慈)虖(乎)弟□□□□□□爲民宔(主)也」。周鳳五《新釋》補爲「【知其能】□□□爲民主也」。

案：《字彙・幺部》：「丝，古文兹字。」「兹」與「慈」古通。此處若不缺簡，疑可補爲「知其能愛民而」。「宔」，簡文形近《三體石經・多方》「主」字，今隸定爲「宔」，「亍」習見於甲骨文，爲神主之形，後來分化。

〔三八〕《郭簡・唐虞之道》【注釋】[二八]：甚，簡文字形與《説文》「甚」字古文同。

案：今隸定爲「𠤖」，釋爲「甚」。

〔三九〕 𠬪，《郭簡·唐虞之道》隸定爲「受」，釋爲「授」。

案：若依原釋文讀此句作「堯禪天下而授之」，「禪」與「授」義重複，且下文有「南面而王天下」，指舜，與此義不相連。《尸子》卷下「舜受天下顔色不變，堯以天下與舜顔色不變」，宋本《御覽》作「授」，汪繼培逕作「受」，當從。

〔四〇〕《郭簡·唐虞之道》隸定、釋爲「南面而王而〈天〉下而甚君」。周鳳五讀爲「南面而王天下，甚君」。

案：第二「而」字確當爲「天」之誤，釋文是。《尸子·仁意》：「舜南面而治天下，天下太平。」《韓非子·難勢》：「堯教於隸屬而民不聽，至於南面而王天下，令則行，禁則止。……今桀、紂南面而王天下……」《淮南子·齊俗》：「南面而霸天下。」「而」字連用，上博二《子羔》簡八有「播諸甽畝之中而使君天下而偁」，上博五《鮑叔牙與隰朋之諫》簡五、六「今豎刁，匹夫而欲知萬乘之邦而貴尹」，《唐虞之道》不誤。

〔四一〕 ⿱尹百，《郭簡·唐虞之道》隸定爲「冒」，讀爲「冃」。李零《校讀記》（一）：疑是「冠」字的異體。

案：「冒」，簡文疑从尹从百，可隸定爲「⿱尹百」，疑爲「䪼」之異體，但「䪼」之意於此不合。當由尹得聲，「尹」古音屬喻紐文部，「冠」屬見紐元部，韻部相近，聲紐稍遠，但與尹相通之君，古音屬見紐文部，則「⿱尹百」當可讀爲「冠」。

〔四二〕案：「⿱五十=」，「五十」之合文。

〔四三〕王博《幾個問題》(一)：《管子·戒》：「仁故不代王，義故七十而致政。」相似説法還見於《禮記·曲禮上》《王制》《内則》。在《唐虞之道》中，「致政」的是天子，而《禮記》中所説主要是大夫。《合集》：亦可參《白虎通·致仕》。

案：「⿱七十=」，「七十」之合文。

〔四四〕《郭簡·唐虞之道》隸定、釋爲「四枳肤陛」，【注釋】〔三〇〕：裘按：「四枳肤陛」應讀爲「四肢倦惰」。

案：劉洪濤函告「陛」爲「隓」省體，讀爲惰。

〔四五〕《郭簡·唐虞之道》隸定、釋爲「耳目⿰耳斤明衰」，【注釋】〔三一〕：目，簡文字形與《古文四聲韻》引《古老子》「目」字同。李零釋爲「耳目聰明衰」。「⿰耳斤」，何琳儀《竹書選釋》隸定爲「⿰耳攴」。馮勝君《札記》：字很可能應分析爲从耳从攴，釋爲「取」。取，在此應讀爲「聰」。

案：「⿰耳斤」字，《説文》所解非此之義。《古璽彙編》0263「聊」字从「⿰耳攴」。所隸「衰」字，近於《汗簡》所收「催」字，鄭珍、黄錫全皆以爲「衰」字，《古陶文彙編》三·七五六有相近之字，何琳儀《字典》據庚壺銘文，收入「衰」字下。此字疑爲《説文》「衰」字古文變體，今從《説文》古文隸定爲「⿱亠耳」。

〔四六〕案：《集韻·隊韻》：「逷，隸作退。」簡文形近《說文》「復」字古文，宜隸定爲「逷」，釋爲「退」。

〔四七〕《郭簡·唐虞之道》隸定、釋爲「《吴時》曰」，【注釋】〔三二〕：吴時，似爲古書篇名。它與下引文句不見於今本古籍。裘按：「吴時」疑當讀爲「虞詩」。廖名春《尚書》：從引文看，似爲散文，不像詩。因此，「吴時」可讀爲「虞志」。《虞志》爲《尚書·虞書》而不爲《虞詩》，可能更令人信服。

案：「吴時」也有可能讀爲「虞典」，因所引文句不見於傳世古籍，待考。

〔四八〕《郭簡·唐虞之道》隸定、釋爲「大明不出，完勿（物）膚（皆）訇」，【注釋】〔三三〕：完，簡文寫作[illegible]。裘按：或疑此字本應作「万」（即《說文》「丏」字），讀爲「萬」。大明，白於藍《讀後記》：或指日，或指月，或兼指日月。廖名春《尚書》、周鳳五《新釋》認爲指太陽。

案：「[illegible]」，今隸作「兮」。「勿」與「物」古通。「膚」，與《古文四聲韻》「皆」字極近，唯《古文四聲韻》所从「君」同《說文》古文。《忠信之道》【注釋】〔一七〕：「膚」，簡文字形與《古文四聲韻》引《道德經》「皆」字形近，釋作「皆」。簡文「膚」「皆」二形並用。訇，同詢簋銘之「詢」字，當釋爲「詢」，疑此處「詢」當讀爲「恂」，《禮記·大學》「『瑟兮僩兮』者，恂慄也」，恂有恐懼義。

〔四九〕《郭簡·唐虞之道》【注釋】〔三四〕：壞，簡文與《說文》「壞」字古文同。

案：簡文右上部从「由」，疑爲「目」形之訛。《說文》「壞」字古文「土」旁在右，今依簡文、《說文》古文隸定爲「埰」，釋爲「壞」。

〔五〇〕《郭簡·唐虞之道》隸定，釋爲「幻（治）之，至羖（養）不喿」，【注釋】[三五]：裘按：「不喿」疑當讀爲「不肖」。李零《校讀記》（一）讀爲「治之至，養不肖」。案：《孟子·離婁下》：「孟子曰：『中也養不中，才也養不才，故人樂有賢父兄也。』」《淮南子·俶真》：「世治則愚者不能獨亂，世亂則智者不能獨治。」

〔五一〕《郭簡·唐虞之道》隸定，釋爲「亂之，至滅臤（賢）」。李零《校讀記》（一）讀爲「亂之至，滅賢」。原釋文於《吴陟》後未加引號，廖名春《尚書》以引文至「至滅賢」。案：「亂」，簡文形近《三體石經·無逸》、子彈庫楚帛書「亂」字，唯上「爫」形小有訛，與二「口」平齊，宜隸定爲「𤔔」，釋爲「亂」。「滅」，簡文从戌从水，宜隸定爲「烕」，即是「泧」字異體。「烕（泧）」當从水戌聲。或認爲威从戌聲，則「烕（泧）」當可讀爲「滅」。

女（如）此也。〔一〕二九 ■

〔一〕《郭簡·唐虞之道》隸定，釋爲「㤙（仁）者爲此進女（如）此也」，「女（如）此也」原另起一段。李零《校讀記》（一）：「如此也」，此簡有分章符號，且下空二十一字，顯然是最後一簡。

參考文獻

《楚地出土戰國簡冊合集（一）·郭店楚墓竹簡》，北京：文物出版社，2011年11月。簡稱《合集》。

荊門市博物館編《郭店楚墓竹簡》，北京：文物出版社，1998年5月。簡稱：《郭簡》。

白於藍：《〈郭店楚墓竹簡〉讀後記》，《中國古文字研究》第1輯，長春：吉林大學出版社，1999年6月。簡稱：《讀後記》。

陳偉：《郭店楚簡別釋》，《江漢考古》1998年第4期。簡稱：《楚簡別釋》。

陳偉：《郭店竹書別釋》，武漢：湖北教育出版社，2003年1月。簡稱：《竹書別釋》。

鄧建鵬：《〈唐虞之道〉「六帝」新釋》，《郭店楚簡國際學術研討會論文集》，武漢：湖北人民出版社，2000年5月。簡稱：《新釋》。

丁四新：《郭店楚墓竹簡思想研究》，北京：東方出版社，2000年10月。簡稱：《思想研究》。

范麗梅：《從郭店〈唐虞之道〉論先秦儒者堯舜禪讓說之思想建構與意義》，「第一屆出土文獻學術研討會」論文，臺北：中研院歷史語言研究所，2000年6月。簡稱：《意義》。

馮勝君：《讀〈郭店楚墓竹簡〉札記（四則）》，《古文字研究》第22輯，北京：中華書局，2000年7月。簡稱：

《札記》。

何琳儀：《戰國古文字典》，北京：中華書局，1998年9月。簡稱：《字典》。

何琳儀：《郭店楚簡選釋》，《文物研究》第12輯，2000年1月。簡稱：《楚簡選釋》。

何有祖：《楚簡四則》，「簡帛研究網」，2004年5月29日。簡稱：《四則》。

黃德寬、徐在國：《郭店楚簡文字考釋》，《吉林大學古籍整理研究所建所十五周年紀念文集》，長春：吉林大學出版社，1998年12月。簡稱：《考釋》。

黃錫全：《〈唐虞之道〉疑難字句新探》，《長沙三國吳簡暨百年來簡帛發現與研究國際學術研討會論文集》，北京：中華書局，2005年12月。簡稱：《新探》。

李家浩：《讀〈郭店楚墓竹簡〉瑣議》，《郭店楚簡研究》（《中國哲學》第20輯），瀋陽：遼寧教育出版社，1999年1月。簡稱：《瑣議》。

李家浩：《在「郭店楚簡考察・高級研究班」上的發言》，湖北荊門博物館，2003年1月15日。簡稱：《發言》。

李零：《郭店楚簡校讀記》，《道家文化研究（郭店楚簡專號）》第17輯，北京：生活・讀書・新知三聯書店，1999年8月。簡稱：《校讀記》（一）。

李零：《郭店楚簡校讀記（增訂本）》，北京：北京大學出版社，2002年11月。簡稱：《校讀記》（二）。

李天虹：《郭店楚簡與傳世文獻互徵七則》，《江漢考古》2000年第3期。簡稱：《七則》。

梁濤：《〈唐虞之道〉研讀》，《國學學刊》，2014年第2期。簡稱：《研讀》。

廖名春：《郭店楚簡儒家著作考》，《孔子研究》，1998年第3期。簡稱：《著作考》。

廖名春：《郭店楚簡〈成之聞之〉〈唐虞之道〉篇與〈尚書〉》，《中國史研究》1999年第3期。簡稱：《尚書》。

林志鵬：《郭店楚墓竹書〈唐虞之道〉重探》，《楚地簡帛思想研究（三）》，武漢：湖北教育出版社，2007年6月。簡稱：《重探》。

劉洪濤：《郭店竹簡〈唐虞之道〉「瞽瞍」補釋》，簡帛網，2010年4月30日。簡稱：《補釋》。

劉樂賢：《讀郭店楚簡札記三則》，《郭店楚簡研究》（《中國哲學》第20輯），瀋陽：遼寧教育出版社，1999年1月。簡稱：《三則》（一）。

劉釗：《讀郭店楚簡字詞札記》，《郭店楚簡國際學術研討會論文集》。武漢：湖北人民出版社，2000年5月。簡稱：《札記》。

劉釗：《郭店楚簡校釋》，福州：福建人民出版社，2005年1月。簡稱：《校釋》。

彭邦本：《楚簡〈唐虞之道〉初探》，《郭店楚簡國際學術研討會論文集》，武漢：湖北人民出版社，2000年5月。簡稱：《初探》。

裘錫圭：《讀〈郭店楚墓竹簡〉札記三則》，《上海博物館集刊》第9輯，上海：上海書畫出版社，2002年12月。簡稱：《三則》（二）。

王博：《關於〈唐虞之道〉的幾個問題》，《中國哲學史》1999年第2期。簡稱：《幾個問題》（一）。

武漢大學簡帛研究中心、荊門市博物館編著《楚地出土戰國簡冊合集（一）·郭店楚墓竹簡》，北京：文物出版社，2011年11月。簡稱《合集》。

徐在國：《郭店楚簡文字三考》，《簡帛研究二〇〇一》，桂林：廣西師範大學出版社，2001年9月。簡稱：《三考》。

顏世鉉：《郭店楚簡散論（三）》，《大陸雜誌》2000年第101卷第2期。簡稱：《楚簡散論》。

顏世鉉：《上博楚竹書散論》，「簡帛研究網」，2002年4月18日。簡稱：《竹書散論》。

葉國良：《郭店儒家著作的學術譜系問題》，《中國哲學》第24輯，瀋陽：遼寧教育出版社，2002年4月。簡稱：《譜系問題》。

張光裕：《郭店楚簡研究》第1卷《文字編・續説》，臺北：藝文印書館，1999年1月。簡稱：《楚簡研究》。

張桂光：《〈郭店楚墓竹簡〉釋注續商榷》，《簡帛研究二〇〇一》，桂林：廣西師範大學出版社，2001年9月。簡稱：《商榷》。

趙彤：《郭店、上博簡釋讀的幾個問題》，「簡帛研究網」，2002年10月2日。簡稱：《幾個問題》（二）。

周鳳五：《郭店楚墓竹簡〈唐虞之道〉新釋》，《中研院歷史語言研究所集刊》第70本第3分，臺北：中研院歷史語言研究所，1999年12月。簡稱：《新釋》。

忠信之道

李銳
王晉卿
校釋

校釋説明

《忠信之道》是《郭店楚墓竹簡》中的一篇，原無篇題，整理者據簡文擬加。本篇存簡九枚，其中有一簡略有殘損。竹簡兩端平齊，簡長二八・二至二八・三釐米。編綫兩道，編綫間距一三・五釐米。本篇無句讀符號，簡三、六、七簡文「君子」爲合文，未使用合文符。竹簡形制及簡文書體與《唐虞之道》接近，或認爲是「具有齊系文字特點的抄本」。

簡文中有文句與傳世所見孔子語接近。本篇自發表以來，研究者主要集中於討論學派歸屬的問題。也有一些論者將本篇的忠信和施政治民相聯繫，認爲忠信乃對統治者之言，但是這可能衹是相對的傳統思維上的一面。此篇高揚忠信，並以之與仁義相連接，謂「忠，仁之實也；信，義之基也」，還説「配天地也者，忠信之謂」，當已經將忠信抽象出來，脱離了具體的施政治民層面。此篇如此講忠信，又多論君子及民之親信歸附，當是儒家後學探求内聖一路之文，似其重點並非直接對應統治者之道德問題。此篇宣講忠信，當是孔子後學之一發展方向，目前尚没有充分的證據與某一具體孔子後學聯繫起來（可注意者，《大學》講到「是故君子有大道，必忠信以得之」）。它與《六德》將忠信分派予臣和婦不同，與

《尊德義》講通過尊仁等路徑以達到「忠信日益而不自知」亦有所不同，這反映了儒家後學的不同思想進路。

校釋者　李銳　王晉卿

凡　例

一、本文以《郭店楚墓竹簡·忠信之道》（文物出版社，一九九八年五月）的釋文爲校勘底本。

二、竹簡簡號一依《郭店楚墓竹簡》，標在每簡最後一字的右下旁。

三、釋文另加新式標點符號。

四、釋文儘量按簡文字形隸定，以裨研究。

五、簡文殘缺或殘泐無法辨識的字，可據行文格式推定字數者，釋文以「□」號表示，一「□」代表一字。

六、簡文殘缺之字，尚有殘留筆畫可辨認者，外加「□」號；補字及據文義擬補者，外加方括號「[]」。

七、簡文中的通假字、異體字隨文注出本字、正字，外加「()」表示。

八、原簡已釋讀出一般之字，注釋不一一標出、補充。學者有輔助討論者，爲便研究而錄入。

不譌(譌)不害(陶)〔一〕，忠之至也。不忎(忌)弗智(知)〔二〕，信(信)之至也。忠一信(信)厇(積)則(則)可睪(親)也〔三〕，信(信)厇(積)則(則)可信(信)也。忠信(信)厇(積)而民弗睪(親)信(信)者，未之又(有)也。至忠女(如)土，蟡(化)勿(物)而不輩(伐)〔四〕；至信(信)女(如)旹(時)，北(必)至而不結〔五〕。忠人亡(無)二譌(譌)，信(信)人不伓(背)。君子(君子)女(如)此，古(故)不㞷(忘)生〔六〕，不伓(背)死(死)也。大(太)舊(久)而不歈(渝)〔七〕，忠之至也。匋(陶)而者(著)尚(常)〔八〕，信(信)三之至也。至忠亡(無)譌(譌)，至信(信)不伓(背)，夫此之胃(謂)。此大忠不兊(脫)〔九〕，大信(信)不异(期)〔一〇〕。不兊(脫)而足羖(養)者，陸(地)也；不异(期)四而可䙳(要)者〔一一〕，天也。佀(配)天陸(地)也者〔一二〕，忠信(信)之胃(謂)。此口甘(惠)而實(實)弗从(從)〔一三〕，君子(君子)弗言尔(爾)。心疋□□五睪(親)〔一四〕，君子(君子)弗申(陳)尔(爾)〔一五〕；古(苦)行而鯖(爭)兑(悅)民〔一六〕，君子(君子)弗采(由)也〔一七〕。三者，忠人弗乍(作)，信(信)人弗爲也。忠之爲六衍(道)也，百(百)工不古(楛)〔一八〕，而人羖(養)麔(皆)足。信(信)之爲衍(道)也，羣(群)勿(物)皆(皆)成，而百(百)善麔(皆)立。君子(君子)亓(其)它(施)也七忠，古(故)緶(遍)睪(親)傅(附)只〔一九〕！

丌（其）言尒（爾）㐰（信），古（故）徂（坦）而可𡊄（受）也〔二〇〕！忠，忎（仁）之實只！㐰（信），䇂（義）之䢸（基）也〔二一〕！氏（是）古（故）-古之所〈以行虖（乎）閔（蠻）嶲（貊）者〔二二〕，女（如）此也。九

〔一〕害，原字作「[illegible]」，《郭簡·忠信之道》未釋，何琳儀《選釋》隸定爲「訇」。陳斯鵬《札記》指出：「簡三釋『訇』確不可移，故簡文也乃『訇』字。」

案：《廣雅·釋言》：「蔿，譌也。」王念孫疏證：譌猶化也。說見卷三「蔿，匕也」下，匕與化通。《廣雅·釋詁三》：「訇、譁、蔿、變，匕也。」王念孫疏證：「訇」者，《管子·地數》篇云「吾欲陶天下而以爲一家」，《淮南子·本經訓》云：「天地之合和，陰陽之陶化萬物，皆乘一氣者也。」是「訇」爲「化」也，「訇」「陶」，「匕」「化」並通。是「譌」「陶」意近，從王念孫說則簡文意思極明白。或說當從《說文》譌字有詭義，此恐不得稱「忠之至」。

〔二〕「㤅」，《郭簡·忠信之道》隸定爲「惎」，【注釋】[一]：「裘按：疑『惎』當讀爲『欺』。」

案：今依簡文隸定作「㤅」，「㤅」同「忑」，《集韻·志韻》：「惎，古作忑。」《小爾雅·廣言》「惎，忌也」，「惎」「忌」古音皆屬群紐之部，今讀爲「忌」。《論語·學而》：「人不知而不慍，不亦君子乎。」若讀爲欺，恐不得稱「信之至」。

〔三〕案：《逸周書・官人》「誠忠必有可新之色」，《大戴禮記・文王官人》「誠忠必有可親之色」。

〔四〕《郭簡・忠信之道》【注釋】［三］：「裘按：此句蓋謂土地化生萬物而不自伐其功，故爲忠之至。」劉釗《字詞札記》指出：《荀子・堯問》篇有一段可與簡文比較：「子貢問於孔子曰：『賜爲人下而未知也。』孔子曰：『爲人下者乎？其猶土也。深抇之而得甘泉焉，樹之而五穀蕃焉，草木殖焉，禽獸育焉；生則立焉，死則入焉，多其功而不德。爲人下者，其猶土也。』」文中謂土「多其功而不德」，與簡文所言相近。「多其功而不德」即「不伐」也。劉樂賢《文獻札記》：類似的説法還見於《孔子家語・困誓》《説苑・臣術》、《韓詩外傳》卷七。傳世文獻的多功不德或多功不言，確與簡文的「化物而不伐」意思相近。從此例看，《忠信之道》與孔子的關係是值得注意的（同篇第五號簡「口惠而實弗從」等句，也見於《禮記・表記》所引「子曰」中）。

〔五〕《郭簡・忠信之道》【注釋】［四］：「裘按：此句意爲四時按規律運行，而無盟約，故爲信之至。」

案：《大戴禮記・主言》：「多信而寡貌。其禮可守，其信可復，其迹可履。其於信也，如四時春秋冬夏。」結，《説文》：「締也。」《左傳・定公四年》「子期似王」，杜預注：「子期，昭王兄公子結也。」是結有期之意，後文言「大信不期」。《大戴禮記・禮察》：「若夫慶賞以勸善，刑罰以懲惡，先王執此之正，堅如金石，行此之信，順如四時。」

〔六〕㠯，陳偉《竹書別釋》讀爲「忘」，「是遺棄、不顧念的意思。《大戴禮記・禮察》云：『喪祭之禮廢，則臣子之恩薄，而倍死忘生之禮衆矣。』此語還見於《禮記・經解》，可以資證」。

〔七〕「太久而不渝」，李零《校讀記》讀。陳偉《竹書別釋》指出：「《新書・大政上》即説：『桀紂所謂暴亂之君也，士民苦之，皆即位十年而滅，士民猶以爲大久也。』」《淮南子・原道訓》云「久而不渝」，與簡文略同。

〔八〕《郭簡・忠信之道》讀爲「匋而者尚」，【注釋】〔六〕：「此句疑有脱誤。」李零《校讀記》釋爲「陶而睹常」。

案：當讀爲「陶而著常」。「著」當从「者」得聲，「者」可讀爲「著」；簡文「尚」字略有省訛，「尚」與「常」古通。《廣雅・釋詁三》：「匋、變，匕也。」「著」，《莊子・田子方》「女殆著乎吾所以著也」，郭注：「著，見也。」

〔九〕《郭簡・忠信之道》釋爲「夫此之胃（謂）此。大忠不兑（奪）」，【注釋】〔七〕：「裘按：『兑』疑當讀爲『説』，同簡下一『兑』字同。」陳偉《楚簡別釋》指出：「古書中似不見『……之謂此』的句式，卻有以『之謂』結句的例證。由此看來，在『謂』字下斷句比較合理。在另一方面，古書中常見以『此』起句的情形。下『忠信之謂此』，『此』字也當屬下讀。」《竹書別釋》又指出：

「這裏的『此』字，大約與傳世古書中的『是』字相當。其一曰：『是猶故也。中事之詞也。』……其二曰：『是猶夫也。』……按『是』字的這兩種用法來理解『此』字，似乎都是適宜的。」

案：「謂」後面的「此」字，當從《古書虛字集釋》訓爲「故」：《淮南子・泰族》篇：「紂有南面之名，而無一人之德，此失天下也。」下簡五同。「兑」，此疑讀爲「脱」，《廣雅・釋詁三》：「脱，離也。」

〔一〇〕趙建偉《校釋》指出：「『不期』即前文的『不結』。」李剛《傾向》指出：「《論語》有『信近於義』，皇疏説：『信，不期也。』」劉樂賢《文獻札記》指出：《禮記・學記》：「君子曰：『大德不官，大道不器，大信不約，大時不齊。』」其「大信不約」，與簡文的「大信不期」意思相同。「期」與「約」，詞義相同。

案：《禮記・經解》：「民不求其所欲而得之，謂之信。」

〔一一〕「要」，原字作「□」，《郭簡》【注釋】〔一〇〕「裘按：其上部疑是『要』之變體。此字似即當讀爲『要』。要，約也。」郭永秉《之字》有詳細説明。

〔一二〕「配」，原字作「□」。陳偉《竹書别釋》釋作「妃」，讀爲「配」。陳劍《配字》指出：「字當分析爲从『人』从『配』省聲，或者直接分析爲从『□』聲，它應該就是『配偶』之『配』的專字。」

〔二三〕李零《校讀記》指出：「『口惠而實弗從』，與《禮記・表記》『口惠而實不至』是類似的說法。」

〔二四〕《郭簡・忠信之道》【注釋】〔一三〕：「裘按：此句『心』下似爲『疋』字，尚存大半。疑此處簡文本作『心疋（疏）〔而〕□睪（親）』。『親』上一字可能是『口』或『貌』字。」周鳳五《考釋》指出：《禮記・表記》有一段文字，與簡文相關：「子曰：『口惠而實不至，怨菑及其身。是故君子與其有諾責也，寧有已怨。《國風》曰：「言笑晏晏，信誓旦旦，不思其反；反是不思，亦已焉哉！」』子曰：『君子不以色親人；情疏而貌親，在小人則穿窬之盜也與？』」這兩節文字前後承接，其次第與內容，均與簡文相同，看來不是偶然的現象。關於應補的缺字，補作「心疏而形親」，似乎較符合先秦時代用語的習慣。葉國良《譜系問題》認爲：「《樂記》言：『心中斯須不和不了，而鄙詐之心入之矣；外貌斯須不莊不敬，而易慢之心入之矣。』是當時『心』亦可與『貌』對言，茲從裘說。」

〔二五〕「陳」，原作「申」，趙建偉《校釋》指出：「『申』通『陳』。」李天虹《七則》指出：「《國語・齊語》：『相示以巧，相陳以功。』韋昭注：『陳亦示也。』」

〔二六〕「若」，原作「古」。趙建偉《校釋》認爲：「『古』當讀爲『苦』或『楛』。」「爭」，從李零《校讀記》釋。

案：「古」宜讀爲「苦」，此處「苦行」者當爲矯飾之人，與後文「百工」不同。

〔一七〕劉釗《校釋》指出：「《呂氏春秋・務本》：『詐誣之道，君子不由。』」沈培《四則》指出：「『爾』跟『也』交錯使用。」

〔一八〕「古」，《郭簡・忠信之道》【注釋】〔一六〕：「裘按：『古』當讀爲『楛』。《荀子・王霸》『如是則百工莫不忠信而不楛矣』楊倞注：『楛，謂器惡不牢固也。』」

〔一九〕「遍」，原作「𬨎」，周鳳五《考釋》釋爲「蠻親附」。

案：《論語・爲政》「施於有政」，皇疏：「施，行也。」「𬨎」，《郭簡・性自命出》【注釋】〔三〇〕：「『𬨎』……疑讀爲『戀』。」「𬨎」當从車，「䜌」省聲，此疑讀爲「徧」，从「䜌」聲之「變」字與「徧」古通。「徧」，今通作「遍」。其下「也」字本作「只」，當爲二字音近、形近混用。下「仁之實也」的「也」字同此。

案：「只」或許是避重，今依竹簡。

〔二〇〕「坦」，原作「但」，《郭簡・忠信之道》【注釋】〔一九〕：「但，疑借作『亶』。《爾雅・釋詁》：『亶，誠也。』」張光裕《研究》：將字逕讀爲「坦」，亦通。沈培《四則》指出：「『言爾』與『施也』相對，説明『爾』有跟『也』相似的用法。」

〔二一〕李剛《傾向》指出：「《大戴禮記・四代》：『信，義之重也。』」陳偉《楚簡別釋》指出：「『期』似當讀爲『基』，指根基。《潛夫論・務本》説：『忠信謹慎，此德義之本也。』」

〔三〕周鳳五《考釋》釋爲「以行乎蠻貉（音漢）」：《論語・衛靈公》：「子張問行。子曰：『言忠信，行篤敬，雖蠻貊之邦行矣。』」簡文本節可移爲注脚。趙建偉《校釋》指出：「貉」即「貊」（音漢）」。

參考文獻

荊門市博物館編：《郭店楚墓竹簡》，北京：文物出版社，1998年5月。簡稱：《郭簡》。

陳劍：《釋〈忠信之道〉的「配」字》，《國際簡帛研究通訊》第二卷第六期，2002年12月。簡稱：《配字》。

陳斯鵬：《讀郭店楚墓竹簡札記(10則)》，《中山大學學報論叢》1999年第6期。簡稱：《札記》。

陳偉：《郭店楚簡別釋》，《江漢考古》1998年第4期。簡稱：《楚簡別釋》。

陳偉：《郭店竹書別釋》，武漢：湖北教育出版社，2002年12月。簡稱：《竹書別釋》。

郭永秉：《談古文字中的「要」字和從「要」之字》，《古文字研究》第二十八輯，北京：中華書局，2010年10月。簡稱：《之字》。

何琳儀：《郭店楚簡選釋》，《文物研究》第12輯，合肥：黃山書社，1999年12月；《簡帛研究二〇〇一》，桂林：廣西師範大學出版社，2001年9月。簡稱：《選釋》。

李剛：《郭店楚簡〈忠信之道〉的思想傾向》，《人文雜志》2000年第4期。簡稱：《傾向》。

李零：《郭店楚簡校讀記》，《道家文化研究》第十七輯，北京：生活·讀書·新知三聯書店，1999年8月。簡稱：《校讀記》。

李天虹：《郭店楚簡與傳世文獻互徵七則》，《江漢考古》2000 年第3 期。簡稱：《七則》。

劉樂賢：《讀郭店簡儒家文獻札記》，廖名春編：《新出楚簡與儒學思想國際學術研討會論文集》，北京：清華大學思想文化研究所，2002 年3 月。簡稱：《文獻札記》。

劉釗：《讀郭店楚簡字詞札記》，《郭店楚簡國際學術研討會論文集》，武漢：湖北人民出版社，2000 年5 月。簡稱：《字詞札記》。

劉釗：《郭店楚簡校釋》，福州：福建人民出版社，2003 年12 月。簡稱：《校釋》。

沈培：《郭店楚簡札記四則》，《簡帛語言文字研究》第一輯，成都：巴蜀書社，2002 年11 月。簡稱：《四則》。

葉國良：《郭店儒家著作的學術譜系問題》，《中國哲學》第24 輯，瀋陽：遼寧教育出版社，2002 年4 月（原載《臺大中文學報》，2000 年12 月）。簡稱：《譜系問題》。

張光裕：《郭店楚簡研究》第1 卷《文字編》，臺北：藝文印書館，1999 年1 月。簡稱：《研究》（三）。

趙建偉：《郭店竹簡〈忠信之道〉〈性自命出〉校釋》，《中國哲學史》1999 年第2 期。簡稱：《校釋》。

周鳳五：《郭店楚簡〈忠信之道〉考釋》，《中國文字》新廿四期，1998 年12 月；《中國哲學》第21 輯，瀋陽：遼寧教育出版社，2000 年1 月。簡稱：《考釋》。

成之聞之

鄧少平　校釋

校釋說明

《成之聞之》是《郭店楚墓竹簡》中的一篇，篇題係整理者據簡文擬加。

《成之聞之》全篇共四十枚簡，除兩枚下端稍殘外，其餘皆保存完好。竹簡兩端均修削成梯形，簡長三二・五釐米。編綫兩道，編綫間距爲一七・五釐米。篇中有合文符號，作「=」；篇末有篇號，作「乚」。據劉祖信、鮑雲豐（2006：158—161）介紹，在簡一三背面上距竹簡頂端一七・五釐米處，寫有「七十二」這一數字。書寫風格與《尊德義》簡背的四個數字相同，可能是同一位抄手所寫；書寫方向與正面文字相反，應爲翻面後順手書寫而成。整理者指出，本篇與《性自命出》《尊德義》《六德》抄寫在形制相同的竹簡上，字體亦相近。研究者據此認爲，這四篇原來可能同編爲一卷。

整理者對《成之聞之》的編聯存在不少問題，後來經過多位研究者的調整，使其編聯逐漸恢復原貌，相關討論可參看廖名春（2001a＝2001：231—247）及陳劍（2007＝2013：201—220）。陳文後出，其綜合學界衆多研究成果的編聯已近完璧，我們在此基礎上僅據文義將簡二一調整到簡二三與簡二二之間。此篇編聯經過調整之後，整理者所擬篇名顯然不合適，廖名春（2001a＝2001：246）取篇首數字將其改題爲《君子之於教》，符合古書命名通例。但是鑒於學界對此篇的名稱已近約定俗成，兹仍其舊。

本篇對於研究先秦儒家的政治思想、倫理思想及人性論，皆有重要的參考價值。

校釋者　鄧少平

凡　例

一、本篇以荆門市博物館編《郭店楚墓竹簡·成之聞之》（文物出版社，一九九八年五月）的釋文爲注釋底本。注釋中的「整理者」和「裘按」分别指原書的釋文注釋以及裘錫圭按語，餘詳篇後參考文獻。

二、新釋文仍在每簡之末以一、二等數字標注原書之簡號，以便檢核。對於簡上原有的各種標識符號，原書釋文只保留分章、分段標誌，新釋文則對重文及合文符號、篇號也予以保留。重文或合文符號作一短横者以「–」、作兩短横者以「=」表示，分章、分段、分篇之墨塊以「■」表示，篇號作鈎形者以「∠」表示。

三、簡文中的古今字、通假字、異體字在其後以「（）」括注今字、本字、正字，訛字在其後以「〈〉」括注正字。簡文奪字、衍文分别以「〖〗」、「{}」括注。簡文殘字可辨識者外加邊框以爲標示，缺字以及無法辨識之字，如可據上下文推定字數者，每字以一「□」標示，不能確定字數者，以「……」標示。缺文可擬補者，在所補文字之外加「[]」。

四、注釋所引諸家之説，儘量按照原文節録，以省讀者翻檢之勞。原文脚注、尾注如有必要保

留者，皆以小字隨文夾注。有些説法是由多位研究者同時提出的，我們儘量引録其中論述較爲周詳的一家，其餘則在按語中加以説明。爲保持行文通暢，我們對少數引文作了一些技術性處理，文中不再一一注明。

君子之於𠫵(教)也，亓(其)道(導)民也不𡨦(浸)，則亓(其)淳(淳)也弗深悑(矣)。〔一〕是古(故)亡虗(乎)亓(其)身而四廌(存)虗(乎)亓(其)詒(詞)，〔二〕唯(雖)䨷(厚)亓(其)命，〔三〕民弗從之悑(矣)。是古(故)畏(威)備(服)型(刑)罰之婁(屢)行也，〔四〕五䌛(由)𡳿(上)之弗身也。昔者君子有言曰：「戰與型(刑)人，君子之述(墜)悳(德)也。」〔五〕是古(故)六𡳿(上)句(苟)身備(服)之，則民必有甚安(焉)者。〔六〕君𧞼(袀)𧝓(冕)而立於𨸏(阼)，〔七〕一宮之人不𠢕(勝)七亓(其)敬；〔八〕君衰𦃞(絰)而𡰥(處)立(位)，〔九〕一宮之人不𠢕(勝)[其哀；君甲冑而……]八一軍之人不𠢕(勝)亓(其)𢦏(勇)。〔一〇〕𡳿(上)句(苟)昌(倡)之，〔一一〕則民鮮不從悑(矣)。唯(雖)肰(然)，亓(其)廌(存)也不䨷(厚)，九亓(其)重也弗多(矣)。〔一二〕是古(故)君子之求者(諸)㠯(己)也深。不求者(諸)亓(其)杳(本)而戉(攻)者(諸)亓(其)一〇末，弗㝵(得)悑(矣)。是君子之於言也，〔一三〕非從末流者之貴，窮(窮)𣾴(源)反杳(本)者之貴。〔一四〕一一句(苟)不從亓(其)䌛(由)，不反亓(其)杳(本)，未有可㝵(得)也者。君上卿(享)城(成)不唯(惟)杳(本)，工(功)[弗□矣]。〔一五〕一二戎(農)夫𢓊(務)飤(食)不强畊(耕)，糧弗足悑(矣)。〔一六〕士城(成)言不行，名弗㝵(得)悑(矣)。〔一七〕

是古(故)君=(君子)〔一三〕之於言也，非從末流者之貴，窮湶(源)反杳(本)者之貴。句(苟)不從亓(其)繇(由)，〔一四〕不反亓(其)杳(本)，唯(雖)强之，弗内(入)矣(矣)。〔一八〕

〔一〕 道、憲、湻，整理者無説。 ○裘按：「憲」疑當讀爲「浸」。《易・遯》彖傳「浸而長也」《正義》：「浸者，漸進之名。」「其」下一字或可釋「湻」。 ○按：「道」，郭沂(1998＝2001：221)、李零(2002：121)讀爲「導」。

〔二〕 厲，原形作□，整理者未釋。 ○裘按：□字，上端與「鹿」字頭相似。此字亦見於下第九簡，疑是「厲」字異體。古代「厲」有「薦」音，其字在此與「亡」爲對文，當讀爲「存」，參看本書《語叢四》注七。 ○按：《語叢四》第八、九號簡：「竊鉤者誅，竊邦者爲諸侯。諸侯之門，義士之所厲。」注七裘按：「此段内容與見於《莊子・胠篋》的下引文字基本相同：『彼竊鉤者誅，竊國者爲諸侯。諸侯之門，而仁義存焉。』……上引《莊子》之文，『誅』『侯』爲韻(皆侯部字)，『門』『存』爲韻(皆文部字)。『厲』字古有『薦』音(參看《窮達以時》注六)，『薦』正是文部字。『薦』『荐』古通，此『厲(薦)』字可依《莊子》讀爲『存』。」

〔三〕 丁原植(2000：135)：「厚」，多也，《漢書・食貨志下》云：「民若匱，王用將有所乏，乏將厚取于民。」顔師古注：「厚，猶多也，重也。」「厚其命」，指重複下令，即三令五申，即下文所云：「威服刑罰之屢行。」

〔四〕畏，整理者無説。　◯裘按：「備」上一字，其上部與簡文一般「畏」字有異。如此字確爲「畏」字訛體，疑當讀爲「威」。　◯陳劍（未刊稿）：其上部與簡文一般「畏」字的區别是作「目」形不作「囟」形。《郭簡》文字偏旁「囟」形與「目」形常可互作，如一般寫作上从「目」形的「胃」「學」，也有寫作上从「囟」形的，見《魯穆公問子思》一號簡、《語叢四》一三號簡「胃」字，《語叢三》三〇號簡「胃」字。可見釋此字爲「畏」字訛體當無可疑。「威服」古書多見，謂以威（與「德」相對）服人。

〔五〕述，整理者無説。　◯裘按：「刑人」之語見《尚書・康誥》，意爲對人用刑。又疑此句「君子」之「子」爲衍文，句文當讀爲：戰與型（刑），人君之述（墜）悳（德）也。　◯崔永東（2001：69）：「君子」之「子」不當視爲衍文，此「君子」與簡三「古（故）君子之立民也」之「君子」意同，均指君主而言。

〔六〕陳來（2000＝2009：49）：《成之聞之》篇「苟上身服之，則民必有甚焉」，與《孟子・滕文公上》所述孔子的話「上有好者，下必有甚焉」是相同的，也與《緇衣》中的「子曰：……上好是物也，下必有甚焉者矣」，以及《尊德義》中的「下之事上也，不從其所命，而從其所行；上好是物也，下必有甚焉」是相同的，應當都是孔子的話。

〔七〕 𩤻，原形作[illegible]，整理者釋爲均而無説。䙛，原形作[illegible]，整理者不釋。复，整理者讀爲祚。

○裘按：「君」下一字也許不是「均」，但確是一個从「匀」聲的字，在此似當讀爲「袀」。其下一字疑當釋爲「䙛」，讀爲「冕」。袀冕，意爲袀服而冕，在此當指祭服（袀服爲上衣下裳同色之服）。《禮記·祭統》謂將祭之時，君與夫人皆齋，「然後會於太廟，君純冕立於阼」。「袀」「純」義通。《漢書·王莽傳下》「時莽紺袀服」注：「袀，純也，純爲紺服也。」《淮南子·齊俗》「尸祝袀袨」注：「袀，純服。袨，墨齋衣也。」疑《禮記》「純冕」與「袀冕」同義。簡文「复」當讀爲「阼」。　○周鳳五（1999b＝2016：134）：裘説可從，但字形仍有待補證。審視簡文，其上半从「匀」不誤。下半形構奇詭，當是「巽」字省形，二字俱爲聲符；匀，古音余母真部；巽，心母元部，可以讀作文部的「袀」或「純」。　○陳劍（未刊稿）：「巽」與「匀」讀音相近，从之得聲的字常可相通，如筍虡之「筍」古書或作「簨」，《周禮·春官·典庸器》「而設筍虡」鄭玄注引杜子春云「筍讀爲博選之選」等（參看高亨纂著、董治安整理《古字通假會典》第八一頁）。故此從周鳳五説隸定爲「𩤻」。

〔八〕 整理者：𠣞字从「力」「乘」聲，讀爲「勝」，也可能就是「勝」字異體。此字已見《老子》乙一五號簡。　○按：《老子》乙篇簡一五「燥𠣞滄，靜𠣞熱」，今本「𠣞」作「勝」。

〔九〕 𣜩，原形作[illegible]，整理者隸爲[illegible]而無説。凥，整理者逕釋爲処。立，整理者無説。　○裘按：

「衰」下一字，其下部即「麻」所从之「𣏟」，其上部疑是「至」之省寫。此字似當釋「絰」。麻絰爲喪服。「立」當讀爲「位」。「立」上一字本作「凥」，《説文》以爲居處之「居」的本字。鄂君啓節銘文「凥」「居」二字並見，有人因此釋此字爲「処(處)」，其理由並不充分。但包山楚簡「居凥」連文(三二號簡有「居凥名族」之語)，似乎此字確當釋「處」。　○劉桓(2001：64)：所以从𣏟(麻)，是因爲作爲喪服的絰必須用麻。《儀禮·喪服》「首絰」，鄭注：「麻在首在要(按即腰)皆曰絰，首絰像緇布冠之缺項，要絰像大帶。」而衰(縗)爲粗麻布製成的喪服。「衰絰」合文構成一個詞，意爲喪服。《左傳·僖公六年》：「大夫衰絰。」《禮記·雜記》：「三年之喪，如或遺之酒肉，則受之，必三辭。主人衰絰而受之。」鄭注：「受之必正服，明不苟於滋味。」

〔一〇〕簡八「勈」下殘缺之文，整理者無説。　○裘按：《禮記·表記》：「是故君子衰絰則有哀色，端冕則有敬色，甲胄則有不可辱之色。」據此，簡文「君衰絰而処位」下之分句可補足爲「一宫之人不勝[其哀]」；「一軍之人不勝其勇」上之分句可補爲「君甲胄而……(據缺字地位「而」下當有四至五字)」。　○李零(2002：123)：「其」字祇有殘畫，下缺文可容十字，疑作「哀。君冠胄帶甲而立於軍」或「哀。君冠胄帶劍而立於軍」。　○劉樂賢(2000＝2010：4)：古書中還有與《表記》相似的記載，如《説苑·修文》：「傳曰：『君子者，無所不宜也。是故韠冕厲戒，立於廟堂之上，有司執事無不敬者；斬衰裳苴絰杖，立於喪次，賓客弔唁無不哀者；被甲纓冑，立於桴鼓之間，士卒莫不勇者。』」《修文》此段，文意與《表記》相近，句式則更近於《成之聞之》。 ○按：劉氏據此將缺文補爲「其哀；君甲冑而立桴鼓之間」，可參。

〔一一〕昌，整理者無說。 ○裘按：「之」上一字疑當釋爲「昌」，讀爲倡導之「倡」。

〔一二〕馬，原形作[字形]，整理者未釋。 ○陳劍（未刊稿）：《莊子·人間世》：「古之至人，先存諸己，而後存諸人。所存於己者未定，何暇至於暴人之所行。」簡文「存」用法與之相同。 ○丁原植（2000：141）：「重」，指威重。《荀子·致士》云：「君者，國之隆也；父者，家之隆也。隆一而治，二而亂。自古及今，未有二隆爭重，而能長久者。」《論語·學而》云：「子曰：君子不重則不威。」 ○按：「馬」字釋讀參見本篇前文注。

〔一三〕裘按：此句「是」字下似脫「古（故）」字。

〔一四〕裘按：「源」字又見下一四號簡，字作「湶」。關於此字所从的「泉」的字形，參看吴振武《燕國銘刻中的「泉」字》，載《華學》第二輯。 ○按：吴振武（2008：230—235）對前文又有補充，可參。鄔可晶、郭永秉（2017：225—238）認爲此字右上所从爲「屮」，是聲旁。

〔一五〕卿、唯、工，整理者無說。簡文「工」下殘斷，整理者空四格。 ○裘按：此句結構當與下「戎夫」句、「士」句相類，疑「卿成」當讀爲「鄉（享）成」，「工」當讀爲「功」。 ○陳劍（未刊稿）：

「享成」的説法可以參看《荀子・強國》：「古者明王之舉大事、立大功也，大事已博、大功已立，則君享其成，群臣享其功。」又《荀子・臣道》：「明主尚賢使能而饗其盛，闇主妒賢畏能而滅其功。」「盛」與「功」對文，當讀爲「成」，功也。 ◯丁原植（2000：144）：「唯」字，疑讀爲「惟」。楊樹達《詞詮》釋「惟」云：「外動詞，思也。『上曰：吾惟之，豎子故不足遣！乃公自行耳。』（《漢書・張良傳》）」「不唯本」，疑訓作「不思本」。 ◯按：李零（2002：123）、周鳳五（1999b＝2016：135）、廖名春（2001b＝2001：182）皆據簡長指出「工」下缺文僅可容三字。郭沂（1998＝2001：223）補爲「德弗顯矣」，周鳳五補作「弗成矣」。廖名春謂：「下文相應的皆爲單字『糧』『名』。郭沂補以『德』字則成『功德』，與下文不類。周補『成』字與上句重複，不如郭補之『顯』字。因此當補爲『弗顯矣』三字。」

〔一六〕此句整理者釋讀爲：戎夫柔飤不强，加糧弗足悿（矣）。 ◯裘按：此句疑當釋爲：戎（農）夫柔（務）飤（食）不强，加糧弗足悿（矣）。「糧」上一字左側似有「田」字，也許不當釋爲「加」，待考。「柔」亦見於《老子》丙一號簡，用爲「侮」。 ◯李零（2002：123）：此字與《窮達以時》簡二「舜耕於歷山」句的「耕」構形相似（似可分析爲从田从爭省），應即「耕」字的訛體。「强耕」猶「力田」，是勉力耕作的意思。 ◯白於藍（1999＝2017：94—95）：「□」與「□」無疑當是一字，所不同者僅是前一形將後一形中像手操力耕作之手形删除後又綴加了「□

（口）」形而已。郭店簡中「男」字寫作「[illegible]」，則「[illegible]」字所从之「[illegible]（口）」形很可能是爲了與「男」字相區分而有意綴加的「區别符號」。金文中有一字原作「[illegible]」（𨜣侯匜），過去均釋爲「男」，現在看來亦恐是耕字，爲楚簡此字所本。……《淮南子·齊俗》：「其耕不强者，無以養生；其織不强者，無以掩形。」簡文「不强耕」猶此言「耕不强」。　○陳劍（未刊稿）：「强耕」亦見於《管子·輕重乙》：「强耕而自以爲落。」　○按：周鳳五（1999a＝2016：167—168）説略同，諸家並將「耕」字屬上讀。高佑仁（2010：189—232）縱論甲骨金文及戰國文字中「爭」字形體的演變脈絡，認爲郭店楚簡中既可讀「耕」又可讀「爭」（或「静」）之一類字群，其所从偏旁都能與「爭」字金文繫聯，其説可參。

〔二七〕廖名春（2001b＝2001：183—184）：「成言」爲先秦成詞，典籍屢見，意爲訂約、成議。《楚辭·離騷》：「初既與余成言兮，後悔遁而有他。」朱熹《集注》：「成言，謂其要約之言也。」《楚辭·抽思》：「昔君與我成言兮，曰黄昏以爲期。」《左傳·襄公二十七年》：「壬戌，楚公子黑肱先至，成言於晉。丁卯，宋向戌如陳，從子木成言於楚。」楊伯峻注：「與晉相約」，「共同約定弭兵之會有關楚之諾言」。簡文「成言不行」，即訂約而不履約，成議而不實行。這樣就會失信於人，故曰：「名弗得矣。」　○按：周鳳五（1999a＝2016：168）、楊澤生（2001：169）、沈培（2002：4—6）説同。

〔一八〕内，整理者無説。　○裘按：「内」疑當讀爲「入」。

上不㠯（以）亓（其）道，民之從之也難。是㠯（以）民可一五敬道（導）也，而不可穿（掩）也；〔一〕可馯（御）也，而不可孯（牽）也。〔二〕古（故）君=（君子）不貴𢕟（庶）勿（物），〔三〕而貴與一六民又（有）同也。智而比即（次），則民谷（欲）亓（其）智之述（遂）也。〔四〕福（富）而貧（分）賤，則民谷（欲）亓（其）一七福（富）之大也。〔五〕貴而罷（能）纕（讓），〔六〕則民谷（欲）亓（其）貴之上也。反此道也，民必因此至（重）也一八以復之，〔七〕可不新（慎）虐（乎）？古（故）君子所復之不多，〔八〕所求之不遠，〔九〕戠（竊）反者（諸）㠯（己）而可㠯（以）一九智（知）人。〔一〇〕是古（故）谷（欲）人之怸（愛）㠯（己）也，則必先怸（愛）人；谷（欲）人之敬㠯（己）也，則必先敬人。〔一一〕二〇君=（君子）簟（簟）笞（席）之上，〔一二〕㲉（讓）而受學（幼）；〔一三〕朝廷之立（位），㲉（讓）而凥（處）戔（賤）：〔一四〕所乇（託）不遠悛（矣）。〔一五〕少（小）人三四不緹（逞）人於刃，君子不緹（逞）人於豊（禮）。〔一六〕𣛌（津）汲（梁）䴖（爭）舟，〔一七〕亓（其）先也不若亓（其）後也。言三五䛠（語）啐（鞫）之，〔一八〕亓（其）勳（勝）也不若亓（其）已也。

〔一〕穽，整理者讀爲弇。　○按：李零(2002：121)讀爲掩，可從。「掩」可訓爲抑，《楚辭·九章·悲回風》「掩此哀而不去」，蔣驥注：「掩，抑也。」《禮記·學記》：「故君子之教喻也，導而弗牽，强而弗抑，開而弗達。」簡文「掩」字正與其「抑」字相當。白於藍(2010＝2017：303—306)亦指出此點，並據簡文校讀《禮記》，可參。

〔二〕掔，整理者讀爲賢。　○裘按：「掔」與「馯(馭)」爲對文，疑當讀爲「牽」。「牽」亦可作「掔」，與「掔」皆从「臤」聲。　○按：丁原植(2000：148)、楊澤生(2009：88)皆引《禮記·學記》「故君子之教喻也，導而弗牽」，孔穎達疏「牽謂牽逼」，證明裘氏讀「牽」可從。

〔三〕李零(2002：126)：「庶物」指衆物，是古書固有的詞彙，如《易·乾》「首出庶物，萬國咸寧」，《孟子·離婁下》「舜明於庶物，察於人倫」。　○廖名春(2001b＝2001：185)：庶當訓爲侈、美。庶物，奢侈之物，美物。《爾雅·釋言》：「庶，侈也。」郭璞注：「庶者衆多爲奢侈。」《詩·小雅·楚茨》：「君婦莫莫，爲豆孔庶。」鄭玄箋：「庶，䏧也。祭祀之禮，后夫人主共籩豆，必取肉物肥䏧美者也。」

〔四〕智，整理者皆讀爲知。即、述，整理者無説。　○裘按：疑「比即」當讀爲「比次」。「述」當讀爲「遂」。「智」當如字讀。　○崔海鷹(2008：80)：「比」，親也；……「比次」，即親近下愚之人也。　○陳劍（未刊稿）：《荀子·富國》：「彊脅弱也，知懼愚也，民下違上，少陵長。」簡文「智而比次」正與「知（智）懼愚」之義相反。《尹文子·大道上》：「道行於世，則貧賤者不怨，富貴者不驕，愚弱者不懾，智勇者不陵，定於分也。法行於世，則貧賤者不敢怨富貴，富貴者不敢陵貧賤，愚弱者不敢冀智勇，智勇者不敢鄙愚弱，此法之不及道也。」「智而比次」與「智勇者不陵」「智勇者不敢鄙愚弱」意近。　○楊澤生（2009：90）：簡文「述」字除了可以讀作「遂」，訓爲通達之外，似乎還可以讀作「邃」。《漢書·任敖傳》：「蒼尤好書，無所不觀，無所不通，而尤邃律曆。」顏師古注：「邃，深也。」　○鄧少平（2015：139－140）：崔海鷹説當可信從。《大戴禮記·曾子制言上》「欲行則比賢」孔廣森注：「比，親也。」《史記·平津侯主父列傳》「此下比於民」司馬貞《索隱》：「比者，近也。」簡文「比」的用法與此類似，和「不陵」「不鄙」「不懼」之義正相符合。《逸周書·周祝解》「人智之邃也，奚爲可測」，可證楊澤生説可從。簡文「智之邃」與其下「富之大」「貴之上」相對成文，皆表示程度的增加。此句是説，智者能夠親近愚者，那麽民衆就會希望他的智慧更加深邃。

〔五〕福、貧，整理者無説。　○裘按：此句疑當讀爲：富而分賤，則民欲其富之大也。　○劉樂賢（2000＝2010：5－6）：《説苑·雜言》中有一段文字與此相關：「孔子曰：『夫富而能富人者，欲貧而不可得也；貴而能貴人者，欲賤而不可得也；達而能達人者，欲窮而不可得也。』」(類似的話亦見於《孔子家語・六本》)又《韓詩外傳》卷八載有：「魏文侯問李克曰：『人有惡乎？』李克曰：『有。夫貴者即賤者惡之，富者即貧者惡之，智者即愚者惡之。』文侯曰：『善。行此三者，使人勿惡，亦可乎？』李克對曰：『可。臣聞貴而下賤，則眾弗惡也；富能分貧，則窮士弗惡也；智而教愚，則童蒙者弗惡也。』」魏文侯與李克所討論的問題，同《成之聞之》所論述的問題基本相同。兩相對照可知，「智而比即」大致相當於「智而教愚」，「福而貧賤」大致相當於「富能(能即而)分貧」，「貴而能讓」大致相當於「貴而下賤」。從字義看，「富」與「貧」相對，「貴」與「賤」相對。《韓詩外傳》的「富能(而)分貧」，顯然比《成之聞之》的「福(富)而貧(分)賤」準確。　◯裘錫圭(張富海2000引)：很可能《成之聞之》中的「福而貧賤」原文作「富而貧」，「貧」字下有重文號，讀爲「富而分貧」(因爲「貧」字从分)。但傳抄過程中重文號被漏掉，致使「富而貧」不能理解，郭店簡抄寫者遂在「貧」字後加同義詞「賤」字而足句。這樣，反而使此句不可理解。　◯廖名春(2001b＝2001：187)：《說苑・善說》二十五：「衛將軍文子問子貢曰：『季文子三窮而三通，何也？』子貢曰：『其窮事賢，其通舉窮，其富分貧，其貴禮賤。窮而事賢則不悔；通而舉窮則忠於朋友；富而分貧則宗族親之；貴而禮賤則百姓戴之。其得之，固道也；失之，命也。』曰：『失而不得者，何也？』曰：『其窮不事賢，其通不舉窮，其富不分貧，其貴不理賤。其得之，命也；其失之，固道也。』」「富而分賤」即「富而分貧」，「貧」「賤」義近通用。

〔六〕 罷，整理者讀爲「一」。纕，整理者無説。　○裘按：以《詩·曹風·鳲鳩》「淑人君子，其儀一兮」與《五行》簡文「叒人君子，其義（儀）罷也」對照，「罷」似確可讀爲「一」（參看《五行》篇注一七），但此處之「罷纕」似應讀爲「能讓」。　○何琳儀（1999＝2007：51）：「壹」與「抑」可通。《詩·大雅·抑》之「抑」，《國語·楚語》作「懿」，是其佐證。《後漢書·班固傳》「不激詭，不抑抗」注：「抑，退也。」本簡「抑讓」猶「退讓」。　○裘錫圭（2011＝2012：555）：郭店簡《成之聞之》簡一八和上博簡《君子爲禮》簡九，都有「貴而罷讓」之語。我在審校郭店簡釋文時，曾疑簡一八的「罷」當讀爲「能」。從上博簡此語也用「罷」字而不用「能」字來看，此説應該取消。李天虹讀「罷纕」爲「揖讓」。（李天虹《郭店楚簡文字雜釋》，《郭店楚簡國際學術研討會論文集》，湖北人民出版社，二〇〇〇年，九四—九五頁）季旭昇既表示同意李先生的意見，又從韻部考慮，認爲或可讀爲「抑讓」。（季旭昇《説文新證》，福建人民出版社，二〇一〇年，三五—三六頁）我傾向於讀爲「抑讓」。這個「抑」與《尚書·無逸》「克自抑畏」的「抑」同義。「揖讓」的意思似嫌太具體。「抑」「一」上古音極近（「印」「抑」同源，「印」爲真部字，「抑」爲質部字），而且「抑」在古書中也有通「揖」的例子。（張儒等《漢字通用聲素研究》，山西古籍出版社，二〇〇二年，九八五頁「咠通归」條）這恐怕不是偶然的。當然，如果讀爲「揖讓」，就是「罷」通緝部字的毫無疑義的例子了。　◯按：今從裘錫圭前説讀爲「能」，其餘諸説似太實。

〔七〕至，原形作□，整理者釋爲厚。　◯陳偉（2003：18）：這個字可以看作以「石」爲意符，以「主」爲聲符，當是「輕重」之「重」的異構。此字在郭店簡中還見於《緇衣》四四號簡及《成之聞之》一八、三九號簡，釋文皆釋爲「厚」。改釋爲「重」之後，《緇衣》四四號簡一句讀作「輕絶貧賤而重絶富貴」，適與今本一致；《成之聞之》一八號簡一句讀作「民必因此重也」，三九號簡一句讀作「文王之刑莫重焉」，均意義顯豁。不煩先釋爲「厚」，再訓爲「重」。同時，在《緇衣》及《成之聞之》中同時存在从「毛」的「厚」字，也加强此字應當釋爲「重」的證據。　◯李零（2002：12）：此字實从石从主，與厚字寫法不同。簡文「厚」與這種寫法的「重」字極易混淆，除去此例，下《緇衣》簡四四、《成之聞之》簡一八、三九、《尊德義》簡二九過去釋爲「厚」的字，其實也都是「重」字。　◯按：復，或可讀爲「覆」，指顛覆。

〔八〕涂宗流、劉祖信（2001：87）：「復」，謂實踐諾言。《論語・學而》：「信近於義，言可復也。」朱熹集注：「復，踐言也。」　◯按：楊伯峻注釋《學而》此「復」字時説：「《左傳》僖公九年荀息説：『吾與先君言矣，不可以貳，能欲復言而愛身乎？』又哀公十六年葉公説：『吾聞勝也好復言，……復言非信也。』這『復言』都是實踐諾言之義。《論語》此義當同於此。」（楊伯峻

《論語譯註》，第八頁，中華書局，一九八〇年）簡文大意是説君子所踐行之事不需要太多。

〔九〕遠，原形作□，整理者未釋。　○裘按：「不」下一字亦見下三四號簡，從文意看似是「遠」之誤寫。　○丁原植（2000：153）：「不遠」，指不需遠求。《論語·學而》云：「子曰：仁遠乎哉？我欲仁，斯仁至矣！」《中庸》云：「子曰：道不遠人。人之爲道而遠人，不可以爲道。」

〔一〇〕戠，原形作□，整理者未釋。　○陳劍（未刊稿）：其形當分析爲从「言」从□省聲，□字見於《郭簡·性自命出》三八號簡「～其見者」，當釋讀爲「察」。「戠」字以「言」爲意符，也可能就是「詧」字異體。……簡文「反諸己」作「察」的賓語，「察」似即明察、明白、懂得之意。《墨子·修身》：「君子察邇而邇修者也。見不修行見毀，而反之身者也，此以怨省而行修矣。」可與簡文參讀。　○按：周鳳五（1999b=2016：138—139）、劉釗（2000：87）皆釋讀爲「察」。李零（2002：123）讀爲「竊」，可從。關於此字的考釋，可參劉釗（2002=2005：140—148）。

〔一一〕廖名春（1999=2001：29—30）：簡文見於《國語·晉語四》：「（趙衰）對曰：『《禮志》有之曰：將有請於人，必先有入焉。欲人之愛己也，必先愛人；欲人之從己也，必先從人。無德於人，而求用於人，罪也。』」　○劉桓（2001：64）：《孟子·離婁下》記孟子曰：「仁者愛人，有禮者敬人。愛人者，人恒愛之；敬人者，人恒敬之。」孟子也是講愛人、敬人與被人愛、被人敬的關係，二者思想具有一致性。　◯按：陳來（2000＝2009：50）與劉氏説同。

〔一二〕 簸，原形作□，整理者隸爲簸而無説。　◯李學勤（2000a＝2005：178）：「尋」聲的字每每與「覃」聲的字通用，如《説文通訓定聲》所説，「蕁」或作「藫」，「橝」或作「樳」。這是由於「覃」是定母侵部字，故與「尋」相通。《成之聞之》這個字應讀爲「簟」，「簟」爲竹席，所以在簡文中連稱「簟席」。　◯按：李零（2002：123）説略同，此從其釋讀。上博《孔子詩論》簡一六「葛覃」之「覃」作「䌷」，亦從尋聲，可參黄德寬、徐在國（2002＝2007：94）。

〔一三〕 受學，原形作□，整理者未釋。　◯李零（2002：123）：從照片看，上字是「受」字，下字从幽从子，寫法同中山王鼎「寡人幼童未通智」的「幼」字。「受幼」是説受幼者之位，與「處賤」互文。　◯按：陳偉（2003：139）、張光裕主編（1999：緒言6）、劉樂賢（1999：361—362）、黄德寬、徐在國（1999＝2007：18—19）等説皆同。

〔一四〕 按：很多學者指出，《禮記·坊記》「子云：觴酒豆肉，讓而受惡，民猶犯齒；衽席之上，讓而坐下，民猶犯貴；朝廷之位，讓而就賤，民猶犯君」，與簡文類似。不過，劉嬌（2012：219）指出：「兩文中的此段内容雖然相關，但兩文立論不同，簡文是説君子在不同場合的謙讓是『愛人』『敬人』的表現；《坊記》説的則是即使處處謙讓，以身作則，民衆還是常常有逾禮之舉。」

〔一五〕 尾，整理者讀爲宅。 ○按：劉信芳（2000：43）括注爲「託」。

〔一六〕 緹、刃，整理者無説。 ○裘按：疑「緹」當讀爲「逞」。《左傳·昭公四年》：「求逞於人，不可。」疑「逞人」與「求逞於人」意近。「刃」疑當讀爲「仁」。此文之意蓋謂小人不求在仁義方面勝過人，君子不求在禮儀方面勝過人。○顏世鉉（1999a：392—393）：《成之聞之》在此段所講的是謙讓之道。就「君子不逞人於禮」而言，在古代，禮儀主要是爲士階級以上的貴族而制定，也爲其所熟悉，《禮記·曲禮上》：「禮不下庶人。」可以説習禮儀是古代貴族的專利。簡文當是説君子（相對於平民而言）不以其嫻熟禮儀而向人逞強。因此，再就「小人不逞人於刃」來説，若説是小人不以其行仁義來向人逞強，文意上並不通；《論語·八佾》：「人而不仁，如禮何？人而不仁，如樂何？」仁本而禮末，禮的儀節易習而仁的境界難至，要求「君子不逞人於禮」，卻要求小人「不逞人於仁」，似乎不好解釋。……簡文所言「君子」「小人」當指貴族和平民而言，「小人不逞人於刃」是説：小人不以其持有刀刃之兵器而向人逞強。《韓非子·五蠹》：「儒以文亂法，俠以武犯禁」，「人主尊貞廉之行，而忘犯禁之罪，故民程於勇而吏不能勝也」。 ○梁立勇（2007：27）：「刃」在此當解爲「能」。《説文·心部》：「忍，能也。」……《左傳·哀公十三年》：「且夷德輕，不忍久，請稍待之。」「忍」即「能」，「不忍久」即「不能長久」。簡文的「逞刃」應即「逞能」。文獻中多有「逞能」的説法可資參考：《莊子·山木》：「此筋骨非有加急而不柔也，處勢不便，未足以逞其能也。」《韓非子·説林》：「故勢不便，非所以逞能也。」「小人不逞人於刃，君子不逞人於禮」的意思應該是：君子不應快意於在禮儀方面勝過人，小人不應該快意於在技能方面勝過人。細味《成之聞之》簡三四—三六這一段話，主旨是強調謙讓之道。《左傳·襄公十三年》有一段文句與簡文此段文字意思類似：「君子稱其功以加小人，小人伐其技以馮君子，是以上下無禮，亂虐並生，由爭善也，謂之昏德。國家之敝，恆必由之。」「小人伐其技以馮君子」一句，杜注：「自稱其能爲伐。」「伐」和「逞」都有誇耀、滿足之意。因此，「小人伐其技以馮君子」和「小人逞人於刃」意思應該類似。「小人伐其技以馮君子」的「技」，即相當於簡文的「刃」。「技」「能」義近，直到今天「技能」還常常連言。《左傳·定公四年》：「夫子語我九言，曰：『無始亂，無怙富，無恃寵，無違同，無敖禮，無驕能，無復怒，無謀非德，無犯非義。』」「無驕能」，杜預注：「以能驕人。」可見，不要以「能」而逞快於人是古時的一種處世哲學。「無驕能」和簡文「不逞人於能」意思應該相近。　〇按：刃，或可讀爲「忍」，指殘忍。

〔一七〕檇，原形作，整理者未釋。沕，原形作，整理者隸爲沕而無説。婧，整理者讀爲情。舟，原形作，整理者釋爲於。　〇裘按：此句似當釋讀爲：沕（梁）婧（爭）舟。第一字左从「才」，右旁即注四所提到的「廌」字異體，可讀「薦」音，當是此字聲旁。此字出現在「梁」字之前，疑應讀爲「津」，參看《窮達以時》注六。　○陳偉（2003：140）：《説文》云：「存，恤問也。从子，才聲。」基於裘先生的分析，此字左旁的「才」蓋是疊加聲符，全字亦當釋爲「存」。

○按：陳劍（未刊稿）指出，簡文「洂」字所从「朩」省與「刃」同形，類似情況戰國文字多見。此從其説隸定。

〔一八〕詎，原形作□，整理者逕釋爲語。⿱吅幸，原形作□，整理者隸爲啐而無説。　○裘按：《集韻》曷韻才達切巀小韻以「⿰口幵」「啐」爲「囋」字或體，月韻語訐切钀小韻亦有「⿰口幵」字，訓爲「語相呵拒」。簡文「啐」字應讀爲月韻之「⿰口幵」字。　○李零（2002：124）：此字乃楚簡「梏」字所从（上下爲一體，不可左右分置）。　○趙平安（2002＝2009：119）：⿱吅幸字象頸枷手銬之形，可能就是梏的本字。　○陳劍（未刊稿）：簡文「⿱吅幸」字與「鞫」「鞠」等字所从的聲旁「㔯」爲一字異體，就應當讀爲「鞫」。上博《周易》「僮牛之梏」，「梏」字馬王堆帛書本正作「鞫」。《爾雅·釋言》：「鞫，窮也。」這也是古書常訓。《淮南子·主術》：「有言者窮之以辭，有諫者誅之以罪。」《戰國策·魏策二》「史舉非犀首於王」章：「史舉非犀首於王，犀首欲窮之，謂張儀曰……」「言語鞫之」「言語窮之」就是在言語辯難方面務必使對方理屈詞窮的意思。簡文强調「讓」，所以説「其勝也不若其已也」。　○按：詎，從陳劍隸定。趙文對⿱吅幸字形義有系統梳理，可參。

君子曰：從允懌（釋）怂（過），則先者余（豫），逨（來）者訐（信）。〔一〕三六《君奭》曰：「毀（襄）我二人，毋又（有）倉（合）才（在）音〈言〉。」〔二〕害（蓋）道不說（悅）之㝵（詞）也。〔三〕君=（君子）曰：唯（雖）又（有）亓（其）亙（恆），〔四〕而二九行之不疾，未又（有）能深之者也。浼（勉）之述（遂）也，强之工（功）也；〔五〕墮（惰）之穿（淹）也，詒（怠）之工（功）也。〔六〕二三是㠯（以）智而求之不疾，〔七〕亓（其）迲（去）人弗遠悞（矣）；戠（勇）而行之不果，亓（其）悞（疑）也弗枉（往）悞（矣）。〔八〕二一是古（故）凡勿（物）才（在）疾之。《君奭》曰：「唯髟（冒）不（丕）嘼（單）爯（稱）悳（德）。」〔九〕害（蓋）言疾也。君子曰：疾之二二可能，冬（終）之爲難。「槁木三年，不必爲邦羿（基）。」〔一〇〕害（蓋）言實（寅）之也。〔一一〕是㠯（以）君=（君子）貴三〇城（成）之。〔一二〕

〔一〕余，整理者無説。　○顔世鉉（1999b：179—180）：《説文》：「允，信也。」「從允」即「從信」，指趨就誠信，亦即行事秉持誠信原則。……余，讀作豫，余、豫均爲余紐魚部，馬王堆帛書《繫辭傳》：「重門擊析，以待挔客，蓋取余也。」余，通行本作豫。《汗簡》豫字作悆，鄭珍云：

「與今《書》作『弗豫』訓『悦』同義。」……《論語·子路》：「葉公問政。子曰：『近者説，遠者來。』」《墨子·耕柱》亦載此事，孔子云：「善爲政者，遠者近之，而舊者新（親）之。」簡文「先者」猶「舊者」，指原先已歸其治理之百姓。「來者信」指治外之民信其仁德而前來歸附。○陳劍（未刊稿）：《大戴禮記·曾子立事》「來者不豫」，王聘珍《解詁》：「豫，樂也。」可與簡文「先者豫，來者信」參讀。○按：崔永東（2001：70）説簡文意爲「統治者講信用，改過錯，先前的人（原有的臣民）則會親近他，親近歸服的人相信他」。除了「余」當從顔氏讀爲「豫」外，崔説大體可從。

〔三〕才、音，整理者無説。○裘按：今本《君奭》作「襄我二人，汝有合哉言」，「言」字一般屬下讀。「才」似當讀爲「在」。「毋有合在音（或是『言』之誤）」，其意與今本「汝有合哉」大不相同。○李零（2002：128）：簡文「毋」的古文字寫法與「女」相近，「言」也與「音」相近，疑今本抄寫有誤。○李學勤（2002＝2005：231－232）：依照簡文，《君奭》語「襄」可讀爲「曩」，「毋」通作「無」。「曩我二人，無有合在言」，是説周公、召公二人意見不一致，故簡文解釋爲「道不説（悦）之詞也」（「道」，《禮記·大學》注：「言也。」）《尚書序》説「召公爲保，周公爲師，相成王左右，召公不説（悦），周公作《君奭》」，與簡文所説符合。○馬楠（2011：219－220）：《君奭》曰：「保奭，其汝克敬，以予監于殷喪大否，肆念我天威。予不允惟若兹誥，予惟曰，襄我二人，汝有合哉言，曰：在時二人。天休滋至，惟時二人弗戡。」舊讀「汝有合哉」句，「言」字下屬。……孔傳本「哉」當從《成之聞之》讀爲「在」，「言」字上屬爲句。《酒誥》：「王曰：封。予不惟若茲多誥。古人有言曰：『人無於水監，當於民監。』今惟殷墜厥命，我其可不大監撫于時？予惟曰：汝劼毖殷獻臣，侯、甸、男、衛；矧太史友、內史友，越獻臣百宗工；矧惟爾事，服休、服采；矧惟若疇：圻父薄違，農父若保，宏父定辟；矧汝，剛制于酒。」「若茲」訓「如此」，「予不惟若茲多誥」收束前文，謂我已陳言如上；「予惟曰」引起下文，言此後從遠及近外臣、朝臣、內臣及汝封身，皆當剛制于酒。同例，《君奭》「予不允惟若茲誥」，亦當小結上文，說我二人當共濟時艱，我已陳所以之故如此，「予惟曰」亦當引起下文。所以此處「襄」當讀爲「尚」，爲句首表祈願之語助。楚簡「畣」多釋爲「答」，此處卽訓爲對答之答（《小雅・雨無正》「聽言則答，譖言則退」，《新序》「答」作「對」）。「尚我二人毋有對答在言」，謂曩昔汝有不悅之言，我已陳言告汝我志誠若是，自今而後，我二人共濟于艱，不復需對答陳言以明志。《墨子・非命中》：「於召公之執令於然且敬哉。無天命，惟予二人，而無造言，不自天降之哉。」孫詒讓說，疑當作「於召公之非執命亦然，曰：『敬哉。無天命，惟予二人，而無造言，不自天降，自我得之。』」同上述句意也是一致的。

〔三〕害，整理者屬上讀爲曷。　◯彭裕商（2002＝2016：203—204）：以傳世的東周文獻而論，其體例往往是在稱引典籍後，即對典籍所言作一概括的解釋，如：《易・文言》：「《易》曰：『履霜，堅冰至。』蓋言順也。」「《易》曰：『括囊，無咎無譽。』蓋言謹也。」《禮記・禮器》：「孔子曰：『禮不可不省也，禮不同，不豐不殺，此之謂也。』蓋言稱也。」《禮記・中庸》：「『維天之道，於穆不已。』蓋曰天之所以爲天也。」「『於乎不顯，文王之德之純。』蓋曰文王之所以爲文也，純亦不已。」兩相對照，筆者認爲郭店簡的「害」字應讀爲蓋，害、蓋古音極近，《爾雅・釋言》：「蓋、割，裂也。」《校勘記》云：「《釋文》：『蓋，古害反。舍人本作害。』按：《書・呂刑》『鰥寡無蓋』，蓋即害字之借，言堯時鰥寡無害也。《釋名》：『害，割也。』……割與蓋亦音相近，《書・君奭》：『割申勸寧王之德。』鄭注《緇衣》云『割之言蓋』是也。」蓋字無實義，故郭店簡《詔命》文句後此字省去。總之，將害字讀爲蓋，與先秦典籍的文例相合，文句也更爲通順。　◯按：下文整理者讀爲「曷」之「害」字皆從彭説讀爲「蓋」。

〔四〕唯，整理者無説。　◯按：學者多讀爲雖。

〔五〕𫊣，原形作[illegible]，整理者未釋。述、工，整理者無説。　◯李零（2002：65）：「免」，整理者不釋，以爲相當今本「遜」字。案此字又見《成之聞之》簡二三，疑是「娩」字的古寫，「免」與「遜」含義相近。　◯李家浩（2000：146—147）：郭店楚墓竹簡《緇衣》二三、二四號説：「子曰：倀（長）民者……𡥈（教）之𠬝（以）政，齊之𠬝（以）型（刑），則民又（有）孪心。」今本「孪心」作

「遯心」。朱彬《禮記訓纂》説，「民有遯心」即「孔子所謂『免而無恥』者也」。按朱彬所引孔子語，見於《論語·爲政》：「道之以政，齊之以刑，民免而無恥。」劉寶楠《論語正義》在引《緇衣》鄭玄注「遯，逃也」之後説：「彼言『遯』，此言『免』，義同。《廣雅·釋詁》：『免，脱也。』謂民思脱避於罪也。」簡本《緇衣》的「孒（娩）」，當從《論語》讀爲「免」。……《説文》篆文「娩」作「㝃」，从「子」从「免」聲，「孒」可能是「㝃」字的異體。○按：李零（2002：124）將孒讀爲勉，述讀爲遂；周鳳五（1999b＝2016：140—141）將工讀爲功。陳偉（2003：143）據此云：「勉，努力。强，勤勉。簡文大概是説，努力之成功，是勤勉的結果。」

〔六〕墮，原形作□，整理者未釋。弇，整理者讀爲弇。訽，整理者讀爲詬。○鄧少平（2011：81—85）：□字實際應釋爲「墮」。在郭店《老子》甲篇一六號簡中，有一字作□。整理者釋爲「墮」，讀爲「隨」，並指出，《包山楚簡》有一釋作「隋」的字，與簡文上部相同。……我們認爲，此字右上部□形即爲以上諸字右形，只不過此字這一部分「土」的下一横畫借用了「田」字上部一筆。……「土」的下一横畫借用其下部件横畫的例子還有一些，比如「毀」字，在郭店楚簡《性自命出》一一號簡中有一形作□。顯然，「土」和「女」旁共用了一横畫。……「墮」字在《老子》甲篇中讀爲「隨」，但在此處，則應讀爲「惰」，墮、惰相通，古書習見。其意爲「偷惰」，和上文中的「勉」字正好相對。「弇」，李零讀爲「淹」，可從。「淹」與上文

「遂」相對，可訓爲敗，《方言》卷十三：「淹，敗也。水敝爲淹。」《廣雅·釋詁三》：「淹，敗也。」（參見宗福邦、陳世鐃、蕭海波主編《故訓匯纂》，商務印書館，二〇〇三年，第一二七二頁）「詒」，整理者讀爲「詞」，郭沂（1998＝2001：225）讀爲「怠」。我們認爲，郭説是正確的，可惜沒有得到後來研究者的重視。郭店《老子》甲篇簡二〇「知止所以不殆」之「殆」字亦寫作「詒」，而古書殆、怠可通，則「詒」亦可讀爲「怠」。郭沂已經認識到，此處「怠」與上文「强」相對，意爲懈怠。……在傳世文獻中，「惰（墮）怠」一詞常見，將[illegible]讀爲惰，「詒」讀爲怠不僅有文字學上的根據，而且也有文獻上的堅實證據。從簡文義理看，「惰之淹也，怠之功也」和「勉之遂也，强之功也」正好相反，然皆爲説明「疾」，不過一從正面、一從反面，如此説來，它們又是相成的。簡文意謂努力的成功，是勤勉的結果，偷惰的失敗，是怠慢的結果。這與簡文前後强調行事在「疾」的思想正相吻合。　〇按：[illegible]，周鳳五（1999b＝2016：140—141）認爲是「隨」字，在簡文中讀爲「橢」。周鳳五（2003a：7—8）後來明確將此字與楚簡習見的「陸（墮）」字及其相關異體聯繫起來，仍讀爲「橢」。

〔七〕智，整理者讀爲知。　〇按：李零（2002：122）、郭沂（1998＝2001：225）皆讀如字，與下文「勇」相對。

〔八〕丁原植（2000：159）：《中庸》云：「子曰：好學近乎知，力行近乎仁，知恥近乎勇。」《論語·

憲問》：「子曰：君子道者三，我無能焉：仁者不憂，知者不惑，勇者不懼。」簡文提到「智」與「勇」兩項，當與儒家重視「智」、仁、勇」的德目有關。

〔九〕 髟，原形作□，整理者未釋。　◯整理者：本句今本《尚書・君奭》作「惟冒丕單稱德」。

◯裘按：「𠷎」在古文字中即「單」字繁文，《說文》說此字不可信。　◯李零（2002：124、127）：「冒」，原作「□」，像旗旒，應即「旒」字，借讀爲「冒」（「冒」是明母幽部字，「旒」是來母幽部字，讀音相近）。……簡文原文也可能是「旄」字的古寫。　◯湯餘惠、吴良寶（2001：201）：該字應釋爲「髟」。商周時期的甲骨及金文中有「髟」字，作□、□、□等形，林澐釋作「髟」，至確。（林澐《釋史墻盤銘中的「逖虘髟」》，《陝西歷史博物館館刊》第一輯，西北大學出版社，一九九四年；《説飄風》，《于省吾教授百年誕辰紀念文集》，吉林大學出版社，一九九六年）拿楚簡中的「髟」字與之相比較，可知省略了人手部分，又將頭髮部分下移（上引第二形《髟莫父乙觚》已有先例）。「髟」字見於《説文》，其音有「必凋切」與「所銜切」兩讀。古音「髟」在滂紐宵部，「冒」在明紐幽部。滂、明均爲重唇音，宵、幽二部陰聲旁轉，二字音近可通。　◯廖名春（2000＝2001：101）：今文此句的斷句素有兩種：一是讀爲「惟冒丕單稱德」，如《十三經注疏》本；一是將「惟冒」歸上讀，如蔡沈《書經集傳》、孫星衍《尚書今古文注疏》、曾運乾《尚書正讀》、楊筠如《尚書覈詁》、周秉鈞《尚書易解》等。楚簡引文的斷句與

《十三經注疏》本同，「唯於（乾）」與「不畀爯悳」連讀，而且認爲引文之意是「言疾之」。今文的「冒」，孔傳依本字釋爲「布冒」；蔡沈承之，釋爲「覆冒」。而孫星衍則以爲「冒與懋聲近，又通勖，勉也」。看來，孫星衍説是對的。祇因勖勉努力，天下才全都舉行其德。簡文的「疾之」，就是釋「冒」，就是釋「於（乾）」；唯「疾之」，唯勖勉，才能「丕畢稱德」。由此看來，「惟冒」只能歸下讀。沒有楚簡的引文和説解，這一問題是不容易解決的。◯按：「□」，何琳儀（1999＝2007：56）亦云「或可釋『髟』，與『冒』讀音亦近」。

〔一〇〕此句整理者未加引號。㢴，整理者讀爲旗。◯李零（2002：124）：出典不詳，有待查考，從上下辭例看，此句似應加引號。◯王博（2000＝2001：263—264）：「槁木」一詞完全不能照字面意思理解爲「枯槁的木頭」。古書中比喻性的語言是經常使用的，像在《莊子》等書中，有時就把某一種狀態下人的形體比做「槁木」，如《齊物論》的開頭，記載南郭子綦「隱几而坐，仰天而噓，答焉似喪其偶」，於是顔成子遊便問「形固可使如槁木，而心固可使如死灰乎」？「形如槁木」是指人去除了血氣的欲望之後而達到的一種狀態，一如莊子「坐忘」時所説的「墮肢體，黜聰明，離形去知，同於大通」。……《韓非子·喻老》提到「楚莊王莅政三年，無令發，無政爲也」，是最值得注意的。因爲它正合乎「槁木三年，不必爲邦旗」之義。這些記載對我們理解「槁木三年，不必爲邦旗」句的意義，無疑是非常有價值的。◯按：郭沂

(1998＝2001：214)亦指出此句「蓋爲古語」。學者多將「槁木」理解爲枯槁之木，從而遵循整理者將「羿」讀爲「旗」，意爲旗幟。不過，正如王博所言，「槁木」在此應該是一個比喻。但他認爲「羿」應讀爲「期」，是句末語辭，而將「爲邦」理解爲「治理國家」，卻不可信。李學勤(2002＝2005：264)引用此句時，直接將簡文的「羿」字寫爲「基」，但未作説明。鄧少平(2015：140—141)補充論證云：「郭店《尊德義》簡二『賞與刑，禍福之羿也』，其中之『羿』裘錫圭即指出疑讀爲『基』。《詩經·小雅·南山有臺》『樂只君子，邦家之基』，《文選》卷四十七陸士衡《漢高祖功臣頌》『淑人君子，實邦之基』，又先秦兩漢文獻多見『國基』『國之基』，如《左傳·昭公十三年》『於是行也，足以爲國基矣』，《管子·輕重丁》『動之以言，潰之以辭，可以爲國基』，《管子·四時》『不知四時，乃失國之基』，《鹽鐵論·輕重》『禮義者，國之基也』，凡此皆可證簡文可讀爲『邦基』。」

〔二〕寠，原形作[illegible]，整理者隸爲寠而無説。○按：張光裕主編(1999：緒言10)、李零(1999：515)皆釋此字上部爲「寅」，張光裕將其隸爲「寠」，李零將其訓爲「敬」，説皆可從。

〔三〕郭沂(1998＝2001：214)：「成」，成就、完成、實現，「成之」同上文「終之」義近。

𦖞(聞)之曰：古之甬(用)民者，求之於弖(己)爲亙(亟)。〔一〕行不訐(信)則命不從，一訐（信）不㥆（著）則言不樂。〔二〕民不從上之命，不訐（信）亓（其）言，而能怠（念）悳（德）者，〔三〕未之二又（有）也。古（故）君=（君子）之立（莅）民也，〔四〕身備（服）善㠯（以）先之，〔五〕敬新（慎）㠯（以）肘（導）之，〔六〕亓（其）所才（在）者內（入）悏（矣），〔七〕三民管（孰）弗從？〔八〕型（形）於宙（中），雙（發）於色，亓（其）𥨊（審）也固悏（矣），〔九〕民管（孰）弗訐（信）？是㠯（以）上之亙（亟）二四柔（務）才（在）訐（信）於眾。〔一〇〕《𧦝命》曰：〔一一〕「允帀（師）淒（濟）悳（德）。」〔一二〕此言也，言訐（信）於眾之可㠯（以）二五淒（濟）悳（德）也。

〔一〕亙，整理者讀爲恆。　○周鳳五（1999b＝2016：131—133）：當讀作「亟」。……《説文解字》：「亟，敏疾也。」《詩·大雅·靈臺》：「經始勿亟，庶民子來。」鄭箋：「亟，急也。」《左傳·昭公二十一年》「亟言之」《正義》引服虔曰：「亟，疾也。」簡文意謂治民者當以反求諸己爲急務。……亙可以逕讀作亟，另外還有一個證據。包山與郭店竹簡屢見地名「亙思」當讀作「亟思」，即文獻所見的「期思」。這是楚人特殊的用字習慣，不是寫錯字，也不是「形近易混」。另外馬王堆帛書《周易·繫辭傳》「易有大亙」，據此也當逕讀作「易有太極」，與今本並無不同，且更可以窺見《易傳》出於先秦楚國抄本的地方特色及其學術淵源。　○按：關於楚簡以「亙」爲「亟」之例，參看裘錫圭（2009）。

〔二〕陳來（2000＝2009：47—48）：《中庸》也有與本篇相同的思想。《中庸》説：「上焉者雖善無徵，無徵不信，不信民弗從。下焉者雖善不尊，不尊不信，不信民弗從。故君子之道，本諸身，……君子動而世爲天下道，行而世爲天下法，言而世爲天下則。」這裏所説的「不信則民不從」，與本篇「行不信則命不從」等思想完全一致。

〔三〕念，整理者讀爲含。　○裘按：「能」下一字也有可能讀爲「念」。　○陳劍（未刊稿）：戰國文字加「口」爲繁飾習見，中山王鼎「含」字兩見，皆用爲「今」；《郭簡·語叢一》三八號簡、四○號簡「古今」之今皆作「含」；中山王鼎「念之哉」即「念之哉」。皆可證簡文此「念」字亦應分析爲从「今」之繁體得聲，就是「念」字異體。……「念」常訓爲「懷」，簡文「念德」猶言「懷德」，懷念其德，感念其德。

〔四〕立，整理者無説。　○裘按：「立」似當讀爲「莅」。　○丁原植（2000：176）：「莅」，治理，《廣韻·集韻》：「莅，臨也。」「莅民」，指治理人民。

〔五〕陳偉（2003：147）：《管子·權修》中有類似文句説：「上身服以先之。」房玄齡注：「服，行也。凡所欲教人，在上必身自行之，所以率先於下也。」　○按：丁原植（2000：176）説略同。

〔六〕肘，原形作[illegible]，整理者未釋。　○李天虹（2000＝2003：241）：該字很可能就是肘。古肘屬端母幽部，導屬定母幽部，音極爲相近，故郭店《成之聞之》篇三號簡以「肘」代「導」。　○陳劍（未刊稿）：古書中「先之」與「道之」或「導之」連用者多見，如《荀子・王霸》又《荀子・議兵》：「故厚德音以先之，明禮義以道之。」《孔子家語・弟子行》：「衛將軍文子問于子貢曰：『吾聞孔子之施教也，先之以《詩》《書》，而道之以孝悌。』」《孝經・三才章》：「是故……先之以敬讓而民不爭，導之以禮樂而民和睦，示之以好惡而民知禁。」又《管子・權修》：「上身服以先之，審度量以閑之，鄉置師以説道之。」亦可參。　○按：郭沂（1998＝2001：216）首先將此字讀爲「導」，但對字形的分析不正確。李天虹對此字的釋讀做了系統詳細的研究，可參。何琳儀（1999＝2007：56）也指出此字爲「『肘』之初文」，劉釗（2000：83）亦説「可直接釋爲『肘』」。但他們都將其讀爲「守」，不確。

〔七〕内，整理者無説。　○陳劍（未刊稿）：簡文「在」字用法與以下古書諸例相同：《左傳》成公十六年記晉楚鄢陵之戰，「晉韓厥從鄭伯，其御杜溷羅曰：『速從之！其御屢顧，不在馬，可及也。』」《左傳》昭公二十九年記晉鑄刑鼎，「著范宣子所爲刑書焉。仲尼曰：……今棄是度也，而爲刑鼎。民在鼎矣，何以尊貴！」《左傳》文公十二年：「趙有側室曰穿，晉君之婿也，有寵而弱，不在軍事。」《淮南子・道應》：「得其精而忘其粗，在内而忘其外。」這類「在」字舊注常訓爲「察」，猶今言「在意」「注意」。《淮南子・主術》有關於人主「所在者」的説法：「故所理者遠，而所在者邇。所治者大，而所守者小。」簡文「其所在者」當理解爲人主「所看重、推崇的」。　◯按：李零（2002：122）將「内」讀爲「人」。

〔八〕管，整理者無説。　◯裘按：「管」疑當讀爲「孰」，猶言「誰」。下「管」字同。

〔九〕釋，原形作□，整理者隸爲錫而無説。　◯周鳳五（1999b＝2016：141）：此字左旁从人从米，右旁所从與《古文四聲韻》卷二侵韻引古《老子》「淫」字右旁相同，可以分析爲从人从米，淫聲，即「淫」字的異構。　◯周鳳五（2003b＝2016：180）：此字右旁似「易」，實爲「尋」字之訛。尋，古音邪紐侵部；淫，余紐侵部，《古文四聲韻》的古《老子》「淫」字以尋爲聲，乃音近通假。　◯趙彤（2002）：□左旁即「宷（審）」字，右旁同於《尊德義》簡一六「民□惃遠禮亡親仁」中□之所從。李家浩指出□即見於《古文四聲韻》的「淫」字。按，□所從的聲旁也當是「尋」字（李零在《郭店楚簡校讀記》中已將此字釋爲「潯」，但在增訂本中又持懷疑態度），則□實爲「宷（審）」字加注聲符的異體，因此當隸定爲「𥼶」，簡文中是真實的意思。《玉篇・采部》：「審，信也。」《墨子・尚同》：「故古者聖王之爲刑政賞譽也，甚明察以審信。」《戰國策・秦策一》：「爲人臣不忠當死，言不審亦當死。」　◯陳劍（未刊稿）：「其所在者入矣」與「其審也固矣」對應，「審」跟「所在者」相當，顯然只能理解爲名詞。　○按：徐在國（2003＝2007：79—84）説與趙彤略同。「審」當如陳説是名詞，但他將「審」訓爲「實」，不如趙彤將其理解爲「信」。我們認爲，「形於中，發於色，其審也固矣，民孰弗信」？跟前面「信不著則言不樂」是相照應的，「審」實際就是「形於中，發於色」的主語，「審」「形於中，發於色」即爲「信著」的表現，簡文是説：君子的誠信形成於内心，顯現於顔色，那麽他的誠信就堅固可靠了，人民誰不信從？

〔一〇〕亙，整理者讀爲恆。柔、才，整理者無説。　○裘按：「柔」，讀爲「務」。此字亦見一三號簡，參看注一五。「才」讀爲「在」。　○陳劍（未刊稿）：「亟務」見於《文選》卷四四司馬相如《難蜀父老》：「夫拯民於沈溺，奉至尊之休德，反衰世之陵夷，繼周世之絶業，天子之亟務也。」亟，急也。《史記・司馬相如列傳》《漢書・司馬相如傳》和荀悦《漢紀・前漢孝武皇帝紀二》皆作「急務」。「急務」古書多見。　○按：「亙」，陳偉（2003：141）讀爲「亟」。

〔一一〕按：學者多指出，《詔命》爲《尚書》中之某篇，但「詔」字尚無法確釋。

〔一二〕淒，整理者無説。　○裘按：「淒」似當讀爲「濟」。濟，成也。下「淒」字同。下文「信於衆」是對此文「允師」二字的解釋。

聖人之眚（性）與中人之眚（性），亓（其）生而未又（有）非（分）之。〔一〕節（即）於而（能）也，〔二〕二六則猷（猶）是也。唯（雖）亓（其）於善道也，亦非又（有）譯婁以多也。〔三〕及亓（其）専（溥）長而毛（厚）二七大也，〔四〕則聖人不可由與墠之。〔五〕此言（以）民皆又（有）眚（性）而聖人不可莫（慕）也〔六〕。二八

〔一〕非，整理者無説。　○周鳳五（1999b＝2016：143）：當讀作「分」，非，古音幫紐微部；分，並紐文部，對轉可通。《周禮·地官·廩人》：「掌九穀之數，以待國之匪頒、賙賜、稍食。」注：「匪，讀爲分。」匪从非聲而鄭玄讀爲分，即其例證。分，分别，區别。　○李學勤（2000b＝2005：220）：大家知道，孔子論性的話不多。在《論語》中主要是兩處，一處見於《雍也》：「子曰：『中人以上，可以語上也；中人以下，不可以語上也。』」另一處見於《陽貨》：「子曰：『性相近也，習相遠也。』」「子曰：『唯上知（智）與下愚不移。』」《陽貨》兩條，《論語集解》本合爲一章，後來流行的《四書集注》分爲兩章。其實朱子也説過應爲一章，見《語類》，可參看程樹德《論語集釋》。對於孔子這些話，儒學各家有種種解釋，並形成了性有善有惡、性無善惡之分、性善、性惡等等觀點，是讀過《論衡·本性篇》的人都熟悉的。《成之聞之》這一章，在用詞上很容易看出是本於《論語》，在思想上也儘可能把孔子的話綜合起來。章文云「民皆有性」，又

說「聖人之性與中人之性，其生而未有別之」，這是「性相近」，而且是性善論的雛形。說「及其博張而厚大，則聖人不可由與效之」，「聖人不可慕也」，這是「習相遠」，也合於「唯上智與下愚不移」。章文只談中人之性，沒有說到中人以下，正合於「中人以下，不可以語上也」。

○按：本章某些字詞頗難索解，上引李文可爲理解此章文義提供參考。

〔二〕節、而，整理者無説。　○陳偉（2003：142）：即，字本作「節」。能，字本作「而」（而、能通假，參看高亨《古字通假會典》第三四頁）。簡文大體是説：就是在才能方面，也是如此，即「未有非之」。　○涂宗流、劉祖信（2001：94）：「而」，音能。才能。《莊子・逍遙游》：「故夫知效一官，行比一鄉，德合一君，而徵一國者，其自視也亦若此也。」　○陳劍（未刊稿）：按《莊子集解》引郭慶藩云：「而讀爲能。能、而古字通用。官、鄉、君、國相對，知、行、德、能亦相對。」此是「才能」之「能」也可以寫作「而」的例證。……《荀子・榮辱》：「材性知能，君子小人一也。」又：「是非知能材性然也，是注錯習俗之節異也。」亦「性」與「能」並舉，文意亦與簡文相近。而且「於能也」與下文「（唯其）於善道也」似也正可相對。

〔三〕按：譯婁，讀爲何詞待考。

〔四〕専，整理者無説。　○陳偉（2003：142）：「溥」，廣大義。《詩・大雅・公劉》「既溥既長」，亦以「溥」「長」並言。

〔五〕壇，原形作[illegible]，整理者隸爲壟而無説。○裘按：「之」上一字疑當釋「壇」，但不知應讀爲何字。○按：由與，讀爲何詞待考。

〔六〕莫，整理者無説。○裘按：疑「莫」或可讀爲「慕」。

天夅（降）大祟（常），〔一〕㠯（以）里（理）人侖（倫）。〔二〕折（制）爲君臣之義，怚（著）爲父子之新（親），分三一爲夫婦之攴（辨）。是古（故）尖=（小人）變（亂）天祟（常）㠯（以）逆大道，君子詒（治）人侖（倫）㠯（以）川（順）三二天惪（德）。《大壐（禹）》曰：「余（舍）才（兹）厇（宅）天心。」害（蓋）此言也，言余（舍）之此而厇（宅）於天心也。是古（故）三三唯君子道可近求而可遠遣（措）也。〔三〕昔者君=（君子）有言曰：「聖人天惪（德）。」害（蓋）三七言新（慎）求之於㠯（己），而可㠯（以）至川（順）天祟（常）悏（矣）。《康𢍰（誥）》曰：「不還（率）大暊（戛），文王复（作）罰，三八型（刑）丝（兹）亡（無）愳（赦）。」〔四〕害（蓋）此言也，言不䨶（奉）大祟（常）者，〔五〕文王之型（刑）莫𦤎（重）安（焉）。是三九古（故）君子新（慎）六立（位）㠯（以）巳天祟（常）。〔六〕∠四十

〔一〕 夅，原形作□，整理者隸爲夅而無説。　◯陳偉（1998：70）：《古文四聲韻》卷一引《義雲章》「降」字正作此形，故當釋爲「降」。古書常見「天降」某某的説法。如《尚書·大誥》「天降威」，《詩經·大雅·蕩》「天降滔德」，《左傳》昭公三十二年「天降禍于周」，等等。　◯張桂光（2001＝2004：181）：考□字與《古文四聲韻》卷一「降」字之作□者形頗相近，疑爲一字。□爲腳趾向下的形象，□爲表行動意向之義符，聯合表達降下之義，應該是可以相信的。辭云：「天夅大常，以理人倫。」讀「夅」爲「降」，正可文從字順。　◯按：郭沂（1998＝2001：210）、李零（1999：513、515）亦釋讀爲「降」。孫偉龍（2009：114—120）據上博《容成氏》簡三九「降自戎遂」、簡四八「乃降文王」之「降」作「陞」，證明將郭店「夅」釋讀爲「降」是正確的，戰國楚文字中這種寫法的「夂」與「升」字完全混同。

〔二〕 陳劍（未刊稿）：理，其常訓爲「治」，但此處之「理人倫」與下文「君子治人倫以順天德」之「治人倫」顯然不能等同。理的常用義又爲「條理」，此處作動詞，當爲「分出條理」之義。《大戴禮記·哀公問五義》「所以理然不然取舍者也」孔廣森補注：「理，謂條理分別之。」給人與人之間的關係分出條理，即下文的「制爲君臣之義，著爲父子之親，分爲夫婦之辨」。

〔三〕 大堥（禹），整理者未加書名號。余、才，整理者無説。遣，整理者括注問號。◯李學勤（2000b＝2005：221）：「《大禹》」是《尚書》的《大禹謨》篇。據孔穎達《堯典》疏引鄭玄注《書序》，西漢孔壁所出古文《尚書》有《大禹謨》。《孔叢子·論書》即稱《大禹謨》爲《大禹》。「余之此而宅於天心」是對《大禹》經文「余才宅天心」的解説。從文法不難看出，「余」被釋作動詞，應讀爲「舍」；「才」被讀爲「兹」（參考河北平山中山王器銘「𢦏」字），故訓爲「此」。……「舍之此」，近，「宅於天心」，遠，即章文所説：「是故唯君子道可近求而可遠道也。」「道」字有省筆，讀爲「措」，意思是置。這段話上承章文前面講的小人亂天常，君子治人倫。治人倫即正確對待君臣、父子、夫婦六位的關係，是近求諸己，而這樣也就順於天德，所以是近求而遠措。

○劉釗（2000：84）：字隸作「道」没有問題，字在簡文中應讀作「措」。「措」即「舉措」之「措」，乃「安置」或「運用」之意。　○吕浩（2001：284）：此「道」字原簡圖版寫作「[illegible]」，其所从之「昔」形爲「[illegible]」（《唐虞之道》簡二之「昔」字字形）之省形。包山楚簡也有類似的省形，如包山楚簡215組簡有「[illegible]」字，200組簡有「[illegible]」字，兩處文例相同，當是一字。故整理者把《成之聞之》簡三七「遠」後一字釋爲「道」是可信的。

〔四〕還、𧃍、𢘎，整理者無説。　○裘按：今本《尚書·康誥》作「……曰乃其速由文王作罰，刑兹無赦，不率大戛」。簡文引《康誥》文，首句與「不率大戛」相當，但句序不同，且有異文，待考。

○李學勤（2000b＝2005：221—222）：傳世本《康誥》「乃其速由文王作罰」爲一句，意思是：你趕快施用文王創立的法律。語義完整，很難設想没有「乃其速由」四字。同時，「不率大戛」連下「矧惟外庶子訓人」等，與上文「元惡大憝」對稱，似乎也不會移到前面。揣想《成之聞之》的作者只是要突出「不率大戛」，把《康誥》作了一些更動，其標點應作：「《康誥》曰：『不率大戛』，『文王作罰，刑茲無赦』。」

〔五〕霏，整理者無説。　◯白於藍（2001：58）：郭店簡中「邦」字習見，所从之「丰」均與「[illegible]」字右下所从相同。此字當分析爲从雨胙聲，胙字則从肉丰聲，於簡文中當讀爲「奉」。霏、奉俱从丰聲，自可相通。《論衡·感虛》：「武王不奉天令，求索已過。」又《論衡·恢國》：「直奉天命，推自然。」此兩處之「奉」字之用法與簡文之「霏（奉）」完全相同。　◯按：郭沂（1998＝2001：228）、顏世鉉（1999a：386）説略同。

〔六〕立，整理者無説。巳，整理者讀爲祀。　◯裘按：「六立」當讀爲「六位」，即指上文提到的君、臣、父、子、夫、婦，參看《六德》篇。　◯李鋭（未刊稿）：「巳」可讀爲「竢」，《説文》：「竢，待也。」……《禮記·中庸》：「君子居易以俟命」（「俟」即「竢」之借），可以參看。

參考文獻

白於藍(1999＝2017) 《〈郭店楚墓竹簡〉釋文正誤一例》,《吉林大學社會科學學報》1999 年第2 期;收入氏著《拾遺錄:出土文獻研究》,科學出版社,2017 年6 月。

白於藍(2001) 《郭店楚簡補釋》,《江漢考古》2001 年第2 期。

白於藍(2010＝2017) 《利用郭店楚簡校讀古書二例》,《華南師範大學學報(社會科學版)》2010 年第2 期;收入氏著《拾遺錄:出土文獻研究》,科學出版社,2017 年6 月。

陳劍(未刊稿) 《〈君子之於教〉(舊名〈成之聞之〉)釋文與註釋》,未刊稿。

陳劍(2007＝2013) 《郭店簡〈尊德義〉和〈成之聞之〉的簡背數字與其簡序關係的考察》,武漢大學簡帛研究中心主辦《簡帛》第二輯,上海古籍出版社,2007 年11 月;收入氏著《戰國竹書論集》,上海古籍出版社,2013 年12 月。

陳來(2000＝2009) 《郭店竹簡與儒家記説續探》,《中國哲學》第二十一輯《郭店簡與儒學研究》,遼寧教育出版社,2000 年1 月;收入氏著《竹帛〈五行〉與簡帛研究》,生活·讀書·新知三聯書店,2009 年4 月。

陳偉(1998) 《郭店楚簡別釋》,《江漢考古》1998 年第4 期。

陳偉(2003) 《郭店竹書別釋》,湖北教育出版社,2003 年1 月。

崔海鷹（2008）　《〈成之聞之〉註釋論説》，丁原植主編《新出簡帛文獻註釋論説》，臺灣書房出版有限公司，2008年5月。

崔永東（2001）　《讀郭店楚簡〈成之聞之〉與〈老子〉札記》，李學勤、謝桂華主編《簡帛研究二〇〇一》，廣西師範大學出版社，2001年9月。

鄧少平（2011）　《郭店楚簡〈成之聞之〉〈尊德義〉補釋》，《中國文字》新三十六期，臺灣藝文印書館，2011年1月。

鄧少平（2015）　《郭店儒家簡校釋三則》，李學勤主編《出土文獻》第六輯，中西書局，2015年4月。

丁原植（2000）　《郭店楚簡儒家佚籍四種釋析》，臺灣古籍出版有限公司，2000年12月。

高佑仁（2010）　《釋古文字的「爭」及其演變脈絡》，《中國文字》新三十五期，臺灣藝文印書館，2010年6月。

郭沂（1998＝2001）　《郭店楚簡〈天降大常〉（〈成之聞之〉）篇疏證》，《孔子研究》1998年第3期；收入氏著《郭店竹簡與先秦學術思想》，上海教育出版社，2001年2月。

何琳儀（1999＝2007）　《郭店竹簡選釋》，《文物研究》第十二輯，黄山書社，1999年12月；收入黄德寬、何琳儀、徐在國《新出楚簡文字考》，安徽大學出版社，2007年9月。

黄德寬、徐在國（1999＝2007）　《郭店楚簡文字續考》，《江漢考古》1999年第2期；收入黄德寬、何琳儀、徐在國《新出楚簡文字考》，安徽大學出版社，2007年9月。

黄德寬、徐在國（2002＝2007）　《〈上海博物館藏戰國楚竹書（一）·孔子詩論〉釋文補正》，《安徽大學學報（哲學社會科學版）》2002年第2期；收入黄德寬、何琳儀、徐在國《新出楚簡文字考》，安徽大學出版社，2007年

9月。

李家浩（2000） 湖北省文物考古研究所、北京大學中文系編《九店楚簡》，中華書局，2000年5月。

李零（1999） 《郭店楚簡校讀記》，《道家文化研究》第十七輯《「郭店楚簡」專號》，生活·讀書·新知三聯書店，1999年8月。

李零（2002） 《郭店楚簡校讀記（增訂本）》，北京大學出版社，2002年3月。

李鋭（未刊稿） 《郭店竹簡〈天常〉校釋》，未刊稿。

李天虹（2000＝2003） 《釋郭店楚簡〈成之聞之〉篇中的「肘」》，《古文字研究》第二十二輯，中華書局，2000年7月；收入氏著《郭店竹簡〈性自命出〉研究》，湖北教育出版社，2003年1月。

李學勤（2000a＝2005） 《續釋「尋」字》，《故宫博物院院刊》2000年第6期；收入氏著《中國古代文明研究》，華東師範大學出版社，2005年4月。

李學勤（2000b＝2005） 《試説郭店簡〈成之聞之〉兩章》，《煙臺大學學報（哲學社會科學版）》2000年第4期；收入氏著《中國古代文明研究》，華東師範大學出版社，2005年4月。

李學勤（2002＝2005） 《郭店簡「君子貴誠之」試解》，《中國歷史文物》2002年第1期；收入氏著《中國古代文明研究》，華東師範大學出版社，2005年4月。

梁立勇（2007） 《「小人不緹人於刃」解》，《古籍整理研究學刊》2007年第6期。

廖名春（1999＝2001） 《荆門郭店楚簡與先秦儒學》，《中國哲學》第二十輯《郭店楚簡研究》，遼寧教育出版社，1999年1月；收入氏著《新出楚簡試論》，臺灣古籍出版有限公司，2001年5月。

廖名春(2000＝2001)《郭店楚簡引〈書〉論〈書〉考》,武漢大學中國文化研究院編《郭店楚簡國際學術研討會論文集》,湖北人民出版社,2000年5月;收入氏著《新出楚簡試論》,臺灣古籍出版有限公司,2001年5月。

廖名春(2001a＝2001)《郭店簡〈成之聞之〉篇的編連和命名問題》,《中國史研究》2001年第2期;收入氏著《新出楚簡試論》,臺灣古籍出版有限公司,2001年5月。

廖名春(2001b＝2001)《郭店簡〈成之聞之〉篇校釋札記》,《古籍整理研究學刊》2001年第5期;收入氏著《新出楚簡試論》,臺灣古籍出版有限公司,2001年5月。

劉桓(2001)《讀〈郭店楚墓竹簡〉札記》,李學勤、謝桂華主編《簡帛研究二〇〇一》,廣西師範大學出版社,2001年9月。

劉嬌(2012)《言公與剿説——從出土簡帛古籍看西漢以前古籍中相同或類似內容重複出現現象》,綫裝書局,2012年12月。

劉樂賢(1999)《讀郭店楚簡札記三則》,《中國哲學》第二十輯《郭店楚簡研究》,遼寧教育出版社,1999年1月。

劉樂賢(2000＝2010)《郭店楚簡雜考(五則)》,《古文字研究》第二十二輯,中華書局,2000年7月;收入氏著《戰國秦漢簡帛文獻叢考》,文物出版社,2010年12月。

劉信芳(2000)《郭店竹簡文字考釋拾遺》,《江漢考古》2000年第1期。

劉釗(2000)《讀郭店楚簡字詞札記》,武漢大學中國文化研究院編《郭店楚簡國際學術研討會論文集》,湖北人民出版社,2000年5月。

劉釗（2002＝2005）《利用郭店楚簡字形考釋金文一例》，《古文字研究》第二十四輯，中華書局，2002年7月；收入氏著《古文字考釋叢稿》，岳麓書社，2005年7月。

劉祖信、鮑雲豐（2006）《郭店楚簡背面記數文字考》，哈佛大學燕京學社、武漢大學中國傳統文化研究中心等編《新出楚簡國際學術研討會議論文集》（郭店・其他簡卷），2006年6月。

吕浩（2001）《〈郭店楚墓竹簡〉釋文訂補》，《中國文字研究》第二輯，廣西教育出版社，2001年10月。

馬楠（2011）《楚簡與〈尚書〉互證校釋四則》，李學勤主編《出土文獻》第二輯，中西書局，2011年11月。

彭裕商（2002＝2016）《讀〈郭店楚墓竹簡〉札記》，《古文字研究》第二十四輯，中華書局，2002年7月；收入氏著《述古集》，巴蜀書社，2016年1月。

裘錫圭（2009）《是「恆先」還是「極先」？》，復旦大學出土文獻與古文字研究中心網站，2009年6月2日。

裘錫圭（2011＝2012）《「東皇太一」與「大䨓伏羲」》，《「簡帛・經典・古史」國際論壇會議論文集》，香港浸會大學，2011年11月30日—12月2日；收入《裘錫圭學術文集》第二卷《簡牘帛書卷》，復旦大學出版社，2012年6月。

沈培（2002）《讀郭店楚簡札記四則》，張顯成主編《簡帛語言文字研究》第一輯，巴蜀書社，2002年11月。

孫偉龍（2009）《〈上海博物館藏戰國楚竹書〉文字羨符研究》，吉林大學博士學位論文，2009年6月。

湯餘惠、吴良寶（2001）《郭店楚簡文字拾零（四篇）》，李學勤、謝桂華主編《簡帛研究二〇〇一》，廣西師範大學出版社，2001年9月。

涂宗流、劉祖信（2001）《郭店楚簡先秦儒家佚書校釋》，臺灣萬卷樓圖書有限公司，2001年2月。

王博(2000＝2001)《釋「槁木三年，不必爲邦旗」——兼談〈成之聞之〉的作者》，武漢大學中國文化研究院編《郭店楚簡國際學術研討會論文集》，湖北人民出版社，2000年5月；收入氏著《簡帛思想文獻論集》，臺灣古籍出版有限公司，2001年5月。

鄔可晶、郭永秉(2017)《從楚文字「原」的異體談到三晉的原地與原姓》，李學勤主編《出土文獻》第十一輯，中西書局，2017年10月。

吳振武(2008)《〈燕國銘刻中的「泉」字〉補説》，張光裕、黄德寬主編《古文字學論稿》，安徽大學出版社，2008年4月)。

徐在國(2003＝2007)《郭店簡文字補釋一則》，郭店楚簡研究(國際)中心編《古墓新知——紀念郭店楚簡出土十周年論文專輯》，香港國際炎黃文化出版社，2003年11月；收入黄德寬、何琳儀、徐在國《新出楚簡文字考》，安徽大學出版社，2007年9月。

顔世鉉(1999a)《郭店楚簡淺釋》，《張以仁先生七秩壽慶論文集》，臺灣學生書局，1999年1月。

顔世鉉(1999b)《郭店楚墓竹簡儒家典籍文字考釋》，《經學研究論叢》第六輯，臺灣學生書局，1999年3月。

楊澤生(2001)《郭店楚簡幾個字詞的考釋》，《中國文字》新廿七期，臺灣藝文印書館，2001年12月。

楊澤生(2009)《戰國竹書研究》，中山大學出版社，2009年12月。

張富海(2000)《北大中國古文獻研究中心「郭店楚簡研究項目」新動態》，《國際簡帛研究通訊》2000年第5期。

張光裕主編(1999)《郭店楚簡研究》第一卷《文字編》,臺灣藝文印書館,1999年1月初版,2006年4月再版。

張桂光(2001=2004)《〈郭店楚墓竹簡〉釋注續商榷》,李學勤、謝桂華主編《簡帛研究二〇〇一》,廣西師範大學出版社,2001年9月;收入氏著《古文字論集》,中華書局,2004年10月。

趙平安(2002=2009)《釋「𠜱」及相關諸字》,《語言》第三卷,首都師範大學出版社,2002年9月;收入氏著《新出簡帛與古文字古文獻研究》,商務印書館,2009年12月。

趙彤(2002)《郭店、上博楚簡釋讀的幾個問題》,「簡帛研究」網站,2002年10月2日。

周鳳五(1999a=2016)《郭店楚簡識字札記》,《張以仁先生七秩壽慶論文集》,臺灣學生書局,1999年1月;收入氏著《朋齋學術文集:戰國竹書卷》,臺灣大學出版中心,2016年12月。

周鳳五(1999b=2016)《讀郭店楚簡〈成之聞之〉札記》,《古文字與古文獻》試刊號,臺灣楚文化研究會,1999年10月;收入氏著《朋齋學術文集:戰國竹書卷》,臺灣大學出版中心,2016年12月。

周鳳五(2003a)《遂公盨銘初探》,《華學》第六輯,紫禁城出版社,2003年6月。

周鳳五(2003b=2016)《郭店竹簡文字補釋》,郭店楚簡研究(國際)中心編《古墓新知——紀念郭店楚簡出土十周年論文專輯》,香港國際炎黃文化出版社,2003年11月;收入氏著《朋齋學術文集:戰國竹書卷》,臺灣大學出版中心,2016年12月。

尊德義

鄧少平　校釋

校釋説明

《尊德義》是《郭店楚墓竹簡》中的一篇，篇題係整理者據簡文擬加。

整理者分篇時歸入《尊德義》的共三十九枚竹簡，後來不少研究者認爲原附於《六德》篇末的簡四九亦當屬於此篇，李松儒（2011：251—254）從字跡角度再次確認了這一觀點。調整之后，《尊德義》全篇共存四十枚簡，皆保存完好。竹簡兩端均修削成梯形，簡長三二・五釐米。編綫兩道，編綫間距爲一七・五釐米。篇中有重文及合文符號，或作「=」，或作「-」；篇末有篇號，作「∠」。據劉祖信、鮑雲豐（2006：158—161）介紹，在簡一一、一二、一五和二八等四支簡的背面，上距竹簡頂端一四・五釐米處，分别寫有「百八」「百四」「百一」和「百」等數字。書寫風格與《成之聞之》簡背的一個數字相同，可能是同一位抄手所寫；書寫方向與正面文字相反，應爲翻面後順手書寫而成。整理者指出，本篇與《性自命出》《成之聞之》《六德》抄寫在形制相同的竹簡上，字體亦相近。研究者據此認爲，這四篇原來可能同編爲一卷。

整理者對《尊德義》的編聯仍有可待改進之處，陳劍（2007＝2013：201—220）綜合衆多研究者重新編聯的意見對此作過總結，並將此篇簡文合併爲四個編聯組。顧史考（2012：122—124）指出，簡二〇的上段（20a）和簡二三的上段（23a）應互换，調整之後，簡文順暢。雖然他的這一調整未經過原簡實物的核對，但從調整後文義的密合來看，當可信從。那麽，陳文的第三組簡文便應作相應的調整。我們對簡序的安排便是在此基礎上作出的。我們認爲，陳文的第一組（簡一）和第二組（簡二—一一）應可合併爲一組，因爲簡一的字跡和第二組中簡二到簡五「學异也」這一部分的字跡相同，而與簡五「禹以人道治其民」之後的簡文字跡稍異，這説明它們肯定是連續抄寫的一組簡文。我們將它列爲第一組簡文，而將陳文的第四組列爲第二組。在正文中，根據文義分别將這兩組分爲若干段落。如前所述，陳文的第三組應據顧史考之説作相應調整，調整之後變成兩組無法確定是否可以相聯的簡文，我們依次作爲第三組和第四組排列。改附於本篇的《六德》簡四九末尾有篇號，應爲本篇最後一簡，但文字上無法和其他簡文繫聯，故單獨列爲第五組。

李零（2002：143）説：「此篇是由若干短句連綴而成，結構比較鬆散。」曹峰（2009＝2010：92）亦云：「《尊德義》的論述似不能集中於某個話題，有分散、反覆之嫌。」正因如此，我們難以把握此篇簡文的邏輯脈絡，而對這種脈絡的清晰理解與透徹領悟是一切簡文編聯的基礎。所以，在現有條件下，我們除了知道第一、五組簡文分別應是此篇的開頭和結尾之外，其餘三組簡文的先後順序似難確定。

本篇對於研究先秦儒家的政治思想具有重要的參考價值。

校釋者　鄧少平

凡例

一、本篇以荆門市博物館編《郭店楚墓竹簡・尊德義》（文物出版社，一九九八年五月）的釋文爲注釋底本。注釋中的「整理者」和「裘按」分别指原書的釋文注釋以及裘錫圭按語，餘詳篇後參考文獻。

二、新釋文仍在每簡之末以一、二等數字標注原書之簡號，以便檢核。對於簡上原有的各種標識符號，原書釋文只保留分章、分段標誌，新釋文則對重文及合文符號、篇號也予以保留。重文或合文符號作一短横者以「▬」表示，作兩短横者以「=」表示，分章、分段、分篇之墨塊以「■」表示，篇號作鈎形者以「∠」表示。

三、簡文中的古今字、通假字、異體字在其後以「（）」括注今字、本字、正字，訛字在其後以「〈〉」括注正字。簡文奪字、衍文分别以「〚〛」「{}」括注。簡文殘字可辨識者外加邊框以爲標示，缺字以及無法辨識之字，如可據上下文推定字數者，每字以一「□」標示，不能確定字數者，以「……」標示。缺文可擬補者，在所補文字之外加「[ ]」。

四、注釋所引諸家之説，儘量按照原文節録，以省讀者翻檢之勞。原文脚注、尾注如有必要保

留者，皆以小字隨文夾注。有些説法是由多位研究者同時提出的，我們儘量引録其中論述較爲周詳的一家，其餘則在按語中加以説明。爲保持行文通暢，我們對少數引文作了一些技術性處理，文中不再一一注明。

畬(尊)悳(德)義，[一]明唇(乎)民侖(倫)，可目(以)爲君。淮(綏)忿戀(戾)，[二]攺(改)悍(忌)勳(勝)，[三]爲人上者之柔(務)也。一

[一] 畬，整理者無説。　○裘按：第一字此篇屢見，從文義看，似是「尊」之異體。　○陳偉(2003：135—136)：此字从酉从关(「朕」字所从，《説文》作「弅」)。尊、朕二字爲文、侵通轉，古音相近，或可通假。《禮記・中庸》説「故君子尊德性而道問學」，《孟子・盡心上》説「尊德樂義」，同書《公孫丑下》説「尊德樂道」，「尊」均爲推崇、敬重之義。……古人往往「德」「義」連言，如《左傳》僖公二十四年「心不則德義之經爲頑」，同書宣公十五年「後之人或者將敬奉德義」，《孝經・聖治》「德義可尊」。《國語・晉語七》記晉悼公與司馬侯對話説：「公曰：『何謂德義？』對曰：『諸侯之爲，日在君側，以其善行，以其惡戒，可謂德義矣。』」韋昭注：「善善爲德，惡惡爲義。」　○劉國勝(2001：67)：戰國楚文字「尊」尚不見有从酋从寸之例。郭店楚簡《唐虞之道》四號簡有「尊」字，形作从酋从廾。值得注意的是，郭店楚簡《尊德義》二〇號簡亦有「尊」字，形作畬，从酉从弅，弅旁在上，酉旁在下。同形字還見於長臺關《遣策》二—〇一一號簡，記作：「一畉椐。」又望山楚簡《遣策》四五號簡記有「一畉檑」，第二字亦从酉从弅，惟弅旁在右，酉旁在左。上兩文「一」下一字都應該就是《説文》謂之「酒

器」的「尊」字。兩「尊」下一字皆係漆木器名，核於出土實物，就是一種案面上製作（或漆繪）有兩個方框供承置兩方壺的木案。《禮記・玉藻》云：「凡尊，必上玄酒。唯君面尊，唯饗野人皆酒。大夫側尊，用棜。士側尊，用禁。」出土木案的禮用性質當與棜、禁同類，其名飾以「尊」可謂名副其實。從戰國楚文字幾見將「尊」寫作从酉从升，且二偏旁配置不唯一式的情況看，从酉从升的「尊」肯定不是从酋从廾之「尊」的訛變，其字構造似當如戰國秦文字「尊」，可視爲形聲字，从升得聲。　○按：沈培（2003：68—74）從語音方面對從升聲之字可讀爲尊、寸、遜的現象有詳細論證，可參。

〔二〕淮，原形作，整理者隸爲濉而無説。纞，整理者讀爲「鑾」。　○李天虹（2000a＝2003：234—235）：《語叢四》一號簡「舊」字作，所从「隹」旁與該字上半相近，如此該字或可釋爲「淮」。字於簡文當作何種解釋待考。　○陳劍（未刊稿）：我們懷疑「淮」當讀爲「綏」。从「隹」聲之字與从「妥」聲之字古音相近可通，……綏古多訓爲「止」，《國語・齊語》：「使民以勸，綏謗言，足以補官之不善政。」韋昭注：「綏，止也。」　○李零（2002：141）：第三字，寫法同《忠信之道》簡八、《性自命出》簡三〇、六七讀爲「戀」的字，這裏讀爲「戾」（「戾」是來母月部字，「戀」是來母元部字，讀音相近）。「忿戾」是古書常用的字。　○陳偉（2003：136）：《論語・陽貨》：「古之矜也廉，今之矜也忿戾。」何晏注引孔安國説：「惡理多怒。」

○陳劍（未刊稿）：讀爲「忿戾」之説似可從。《楚辭·九章·懷沙》：「懲連改忿兮，抑心而自強。」以「連」與「忿」對舉，轡、連讀音相近，表示的應是同一個詞。王逸注：「懲，止也。忿，恨也。《史記》連作違。」王念孫《讀書雜志·餘編下》以爲「連」字當從《史記·屈原賈生列傳》作「違」，「違」有「恨」意，其例見於《詩》《書》。結合簡文來看，王説恐不確。古「連」聲字可與「列」聲字、「厲」聲字相通，「厲」又可與「戾」相通，「列」聲字也可與「戾」聲字相通，故《懷沙》「連」字與簡文「轡」字可讀爲「戾」。　○范麗梅（2007：79—80）：「轡」，从絲，从車，《説文》：「轡，馬轡也。从絲車。與連同意。」則「轡」與「連」同。《楚辭·九章·懷沙》「懲連改忿兮抑心而自強」，……《史記·屈原賈生列傳》引此句作「懲違改忿兮抑心而自彊」，其中「連」作「違」，歷來學者多以「連」爲形近而誤的錯字，……然而簡文作「轡」，與「連」同，可知「連」並非誤字。……「戾」古音爲來母月部，與「連」古音爲來母元部，聲韻皆通，可知「忿連」與「忿戾」意相同。另外，古書又有「忿纇」，見於《左傳·昭公二十八年》：「貪惏無饜，忿纇無期。」「纇」古音爲來母物部，與「連」「戾」音韻亦近，且杜預《注》：「纇，戾也。」……而「違」古音匣母微部，與「纇」之物部爲對轉，且《禮記·大學》「人之彥聖而違之」，鄭玄《注》：「違，猶戾也。」凡此可知，簡文與文獻中的「忿連」「忿戾」「忿纇」與「忿違」皆爲音義相當的詞組，其意爲無理的忿恨多怒，亦即暴虐之意。……《大戴禮記·保傅》：「天子……不能懲忿窒忿，不從太師之言，凡是之屬太傅之任也。」又《周易·損卦·象傳》：「君子以懲忿窒欲。」又《左傳·成公三年》：「各懲其忿，以相宥也。」皆謂懲止忿怒。……明代汪瑗《楚辭集解》說：「懲違改忿，如《易》『懲忿窒欲』，《左傳》『昭德塞違』之意。君子修身之功，莫切于此；克己之功，莫難于此。」可知「懲忿連」在簡文中指的是爲人上者的君主修身之務在懲止（戒慎抑止）無理的忿恨多怒（暴虐）。　◯按：上博《武王踐阼》甲本簡九：「惡危？危於忿連。」復旦讀書會（2010：261）據陳劍說將「忿連」讀爲「忿戾」。清華簡《楚居》有「季𦅫」一詞，清華中心編（2010：182）注：「𦅫，從車，䜌省聲，漢印作𨍋，見《漢印文字徵》卷十四。季𦅫即季連。」簡文「𦅫」字可從李零逕讀爲「戾」。

〔三〕悁，整理者無說。　◯顏世鉉（1999a：393—394）：悁通「忌」，《說文》：「忌，憎惡也。」……《語叢二》簡二五～二七：「惡生於性，怒生於惡，勝生於怒，惎生於勝，賊生於惎。」惎通忌，「忌生於勝」謂人之忌惡之心起於人有好勝之心。《荀子·成相》：「主忌苟勝，群臣莫諫必逢災。」楊倞注：「主既猜忌，又苟欲勝人也。」　◯范麗梅（2007：80—81）：《逸周書·周祝》「維彼忌心是生勝」，孔晁《注》：「勝謂勝所忌。」潘振《解義》：「心有所嫉，是謂忌心，故好勝。」則「忌勝」指由「性」「惡」「怒」「勝」「忌」「賊」一連串惡忌之事中產生的猜忌與好勝之心，爲人上之主所應改更導正。睡虎地秦簡《爲吏之道》有：「毋復期勝，毋以忿怒決。」「期勝」即「忌勝」，秦簡以「期勝」與「忿怒」連説，也與此「忌勝」與「忿連」連言相當。《晏子春秋·問下》有所謂「喜樂無羨賞，忿怒無羨刑」，簡文以「懲忿連，改忌勝」爲爲君之務，旨在因忿連暴虐之君，不能合理的執法行罰，而忌才好勝之君，也不能合理的論功行賞，實扣緊了賞、罰二者來立論，強調前説仁德與合義的重要，此所謂尊「德」「義」。

賞（賞）與型（刑），祟（禍）福之羿（基）也，〔一〕或膍（延）之者矣。〔二〕雀（爵）立（位），所㠯（以）訐（信）亓（其）肰（然）也。正（政）欽（禁），所㠯（以）⼆戉（攻）□［也］。〔三〕型（刑）罰，所㠯（以）□舉也。〔四〕殺戮（戮），所㠯（以）敘（除）㓞〈害〉也。〔五〕不繇（由）亓（其）道，不行。

〔一〕羿，整理者無説。　◯裘按：「羿」字疑讀爲「基」。　◯陳偉（2003：152）：《國語·晉語六》説：「夫德，福之基也。」《左傳》襄公二十四年：「德，國家之基也。」可參照。　◯陳劍（未刊稿）：《荀子·大略》：「君人者不可以不慎取臣，匹夫不可以不慎取友……取友善人，不可不慎，是德之基也。」《説苑·復恩》：「夫臣不復君之恩，而苟營其私門，禍之原也；君不能報臣之功，而憚刑賞者，亦亂之基也。夫禍亂之原基，由不報恩生矣。」又《上博（五）·三德》第五號簡：「善才（哉）善才（哉）參（三）善才（哉），唯福之亞（基）。」「基」字用法亦皆與簡文相同。

〔二〕 朡，原形作□，整理者釋爲前。　○裘按：釋文作「前」之字原寫作□。從《窮達以時》九號簡「前」字上部作□來看，此字確有可能是「歬（前）」的訛變之體。此字之形與壽縣楚器銘中之王名，舊或釋作「肯」者相同，究竟能否釋作「前」，值得進一步研究。　○陳劍（未刊稿）：體會簡文之意，「或朡（艇）之者矣」的「之」當指上文的「禍福」，「朡（艇）」可讀爲「延」。古書「延」字的常用義爲引導（某人）至某處、將（某人）引入某處……引申指邀請、招攬（人）來至。又引申指導致、誘發、帶來、招致（某種後果），簡文「延」字即用此義。《晋書·摯虞傳》載摯虞《思游賦》，其序云：「履信思順，所以延福；違此而行，所以速禍。」「延」與義爲「招」的「速」對文。《漢語大詞典》「延祟」條引唐許敬宗《應詔敧器賦》：「禮虚舟之濩空，鑒撲滿之延祟。」釋爲「招祸」。「賞與刑，禍福之基也，或延之者矣」大意是説，賞與刑是禍與福的基礎，有時賞與刑是誘發、導致禍福的原因。　○按：陳劍據新蔡葛陵簡及上博簡《弟子問》中的「朡（艇）」字，將此字改釋爲「朡（艇）」，可從。

〔三〕 正欽，整理者無説。也，整理者未補。　○陳偉（2003：152—153）：正欽，疑讀作「政禁」。……在此指禁令。古書中政、禁往往同時提到。如《周禮·地官·鄉大夫》説：「各掌其鄉之政教禁令」，同書《秋官·大行人》説：「時會以發四方之禁，殷同以施天下之政」，《淮南子·本經》説：「亂政犯禁。」政，在通常意義上的政令之外，有時也特指禁令。如《禮記·王制》「修其教不易其俗，齊其政不易其宜」，鄭玄注：「政謂刑禁。」《大戴禮記·盛德》「德盛則修法，德不盛則飾政」，盧辯注：「政，禁令。」比照簡文上下文所説的「爵位」「殺戮」，此處「政」特指禁令的可能性較大。「政禁」猶言「法禁」。○按：上博《容成氏》簡三七「執兵欽暴」、《景公瘧》簡八「舉邦爲欽」，其「欽」字皆讀爲「禁」，參沈培（2008：54）。也，李零（2002：141）、陳偉（2003：153）據文例補。

〔四〕罰，殘形作 ，整理者未釋。舉，整理者讀爲舉。其上一字原形作 ，難以辨識。○按：李零（2002：141）、周鳳五（1999a＝2016：171）皆補爲「罰」，從殘存筆畫可知確爲「罰」字無疑。

〔五〕㓞，原形作 ，整理者隸爲㓞而無説。○李零（2002：141）：「除害」，下字寫法較怪，疑是「害」字的誤寫。○陳劍（未刊稿）：「害」字或作  （《語叢四》二一號簡）， 形似確有可能係這類寫法的「害」字將筆畫分解而誤摹所成。

急(仁)爲可新(親)三也,義爲可畚(尊)也,〔一〕宨(忠)爲可訐(信)也,學爲可嗌(益)也,〔二〕斊(教)爲可頪(類)也。斊(教)非改道也,𢽾(教)之也。四學非改侖(倫)也,學异(其)也。〔三〕

〔一〕陳偉(2001:110—111):《孟子·盡心下》説:「親親,仁也。敬長,義也。」同書《離婁上》説:「仁之實,事親是也。義之實,從兄是也。」《禮記·表記》引孔子語説:「厚於仁者薄於義,親而不尊;厚於義者薄於仁,尊而不親。」是仁由父子之情出發,所以讓人彼此親近。義從長幼之別出發,可以令人感到尊嚴。

〔二〕陳偉(2001:111):益,增益、教益。《老子》第四十八章説「爲學日益,爲道日損」,《淮南子·泰族》説:「人莫不知學之有益於己也」,《説苑·建本》引子思語説「學所以益才也」,可參讀。　○陳劍(未刊稿):《管子·弟子職》云「朝益暮習,小心翼翼」,「益」與「習」相對,顯然就是指「學」,也可作爲理解簡文「學爲可益也」的參考。　○按:《呂氏春秋·尊師》:「故凡學,非能益也,達天性也。」此蓋道家之説,與儒家針鋒相對者也。

〔三〕异,整理者讀爲己。　○陳偉(2003:154):疑當讀爲「其」。前云「教之」,是説教「道」;此云「學其」,是説學「倫」。　○按:郭店《語叢一》簡六一「斆=(學,學)亓(其)也」,可與簡文參看。

垦(禹)目(以)人道訽(治)亓(其)民，傑(桀)目(以)人道亂亓(其)民。傑(桀)不易五垦(禹)民而句(後)亂之，湯不易傑(桀)民而句(後)訽(治)之。〔一〕聖=(聖人)之訽(治)民=(民，民)之道也。垦(禹)六之行水=(水，水)之道也。〔二〕戚(造)父之駻(馭)馬=(馬，馬){也}之道也。〔三〕句(后)褉(稷)之埶(藝)埅=(地，地)之道也。〔四〕莫七不又(有)道安(焉)，人道爲近。是目(以)君子人道之取先〔五〕。

〔一〕陳偉(2001：111)：《墨子·非命中》：「昔者，桀之所亂，湯治之；紂之所亂，武王治之。此世不渝而民不改，上變政而民易教，其在湯武則治，其在桀紂則亂。」

〔二〕陳偉(2003：154)：《漢書·溝洫志》「禹之行河水」顏師古注：「行謂通流也。」行水，疏導水流，猶治水。《孟子·告子下》記孟子批評白圭說：「禹之治水，水之道也。是故禹以四海爲壑。今吾子以鄰國爲壑，水逆行，謂之洚水。」《淮南子·泰族訓》也說：「禹鑿龍門，辟伊闕，決江浚河，東注之海，因水之流也。」可見「水之道也」即遵循水流運行的規律。又「禹之治水，水之道也」，與簡文略同，似爲當時習語。　◯陳劍（未刊稿）：《淮南子·原道》：「脩道理之數，因天地之自然，則六合不足均也。是故禹之決瀆也，因水以爲師；神農之播穀也，因苗以爲教。」亦與簡文相近。

〔三〕整理者：此句「馬」下「也」字衍。　◯陳偉（2001：111）：《管子·形勢解》：「造父，善馭馬者也。善視其馬，節其飲食，度量馬力，審其足走，故能取遠道而馬不罷。」可參讀。

〔四〕陳偉（2003：154—155）：藝，種植。《淮南子·詮言訓》説：「后稷播種樹穀，因地也。」同書《泰族訓》也説：「后稷墾草發菑，糞土樹穀，使五種各得其宜，因地之勢也。」可參讀。《淮南子·泰族訓》先説「聖人之治天下，非易民性也」云云，隨後列舉禹「因水流」、后稷「因地之勢」、湯武「因民之欲」等事例，作出「故能因則無敵於天下矣」的結論，似有本篇内容的痕跡。

〔五〕陳來（2000＝2009：54）：《性自命出》中有「道四術，唯人道爲可道也；其三術者，道之而已」（簡一四至一五）。「所爲道者四，唯人道爲可道也」（簡四一至四二）。但在《性自命出》篇，「道四術」何所指，並無交代；而本篇所説，正是四種道，這解釋了何謂「道四術」。其中水之道、馬之道、地之道，應即是所謂「其三術者，道之而已」。而《性自命出》所謂「唯人道爲可道」，也就是本篇所説「人道爲近，是以君子人道之取先」。

戠(察)者(諸)出所㠯(以)智=八吕=(知己〔一〕，知己)所㠯(以)智=人=(知人，知人)所㠯(以)智-命-(知命，知命)而句(後)智-道-(知道，知道)而句(後)智(知)行。〔二〕繇(由)豊(禮)智(知)九樂，繇(由)樂智(知)依(哀)。〔三〕又(有)智(知)吕(己)而不智(知)命者，亡(無)智(知)命而不智(知)吕(己)者。又(有)一〇智(知)豊(禮)而不智(知)樂者，亡(無)智(知)樂而不智(知)豊(禮)者。善取，人能從之，上也。〔四〕一一

〔一〕戠、者，整理者無説。　○周鳳五(1999b＝2016：138)：者，當讀作「諸」；意爲體察自己發自内心、形之於外的言行，可以了解自己，從而也就了解別人。　○陳劍(未刊稿)：簡文三個「所以」均表示途徑或方式(與「故」或「是故」相當的純粹表示結果的連詞「所以」是晚起的)，「察諸出，所以知己」意爲察之於自己所發出的言行，是了解自己的途徑或方式。「知己，所以知人」和「知人，所以知命」之意可以類推。　○按：戠當讀爲「察」，參看本書《成之聞之》簡一九—二〇「戠反諸己而可以知人」注釋。

〔二〕陳偉(2001：112)：《語叢一》簡二六—二七説：「知己而後知人，知人而後知禮，知禮而後知行。」與本篇所論相關。　○陳劍(未刊稿)：《吕氏春秋・察今》：「故察己則可以知人，

故察今則可以知古。古今一也，人與我同耳。」《淮南子・主術》：「由近知遠，由己知人。」亦皆可與簡文此處參讀。　◯按：李零（2003：144）亦引《語叢一》與簡文參讀。

〔三〕陳劍（未刊稿）：前一「樂」字與「禮」相對，意爲音樂之「樂」，《廣韻》入聲覺韻嶽小韻音「五角切」；後一「樂」字與「哀」相對，意爲喜樂之「樂」，《廣韻》入聲鐸韻落小韻音「盧各切」。《禮記・孔子閒居》（參看《上博（二）・民之父母》）：「志之所至，詩亦至焉。詩之所至，禮亦至焉。禮之所至，樂亦至焉。樂之所至，哀亦至焉。哀樂相生。」「樂」字情況相同。「音樂」與「喜樂」義相因，由此可見當時此二義尚未分化爲二音。

〔四〕此句整理者讀爲：善取人能從之，上也。　◯按：此從李零（2003：139）、張桂光（2001＝2004：184）斷讀。

惎（？）煢（勞）之匓（軌）也。〔一〕爲邦而不𠃊（以）豊（禮），猷（猶）𡰥（御）之亡（無）遊（策）也。〔二〕非豊（禮）而民兑（悦）二四志（戴），此少＝（小人）矣。〔三〕非侖（倫）而民備（服）殜（懾），〔四〕此亂矣。詒（治）民非還（懷）生而已也〔五〕，二五不𠃊（以）旨（嗜）谷（欲）害（害）亓（其）義（儀）匓（軌）。〔六〕

〔二〕恖，原形作，整理者隸爲恖而無説。匋，原形作，整理者隸爲匋而無説。　○陳劍(2007＝2013：217)：此字上半所从當分析爲从「屮」从「凶」，楚簡文字將「艸」頭省爲「屮」者常見，故此字上半實即「苬」字。「苬」字見於《古璽彙編》2126，作。「苬勞」可讀爲「㔩勞」。从「凶」得聲的「苬」字通「㔩」，猶「酗」字有或體作「酗」。進一步説，「恖」字以「心」爲意符，就可以直接看作「㔩」字的異體。其間關係，猶六國文字中「勞」字亦或从「心」作(見中山王鼎、郭店《六德》簡一六和《説文》「古文勞」等)。　○李零(2003：142)：(匋)可能是「簋」的别體，此字又見於下文簡二六，疑皆讀「軌」(「軌」「簋」都是見母幽部字)。　○劉釗(2000：86—87)：字从「勹」从「皀」，應隸定作「匓」，釋爲「匓」。「匓」在簡文中應讀作「究」。古音「匓」「究」皆在見紐幽部，故可相通。馬王堆帛書《稱》篇「毋失天極，匓(究)數而止」。楚文字中馬廄之「廄」或借「䝱」「龕」爲之，都是「廄」可通「究」的證據。簡文的「究」即「究竟」之「究」。　○裘錫圭(2008＝2012：459)：()似應分析爲从「艸」「恖」聲，其與的關係，與左冢楚墓「棋局」「恖」字與《孔子詩論》「送」字所从的「恖」的關係相同，所以也可釋爲「莵(恖)」。然而「恖勞之匓」應該如何通讀，仍是問題。竊疑「恖」或可讀爲放縱之「縱」，「匓」當從李零讀爲「軌」，「縱勞之軌」意同「勞佚之節」。又疑「恖」或可讀爲「送」，「送勞之軌」指人們彼此送往勞來的軌度。(《楚辭·卜居》：「將送往勞來，斯無窮乎？」《漢書·薛宣傳》：

「送往勞來之禮不行。」）姑記此以待後考。

〔三〕

所，整理者無説。適，原形作□，整理者未釋。　○李鋭（2004）：「所」與「御」古通（參高亨、董治安《古字通假會典》，八五二頁），「爲邦而不以禮，猶御之亡（無）衡也」，《韓詩外傳》卷三第二十二章記孔子之語有：「昔者先王使民以禮，譬之如御也。刑者，鞭策也。今猶無轡銜而鞭策以御也。」　○劉釗（2000：86）：「□」字从「辵」从「帝」之省，應釋爲「適」。溫縣盟書「適」字作「□」，可資比較。　○陳劍（未刊稿）：「□」字所从的聲旁難以分析，當有寫訛的因素。今暫從劉釗之説釋爲「適」。「適」疑可讀爲「策」。「帝」聲字與「朿」聲字可通，如《古文四聲韻》入聲錫韻「敵」字下引《古老子》作□，从「朿」聲；「擿」可通「刺」，《淮南子·齊俗》「柱不可以擿齒」，《太平御覽》卷八九二引「擿」作「刺」（《會典》四六六頁）；「謫」與「責」音義皆近，《左傳·桓公十八年》「齊侯通焉，公謫之」，《管子·大匡》作「文姜通於齊侯，桓公聞，責文姜」。又《上博（四）·曹沫之陳》第五二號簡「龜策」之「策」作「箸」（原形作□，或釋爲「筮」，不確），亦其證。古書中以「御馬」喻「御民」「治國」常見，可與簡文參讀。其中提到「禮」的除李鋭已引的《韓詩外傳》之文外，又如：《晏子春秋·内篇諫下》「景公登射思得勇力士與之圖國晏子諫」章（又見於《説苑·修文》）：「禮者，所以御民也；轡者，所以御馬也。無禮而能治國家者，晏未之聞也。」提到「策」的如：《韓非子·五蠹》：「夫古今異俗，新故異備。如欲以寬緩之政，治急世之民，猶無轡策而御馯馬，此不知之患也。」《淮南子・氾論》：「今世德益衰，民俗益薄，欲以樸重之法，治既弊之民，是猶無鏑銜橜（王念孫以爲「橜」字衍文）策錣而御馯馬也。」

〔三〕此句整理者未斷讀。𢦔，整理者無説。　◯陳偉（2003：163）：似當讀爲「戴」，擁戴義。《左傳》文公十一年：「是以堯崩而天下如一，同心戴舜，以爲天子。」《國語・周語上》：「庶民不忍，欣戴武王。」　◯廖名春（2003＝2004：126－127）：「悦戴」義近連言，文獻有載。《文選》卷四六王元長《三月三日曲水詩序》李善注：「《呂氏春秋》曰：『顓頊生於若水，乃登爲帝。』又曰：『舜陶於河濱，釣於雷澤，登爲天子，賢士歸之，萬人譽之，陳陳殷殷，無不戴悦。』……《呂氏春秋》曰：『舜爲天子，輒輒啟啟，莫不戴悦。』」高誘和李善所見之《呂氏春秋》裏，「戴悦」連言兩見。　◯按：今從李零（2002：140）斷讀。郭店《語叢三》簡三—四云：「君臣不相才，則可已；不悦，可去也。」李零（2002：149）將「才」讀爲「戴」，以「戴」「悦」對言，可與簡文互參。

〔四〕殜，整理者屬下讀爲世（？）。　◯陳劍（未刊稿）：「殜」字疑可讀爲「懾」，「服懾」與上句「悦戴」相對。「殜」本从「枼」聲，「聶」聲字和「枼」聲字常可相通，其例見《會典》六三七頁。「懾」與「服」同義，《廣雅・釋詁四》：「懾，服也。」王念孫《疏證》：「《説文》：懾，服也。《秦策》

云：趙、楚懾服。《史記·項羽紀》：諸將皆慴服。《漢書》作讋服，《陳咸傳》作執服，《朱博傳》作慹服，並字異而義同。」字或又作「攝」，《漢書·東方朔傳》「勇若孟賁」顔師古注引《尸子》：「人謂孟賁生乎？曰勇。貴乎？曰勇。富乎？曰勇。三者人之所難，而皆不足以易勇，故能攝三軍，服猛獸也。」　○按：劉信芳（2000：44）將「殜」改屬上讀。

〔五〕還，整理者無説。　○劉釗（2003：132）：「還」讀爲「懷」，「懷生」指安於生計，《左傳·僖公二十七年》：「子犯曰：『民未知義，未安其居。』於是乎出定襄王，入務利民，民懷生矣。」○按：陳偉（2002：163）説略同。

〔六〕旨、萬、義，整理者無説。匌，原形作□，整理者隸爲匌且屬下讀而無説。　○裘按：「旨」當讀爲「嗜」。「萬」讀爲「害」，參看《五行》注四五。　○陳偉（2003：155—156）：「義」似當讀爲「儀」。古書有「儀軌」或者「軌儀」之説。前者如《三國志·蜀書·諸葛亮傳》評曰「諸葛亮之爲相國也，撫百姓，示儀軌」，《世説新語·示誕》記阮籍喪母箕踞不哭，裴楷往吊之，並且解釋説：「阮方外之人，故不崇禮制；我輩俗中人，故以儀軌自居。」後者如《國語·周語下》説「度之於軌儀」，《三國志·魏書·陳留王奂記》説「示之軌儀」。簡文「儀軌」似與相同，指規範、法度。《淮南子·脩務訓》説：「嗜欲不得枉正術。」與簡書文意略同。　○按：郭店《五行》簡三四—三五「不以小道□大道」，「□」字整理者釋爲「麦」，裘按：「此字上部與

『麦』字上部有别，疑是『禼（害）』之訛形（參看拙文《古文字論集·釋『禼』》），本書《尊德義》二六號簡『禼』字作[illegible]，可參照。故此字似當從帛書本讀爲害。」匄，參看本篇簡二四「[illegible]勞之匄也」注釋。

民忈（愛），則子也；弗忈（愛），則戝（讎）也。〔一〕民五之方各（格），二六十之方靜（爭），百之而句（後）葙（服）。〔二〕善者民必福=（富，富）未必和〔三〕，不和不=安=（不安，不安）不樂。二七善者民必衆=（衆，衆）未必詥（治），不詥（治）不=川=（不順，不順）不坪（平）。是㠯（以）爲正（政）者斈（教）道二二之取先。

〔一〕戝，整理者無説。○裘按：「戝」从「戈」「𠯑」聲。讀爲「讎」，仇敵也。○李天虹（2000b＝2003：251—252）：裘先生的釋讀頗爲可信，其説當出自《説苑·政理》，其載成王問政於尹逸，尹逸對曰：「天地之間，四海之内，善之則畜也，不善則讎也。」類似的文句亦見於同篇孔子答子貢問：「夫通達之國皆人也，以道導之，則吾畜也；不以道導之，則吾讎也。」向宗魯指出此本《周書》。（向宗魯《説苑校證》第一四六、一五二—一五三頁，中華書局，一九八七年）《吕氏春秋·適威》引《周書》「民善之則畜也，不善則讎也」。○陳劍（未刊稿）：《説苑・指武》：「魯哀公問於仲尼曰：『吾欲小則守，大則攻，其道若何？』仲尼曰：『若朝廷有禮，上下有親，民之衆皆君之畜也，君將誰攻？ 若朝廷無禮，上下無親，民衆皆君之讎也，君將誰與守？』」亦「畜」與「讎」對舉。 ○顔世鉉（1999b：182）：簡文之意爲：君王若能親愛人民，則人民就如其愛子；若不能親愛人民，則人民就變成君王的仇敵。《管子・形勢解》：「莅民如父母，則民親愛之。……莅民如仇讎，則民疏之。」《孟子・公孫丑上》：「信能行此五者，則鄰國之民仰之若父母矣。 率其子弟，攻其父母，自生民以來，未有能濟者也。」朱熹《章句集注》釋此章章旨云：「此章言能行王政，則寇戎爲父子；不行王政，則赤子爲仇讎。」此與簡文之意合。 ○按：陳偉（2003：156）説除與李天虹相同者外，還舉出《淮南子・道應》引尹佚之語：「天地之間，四海之内，善之則吾蓄也，不善則吾仇也。」王利器《呂氏春秋注疏》（第二三五六頁，巴蜀書社二〇〇二年）指出，朱右曾《周書集訓校釋》認爲，《周書》「民善之則畜也，不善則讎也」與《逸周書・芮良夫》「德則民戴，否則民讎」相似，王氏又引《詩・邶風・谷風》「不我能慉，反以爲讎」，亦可參讀。 簡文「民愛則子也，弗愛則讎也」，當如李天虹所云，「愛」後面省去「之」字，但李氏認爲「之」「當指代爲政者」，則不正確。「之」實際是指代前面的「民」，「子」和「讎」應理解爲名詞，顔世鉉説簡文大意可從。

〔三〕各、静、精，整理者無説。 ○裘按：此句疑當讀爲「民五之方格（格鬥之『格』本字），十之方爭，百之而後服」。　○陳偉（2003：157）：《史記・貨殖列傳》說：「凡編戶之民，富相什則卑下之，伯則畏憚之，千則役，萬則僕，物之理也。」《說苑・政理》說：「夫聖人之所爲，非衆人之所及也。民知十己，則尚與之爭，曰不如吾也；百己，則疵其過；千己，則誰而不信？」《史記・貨殖列傳》說的是財富，《說苑・政理》說的大約是人的操行，簡文所說似應是前文所說的「愛」。　○李零（2002：144）：施愛於民必須屢行不輟，如果祇有五次、十次，民仍相讎，陷於爭鬥。祇有上百次的努力，他們才會懂得服從。　○按：李天虹（2000b＝2003：252）亦引《說苑・政理》與簡文對照，且認爲二者意思大體一致，不如陳說之確。

〔三〕福，整理者無說。　○裘按：疑讀爲「富」。

𧥠（教）目（以）豊（禮），則民果目（以）坙。〔一〕𧥠（教）目（以）樂，則民[illegible]悳（德）清牆。〔二〕𧥠（教）一三目（以）𢍂（辯）兌（說），則民埶（褻）陵（陵）張（長）貴目（以）忘（妄）〔三〕。𧥠（教）目（以）埶（藝），則民埜（野）目（以）靜（爭）。𧥠（教）目（以）只（技），一四則民少（小）目（以）叓（吝）。〔四〕𧥠（教）目（以）言，則民詀（訏）目（以）募（寡）計（信）。〔五〕𧥠（教）目（以）事，則民力嗇（嗇）目（以）面利。〔六〕一五𧥠（教）目（以）懽（權）悔（謀），則民淫（淫）惃遠豊（禮）亡（無）新（親）息（仁）〔七〕。先＝（先之）目（以）悳

（德），則民進善安一六爲（化）。〔八〕

〔一〕陳偉（2003：157—158）：果，果敢。以，連詞，表示並列關係。《管子·水地》說：「楚之水淖弱而清，故其民輕果而賊。」《後漢書·段熲傳》記張奐上言說「熲性輕果」。均以輕、果連言。輕有輕捷之意。又《六韜·文韜·上賢》說「果敢輕死」，《三國志·蜀書·楊戲傳》說「輕財果壯」。簡文之「輕」是說輕捷抑或輕財、輕死，似難確指。○按：「巠」或可讀爲「硜」，《論語·子路》孔子說：「言必信，行必果，硜硜然小人哉！」劉寶楠《正義》曰：「硜硜，堅確之意。」簡文「果以硜」即果敢而堅確，似帶貶義。

〔三〕整理者：「𨢊」，《說文》古文「醬」字。在此讀爲何字待考。○陳偉（2003：158）：簡書於此强調德教，而對包括禮、樂在內的片面性教育作出批評。○陳來（2000＝2009：57）：教民以禮、教民以樂，本來似乎是應當肯定的，但在上面這段話中，有關教禮教樂的有些文字不能辨認，致使意思不明；另外，就整個文章「教以……教以……」的敘述，似乎教民以禮、教民以樂，並不是作者所肯定的，至少不是優先肯定的。○曹峰（2009＝2010：80—81）：一些學者認爲教以「禮」「樂」，那百姓會走上向善之路。所以，努力將「果以輕」和「[illegible]德清𨢊」朝好的方嚮解釋。從「教以辨說」以後，纔開始向壞的方嚮解釋。……筆者認爲，這裏説的是每種教的片面性，所以「果以輕」和「[illegible]德清湎」都應具有反面意義。……不過，這種對「禮」「樂」的否定（儘管是在論述「教」之片面性時所作否定），在傳世文獻中並沒有看到過，是一個非常有意思的思想史現象。

〔三〕埶、張、忘，整理者無説。陖，原形作[illegible]，整理者未釋。　◯黄德寬、徐在國（1998＝2007：9）：此字所从的[illegible]與包山楚簡陵字所从的[illegible]相同，應隸作「陖」，釋爲「陵」。……「陵」字義爲「犯」。玄應《一切經音義》卷九引《倉頡篇》：「陵，侵也。」《玉篇・阜部》：「陵，犯也。」《廣韻・蒸韻》：「陵，侮也。」《書・畢命》：「世禄之家，鮮克有禮，以蕩陵德，實悖天道。」《韓非子・姦劫弒臣》：「正明法，陳嚴刑，將以救群生之亂，去天下之禍，使强不陵弱，衆不暴寡。」　◯陳偉（2003：158）：長貴，指年長和勢尊的人。《左傳・隱公三年》記石碏説：「且夫賤妨貴，少陵長，遠間親，新間舊，小加大，淫破義，所謂六逆也。」同書昭公元年記子産説：「尊其貴，事其長。」《孟子・萬章下》云：「不挾長，不挾貴，不挾兄弟而友。」皆以長、貴並言。　◯按：周鳳五（1999b＝2016：142）亦將[illegible]釋爲陖。劉釗（1997＝2005：121）曾指出，包山楚簡陵字所从之「[illegible]」即「仌（冰）」字，與「夌」音近可通。李守奎（2003：828）將簡文此字隸定爲「陖」，可從。「埶」「張」「忘」，周鳳五、陳偉皆分别讀爲「褻」「長」「妄」。

〔四〕只，原形作[illegible]，整理者未釋。少，整理者無説。　◯黄德寬、徐在國（1999＝2007：19）：此字當釋爲「只」，字在簡文中讀作「技」。《唐虞之道》二六「四枳肤陛」，裘錫圭讀爲「四肢倦惰」，甚確。「枳」通「肢」作□，所从「只」作□，《語叢四》一六：「利木会（陰）者，不折其枳。」後一字作□，裘錫圭謂即「枳」字，讀爲「枝」。「枳」所从「只」作□，與□稍異，但下部不从「虫」，乃一飾筆。信陽簡中的□，包山簡中的□、□、□等，李家浩釋作「枳」（枝）、「芨」（芰）、「菽」、「邸」（枝）等（《信陽楚簡中的「柿枳」》，《簡帛研究》第二輯，法律出版社一九九六年）。本簡□字，乃由□稍變，故可釋爲「只」，讀作「技」。簡文「教以藝」與「教以技」相連屬。《禮記・坊記》：「有國家者，貴人而賤禄，則民興讓，尚技而賤車，則民興藝。」注：「技猶藝也。」《王制》：「凡執技以事上者，祝、史、射、御、醫、卜及百工。」簡文所謂教民之「技藝」，大凡此類。　○周鳳五（1999a＝2016：172）：少，讀作「小」，《論語・八佾》：「管仲之器小哉！」皇《疏》：「小者，不大也。」　○陳偉（2003：159）：小，狹隘。《禮記・表記》「義有長短小大」，孔穎達疏：「小謂所施狹近也。」　○按：□，李零（2002：142）、袁國華（1998：142）、劉信芳（2000：44—45）亦皆釋爲「只」，讀爲「技」。《商君書・壹言》：「故民之喜農而樂戰也，見上之尊農戰之士，而下辯説技藝之民，而賤遊學之人也。」以「辯説技藝」連稱，與簡文此處依次言「辯説」「藝」「技」似可類比。

〔五〕顔世鉉（1999b：180）：《説文》：「訏，詭譌也。……一曰訏眢，齊楚謂信曰訏。」段《注》：

「按信當作大，《釋詁》：『訏，大也。』《方言》：『訏，大也。中齊西楚之間曰訏。』」朱駿聲《説文通訓定聲》：「《玉篇》引《説文》『齊楚謂大言曰訏』是也，字與誇略同。」《方言》：「訏，大也。……自關而西秦晉之間，凡人語而過謂之過，或曰僉。……中齊西楚之間曰訏。」訏，亦可通迂，《國語・周語下》：「郤犨見，其語迂。」韋《注》：「迂，迂回，加誣於人也。」《漢書・五行志》載此事亦作「迂」，顔《注》云：「迂，誇誕也。」王引之《經義述聞・國語上》認爲顔《注》長於韋。故上舉之「訏」「迂」字，均有誇誕之意。簡文之意謂：教導人民善於言語，則人民往往好發誇誕之言而缺乏誠信。《説苑・尊賢》載哀公問於孔子：「人若何而可取也？」孔子云：「毋取口鋭者。」又云：「口鋭者多誕而寡信，後恐不驗也。」揚雄《法言・五百》：「鄒衍迂而不信。」《爾雅・釋詁》：「誕、訏，大也。」簡文「訏以寡信」猶「誕而寡信」或「迂而不信」。

○陳偉（2003：159）：「寡信」爲古人習語。《大戴禮記・文王官人》説「揚言者寡信」，《説苑・尊賢》説「口鋭者多誕而寡信」。亦作「少信」。如《史記・貨殖列傳》説：「故南楚好辭，巧説少信。」在這些引述中，「寡信」（或「少信」）皆與言説關聯，適與簡書相通。

〔六〕陳偉（2003：159）：嗇，通「穡」，指秋收，泛指農事。力穡，致力於農事。《書・盤庚上》：「若農服田力穡，乃亦有秋。」孔傳：「農勤穡則有秋。」《漢書・成帝紀》引作：「服田力嗇，乃亦有秋。」顔師古注引應劭曰：「農夫服田，厲其膂力，乃有秋收也。」○陳劍（未刊稿）：疑

「面」可讀爲「昧」。古書「昧利」多見，昧，貪也，字或作「没」（參看王引之《經義述聞》卷一三《大戴禮記》「及利」條、蔣禮鴻《義府續貂》「乾沒」條）。又或作「抹」，《馬王堆漢墓帛書[壹]·老子乙本卷前古佚書·亡論》：「抹利，襦傳，達刑，爲亂首，爲怨媒，此五者，禍皆反自及也。……[抹]天下之利，受天下之患。抹一國之利者，受一國之禍。」原書五六頁注[七九]：「抹讀爲昧，貪也。」「面」跟「抹」聲母相同，韻部陽入對轉，或可相通。　○按：劉信芳（2000：45）説與陳偉略同。「面」，李零（2002：140）讀爲「湎」。

〔七〕潯，原形作，整理者釋爲湯（？）。惃，原形作，整理者未釋。　○李零（2002：142）：（）疑是「潯」字，而以音近讀爲「淫」（「淫」是喻母侵部字，「潯」是邪母侵部字）。　○李家浩（1999：344）：字跟《古文四聲韻》卷二侵韻所引《古老子》「淫」的寫法（）十分相似，所以我們把它釋爲「淫」。「淫」與「惃」義近。《孟子·滕文公下》「富貴不能淫」，趙岐注：「淫，亂其心也。」《方言》卷十：「惃、慠、頓愍，惛也。楚揚謂之惃，或謂之慠，江湘之間謂之頓愍。」《玉篇》心部：「惃，惛也，亂也。」所以簡文「淫惃」連言。簡文此句的意思是説，教人權謀，那麼人的思想就會迷惑惃亂，遠離禮而不親近仁。　○陳劍（未刊稿）：「尋」與「淫」音近相通，如《史記·孝武本紀》「是歲天子始巡郡縣，侵尋於泰山矣」，《索隱》：「侵尋即浸淫也，故晉灼云『遂往之意也』（見《集解》引晉灼），小顏云『浸淫漸染之義』。蓋尋淫聲

相近，假借用耳。」簡文及傳抄古文應是以「淂」字爲「涅」。　◯按：「淂」，參看本書《成之聞之》簡二四「形於中，發於色，其𥣫也固矣」注釋。「悃」，黄德寬、徐在國（1999＝2007：22）説同。參看本書《六德》簡二七—二八「疏衰齊，牡麻實絰，爲昆弟也」注釋。

〔八〕先＝，整理者無説。安，整理者讀爲焉。爲，整理者屬下讀而無説。　◯裘按：「先＝」似應讀爲「先之」。　◯陳偉（2003：160）：「爲」似應讀爲「化」。……「安化」指安於教化，與「進善（進於善）」義近。《荀子·不苟》：「誠心守仁則形，形則神，神則能化矣。」楊注：「化，謂遷善矣。」　◯陳劍（未刊稿）：《淮南子·泰族》云「民化而遷善」，又「日化上遷善」；《中經·政理》：「夫化之以德，理之上也，則人日遷善而不知。」亦可與簡文「進善安化」參讀。不過，現所見楚簡中尚未見不从其他偏旁的單獨的「爲」字用爲「化」之例。

古（故）衒（率）民向（嚮）方者，唯悳（德）可。〔一〕悳（德）之流，速虐（乎）楮（置）蚤（郵）而連（傳）二八命。〔二〕亓（其）載也亡（無）至（重）安（焉），交矣而弗智（知）也。〔三〕亡（明）悳（德）者，叡（且）莫大虐（乎）豊（禮）樂。〔四〕二九古（故）爲正（政）者，或侖（論）之，或羕（養）之〔五〕，或繇（由）忠（中）出，或埶（設）之外〔六〕，侖（論）隶（列）其頪（類）三〇安（焉）。〔七〕詒（治）樂和依（哀），民不可或（惑）也。〔八〕反之，此逞（枉）

矣。〔九〕

〔一〕整理者：向，讀爲「嚮」。參看《老子》乙注二八。　○陳偉（2003：160）：向方，向道，歸順於道。《説苑·修文》説：「故樂行而民向方，可以觀德矣。」與《説苑》此語大致相同的表述，又見於《禮記·樂記》《荀子·樂論》和《吕氏春秋·音初》，唯「向」寫作「鄉」。《禮記》鄭玄注説：「方，猶道也。」《吕氏春秋》高誘注：「鄉，仰。方，道。」《禮記·文王世子》又有「邦國有倫，而衆鄉方矣」一語。　○按：郭店《老子》乙篇簡一六—一七「攸（修）之向（鄉）」裘按：「『向』本从『∧（宀）』，變从二『∧』。簡文『輪』字所从的『侖』旁上部或變作⩓（《語叢四》二〇號簡），與此相類。」上博《慎子曰恭儉》簡六「是以君子向方知道不可以矣（已）」，「向方」與「知道」並稱，其意更爲顯豁。

〔二〕楷蚤，整理者無説。　○裘按：此句讀爲「悳（德）之流，速虐（乎）楷（置）蚤（郵）而連（傳）命」。《孟子·公孫丑上》：「孔子曰：德之流行，速於置郵而傳命。」簡文「速」字舊多隸定爲「逨」，但朱德熙等在《望山楚簡》中已指出此字之義當爲「速」，並説：「也可能『𠦪』就是『朿』的繁體」（九二頁注三五）。此説可從。「楷」从「之」聲，「蚤」从「又」聲，故兩字可讀爲「置郵」。　○陳劍（未刊稿）：《吕氏春秋·高義》：「孔子聞之，曰：『通乎德之情，則孟門、太行不爲險矣。故曰德之速，疾乎以郵傳命。』」

〔三〕至，原形作[illegible]，整理者釋爲厚。　○曹峰（2009＝2010：83）：「其載也亡重焉」是説「德」的運載彷彿没有重量，和「速乎置郵而傳命」呼應，形容其快。「交矣而弗知也」是説在不知不覺中就與德相交了。　○按：至，參看本書《成之聞之》簡一八—一九「民必因此至也以復之」注釋。

〔四〕亡，整理者屬上讀如字。　○陳偉（2003：161）：恐當屬下句，讀爲「明」。亡、明爲明母雙聲，陽部疊韻。所從之字如「氓」「盳」與「萌」在古書中常可通用。（參看《古字通假會典》，第三一七、三一八頁）典籍習見「明德」一説。《左傳》成公二年引申公巫臣説：「《周書》曰『明德慎罰』，文王所以造周也。明德，務崇之之謂也；慎罰，務去之之謂也。」《大戴禮記・主言》引孔子語説：「道者所以明德也，德者所以尊道也，是故非德不尊，非道不明。」可見「明德」是尊崇德行的意思。簡文是説禮、樂是達成德的主要途徑。《禮記・樂記》説：「禮樂皆得，謂之有德。」具有類似的含義。　○按：《管子・七法》「亡君則不然」之「亡君」，學者指出當讀爲「明君」；望山二號墓四九號簡之「亡童」，學者指出即馬王堆三號漢墓遣冊之「明童」。可見「亡」「明」通假在傳世古書及出土文獻中都有例證，陳説可從，參鄧少平（2011：86、88）。

〔五〕羕，整理者無説。　○陳偉(2003：161—162)：論，講論。《荀子・王制》説：「論禮樂，正身行，廣教化，美風俗，兼覆而調一之，辟公之事也。」養(字本作『羕』)，培育、修養之義。

〔六〕裘按：「埶(勢)」「設」古音相近可通，漢簡、帛書中其例屢見。　○陳來(2000＝2009：59)：所謂「由中出」「養之」是指「樂」的作用，而「侖之」和「設之外」，則是「禮」的作用。這可從《禮記・樂記》中説「樂由中出，禮自外作」得到證明。　○陳偉(2003：162)：《禮記・樂記》説：「樂由中出，禮自外作。」與簡文近似。同篇還寫道：「故樂也者，動於内者也；禮也者，動於外者也。」同書《文王世子》也説：「樂，所以修内也；禮，所以修外也。」《説苑・修文》亦云：「故君子以禮正外，以樂正内。」由此可知，簡文「中」指内心，「外」指肢體或外界。　○按：傳世古籍及出土簡帛中「埶」「設」相通之例，可參裘錫圭(1998＝2012：451—460)。

〔七〕侖隶，整理者無説。　○李零(2002：142)：「論列」，「列」原作「隶」，二字古音相同(都是來母月部字)。　○沈培(2001：318)：李零把它讀爲「論列其類」，以「隶」爲「列」，從讀音上看可通，從意義上看也很好。《性自命出》篇有「聖人比其類而侖會之」(簡一六—一七)一句，顯然跟這句話相似。「比其類」跟「隶其類」應當同義，「比」一般解釋爲「排比」，則「隶」的意義當與此有關。李天虹已經指出《性自命出》的「比其類而侖會之」跟《國語・齊語》的「論比協材」有關，韋《注》：「論，擇也。比，比其善惡也。協，和也，和其剛柔也。」(李天虹《郭店竹簡〈性自命出〉研究》，第一二八頁，湖北教育出版社，二〇〇三年）可以幫助我們理解。朱駿聲《説文通訓定聲》「論」下認爲意爲「擇」的「論」是「掄」之借，《説文》：「掄，擇也。」王念孫《廣雅疏證》在《釋詁》「掄，擇也」下説：「掄、倫、論並通。」有些學者把「侖」讀爲「論」，如果是當作「擇」來理解，這也是可以的。《尊德義》的「侖隶其類」的「侖」當也作「擇」講。這裏的「隶」可以按照李零的看法，認爲通「列」；也可以認爲這裏的「隶」當讀爲「肆」，「肆」本來就有「列」的意思。　〇陳劍（未刊稿）：「論列」一詞見於《荀子・王霸》：「論列百官之長。」

〔八〕按：《禮記・祭義》：「樂以迎來，哀以送往，故民不惑。」

〔九〕迲，整理者逕釋爲往。　〇按：此句李零（2002：139）讀爲「反之此，枉矣」，其斷句恐非，但將「迲」讀爲「枉」則是。

坓（刑）不隶（逮）於君子，豊（禮）不三一隶（逮）於尖＝（小人）。〔一〕攻□迲（往）者逯（復）依〔二〕，悳（惠）則民材（財）足〔三〕，不时則亡（無）懽（勸）也。〔四〕不三二㤅（愛）則不新（親）〔五〕，不𡩜（寬）則弗𢡱（懷）〔六〕，不耋（釐）則亡（無）愄（畏），〔七〕不忠（忠）則不訐（信），弗恿（勇）則三三亡（無）復。〔八〕咎則民悜〔九〕，正則民不哭（閔）〔一〇〕，𧥺𢍏〈龏（恭）〉則民不情（怨）。〔一一〕均（均）不足吕（以）坪（平）正（政），〔一二〕𡩜（寬）三四不足吕

（以）安民〔一三〕，敢（勇）不足㠯（以）沬（勵）眾〔一四〕，尃（博）不足㠯（以）智（知）善，快（慧）不足㠯（以）智（知）侖（倫），〔一五〕殺三五不足㠯（以）勑（勝）民。〔一六〕

〔一〕 隶，整理者無説。　◯裘按：「隶」讀爲「逮」。　◯廖名春（1999＝2001：31）：「刑不逮於君子，禮不逮於小人」，就是《禮記・曲禮上》的「禮不下庶人，刑不上大夫」。「庶人」就是「小人」，「大夫」就是「君子」。賈誼《新書・階級》作：「故古者禮不及庶人，刑不至君子。」（亦見《漢書・賈誼傳》）「逮」就是「及」「至」，更接近於簡文。簡文和《新書》所引，當出於禮書。而《禮記・曲禮上》明言「《曲禮》曰」，可見此語當出於《禮》之傳記的《曲禮》。　◯按：陳偉（2003：164）説略同，且引《荀子・富國》：「由士以上則必以禮樂節之，眾庶百姓則必以法數制之。」

〔二〕 依，整理者屬下讀。　◯陳偉（2003：164）：功，字本作「攻」。功有功德、恩德的意思。《孟子・梁惠王上》：「今恩足以及禽獸，而功不至於百姓者。」《墨子・經上》：「功，利民也。」　◯曹峰（2009＝2010：83）：作爲與下文「惠」相對應的詞，讀作「公」可能更合理。《呂氏春秋・貴公》有「昔先聖王之治天下也，必先公，公則天下平矣，平得於公」。《淮南子・主術》有「養民以公，其民樸重端慤，不忿爭而財足，不勞形而功成」。　◯按：陳偉將「依」字改屬上讀。《論衡・論死》：「形體壞爛，精神散亡，無所復依，不能變化。」《東觀漢紀》卷一二《傳七・馬援》：「除其竹木，譬如嬰兒頭多蟣蝨而剃之，蕩蕩然蟣蝨無所復依。」皆可證「復依」爲成詞。

〔三〕 㥣，原形作[illegible]，整理者逕釋爲惠。材，整理者無説。　○涂宗流、劉祖信(2001：135)：「材」，通「財」。……《墨子・節用上》：「民財不足，凍餓死者，不可勝數也。」　○陳偉(2003：164)：財(本作「材」)，古書中亦作「財用」，泛指財物。……《管子・揆度》有「田野充則民財足」的説法。　○按：[illegible]，施謝捷(未刊稿)隸定爲「㥣」。睡虎地秦簡《爲吏之道》「以此爲人君則鬼，爲人臣則忠」「君鬼臣忠」，蔡偉(2004)云：「鬼於古音屬脂部，惠於古音屬隊部。脂、隊平入互轉。《方言》：『趙魏之間或謂慧曰鬼。』慧、惠古字通，則鬼、惠可通矣。」岳麓書院藏秦簡《爲吏治官及黔首》有「爲人君則惠，爲人臣[則]忠」之語，見朱漢民、陳松長主編(2010：191)，可證蔡説之確。簡文「㥣」字中部寫成「鬼」，當是由於與「惠」形音俱近之故。

〔四〕 懽，整理者無説。　○裘按：「懽」疑當讀爲「勸」。　○陳偉(2003：164—165)：不時，古人習語，指不遵時令。……《禮記・禮運》説：「以四時爲柄，故事可勸也。」　○按：《禮記・中庸》：「時使薄斂，所以勸百姓也。」與簡文尤類。

〔五〕李零（2002：141）：「不愛則不親」，與《禮記・哀公問》「弗愛不親」相似。　○陳來（2000＝2009：60）：《緇衣》中也説：「君民者，子以愛之，則民親之。」　○陳偉（2003：165）：《荀子・君道》説：「民不親不愛。」《管子・版法解》也説：「而衆者，不愛則不親。」均與簡書類似。

〔六〕憲，原形作[glyph]，整理者未釋。恖，原形作[glyph]，整理者隸爲悬而無説。　○裘按：悬，疑當釋爲「懷」。　○陳劍（未刊稿）：《上博（一）・孔子詩論》七號簡「褱（懷）」作[glyph]，《上博（二）・容成氏》七號簡「褱（懷）」作[glyph]，《上博（三）・周易》五三號簡「褱（懷）」作[glyph]，所从「眔」皆與此相近。《汗簡》木部引《義雲章》「槐」字作[glyph]（櫰），米部「洎」作[glyph]（實即「眔」字），「眔」下所从均作與「米」相似之形，可證明此形上半所从爲「眔」；又《土部》引《説文》「壂」作[glyph]，即「壞」以「眔」作聲旁（此形見於《郭簡・唐虞之道》第二八號簡「天下必[glyph]［壂—壞］」），「壂」跟「壞」是聲旁繁簡不同的異體，與此「恖」爲「懷」之異體相同。　○劉信芳（2000：45）：「愋」字《郭店》闕釋，細審其原簡殘畫，應是「愋」字。　○按：「則」上一字不甚清晰，从《簡帛書法選》編輯組編（2002：33）的放大照片看來，劉説近是。此字下部從「心」是毫無疑問的，此外還可辨認出字的最上部爲「亠」，中間部分亦與楚文字「爰」的構形相彷彿，故當隸定爲「寋」。「寋」當讀爲「寬」，簡文「不寬則弗懷」猶上博《從政》甲篇簡五—六「君子不緩（寬）則無以容百姓」、《論語·陽貨》「寬則得衆」之意。單育辰（2015：74）亦有此説。

〔七〕耋，整理者逕釋爲耋。○丁原植（2000：299）：耋，治理，處置。《廣韻·之韻》：「耋，理也。」……《尚書·堯典》云：「允耋百工，庶績咸熙。」孔傳：「耋，治也。」……「不耋則無畏」，指不治理人民，則民衆就不知所敬畏。○陳偉（2003：165）：理（字本作「耋」），名分。《禮記·樂記》：「樂者，通倫理者也。」鄭玄注：「倫，猶類也。理，分也。」《管子·君臣上》説：「是故别交正分之謂理。」

〔八〕恿，整理者無説。○裘按：「恿」疑讀爲「用」。○陳偉（2003：165）：（恿）爲《説文》「勇」字古文。「勇」有果敢、決斷義。○陳劍（未刊稿）：《淮南子·主術》：「君臣之施者，相報之事也。」「報」「復」音義皆近，《説苑》有《復恩》篇，專言臣復君之恩、君報臣之功之事。「弗用則無復」意謂君主不任用臣下，則臣下無相報、復恩之事。○按：「恿」當從陳偉讀爲「勇」，指君主之勇。

〔九〕咎，簡文作 ，整理者未釋。○李零（2002：142）：此字與《性自命出》簡四九的「咎」字的上半比較相似。○按：劉信芳（2000：45）亦云「疑是『咎』之省形」。

〔一〇〕叟，整理者讀爲吝。○陳偉（2003：165）：在此疑當讀爲「閔」，指憂慮、憂患。○按：

郭店《窮達以時》簡一二「莫之知而不叜」之「叜」，陳劍（2003＝2013：45）云：「當讀爲古書中用作動詞，意爲『憂』的『閔』『憫』『愍』或『悶』，意爲『感到憂愁』。」其文引《孟子·公孫丑上》「遺佚而不怨，阨窮而不憫」（《孟子·萬章下》《韓詩外傳》卷三略同），亦以「不閔」「不怨」並稱。據此，陳偉讀「閔」之說可從，今依《孟子》釋「憫」。

〔一一〕 𩁹、悁，整理者無説。◯求按：「𩁹」疑爲「龔」之誤字，讀爲「恭」。末一字《緇衣》讀爲「怨」，參看《緇衣》注三二。◯陳偉（2003：165—166）：《説苑·敬慎》引孔子説：「恭敬忠信，可以爲身。恭則免於衆，敬則人愛之，忠則人與之，信則人恃之。」可參讀。

〔一二〕 陳偉（2003：166）：《荀子·王制》：「故君人者欲安則莫若平政愛民矣。」同書《富國》説：「修禮以齊朝，正法以齊官，平政以齊民。」平政即持政公允。

〔一三〕 寡，原形作[illegible]，整理者釋爲㥾（？）。◯白於藍（1999＝2017：103—104）：此字實應分析爲从心从宀爰聲，應隸定爲「𢟪」。……簡文中此「𢟪」字當讀爲「緩」，緩、寬義近。《玉篇》：「寬，緩也。」《國語·吴語》：「將必寬然有伯諸侯之心焉。」韋昭《注》：「寬，緩也。」簡文「緩不足以安民」猶言「寬不足以安民」。《管子·法禁》：「莫敢布惠緩行。」房玄齡《注》：「從容養民謂之緩行。」既然「從容養民謂之緩行」，爲什麼簡文却説「緩（寬）不足以安民」呢？其實，這並不矛盾。《書·君陳》：「寬而有制，從容以和。」《左傳·昭公二十年》：「寬以濟猛，猛以濟寬，政是以和。」《荀子・正論》：「殺人者不死，而傷人者不刑，是謂惠暴而寬賊也。」《韓非子・難二》：「今緩刑罰，行寬惠，是利奸邪而害善人也。」《漢書・宣帝本紀》：「今吏或以不禁姦邪爲寬大，縱釋有罪爲不苛，或以酷惡爲賢，皆失其中。」由此可見，「寬」也有一定的限度，一味行「寬政」而不適當施之以刑罰，反而會害民。這正是「緩不足以安民」之本義。　○按：劉信芳（2000：45）、陳偉（2003：166）說略同。此逕讀爲「寬」。

〔一四〕沬，整理者無説。　○范常喜（2011＝2016：165）：根據《曹沬之陣》中「曹沬」的「沬」作「穢」「蔑」或「蔑」可以推知，此處的「沬」可直接讀爲「勵」，訓爲「激勵」。整句是説「英勇不足以激勵衆將士」。（此處的「衆」當訓爲軍隊，《管子・輕重乙》：「誰能陷陳破衆者賜之百金。」《左傳・昭公元年》：「既聘，將以衆逆，子産患之。」杜預注：「以兵入逆婦。」）《逸周書・酆保》篇載周公論治國之道時曾提出過七厲（勵），分别爲：「一翼勤厲務，二動正厲民，三静兆厲武，四翼藝厲物，五翼言厲復，六翼敬厲衆，七翼知厲道。」其中第六條「厲（勵）衆」與簡文「沬（勵）衆」意同。　○按：范説可從，「沬」「勵」二字古音同爲明母月部。《六韜・龍韜・奇兵》：「戰必以義者，所以勵衆勝敵也。」《尉繚子・戰威》：「故戰者，必本乎率身以勵衆士。」皆可與簡文互證。

〔一五〕快，整理者無説。　○劉信芳（2000：45）：字應讀爲「慧」，馬王堆帛書《老子》甲「知快出」，乙本「快」作「慧」。　◯陳劍（未刊稿）：《郭簡・性自命出》第四七簡「有其爲人之快如也」，《上博（一）・性情論》第三八號簡作「有其爲人之慧如也」，亦「快」「慧」相通之證。

〔二六〕勳，整理者隸爲夯。　◯裘按：勳，簡文爲省形，讀爲「勝」。　◯陳偉（2003：166）：《管子・小問》：「桓公曰：『我欲勝民，爲之奈何？』管仲對曰：『此非人君之言也。勝民爲易。夫勝民之爲道，非天下之大道也。君欲勝民，則使有司疏獄而謁，有罪者償，數省而嚴誅，若此，則勝民矣。』」　◯陳來（2000＝2009：61）：「不足以」，表示作者並非全盤否定這些德行和舉措的意義，而是指出它們每一種本身對於治國治民都是不充分的。

下之事上也，不從亓（其）所命，而從亓（其）所行。上好是勿（物）也，三六下必又（有）甚安（焉）者。〔一〕夫唯是，古（故）悳（德）可易而㤥（施）可迌（邅）也。〔二〕又（有）是㤥（施）少（小）三七又（有）利，迌（邅）而大又（有）害（害）者，又（有）之。又（有）是㤥（施）少（小）又（有）害（害），迌（邅）而大又（有）利者，又（有）之。〔三〕三八

〔一〕王博（2000＝2001：258—259）：《緇衣》云：「子曰：下之事上也，不從其命，而從其所行。上好此物也，下必有甚焉者矣。」其間的關係如何理解，是一個很有趣的問題。而《成之聞

之》中也有類似意義的文字，如「上苟身服之，則民必有甚焉者。……上苟昌之，則民鮮不從矣」等。　○陳來（2000＝2009：62）：《成之聞之》中有「行不信則命不從」，「民不從上之命，不信其言，而能含德者，未之有也」；「忘乎其身而存乎其詞，雖厚其命，民弗從之」；「上苟身服之，則民必有甚焉」，都是説的同一個道理。　○曹峰（2009＝2010：85—86）：類似用例又見《孟子・滕文公上》：「孔子曰……上有好者，下必有甚焉者矣。君子之德，風也；小人之德，草也。草上之風必偃。」《管子・法法》有「凡民從上也，不從口之所言，從情之所好者也。上好勇，則民輕死。上好仁，則民輕財。故上之所好，民必甚焉」。《淮南子・主術》：「故民之化上也，不從其所言，而從其所行。」通過這些用例，我們可以看出以下問題。第一，這段話，本出自「子曰」，後被不同流派、從不同角度加以闡發。第二，雖有「行」比「言（命）」更重要的意思，但在總體上仍是突出爲人上者之舉動作爲「民之表」的重要性，是對君之德化的強調。第三，這些用例都在強調「下」之舉止是「上」之言行的模仿和放大，突出的是君德之表率作用和「上」對「下」的單向影響。

〔二〕 迌，整理者無説。　○裘按：「迌」疑可讀爲「轉」，參看《窮達以時》注九。　○陳偉（2003：166—167）：《易・乾》云：「見龍在田，德施普也。」《荀子・成相》云：「堯讓賢，以爲民，氾利兼愛德施均。」簡書「德」「施」，似與古書中的「德施」同義，指德澤恩施。「邅」，字本从「旦」

从「辵」。應即「邅」字初文，轉變義。《楚辭・離騷》：「邅吾道夫崑崙兮，路脩遠而周流。」王逸注：「邅，轉也。楚人名轉曰邅。」《廣雅・釋詁四》：「邅、易，轉也。」《淮南子・要略》云：「《人間》者，所以觀禍福之變，察利害之反，鑽脈得失之跡，標舉終始之壇也。分別百事之微，敷陳存亡之機，使人知禍之爲福，亡之爲得，成之爲敗，利之爲害也。」高誘注：「壇，場也。」……「壇」也許是「邅」的借字。……值得注意的是，《淮南子・要略》講述《人間》篇主旨，即禍福、亡得、成敗、利害的轉化，正與簡書相通。　○按：清華簡《金縢》「壇」字皆寫作「坦」，見清華中心編（2010：256），可證郭店簡的「𨑻」就是「邅」字。

〔三〕陳偉（2003：167）：《淮南子・人間訓》：「事或欲以利之，適足以害之；或欲害之，乃反以利之。利害之反，禍福之門戶，不可不察也。」同書《泰族訓》說：「故事有利於小而害於大，得於此而亡於彼者。」與簡書類似，都是談論利害的轉換，可參看。

凡邅（動）民必訓（順）民心，民心又（有）恧（恆），求亓（其）羕（永）。〔一〕菫（重）義集（襲）𨤲（理）〔二〕，言此章也，三九行此𩈯（文）也〔三〕，肰（然）句（後）可逾（諭）也。〔四〕因死（恆）則古（固），戠（察）𨑃（迡）則亡（無）避（僻）〔五〕，不黨（黨）則亡（無）一七悁（怨），让（上）思則□□。夫生而又（有）戠（職）事者也，〔六〕非𡥈（教）所及也。𡥈（教）

亓（其）正（政），一八不𧦝（教）亓（其）人，正（政）弗行矣。古（故）共是勿（物）也而又（有）深安（焉）者〔七〕：可學也，而不可矣（擬）也〔八〕；一九可𡥈（教）也，而不可若也；可從也，而不可及也。君民者，詒（治）民復豊（禮），民余憲（害），智〔九〕二〇a＋二三b

〔一〕丁原植（2000：305）：「羕」字，同「永」，《爾雅·釋詁》：「永、羕，長也。」「求其永」，似指設法展延人民恆常之性。

〔二〕葉，整理者讀爲集。　○鄧少平（2011：87—88）：「葉」當讀爲「襲」。「葉」从「集」得聲，上古音「集」屬從母緝部，「襲」屬邪母緝部，二字韻部相同，聲母同爲齒頭音，可以通假。《史記·陳丞相世家》：「襲其兩長。」《漢書·陳平傳》「襲」作「集」，是其證也。「重X襲Y」古書多見，如《楚辭·九章·懷沙》「重仁襲義」、《淮南子·氾論》「重仁襲恩」、《潛夫論·思賢》「重規襲矩」等。所謂「重義襲理」，直譯就是重複義、因襲理，也就是遵循義理之意。　○曹峰（2009＝2010：88）：「義理」可能指的就是有「文」有「章」的儀式規範。

〔三〕𡩜，原形作[illegible]，整理者隸爲廈而無説。　○陳偉（2003：170）：簡文「言」與「行」、「文」與「章」兩兩相對，當爲上下句。《左傳》襄公三十一年和《新書·容經》都有「動作有文，言語有章」的語句，與此略同。　○按：李天虹（2000c＝2003：14—22）指出「𡩜」應當讀作「文」，陳劍(2004＝2007：71—74)對該字釋讀作有總結，可參。

〔四〕逾，整理者括注問號。　○白於藍(2008：71)："「逾」似應讀「諭」。《淮南子·主術》："「而諭文王之志。」高誘《注》："「諭，教。」《淮南子·修務》："「此教訓之所諭也。」高誘《注》："「諭，導也。」　○按：陳劍(未刊稿)亦疑可讀爲「喻」或「諭」。

〔五〕辶、避，整理者無説。　○陳劍(未刊稿)："「辶」字原作[illegible]，當分析爲从「辵」从「匕」聲。……從後來發表的上博竹書來看，「匕」當釋爲「尼」字省體，「辶」即「迡」字異體。……迡，近也，與親昵之「昵」音義皆近，指君主身邊的近昵之人。　○按：黄錫全(2006＝2009：452)亦據上博簡指出「『匕』爲『尼』省形」，「楚簡从『匕』的字，均應釋从『尼』」，《尊德義》此字「應釋爲『迡』」。避，李零(2002：140)、周鳳五(1999b＝2016：138—139)、劉釗(2000：87)皆讀爲「僻」，指乖僻、邪僻。

〔六〕按：「職事」一詞多見於《周禮》《漢書》等先秦兩漢典籍，指官職及政事。或作「官職事業」，如《荀子·王霸》「其官職事業足以容天下之能士矣」，同書《君道》："「故明主有私人以金石珠玉，無私人以官職事業。」

〔七〕共，原形作[illegible]，整理者疑爲「終」字。　○何琳儀(1999＝2007：58)："楚帛書「共」作[illegible]，與本簡形體最近。　○按：李零(2002：143)亦謂「此字爲『共』字的別體」。

〔八〕矣，整理者讀爲疑。　◯陳劍（未刊稿）：疑此「矣」字可讀爲「擬」，比擬。《上博（一）·孔子詩論》第一四號簡「以琴瑟之悦，悘好色之願」，「悘」研究者多讀爲「擬」，可信。簡文意謂，可以學習，但不可比擬，即不能達到一樣的地步。

〔九〕此句整理者讀爲：君民者，治民復禮，民余憲智。　◯裘按：憲，疑當讀爲「害」，在文末（第三八簡）與「利」爲對文。　◯陳偉（2003：172）：「除害」古書多見。《國語·楚語上》「明除害以導之武」，韋昭注：「除害，去暴亂也。」　◯按：「余」，李零（2002：140）讀爲「除」。「智」，陳偉（2003：168）讀爲「知」。

行矣而亡𢜩（惟）〔一〕，羕（養）心於子（慈）俍（良），〔二〕忠（忠）訐（信）日嗌（益）而不自智（知）也。民可貞（使）道二一之，而不可貞（使）智（知）之。〔三〕民可道（導）也，而不可㝊（强）也。〔四〕傑（桀）不胃（謂）亓（其）民必亂，而民又（有）二二爲亂矣。爰不迪亓（其）民，〔五〕而民不可𣥺（止）也。𡰪（尊）㥁（仁）、新（親）忠（忠）、敬壯（莊）、〔六〕逯（歸）豊（禮），二三a＋二〇b

〔一〕 喪，整理者無説。　○陳偉（2003：171）：惟，思慮，度量。……簡書「惟」與「行」對應，「亡惟」與「不自知」呼應。

〔二〕 此句整理者讀爲：羕心於子俍。　○裘按：此句疑讀爲「養心於子諒」。《禮記・樂記》：「致樂以治心，則易直子諒之心油然生矣。易直子諒之心生則樂，樂則安，安則久，久則天，天則神。」其文亦見《禮記・祭義》。子諒，《韓詩外傳》作「慈良」，《禮記・喪服四制》亦有「慈良」。

〔三〕 裘按：道，由也。《論語・泰伯》：「子曰：民可使由之，不可使知之。」　○陳偉（2003：171）：簡文「道」，《論語》作「由」。二字義通，爲遵從、跟隨義。簡書是説民衆可以跟從君上的身教，而不能通過言傳掌握德行禮教的學問。《孟子・盡心上》記孟子説：「行之而不著焉，習矣而不察焉，終身由之而不知其道者，衆也。」屬於類似的説法。

〔四〕 陳來（2000＝2009：59）：在《成之聞之》篇中也有類似的提法：「民可敬道也，而不可掩也；可御也，而不可牽也。」（簡一六）這與本篇《尊德義》所説應同出一源。　○陳劍（未刊稿）：《大戴禮記・曾子立事》：「君子之於子也……導之以道而勿强也。」亦以「導」與「强」相對，可與簡文參讀。

〔五〕 爰，整理者括注問號。　○陳偉（2003：172）：若釋「爰」不誤，則似應用作連詞，意爲「於是」。　○按：白於藍（1999＝2017：103）以鄂君啓節「爰陵」之「爰」及包山楚簡簡五「瑗」字所从「爰」旁證明整理者釋「爰」可信。

〔六〕壯，整理者無說。　○按：李零（2002：140）讀爲「莊」，陳來（2000＝2009：58）、陳偉（2003：171）亦謂或可讀爲「莊」。

生。古（故）曰：民之父母新（親）民易，貞（使）民相親也戁（難）〔一〕。∠《六德》四九

〔一〕顏世鉉（2001：491）：《管子·小匡》載齊桓公問管仲曰：「愛民之道奈何？」管子對曰：「公修公族，家修家族，使相連以事，相及以祿，則民相親矣。」《禮記·祭義》：「教民相愛，上下用情，禮之至也。」合兩文來看，確見其與《尊德義》所言治民之道相關。簡文之意爲：在上位的君子，要做到親愛百姓並不難，最難的是要使百姓的人倫關係和諧，達到互相親愛的境地。

參考文獻

白於藍(1999＝2017) 《〈郭店楚墓竹簡〉讀後記》,《中國古文字研究》第一輯,吉林大學出版社,1999年6月;收入氏著《拾遺錄:出土文獻研究》,科學出版社,2017年6月。

白於藍(2008) 《簡牘帛書通假字字典》,福建人民出版社,2008年1月。

蔡偉(2004) 《簡帛拾遺》,2015年6月2日,http//www.guoxue.com/newbook/gx/020.htm,署名「抱小」。

曹峰(2009＝2010) 《〈尊德義〉分章考釋》,《中國文字》新三十四期,臺灣藝文印書館,2009年;收入氏著《楚地出土文獻與先秦思想研究》,臺灣書房出版有限公司,2010年8月。

陳劍(2003＝2013) 《郭店簡補釋三則》,郭店楚簡研究(國際)中心編《古墓新知——紀念郭店楚簡出土十周年論文專輯》,香港國際炎黃文化出版社,2003年11月;收入氏著《戰國竹書論集》,上海古籍出版社,2013年12月。

陳劍(2004＝2007) 《甲骨金文舊釋「尤」之字及相關諸字新釋》,《北京大學古文獻研究中心集刊》第四輯,北京大學出版社,2004年10月;收入氏著《甲骨金文考釋論集》,綫裝書局,2007年4月。

陳劍(2007＝2013) 《郭店簡〈尊德義〉和〈成之聞之〉的簡背數字與其簡序關係的考察》,武漢大學簡帛研究中心主辦《簡帛》第二輯，上海古籍出版社，2007年11月；收入氏著《戰國竹書論集》，上海古籍出版社，2013年12月。

陳劍（未刊稿）《〈尊德義〉釋文與註釋》，未刊稿。

陳來（2000＝2009）《郭店竹簡與儒家記説續探》，《中國哲學》第二十一輯《郭店簡與儒學研究》，遼寧教育出版社，2000年1月；收入氏著《竹帛〈五行〉與簡帛研究》，生活·讀書·新知三聯書店，2009年4月。

陳偉（2001）《郭店簡書〈尊德義〉校釋》，《中國哲學史》2001年第3期。

陳偉（2003）《郭店竹書別釋》，湖北教育出版社，2003年1月。

鄧少平（2011）《郭店楚簡〈成之聞之〉〈尊德義〉補釋》，《中國文字》新三十六期，臺灣藝文印書館，2011年1月。

丁原植（2000）《郭店楚簡儒家佚籍四種釋析》，臺灣古籍出版有限公司，2000年12月。

范常喜（2011＝2016）《金文「蔑曆」補釋》，復旦大學出土文獻與古文字研究中心網站，2011年1月9日；修改稿載陳偉武主編《古文字論壇》第二輯，中西書局，2016年11月。

范麗梅（2007）《楚簡文字零釋》，臺灣大學中國文學系《臺大中文學報》第26期，2007年6月。

復旦讀書會（2010）　復旦大學出土文獻與古文字研究中心研究生讀書會《〈上博七·武王踐阼〉校讀》，《出土文獻與古文字研究》第三輯，復旦大學出版社，2010年7月。

顧史考（2012）《郭店楚簡〈尊德義〉篇簡序新案》，臺灣大學中國文學系《臺大中文學報》第36期，2012年3月。

何琳儀(1999=2007) 《郭店竹簡選釋》,《文物研究》第十二輯,黄山書社,1999年12月;收入黄德寬、何琳儀、徐在國《新出楚簡文字考》,安徽大學出版社,2007年9月。

黄德寬、徐在國(1998=2007) 《郭店楚簡文字考釋》,《吉林大學古籍整理研究所建所十五周年紀念論文集》,吉林大學出版社,1998年12月;收入黄德寬、何琳儀、徐在國《新出楚簡文字考》,安徽大學出版社,2007年9月。

黄德寬、徐在國(1999=2007) 《郭店楚簡文字續考》,《江漢考古》1999年第2期;收入黄德寬、何琳儀、徐在國《新出楚簡文字考》,安徽大學出版社,2007年9月。

黄錫全(2006=2009) 《讀上博〈戰國楚竹書(三)〉札記》,中山大學古文字研究所編《康樂集:曾憲通教授七十壽慶論文集》,中山大學出版社,2006年1月;收入氏著《古文字與古貨幣文集》,文物出版社,2009年5月。

《簡帛書法選》編輯組編(2002) 《郭店楚墓竹簡·尊德義》,文物出版社,2002年12月。

李家浩(1999) 《讀〈郭店楚墓竹簡〉瑣議》,《中國哲學》第二十輯《郭店楚簡研究》,遼寧教育出版社,1999年1月。

李零(2002) 《郭店楚簡校讀記(增訂本)》,北京大學出版社,2002年3月。

李鋭(2004) 《讀楚簡〈周易〉札記一則》,孔子2000網,2007年1月3日。

李守奎(2003) 《楚文字編》,華東師範大學出版社,2003年12月。

李松儒(2011) 《郭店簡編聯二題》,武漢大學簡帛研究中心主辦《簡帛》第六輯,上海古籍出版社,2011年11月。

李天虹（2000a＝2003）《郭店竹簡文字雜釋》，武漢大學中國文化研究院編《郭店楚簡國際學術研討會論文集》，湖北人民出版社，2000年5月；收入氏著《郭店竹簡〈性自命出〉研究》，湖北教育出版社，2003年1月。

李天虹（2000b＝2003）《郭店竹簡與傳世文獻互徵八則》，《江漢考古》2000年第3期；收入氏著《郭店竹簡〈性自命出〉研究》，湖北教育出版社，2003年1月。

李天虹（2000c＝2003）《釋楚簡文字「 」》，饒宗頤主編《華學》第四輯，紫禁城出版社，2000年8月；收入氏著《郭店竹簡〈性自命出〉研究》，湖北教育出版社，2003年1月。

廖名春（1999＝2001）《荆門郭店楚簡與先秦儒學》，《中國哲學》第二十輯《郭店楚簡研究》，遼寧教育出版社，1999年1月；收入氏著《新出楚簡試論》，臺灣古籍出版有限公司，2001年5月。

廖名春（2003＝2004）《郭店簡从「 」之字考釋》，饒宗頤主編《華學》第六輯，紫禁城出版社，2003年6月；收入氏著《出土簡帛叢考》，湖北教育出版社，2004年2月。

劉國勝（2001）《信陽長臺關楚簡〈遣策〉編聯二題》，《江漢考古》2001年第3期。

劉信芳（2000）《郭店竹簡文字考釋拾遺》，《江漢考古》2000年第1期。

劉釗（1997＝2005）《金文考釋零拾》，《第三屆國際中國古文字學研討會論文集》，香港問學社有限公司，1997年；收入氏著《古文字考釋叢稿》，岳麓書社，2005年7月。

劉釗（2000）《讀郭店楚簡字詞札記》，武漢大學中國文化研究院編《郭店楚簡國際學術研討會論文集》，湖北人民出版社，2000年5月。

劉釗（2003）《郭店楚簡校釋》，福建人民出版社，2003年12月。

劉祖信、鮑雲豐(2006)　《郭店楚簡背面記數文字考》，哈佛大學燕京學社、武漢大學中國傳統文化研究中心等編《新出楚簡國際學術研討會議論文集》(郭店・其他簡卷)，2006年6月。

清華中心編(2010)　清華大學出土文獻研究與保護中心編：《清華大學藏戰國竹簡(壹)》，中西書局，2010年12月。

裘錫圭(1998＝2012)　《古文獻中讀爲「設」的「執」及其與「執」互譌之例》，香港大學亞洲研究中心《東方文化》1998年36卷1、2號合刊；收入《裘錫圭學術文集》第四卷《語言文字與古文獻卷》，復旦大學出版社，2012年6月。

裘錫圭(2008＝2012)　《釋古文字中的有些「悤」字和从「悤」、从「囪」之字》，《出土文獻與古文字研究》第二輯，復旦大學出版社，2008年8月；收入《裘錫圭學術文集》第二卷《簡牘帛書卷》，復旦大學出版社，2012年6月。

裘錫圭(2011＝2012)　《再談古文獻以「執」表「設」》，何志華、沈培等編《先秦兩漢古籍國際學術研討會論文集》，社會科學文獻出版社，2011年1月；收入《裘錫圭學術文集》第二卷《簡牘帛書卷》，復旦大學出版社，2012年6月。

單育辰(2015)　《郭店〈尊德義〉〈成之聞之〉〈六德〉三篇整理與研究》，科學出版社，2015年11月。

沈培(2001)　《説郭店楚簡中的「肆」》，劉利民、周建設主編《語言》第二卷，首都師範大學出版社，2001年12月。

沈培(2003)　《上博簡〈緇衣〉篇「卷」字解》，饒宗頤主編《華學》第六輯，紫禁城出版社，2003年6月。

沈培(2008)　《〈上博六〉字詞淺釋(七則)》，《中國文字學報》第二輯，商務印書館，2008年12月。

施謝捷(未刊稿)　《郭店楚墓竹簡釋文》，未刊稿。

涂宗流、劉祖信(2001)　《郭店楚簡先秦儒家佚書校釋》，臺灣萬卷樓圖書有限公司，2001年2月。

王博(2000＝2001)　《關於郭店楚墓竹簡分篇與連綴的幾點想法》，《中國哲學》第二十一輯《郭店簡與儒學研究》，遼寧教育出版社，2000年1月；收入氏著《簡帛思想文獻論集》，臺灣古籍出版有限公司，2001年5月。

顏世鉉(1999a)　《郭店楚簡淺釋》，《張以仁先生七秩壽慶論文集》，臺灣學生書局，1999年1月。

顏世鉉(1999b)　《郭店楚墓竹簡儒家典籍文字考釋》，《經學研究論叢》第六輯，臺灣學生書局，1999年3月。

顏世鉉(2001)　《郭店楚簡〈六德〉箋釋》，《中研院歷史語言研究所集刊》第七十二本第二分，2001年6月。

袁國華(1998)　《郭店楚簡文字考釋十一則》，《中國文字》新廿四期，臺灣藝文印書館，1998年12月。

張桂光(2001＝2004)　《〈郭店楚墓竹簡〉釋注續商榷》，李學勤、謝桂華主編《簡帛研究二〇〇一》，廣西師範大學出版社，2001年9月；收入氏著《古文字論集》，中華書局，2004年10月。

周鳳五(1999a＝2016)　《郭店楚簡識字札記》，《張以仁先生七秩壽慶論文集》，臺灣學生書局，1999年1月；收入氏著《朋齋學術文集：戰國竹書卷》，臺灣大學出版中心，2016年12月。

周鳳五(1999b＝2016)　《讀郭店楚簡〈成之聞之〉札記》，《古文字與古文獻》試刊號，臺灣楚文化研究會，1999年10月；收入氏著《朋齋學術文集：戰國竹書卷》，臺灣大學出版中心，2016年12月。

朱漢民、陳松長主編(2010)　《岳麓書院藏秦簡(壹)》，上海辭書出版社，2010年12月。

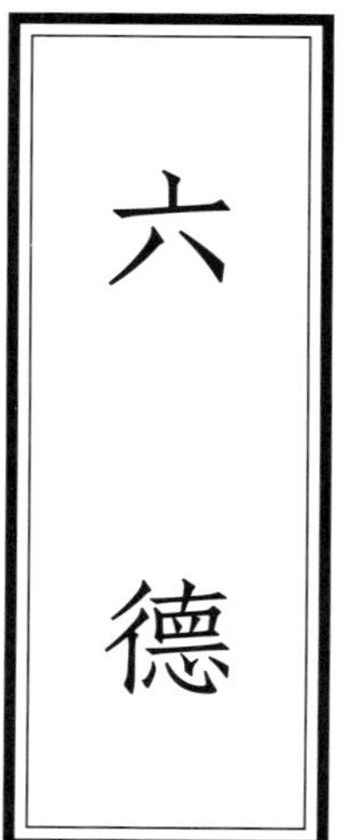

六德

鄧少平　校釋

校釋說明

《六德》是《郭店楚墓竹簡》中的一篇，篇題係整理者據簡文擬加。

《六德》全篇共存四十八枚簡（對於簡四九的歸屬，裘按云：「此簡不知當屬何篇，姑附於此。」現已據學者們的意見將其調整至《尊德義》篇，參見該篇說明），中有數枚殘斷，其餘皆保存完好。竹簡兩端均修削成梯形，簡長三二·五釐米。編綫兩道，編綫間距爲一七·五釐米。篇中有重文符號，作「𠄌」；有合文符號，或作「𠄌」或作「=」；有章號，作「■」。整理者指出，本篇與《性自命出》《成之聞之》《尊德義》抄寫在形制相同的竹簡上，字體亦相近。研究者據此認爲，這四篇原來可能同編爲一卷。

整理者所編一—五、八—一〇、一三—四六等三個編聯組正確可從，裘按又指出簡七、八應相次。我們據顧史考（2000＝2012：144—150）之說，將剩下的六、一一、一二、四七、四八等簡作相應調整。

本篇對於研究先秦儒家倫理思想具有重要的參考價值。

校釋者　鄧少平

凡　例

一、本篇以荆門市博物館編《郭店楚墓竹簡・六德》（文物出版社，一九九八年五月）的釋文爲注釋底本。注釋中的「整理者」和「裘按」分别指原書的釋文注釋以及裘錫圭按語，餘詳篇後參考文獻。

二、新釋文仍在每簡之末以一、二等數字標注原書之簡號，以便檢核。對於簡上原有的各種標識符號，原書釋文只保留分章、分段標誌，新釋文則對重文及合文符號、篇號也予以保留。重文或合文符號作一短横者以「-」表示，作兩短横者以「=」表示，分章、分段、分篇之墨塊以「■」表示，篇號作鈎形者以「ㄥ」表示。

三、簡文中的古今字、通假字、異體字在其後以「（）」括注今字、本字、正字，訛字在其後以「〈〉」括注正字。簡文奪字、衍文分别以「〖〗」「{}」括注。簡文殘字可辨識者外加邊框以爲標示，缺字以及無法辨識之字，如可據上下文推定字數者，每字以一「□」標示，不能確定字數者，以「……」標示。缺文可擬補者，在所補文字之外加「[]」。

四、注釋所引諸家之説，儘量按照原文節録，以省讀者翻檢之勞。原文脚注、尾注如有必要保

留者，皆以小字隨文夾注。有些説法是由多位研究者同時提出的，我們儘量引録其中論述較爲周詳的一家，其餘則在按語中加以説明。爲保持行文通暢，我們對少數引文作了一些技術性處理，文中不再一一注明。

君子女（如）谷（欲）求人衍（道），則〔一〕……六……［不］繇（由）其衍（道），〔二〕唯（雖）堯求之弗旻（得）也。生民七［斯必有夫婦、父子、君臣，此］六立（位）也。〔三〕又（有）銜（率）人者，又（有）從人者；八又（有）叟（使）人者，又（有）事人［者；又（有）］教者，又（有）學者；此六戠（職）也。〔四〕既又（有）九夫六立（位）也，以貢（任）此［六戠（職）］也，〔五〕六戠（職）既分，以衩（別）六＝惪＝（六德。〔六〕六德）者一〇……［大者以治］人民，少（小）者以攸（修）其身。〔七〕爲衍（道）者必繇（由）四七此。可（何）胃（謂）六惪（德）？聖、智也，息（仁）、宜（義）也，忠（忠）、訐（信）也。聖牙（與）智豪（戚）壴（矣），〔八〕一息（仁）牙（與）宜（義）豪（戚）壴（矣），忠（忠）牙（與）訐（信）豪（戚）。〔九〕乍（作）豊（禮）樂，折（制）坓（刑）灋（法），季（教）此民尔，〔一〇〕叟（使）二之又（有）向也，〔一一〕非聖智者莫之能也。〔一二〕新（親）父子，和大臣，帰（寢）四叟（鄰）三之央（殃）虐（虐），〔一三〕非息（仁）宜（義）者莫之能也。聚人民，貢（任）陞＝（土地），〔一四〕足此民尔四生死之甬（用），〔一五〕非忠（忠）訐（信）者莫之能也。君子不卞女（如）衍＝（道。〔一六〕道），人之五

〔一〕則，殘形作，整理者未釋。　○沈培（2004：1）：此處有一殘筆，衹剩頭部，似「目」，疑此字乃「則」字之殘。此篇「則」字所從「目」有兩種寫法，一種像簡二二上的「則」，一種像簡二五、四八上的「則」。此殘字所存部分類似後一種「則」字上部的「目」。又，此「目」位置偏右，但同簡其他字如「求」「人」等字也偏右，似可類比。　○顏世鉉（2001：450）：《禮記・喪服小記》：「親親、尊尊、長長、男女之有別，人道之大者也。」馬王堆帛書《要》：「有人道焉，不可以父子君臣夫婦先後盡稱也，故爲之以上下。」「人道」，指人類社會的道德規範，亦即人倫之道。

〔二〕不，整理者未補。　○裘按：「由」上原當有「不」字，已殘去。

〔三〕缺文整理者未補。　○裘按：本篇下文有「生民斯必有夫婦、父子、君臣」之語，疑此處「生民……六立（位）也」一句本作「生民斯必有夫婦、父子、君臣，此六位也」。　○顏世鉉（2001：451）：《成之聞之》簡三一—三二：「天降大常，以理人倫。折爲君臣之義，著爲父子之親，分爲夫婦之辨。」又簡四〇：「君子慎六位以巳（祀）天常。」此六位乃是君、臣、父、子、夫、婦。《莊子・盜蹠》「五紀六位」，陸德明《釋文》云：「六位，君、臣、父、子、夫、婦。」

〔四〕缺字整理者未補。教，殘形作，整理者未釋。學，原形作，整理者未釋。　○裘按：「事人」下殘去一「者」字，「□者」上殘去一「又（有）」字。此處所言之職，依次爲夫婦之

職、君臣之職、父子之職，參看下文自明。言父子之職的文字中，關鍵的二字尚不能確識，待考。　○陳偉（2003：115）：講父子之職的二字，前一字即講父職者存有下半，後一字即講子職者則筆跡清晰，可以據此並結合古書的有關記述作些推測。講子職的字，大致輪廓很像是簡書中多次出現的「學」字，只是上部右側有所簡省。講父職的字，所存部分的左側爲「子」，右側似爲「攴」的下半，《語叢一》四三號簡的「教」字及六一號簡的「教學」合文下部與此相同，因而很可能是「教」字。教、學作爲父子之職，與率人、從人作爲夫婦之職，使人、事人作爲君臣之職，似乎正好相當。古書中也存有父教子學的記述，如《左傳》昭公二十六年「父慈而教」，《國語·齊語》「是故其父兄之教不肅而成，其子弟之學不勞而能」。《孟子·離婁上》說「君子之不教子」，「古者易子而教之」，是與上述相反的見解。然體味文義，似也從反面證實了父教子學情形的存在。　○按：呂浩（2001：283—284）說與陳偉略同。張光裕主編（1999：緒論7）、李零（2002：130）亦將所殘之字釋爲「教」。

〔五〕缺字整理者未補。　○裘按：「此」下所缺二字當是「六職」。

〔六〕衩，原形作[原形]，整理者未釋。　○顔世鉉（2001：452）：疑从衣八聲，讀作別，《汗簡》《古文四聲韻》的「別」字作[古文]、[古文]。《說文》：「八，別也，象分別相背之形。」……簡文「別」，猶「辨」，有「分別」之義。然簡文「別」，也可訓爲「明」之義。（《禮記·鄉飲酒義》：「貴賤之義别矣！」鄭注：「别猶明也。」）　◯黄文傑（2002：418）：「礼」从「八」聲，「八」幫母質部字，「别」幫母月部字，聲同韻近。《説文》：「八，别也。」可見「八」與「别」音相近，義相屬。……「别」與前一句的「分」字意義正好相同。　◯按：何琳儀（1999＝2007：60）亦認爲此字從「衣」、「八」聲。李天虹（2000a＝2003：235）則將其隸爲「衲」，讀作「别」，「與前文『分』字爲對文」。據顧史考（1999＝2012：82），李學勤也將此字讀爲「别」。

〔七〕此句整理者釋讀爲：……人民少者，以攸（修）其身。　◯按：今從陳偉（2003：113）斷讀並補字。顧史考（2000＝2012：147）説略同。

〔八〕𡖊，整理者讀爲戚。　◯裘按：「𡖊」疑當讀爲「就」。「壴」當讀爲「矣」，參看《性自命出》篇注三六。下二句同。　◯顔世鉉（2001：453）：簡文可讀爲「戚」，《廣雅·釋詁》：「慽，近也。」王念孫《疏證》：「慽通作戚。」訓爲「近」，指兩者關係密切。簡文「𡖊」，也可能讀爲「雠」，《爾雅·釋詁上》：「雠，匹也。」指兩兩成對之意。　◯顧史考（1999＝2012：82）：「就」字可讀如「雠」是裘錫圭向筆者提示的，意思大概是「爲一對的」。　◯按：郭店《五行》簡一三「悦則𡖊，𡖊則親」，裘按：「𡖊，於句中讀作『戚』，參看朱德熙先生《釋𡖊》（《朱德熙古文字論集》一—二頁）。」

〔九〕整理者：依上文，此處「𡖊」後脱「壴」字。　◯沈培（2004：3）：郭店簡中句末語氣詞「也」

也有這種情況，即在並列的幾個句式相同的句子中，有的句末有「也」，有的句末無「也」。似乎不必看成是抄寫者漏抄。　○顔世鉉（2001：453—454）：簡文所言六德有聖、智、仁、義、忠、信六種；而其中可分爲聖與智、仁與義、忠與信三組，每組中的兩個德行關係密切。「聖」之與「智」者，《孟子·萬章下》：「始條理者，智之事也；終條理者，聖之事也。」《文子·道德》：「文子問聖智。老子曰：『聞而知之，聖也；見而知之，智也。』」「仁」之與「義」也，《漢書·藝文志》言諸子之學，云：「仁之與義，敬之與和，相反而皆相成也。」《孟子》書中往往將仁、義並舉，《離婁上》：「仁，人之安宅也；義，人之正路也。」《告子上》：「仁，人心也；義，人路也。」《禮記·中庸》：「仁者，人也，親親爲大；義者，宜也，尊賢爲大。」《易·説卦》：「立人之道，曰仁與義。」「忠」之與「信」者，《忠信之道》全篇以忠、信兩德並言，篇首云：「不譌不達，忠之至也；不欺弗知，信之至也。」「忠」即指不欺騙不知曉的人，其意正與下文「不欺弗知」的「信」相近。孔子屢言「主忠信」，亦可見忠、信兩種德行的密切關係。本篇所指六德爲聖、智、仁、義、忠、信；而聖與智、仁與義、忠與信則兩兩相配，關係密切。

〔一〇〕尔，整理者括注問號。　○沈培（2002：8—9）：對照相關的句子來看，「尔」顯然相當於「也」，應當是虛詞。《六德》篇中另有幾個「尔」字，也是作爲虛詞使用的，各家並無異議，如簡三六「言信言尔」，「言煬言尔」。可見把「尔」看作虛詞，全篇的「尔」的用法則頗爲一致。

郭店楚簡《忠信之道》簡七—八有：「君子其施也忠，故蠻親附也；其言尔信，故邅而可受也。」「言尔」與「施也」相對，説明「尔」有跟「也」相似的用法。又《忠信之道》簡五—六：「口惠而實弗從，君子弗言尔。心[疏而貌]親，君子弗申尔。故行而争悦民，君子弗由也。三者，忠人弗作，信人弗爲也。」也是「尔」跟「也」交錯使用。 ○裘錫圭（2004＝2012：453）：陳劍指出《禮記・仲尼燕居》「師爾過，而商也不及」，《論語・先進》作「師也過，商也不及」，前者的「爾」也相當於「也」，表中頓，用法與《忠信之道》「其言爾信」之「爾」相同，爲沈説提供了一個很好的證據。

〔二〕顏世鉉（2001：455）：《尊德義》簡二八：「故率民向方者，唯德可。」「向方」指趨向常道法度。簡文「使之有向」猶「率民向方」之義。 ○按：參看本書《尊德義》簡二八「故率民向方者，唯德可」校釋。

〔三〕顏世鉉（2001：455）：《淮南子・泰族》：「人之性有仁義之資，非聖人爲之法度而教導之，則不可使鄉方。故先王之教也，因其所喜以勸善，因其所惡以禁姦。」禮樂刑法乃聖人所作，用以引導、治理百姓，使之合於正道。……《禮記・樂記》：「是故先王慎所以感之者。故禮以道其志，樂以和其聲，政以一其行，刑以防其姦，禮樂刑政，其極一也，所以同民心而出治道也。」「禮節民心，樂和民聲，政以行之，刑以防之，禮樂刑政，四達而不悖，則王道備矣。」孔疏云：「政，法律也。」

〔一三〕帰，整理者讀爲歸。央，原形作[illegible]，整理者未釋。害，整理者無説。○裘按：疑「帰」即「寑」之省寫。○吕浩（2001：287—288）：（[illegible]）與包山簡二〇一之「央」字和天星觀一號墓卜筮中之「央」字字形相近，衹上部多一筆……故疑當釋爲「央」，簡文讀爲「殃」。《廣雅·釋言》：「殃，禍也。」……（害）也可能釋作「虐」。《説文》虐字古文作「[illegible]」，天星觀卜筮中「虐」作「[illegible]」，包山簡一六三「害」字作「[illegible]」，皆从虎从口。郭沫若《商周古文字類纂》亦將从虎从口之字釋爲「虐」。又《郭簡·緇衣》簡二七有「[illegible]」字，釋作「瘧」，讀爲「虐」，今本《緇衣》正作「虐」。……《廣雅·釋詁》：「虐，惡也。」《淮南·氾論》：「刑退則虐。」高注：「虐，害也。」《六德》「央（殃）虐」爲近義連文。

〔一四〕埅下短横整理者以爲重文號。○裘按：「埅」下所加疑非一般重文號，而是表示此字當讀作「土地」二字的。此文當讀爲「任土地」。○張光裕主編（1999：緒論11）：「埅」下所加點狀，實爲合文符號，此乃「土地」合文。○顔世鉉（2001：457）：《孟子·離婁上》：「故善戰者服上刑，連諸侯者次之，辟草萊、任土地者次之。」朱熹《集注》云：「辟，開墾也。任土地謂分土授民，使任耕稼之責，如李悝盡地力、商鞅開阡陌之類也。」「任土地」亦「任地」之意，《呂氏春秋》有《任地篇》，陳奇猷《校釋》云：「任用土地種植之謂。任用土地當明土地之質，適天時之宜，加以人力之功，然後可得美嫁而豐收也。」　○按：關於古書中「任地」之說，可參王利器《呂氏春秋注疏》（第三〇六九—三〇七〇頁，巴蜀書社，二〇〇二年）所引，王氏且云：「然則所謂任地者，相土宜，辨土化，任其力勢所能生育，以制貢賦也。」

〔一五〕尔，整理者括注問號。　○沈培（2002：9）：此句是雙賓語句，直接賓語是「生死之用」，……「民」是間接賓語。「足此民尔生死之用」等於説「以生死之用足此民」。此句的特殊在於間接賓語與直接賓語之間用虛詞「尔」隔開了。古書中也可以看到雙賓語句中兩個賓語中間用「也」隔開的例子，例如《左傳・昭公二十八年》有這樣一句：「吾與戊也縣，人其以我爲黨乎？」此句「與」是動詞，「戊」是間接賓語，「縣」是直接賓語。此句下文説：「雖與之縣，不亦可乎？」兩個賓語之間就沒有用「也」隔開。由此可見，雙賓語句中兩個賓語是可以用虛詞隔開的。　○顏世鉉（2001：457）：簡文「生死之用」指養生送死之所需，《孟子・梁惠王上》：「穀與魚鱉不可勝食，材木不可勝用，是使民養生喪死無憾也。養生喪死無憾，王道之始也。」

〔一六〕整理者：卞，並非見於《字彙補》之「卞」字，或疑即一般認爲「弁」字異體之「卞」字之所從出，在此疑讀爲「變」。下文「夫婦卞生言」「男女不卞」之「卞」則疑當讀爲「辨」。　○陳偉（2003：

113－114）：在此恐應讀爲「偏」。……簡本《老子》丙組八、九號簡「卞將軍居左」，傳世本及帛書乙本作「偏將軍」，爲二字通假佳證。《荀子·君道》：「請問爲人君？曰：以禮分施，均遍而不偏。」《書·洪範》：「無偏無黨，王道蕩蕩；無黨無偏，王道平平；無反無側，王道正直。」《墨子·兼愛下》引周詩：「王道蕩蕩，不偏不黨；王道平平，不黨不偏。」可參證。

此。新（親）豪（戚）遠近，〔一〕唯亓（其）人所才（在）。〔二〕旻（得）亓（其）人則舉（舉）安（焉），不旻（得）亓（其）人則止也。▪四八唯（雖）才（在）艸（草）茆（茅）之宙（中），〔三〕句（苟）臤（賢）……賞慶安（焉），智（知）亓（其）以又（有）所遈（歸）也。〔四〕材一二十一一……者（諸）父兄，貢（任）者（諸）子弟；〔五〕大材埶（設）者（諸）一三大官，少（小）材埶（設）者（諸）少（小）官，因而它（施）彔（祿）安（焉），〔六〕貞（使）之足以生，足以死，胃（謂）一四之君，以宜（義）貞（使）人多（者）。〔七〕宜（義）者，君悳（德）也。非我血既（氣）之新（親），畜我女（如）亓（其）一五子弟，〔八〕古（故）曰：句（苟）淒（濟）夫人之善[illegible]，〔九〕憏（勞）亓（其）𡚸（股）忲（肱）之力弗敢單（憚）也，〔一〇〕一六危（委）亓（其）死弗敢忈（愛）也，〔一一〕胃（謂）之〖臣〗，以宔（忠）貞（事）人多（者）。〔一二〕宔（忠）者，臣悳（德）也。智（知）可一七爲者，智（知）不可爲者，智（知）行者，智（知）不行者，胃（謂）之夫，以智衒（率）人多（者）。一八智也者，夫悳（德）也。〔一三〕能（壹）牙（與）之齊，冬（終）身弗改之壴（矣）。〔一四〕是古（故）夫死又（有）宔（主），冬（終）一九身不豙（嫁），〔一五〕胃（謂）之婦，以訐（信）從人多（者）也。訐（信）也者，婦悳（德）也。〔一六〕既生畜之，二〇或（又）從而孚（教）悔（誨）之，〔一七〕胃（謂）之聖▬（聖）。聖（聖）也者，父悳（德）也。子也者，會墇長材（財）二一以事上，胃（謂）之宜（義），〔一八〕上共下之宜（義），以奉𤳔〓（社稷），胃（謂）之孝，〔一九〕古（故）人則爲二二□□，[謂之]㤅▬（仁）。〔二〇〕仁（仁）者，子悳（德）也。〔二一〕古（故）夫▬（夫夫）、婦▬（婦婦）、父▬（父父）、子▬（子子）、君▬（君君）、臣▬（臣臣），六者客（各）二三行亓（其）戠（職）而犾（獄）詹（讞）亡（無）繇（由）迮（作）也。〔二二〕雚（觀）者（諸）時（《詩》）、箸（《書》）則亦才（在）壴（矣），雚（觀）者（諸）二四豊（《禮》）、《樂》則亦才（在）壴（矣），雚（觀）者（諸）《易》《春秋》則亦才（在）壴（矣）。〔二三〕新（親）此多（者）也，〔二四〕蜜（密）此多（者），〔二五〕二五顗（美）此多（者）也。〔二六〕衍▬（人道）宋止。〔二七〕■

〔一〕遠，原形作[illegible]。　○沈培（2004：6）：這種「遠」字跟《郭簡》中一般的「遠」字寫法不同，跟《古文四聲韻》卷四所引《古老子》的「遠」字寫法完全一樣，跟以《説文》古文爲代表的那種寫法也很近。　○顔世鉉（2001：458—459）：《禮記・曲禮上》：「兄弟親戚稱其慈也。」孔疏：「親指族内，戚指族外。……兄弟，外内通稱。親疏交接，並見其慈而稱之。」「親」之與「戚」，相對而言，有關係親疏之别；「親」指宗族以内的親屬，「戚」指宗族以外的親屬。……簡文「遠近」，指人倫關係或人際關係的遠近，亦可能指地域的遠近而言。《鬼谷子・内揵》：「君臣上下之事，有遠而親，近而疏，就之不用，去之反求。日進前而不御，遥聞聲而相思。」《鄧析子・無厚》：「事有遠而親，近而疏，就而不用，去而反求，凡此四行，明主大憂也。」君主用人不可「貴遠賤近」，其次，要能求取隱伏於天下四方的賢者，《吕氏春秋・慎人》：「禹周於天下，以求賢者。」

〔二〕沈培（2004：6）：此句跟《左傳・昭公二十八年》下面一段話相似：「夫舉無他，唯善所在，親疏一也。」

〔三〕艸茆，原形作[illegible][illegible]，整理者釋爲山岳。　○馮勝君（2000：212）：[illegible]實即「屮」字。《緇衣》第九號簡「芒」字寫作[illegible]，包山第一六九號簡「菑」字寫作[illegible]，二字所从「屮」旁形體均與《六德》簡中的[illegible]字全同。既然[illegible]爲「屮」字，那麽，它就應如上引「芒」「菑」二字所从的「屮」一樣，是「艸」字之省。□上部从「卯」，應無問題，參上引「𦯬」字所从之「卯」。則此字應分析爲从卯从艸省，釋爲「茆」，即上引包山簡「𦯬」字上部所从。《説文》：「茆，鳧葵也。从艸卯聲。《詩》曰『言采其茆』。」艸茆，應讀爲「艸茅」。茆、茅音近相通。《周禮・天官・醢人》「茆菹麋臡」，鄭注：「鄭大夫讀『茆』爲『茅』。」是其明證。「艸（草）茅」一詞，典籍習見，多用來比喻人處於貧賤卑下之位。如《唐虞之道》第一六號簡：「舜佢（居）於茅＝（艸茅）之中而不憂。」簡文「艸茅」二字原篆作□＝，係合文。類似的記載又見於《戰國策・趙策》：「昔者堯見舜於草茅之中，席隴畝而蔭庇桑，蔭移而授天下。」又《管子・戒》：「是故身在草茅之中而無攝意。」《儀禮・士相見禮》：「在野則曰草茅之臣。」並且《漢書・爰盎晁錯傳》「臣錯屮茅臣，亡識知」中的「草茅」之草亦省作「屮」，與我們討論的簡文恰可互相印證。　○按：陳偉（2003：116—117）説略同。

〔四〕顏世鉉（2001：460）：《左傳》昭公二十八年「賞慶刑威曰君」，……賞慶即獎賞之意，此爲君主之職能。《呂氏春秋・當賞》：「凡賞非以愛之，罰非以惡之也，用觀歸也。所歸善，雖惡之，賞；所歸不善，雖愛之，罰。」「觀歸」指觀其結果。《荀子・正論》：「凡爵列、官職、賞慶、刑罰，皆報也，以類相從者也。」楊注：「報，謂報其善惡。各以類相從，謂善者得其善，惡者得其惡也。」

〔五〕此句整理者讀爲：……□父兄責（任）者，子弟大材埶（藝）者大官。○張桂光（2001＝2004：183）：考原簡「父」字之上，尚殘留一「曰」形部件，當爲「者」字殘文，其在句中之位置，當與下文「者」字相應。這一段文字談的是爲君之道的問題，乃謂爲君者之用人，於其父兄、子弟，均宜一視同仁，因材施祿，絕不徇私。所談絕非父兄任用子弟之事，將「任者」連上讀顯然欠妥，實當斷作「……[諸]父兄，任諸子弟，大材藝者大官，小材藝者小官，因而施祿焉」方始順暢。○按：陳偉（2003：115）説同，並在「父兄」前補「必任諸」三字。顔世鉉（2001：460）云：「『父兄』前一字上半已殘，其字釋爲『諸』字當可信；但此可能爲『謀諸父兄，任諸子弟』之意。」

〔六〕埶，整理者讀爲藝。者，整理者讀如字。○顔世鉉（2001：460）：《禮記·王制》：「凡官民材，必先論之，論辨然後使之，任事然後爵之，位定然後祿之。」「司馬辨論官材，論進士之賢者以告於王而定其論，論定然後官之，任事然後爵之，位定然後祿之。」鄭注「祿」字云：「與之以常食」，此即是指薪俸。《荀子·正論》：「故上賢祿天下，次賢祿一國，下賢祿田邑，愿愨之民完衣食。」指按才德之高低給予俸祿。《君道》：「論德而定次，量能而授官，皆使其人載其事而各得其所宜。上賢使之爲三公，次賢使之爲諸侯，下賢使之爲士大夫，是所以顯設之也。……故由天子至於庶人也，莫不騁其能，得其志，安樂其事，是所同也。衣煖而食充，居安而游樂，事時制明而用足，是又所同也。」《致士》：「德以敍位，能以授官。」　◯郭永秉（2008＝2011：89—92）：「埶」無疑應該讀爲「設」。裘錫圭在《古文獻中讀爲「設」的「埶」及其與「執」互訛之例》中指出：「『設』有『置』『立』等義，古書中説到置立官職爵位或任人以職等事時，往往用『設』字。」……兩個「者」字跟上一句的「任者子弟」的「者」一樣，也當讀爲「諸」。「諸」字的一種用法是「之於」或「之乎」的合音詞，「設之於大官」「設之於小官」的「之」指代的就是「大材」和「小材」，是「設」的賓語。其結構跟《墨子·耕柱》「設之於卿」「設我於卿」接近，而與《法言·問神》「埶（設）諸名卿」完全相同。《六德》的意思無疑就是要求人君量材授官，主語與上下一貫，就是君。……《禮記·王制》：「凡官民材，必先論之，論辨，然後使之。任事，然後爵之，位定，然後禄之。」《王制》的「使之」「任事」接近簡文的「任諸父兄／子弟」，「爵之」「位定」就是簡文的設材於大／小官。《王制》也是把「禄之」放在任事授爵之後進行，和簡文的意思十分接近。

〔七〕多，整理者無説。　◯顏世鉉（2001：461）：「使人」，爲君之職；下文云「事人」，爲臣之職。《論語·八佾》：「定公問：『君使臣，臣事君，如之何？』孔子對曰：『君使臣以禮，臣事君以忠。』」　◯陳劍（2008＝2013：105）：《六德》篇中這幾個「多」字，都可以就直接解釋爲指示代詞，意爲「……的（人或東西）」，跟「者」字的部分用法相類。但問題在於，這類用法的「多」

字古書中似乎找不到；它跟同類用法的「者」字到底是什麼關係，也難以解釋清楚。曾經想到的一種猜測是：「多」有沒有可能是來源於「者也」合音呢？「多」跟「也」都是歌部字。「者也」合爲「多」，又或可説「多也」（「……謂之婦，以信從人多也」），猶如「之乎」合爲「諸」，古書中又常可説「……諸乎」。　○李家浩（2011＝2013：265—266）：上古音「者」屬章母魚部，「多」屬端母歌部。古代章、端二母和魚、歌二部都很相近。如《説文》正篆「奢」從「者」聲，籀文作「奓」，從「多」聲，就是很好的例子。段玉裁《説文解字注》以「奓」爲會意字，李登《聲類》以「奓」爲「侈」字，非是。「奓」字見於《詛楚文》：「今楚王熊相，康回無道，淫失（佚）甚（沈）亂，宣奓（奢）競從（縱）……」桂馥、王筠等人指出，「宣奓」即《説文》大部「查」字説解所説連語「奢查」的倒文；《説文》作「查」，乃用本字，《詛楚文》作「宣」，乃用假借字。按古代漢語雙音節詞的字序可以對换，桂、王等人説「宣奓」即「奢查」的倒文，無疑是正確的。於此可見，「奓」和「奢」確實是同一個字。　○按：這種用法的「多」字還見於下文，顧史考（2006＝2012：188—190）亦認爲是「者也」的合音，與陳説略同。

〔八〕李零（2002：136）：「血氣之親」是指血緣之親。　○顔世鉉（2001：461—462）：《説苑・政理》：「故善爲國者，遇民如父母之愛子，兄之愛弟，聞其飢寒爲之哀，見其勞苦爲之悲。」《淮南子・兵略》：「是故上視下如子，則下視上如父；上視下如弟，則下視上如兄。」此即是簡文「畜我如其子弟」之義。《脩務》：「堯立孝慈仁愛，使民如子弟。」君能視臣如其子弟，則臣能視君如父兄，樂爲之效死。

〔九〕 淒，整理者無説。　○廖名春（2001：173）：《成之聞之》二五簡有「允帀淒德」，是「淒」讀爲「濟」之證。　○顏世鉉（2001：462）：《爾雅·釋言》：「濟，成也。」「濟」有成就、幫助之義。　○按：淒，李零（2002：131）讀爲「濟」。，李零（2002：136）推測爲「也」字。

〔一〇〕 殹怯，原形作，整理者未釋。　○陳偉（2003：117—118）：「股肱」一詞古書習見。股指大腿，肱指上臂。引申指手足、輔佐，常用在臣下對於君主的場合。……這與簡書講述的「臣德」正好相符。古書中也常見「股肱之力」的説法。如《左傳·僖公九年》記晉荀息對獻公的臨終託付説：「臣竭其股肱之力，加之以忠貞。其濟，君之靈也；不濟，則以死繼之。」《墨子·非命下》説：「今也卿大夫之所以竭股肱之力，殫其思慮之知……」《商君書·賞刑》：「夫固知愚、貴賤、勇怯、賢不肖皆盡其胸臆之知，竭其股肱之力，出死而爲上用也。」可參看。　○按：趙平安（2008＝2009：97—105）首先將此二字釋讀爲「股肱」，謂「股後一字本从心厷聲，此處通肱」，並對「股」字構形有深入探討。「殳」又爲「盈」字所从，參看趙平安（2015＝2018：46—50）。

〔一一〕 危，整理者無説。　○陳偉（2003：118）：應該讀爲「委」。上古音中危、委爲微部疊韻，或可通假。《詩·大雅·民勞》「無縱詭隨」，朱駿聲即認爲：詭隨「猶委隨也」。委有委託、交付的意思。「委其死弗敢愛也」，大致是説託付其性命而不敢吝惜。簡文也可能與委質之禮相關。　○按：《左傳·成公二年》：「其竭力致死，無有二心，以盡臣禮。」《淮南子·泰族訓》：「當此之時，無將卒以行列之，各致其死，卻吴兵，復楚地。」簡文「委其死」猶「致死」「致其死」也。

〔一二〕此句整理者讀爲「胃（謂）之以忠貞（事）人多」。　○裘按：依上下文例，此句「謂之」下本應有「臣」字，當爲書手所抄脱。

〔一三〕顏世鉉（2001：463）：《大戴禮·本命》：「男者任也，子者孳也。男子者，言任天地之道，如長萬物之義也。故謂之丈夫。丈者長也，夫者扶也，言長萬物也。知可爲者，知不可爲者；知可言者，知不可言者；知可行者，知不可行者。是故審倫而明其別，謂之知。所以正夫德也。」《禮記·郊特牲》：「夫也者，夫也。夫也者，以知帥人者也。」　○按：李天虹（2000＝2003：253—254）、徐少華（2000＝2015：20—21）、劉樂賢（2000＝2010：38）、彭林（2001：157）説同。

〔一四〕能，整理者無説。　○陳偉（2003：120）：《禮記·郊特牲》一段話與簡書略同。其云：「信，事人也；信，婦德也。壹與之齊，終身不改。故夫死不嫁。」楚文字中的「罷」字，由於同傳世古書的對讀，可以確知讀作「壹」。簡文「能」字與《郊特牲》「壹」字相當，如果不是脱寫上部「羽」形的話，大概就應當是「罷」字的假借。

◯顔世鉉（2001：466）：鄭注云：「齊謂共牢而食，同尊卑也。齊或爲醮。」王引之《經義述聞》卷十五云：「齊，當讀爲醮，聲近而假借也。……《説文》：『釂，飲酒盡也。』……是卒爵謂之醮，《士昏禮》『贊洗爵，酌酳主人，主人拜受，酳婦亦如之。卒爵，皆拜。再酳如初。三酳用巹，亦如之。婦與夫皆卒爵。』故曰與之醮也。《列女傳·賢明傳》：『宋鮑女宗曰：婦人一醮不改，夫死不嫁。』《貞順傳》：『蔡人之妻曰：適人之道，壹與之醮，終身不改。息君夫人曰：終不以身更貳。』醮義皆本於此篇。是古本正作醮也。」故「齊」當讀爲「醮」，指《士昏禮》中婦與夫之卒爵之禮。

◯劉樂賢（2002＝2010：11）：今從《六德》「壹與之齊」的簡文看，今本《禮記》作「壹與之齊」是有來歷的。鄭玄作注取「齊」，可謂有見。清代學者僅據後世類書和《列女傳》等材料，就斷定「古本正作醮」「古本多作醮」，恐怕不一定可靠。至於陳立説《白虎通》引作「醮」是後人據鄭注誤改，則明顯與事實不符。《六德》簡文的出土，證明在先秦時期早已流行「壹與之齊」的説法。班固引作「壹與之齊」，恰恰説明東漢時期作「壹與之齊」者並不鮮見。《説文解字》：「妻，婦與己齊者也。」《白虎通·嫁娶》：「妻妾者，何謂也？妻者，齊也，與夫齊體。自天子下至庶人，其義一也。」據此，「壹與之齊」之「齊」作本字解可通，鄭注訓爲同尊卑即齊等，是有道理的。當然，清人王引之等讀「齊」爲「醮」，也是一種值得考慮的意見。

〔一五〕豙，原形作□，整理者據裘錫圭説釋爲䜌，讀爲「變」。　○陳偉（2003：120）：此字與楚文字中常見的「家」字近似，也許是「家」的變體。本句繼續講婦德，亦與上引《禮記・郊特牲》的記述相關。故應讀爲「嫁」。上引《禮記・郊特牲》隨後還説：「婦人，從人者也：幼從父兄，嫁從夫，夫死從子。」似即「夫死有主」所指。　○劉國勝（1999：43）：陳偉改釋爲「嫁」，甚是。郭店竹簡「家」寫作「豙」不乏其例。不過楚系文字中的「家」字，其下部所從之「豕」的寫法多有變化。楚公豙戈「豙」寫作□，與簡文形近。此字从爪从豩，即家，从兩豕與从一豕無别，猶古文字「室」也寫作「𡧖」。此字應隸定作「豙」，讀爲「嫁」。長沙子彈庫楚帛書云「不可以嫁女，娶臣妾」，「嫁」正作「豙」。

〔一六〕顔世鉉（2001：464、466）：《大戴禮・本命》：「女者，如也，子者，孳也；女子者，言如男子之教而長其義理者也。故謂之婦人。婦人，伏於人也。是故無專制之義，有三從之道，在家從父，適人從夫，夫死從子，無所敢自遂也。教令不出閨門，事在饋食之閒而已矣。是故女及日乎閨門之内，不百里而犇喪。事無獨爲，行無獨成之道。參知而後動，可驗而後言，宵夜行燭，宫事必量，六畜蕃于宫中，謂之信也。所以正婦德也。」《禮記・郊特牲》：「夫昏禮，萬世之始也。取於異姓，所以附遠厚别也。幣必誠，辭無不腆，告之以直信。信，事人也；

信，婦德也。壹與之齊，終身不改。故夫死不嫁。……出乎大門而先，男帥女，女從男，夫婦之義由此始也。婦人，從人者也。幼從父兄，嫁從夫，夫死從子。」以上記述與簡文內容密切相關。……《孟子·滕文公下》：「女子之嫁也，母命之，往送之門，戒之曰：『往之女家，必敬必戒，無違夫子！』以順爲正者，妾婦之道也。」以順從丈夫爲原則，是爲人婦之道。……《淮南子·原道》：「故士有一定之論，女有不易之行。」高注：「貞女專一，亦無二心，雖有偏喪，不復更醮。故曰有不易之行也。」夫死不再改嫁，爲貞信之德的表現。○按：李天虹、徐少華、劉樂賢、彭林亦指出簡文與《大戴禮記·本命》《禮記·郊特牲》相關文句的密切關係，參前文注所引諸家之文。

〔一七〕或，整理者無説。○顏世鉉(2001：467)：爲人父者，有生養子女之責，《詩·小雅·蓼莪》：「父兮生我，母兮鞠我。拊我畜我，長我育我。」……朱熹《詩集傳》：「鞠、畜，皆養也。」《大戴禮·曾子立孝》：「故爲人子而不能孝其父者，不敢言人父不能畜其子者。」父親亦有教子之職，典籍中屢見，《説文》：「父，矩也。家長率教者。從又舉杖。」《左傳·昭公二十六年》：「父慈而教。」《國語·齊語》：「是故其父兄之教不肅而成，其子弟之學不勞而能。」《荀子·成相》：「治之道，美不老，君子由之佼以好。下以教誨子弟，上以事祖考。」《管子·五輔》：「爲人父母者慈惠以教，爲人子者孝悌以肅。」《形勢解》：「爲人父而不明父子之義，以教其子而整齊之，則子不知爲人子之道以事其父矣。」《韓詩外傳》卷七：「夫爲人父者，必懷慈仁之愛，以畜養其子。撫循飲食，以全其身。及其有識也，必嚴居正言，以先導之。及其束髮也，授明師以成其技。」《說苑・建本》：「賢父之於子也，慈惠以生之，教誨以成之，養其義，藏其僞，時其節，慎其施。子年七歲以上，父爲之擇明師，選良友，勿使見惡，少漸之以善，使之早化。」《關尹子・七釜》：「人之少也，當佩乎父兄之教。」　○按：「或」，陳偉（2003：116）、李零（2002：131）讀爲「又」。

〔一八〕材，整理者無說。　○按：「材」當讀爲「財」，《周禮・天官冢宰》「其足用、長財、善物者，賞之」，《鹽鐵論・本議》「蓄貨長財，以佐助邊費」，簡文「長財」意同。《文選》卷四四《陳孔璋檄吳將校部曲文一首》：「夫天道助順，人道助信，事上之謂義，親親之謂仁。」以「事上」爲「義」，同於簡文。墇，讀爲何字待考。

〔一九〕奉，原形作[illegible]，整理者隸爲弃。䵻，原形作[illegible]，整理者隸爲[illegible]。　○陳偉（1999：32）：社稷，二字合文，原缺釋。其左上部似「田」而多一横畫，右上部爲「示」，下爲「土」。其中之一大概是「社」字。另一字疑是「稷」。《說文》畟，「从田儿，从夊」；稷，「从禾畟聲」。又「稷」字下引古文少「夊」形。《汗簡》亦收有缺少「夊」形的「稷」字。黄錫全先生引中山王壺和子禾子釜「稷」字解釋說：「从示，从鬼，鬼下多夊乃戰國文字特點。」不過，在郭店簡中兩見后稷的「稷」字(《唐虞之道》一〇號簡、《尊德義》七號簡)从示从田从女,並非从鬼。似是戰國楚地的「稷」有著不同的構形依據,反而與《説文》所云相通。簡書中的這個合文左上部恐是「稷」字所從「田」形的變體,並且同時省去「女」形(與《説文》古文省去「夊」相同)。在這種情形下,合文中的另一個字即是「稷」。「以」下一字,原亦缺釋。此字下从「廾」,上部所从似是「丰」的變體。試將其與《老子》乙一七號簡中「奉」及《語叢一》一〇三號簡中的「奉(从宀)」字主體(即宀下部分)比較,可見除「丰」之下端有所變異之外,彼此相同。恐亦當釋爲「奉」。

〇蘇建洲(2008:87—88):「守社稷」可以既是「子之職」,又是盡「孝」的表現,如《左傳·閔公二年》:「里克諫曰:『太子奉冢祀、社稷之粢盛,以朝夕視君膳者也,故曰冢子。君行則守,有守則從。從曰撫軍,守曰監國,古之制也。』」《孝經·諸侯章第三》:「富貴不離其身,然後能保其社稷,而和其民人,蓋諸侯之孝也。」(亦見於《呂氏春秋·先識覽·察微》)……而最能吻合簡文文意者,是《呂覽·孝行覽·孝行》:「曾子曰:『父母生之,子弗敢殺。父母置之,子弗敢廢。父母全之,子弗敢闕。故舟而不游,道而不徑,能全支體,以守宗廟,可謂孝矣。』」國家、社稷、宗廟三者常並稱……所以《呂覽·孝行覽·孝行》的「以守宗廟,可謂孝矣」,可以理解爲「以守社稷,可謂孝矣」。上引《禮記·祭統》曰「子孫之守宗廟社稷者」便是很好的證明,也正好呼應《六德》簡文讀作「子也者……以守社稷,謂之孝」。

〇

按：上博五《姑成家父》簡三「社稷」二字寫作「[illegible]」，陳偉（2010：257—259）據此證明簡文[illegible]字確爲「社稷」合文。蘇建洲將[illegible]分析爲从井，老省聲，讀爲「守」，雖不可信，但上引部分對理解簡文仍有幫助。

〔二〇〕謂之，整理者未補。　○按：陳偉（2003：116）、李零（2002：131）依文例補。

〔二一〕按：《説苑·建本》：「天之所生，地之所養，莫貴乎人。人之道，莫大乎父子之親，君臣之義。父道聖，子道仁，君道義，臣道忠。」劉樂賢（2000＝2010：38—39）云：「《建本》所説『父道』等四道，實即《六德》之四德。」

〔二二〕仙㕘，原形作[illegible]，整理者隸爲仙㕘而無説。　○顔世鉉（2001：470）：《吕氏春秋·處方》：「凡爲治必先定分。君臣父子夫婦君臣父子夫婦（譚戒甫曰：此疑當作「君君臣臣父父子子夫夫婦婦」即下所爲「六者當位」也。）六者當位，則下不踰節而上不苟爲矣，少不悍辟而長不簡慢矣。」「六者當位」與簡文「六者各行其職」之義同。《韓非子·忠孝》：「臣事君，子事父，妻事夫，三者順則天下治，三者逆則天下亂，此天下之常道也，明王賢臣而弗易也。」

○按：前一字，陳偉（2003：121）「疑是『嶽』字别體，借作『獄』。」梁立勇（2007：324）贊同其説，並謂此字「从山，獄省聲」，「上部的犬，是『獄』字之省」。後一字，梁立勇（2007：326）

云：「該字凡兩見，在《六德》篇二四簡作□、在同篇三六簡作□，字形略有區別，前一字形上部是『文』下部是『言』，後一字形上部是『大』下部是『言』。古文字中，『言』『言』作爲字的形旁，往往可以通用……因此，分析□、□的焦點應在字的上部，學者對其如何隸定，有不同意見。」李零（2002：133）認爲「從言從彥省」，劉信芳（2000：46）隸定爲「⿸产言」，其説謂：「該字其上從『文』，而非從大。按『⿸产言』又見於曾侯乙編鐘C・53・9上，字即《説文》『諺』，『傳言也』。……（三六簡）『⿱大言』乃『⿸产言』之誤書。」陳偉（2003：121—122）説：「二氏所云，當可信從。聯繫其前『獄』字，在此恐應讀爲『犴』。諺、犴都是元部疑紐，爲雙聲叠韻。『彥』字所從得聲的『厂』，《説文》籀文又從『干』聲，寫作『厈』。《史記・趙世家》中的『屠岸賈』，在《漢書・古今人表》中記作『屠顔賈』。這都表明存在『諺』『犴』通假的可能。犴、獄義近，故常常同時提到。《詩・小雅・小宛》：『哀我填寡，宜岸宜獄。』毛傳：『岸，訟也。』《釋文》曰：『岸如字，韋昭注《漢書》同。《韓詩》作「犴」，音同，云：「鄉亭之繫曰犴，朝廷曰獄。」』《荀子・宥坐》：『獄犴不治，不可刑也。』楊倞注：『獄犴不治，謂法令不當也。犴，亦獄也。《詩》曰：「宜犴宜獄。」「獄」字从二「犬」，象所以守者。犴，胡地野犬，亦善守，故獄謂之犴也。』《鹽鐵論・刑德》記文學云：『是以法令不犯，而獄犴不用也。』可參看。」梁立勇（2007：328—329）認爲陳説較爲合理，又謂：「諺也還有可能讀作『讞』。『讞』『諺』都是疑母元部字，古音相近，故可通假。《説文》無『讞』字。《玉篇·言部》：『讞，獄也。《説文》作瀐。』《説文·水部》：『瀐，議辠也。與法同意。』……在文獻中，『獄讞』常常連言。《韓詩外傳》：『獄讞不治，不可刑也。』《晏子春秋·内篇問上》：『左右多過，獄讞不中。』」范麗梅（2007：459—460）亦讀作「讞」，與梁説略同。上博八《子道餓》「顔遊」之「顔」作「弇」，可證李零、劉信芳二氏所言不誤，陳偉讀「犴」、梁立勇讀「讞」皆是。

〔二三〕顔世鉉（2001：471）：《韓詩外傳》卷五：「儒者儒也。儒之爲言無也，不易之術也。千舉萬變，其道不窮，六經是也。若夫君臣之義，父子之親，夫婦之別，朋友之序，此儒者之所謹守、日切磋而不舍也。」儒家道術均在六經之中，而人倫關係則是儒者最重視的内容。此段文字正可與簡文内容相互發明。

〔二四〕新，整理者無説。　○按：李零（2002：131）讀爲「親」。

〔二五〕蜜，原形作□，整理者隸爲㑹。　○裘按：此句「多」下脱「也」字。「此」上一字从「日」从「金」，亦見殘簡一一號。　○徐在國（2003＝2007：173—174）：《容成氏》第四十六簡「密須是（氏）」，「密」字簡文作□。此字作者讀爲「密」是正確的，但字形未加分析。我們認爲□應分析爲从宀、甘，米聲，釋爲「蜜」。上古音米屬明紐、脂部，蜜屬明紐、質部。二字聲紐相同，韻部脂、質對轉。「蜜」字可以「米」爲聲符。楚文字「蜜」字多从甘作，如《包山楚簡》二

五五、二五七簡中的「蜜」字就是从宀、甘，必聲。包山簡中的「蜜」字與□是一字異體，二字關係屬於聲符互換。簡文「蜜須是」當從作者讀作「密須氏」。此字的釋出，可以解決郭店簡中一個被誤釋的字。該字見於《郭店楚墓竹簡·六德》二五簡，字作□。舊多隸定作从「金」从「日」，認爲□與《六德》殘一一簡中从「金」从「甘」的字是一字，不確。或釋爲「欽」，亦誤。□的形體與□相同，應是一字，當釋爲「蜜」。《六德》二五簡：「親此多也，蜜此多（也），美此多也。」簡文「蜜」似亦讀爲「密」。與「親」爲同義詞。《集韻·質韻》：「密，近也。」唐慧琳《一切經音義》卷四十六引《蒼頡篇》：「親，近也。」「親密」亦常連用。如《東觀漢記·明帝紀》：「（明帝）溫恭好學，敬愛師傅，所以承事兄弟，親密九族。」

〔二六〕 𩒨，整理者無説。　○徐在國（2001＝2007：32）：此字从「頁」，「敚」省聲，乃「美」字或體。字又見於《語叢一》一五「又（有）𩒨（美）又（有）膳（善）」，原書在「𩒨」字後括號中括注「美」字，甚是。　○按：張光裕主編（1999：708）、李零（2002：131）亦讀爲「美」。

〔二七〕 此句整理者釋爲：衍（道）宋止。　○裘按：「宋」也有可能當釋「柞」或「某」，待考。　○呂浩（2001：279）：仔細審察原簡圖版，「衍」字下有一小短畫。該短畫似不應視爲編繩留下的痕跡，而應爲重文符號或合文符號（《郭簡》中多處用到一短畫表示重文或合文）。　○

按：吕浩認爲「衍=」可能讀爲「人道」或「道行」，今從前説。

息（仁），内也。宜（義），外也。豊（禮）樂，共也。〔一〕内立（位）父、子、二六夫也，外立（位）君、臣、婦也。〔二〕紅（疏）斬布、實（絰）、丈（杖），爲父也，爲君亦肰（然）。〔三〕紅（疏）衰二七齊、戊（牡）䊶（麻）實（絰），爲昆弟也，〔四〕爲㝵（妻）亦肰（然）。〔五〕祖挽（免），爲宗族也，爲弸（朋）晉（友）二八亦肰（然）。〔六〕爲父𢇁（絶）君，不爲君𢇁（絶）父。〔七〕爲昆弟𢇁（絶）㝵（妻），不爲㝵（妻）𢇁（絶）昆弟。〔八〕爲二九宗族瓜堋（朋）晉（友），不爲堋（朋）晉（友）瓜宗族。〔九〕人又（有）六悳（德），參（三）新（親）不𠛬（斷）。〔一〇〕門内三〇之絧（治）紉（恩）穿（掩）宜（義），門外之絧（治）宜（義）斬紉（恩）。〔一一〕息（仁）粨（類）䒨（柔）而速（束），〔一二〕宜（義）粨（類）井〈弃—剛〉三一而𢇁（絶），〔一三〕息（仁）䒨（柔）而敀（匿），〔一四〕宜（義）强（剛）而柬（簡）。〔一五〕敀（匿）之爲言也，猷（猶）敀（匿）敀（匿）也，少（小）而三二㝵（軫）多（者）也。〔一六〕豫（舍）其志，〔一七〕求羖（養）新（親）志=（之志），〔一八〕害（蓋）亡（無）不以也，〔一九〕是以敀（匿）也。■

〔二〕涂宗流、劉祖信（2001：208）：《禮記·樂記》：「樂也者，情之不可變者也。禮也者，理之不可易者也。樂統同，禮辨異，禮樂之説，管乎人情矣。」孔穎達疏：「樂主和同，則遠近皆合；禮主恭敬，則貴賤有序。」内需要禮樂，外也需要禮樂，故「禮樂，共也」。　○顔世鉉（2001：474）：禮樂具有和同人倫關係的作用，它可用以溝通協調内外所屬的人倫關係。《禮記·樂記》：「大樂與天地同和，大禮與天地同節。和故百物不失，節故祀天祭地，明則有禮樂，幽則有鬼神。如此，則四海之内，合敬同愛矣。禮者殊事合敬者也；樂者異文合愛者也。禮樂之情同，故明王以相沿也。」樂的目的使人互相親愛，禮的目的使人互相尊敬；禮樂的目的則使人互敬互愛，能做到如此，則一切人倫關係才能和諧。

〔三〕立，整理者無説。　○羅新慧（1999：29）：仁者之愛首先施之於血親範圍之内，此即《六德》篇所謂的「父、子、夫」。在血親範圍之外者（即簡文所謂的「君、臣、婦」）便囊括在義的範圍裏面。　○顔世鉉（2001：473）：「婦」也屬家庭關係之内的成員，《六德》卻將之歸在「外」，可見此則簡文當是從「血緣關係」來劃分内外。……此内外之義猶下文所説的「門内」「門外」。……《説苑·政理》：「尊賢，先疏後親，先義後仁也，此霸者之迹也。」「親親，先内後外，先仁後義也，此王者之迹也。」「内外」與親疏相對而言，這裏的「内外」，猶簡文「門内」「門外」，也是指血緣的親疏關係而言。　○按：「立」，學者多讀爲「位」。

〔三〕實，整理者無説。　○裘按：「布實丈」當讀爲「布絰，杖」。「實」「絰」古音相近。《禮記·檀弓上》：「絰也者，實也。」據《儀禮·喪服》，服父及君之喪，「斬衰裳，苴絰、杖……」。簡文作「布絰」，與《喪服》不同。　○彭林（2001：154）：簡文「疏斬布實丈」，似可逗作「疏斬布、實、丈」，「疏斬布」或係「疏布斬」之倒文，謂斬用粗布，猶言「疏衰裳齊」。上古無木棉，因而無後世之棉布，上古之「布」，概指麻布。中國之麻，雌雄異株，雌麻稱「苴」，或稱牝麻；雄麻稱「枲」，或稱牡麻。苴麻結子，外形粗惡，故用於斬衰首絰。枲麻開花而不結子，外形較苴麻略細，故用於齊衰以下首絰。《説文》：「布，枲織也。」「麻，枲也。」以枲麻訓布。段玉裁於「麻」字下注云：「麻與枲互訓，皆兼苴麻、牡麻言之。」可見「布」字枲、苴兼指。裘錫圭先生將「布」字下讀，作「布絰」解，於理難通。《喪服》斬衰以下之十等喪服，均爲牡麻絰，無一作「布絰」者。換言之，喪服無布絰之制。此其一。《六德》此語下文尚有「疏衰齊戊麻實」一語，爲昆弟之齊衰尚用「牡麻絰」，則爲父之斬衰之絰，在規制上絕不可能低於牡麻絰。此其二。因此，簡文「布」字似不能上讀。　○李學勤（2000＝2005：216）：簡文「疏斬布、絰、丈」，這講得是斬衰。《喪服》經云：「斬衰裳，苴絰、杖、絞帶，冠繩纓，菅屨者，父，……君」，故《六德》説：「疏斬布、絰、杖，爲父也，爲君亦然。」「疏」，《喪服》鄭玄注：「麤（即粗字）也。」斬衰之服，《喪服》記云「衰三升，三升半」，是很粗的麻布，所以簡文稱「疏」。「斬」，《服傳》云不緝邊。斬衰之服，上衰下裳都是最粗的麻布，只裁割而不緝邊，即簡文説的「疏斬布」。斬衰服有用苴麻做的孝帶，在冠上的爲首絰，在腰部的爲腰絰。絞帶則是腰間的繩帶，也是苴做。苴杖實是竹杖。簡文略去絞帶及冠繩纓、菅屨等，總的説與《喪服》一致。

〔四〕戊𦉢實，整理者無説。□，整理者不釋。　○整理者：衰，簡文同《説文》「衰」字古文。　○裘按：「戊𦉢實」當讀爲「牡麻絰」。「弟」上一字不識（《尊德義》篇有以之爲聲旁的从「心」之字），但可知其在此必當讀爲「昆弟」之「昆」。此字尚見於下文，不再注。據《儀禮·喪服》，服昆弟之喪，「疏衰裳齊，牡麻絰……」，與簡文合。　○李家浩（1999：343）：其實從字形來看，這個字就是古文「昆」。《汗簡》和《古文四聲韻》所引古文「昆」「混」二字或作如下之形：□（《汗》卷中之一日部引《碧落碑》「昆」）、□（《古》卷一魂韻引《碧落碑》「昆」）、□（《古》卷三混韻引《古老子》「混」）、□（同上）。「混」從「昆」聲，故《古文四聲韻》引《古老子》「混」或以「昆」爲之。　○按：黄德寬、徐在國（1999＝2007：21）説同。另參李家浩（1999＝2002：306—317）。

〔五〕整理者：旻，妻。簡文與《説文》古文「妻」字形近。　○裘按：據《儀禮·喪服》，妻與昆弟之服皆有「疏衰裳齊，牡麻絰」。　○李學勤（2000＝2005：216）：簡云「疏衰，齊，牡麻絰」，講的是齊衰。《喪服》經：「疏衰裳齊，牡麻絰，冠布纓，削杖，布帶，疏屨，期者，……妻」，又云：「不杖，麻屨者，……昆弟」，前者爲齊衰杖期，後者爲齊衰不杖期。《六德》將兩者視爲一類，故省去削杖等，衹講：「疏衰，齊，牡麻絰，爲昆弟也，爲妻亦然。」《服傳》：「齊者何？緝也。牡麻者，枲麻也。」齊衰的衰裳緝邊，是與斬衰的明顯區别之一。

〔六〕 捝，原形作□，整理者釋爲字。　○裘按：《禮記・大傳》：「四世而緦，服之窮也。五世袒免，殺同姓也。」《儀禮・喪服》：「朋友皆在他邦，袒免，歸則已。」或疑簡文「袒字」之「字」爲「免」之誤寫。　○李零（2002：137）：簡文「免」有兩种寫法，一種是借「冠冕」之「冕」的初文爲之，即後世「免」字（見《唐虞之道》簡七、《性自命出》簡二五）；一種是借「分娩」之「娩」的初文爲之（見《緇衣》簡二四、《成之聞之》簡二三），後世失傳。這裏的「免」字是屬於後一種，嚴格講，還不能説是錯字。　○彭林（2001：156）：「袒免」爲喪制之一，「袒」即袒去衣袖，裸露左臂。「免」則有異説，一説免讀如字，意爲解除吉冠；一説免讀問，爲寬一寸之布，從項向前交於額，再向後繞於紒，不成其爲冠。《禮記・問喪》有「秃者不免」之説，秃者無髮，無紒可繞，故云。《問喪》云：「冠者不肉袒，何也？曰：冠，至尊也，不居肉袒之體也，故爲之免以代之也。」今從後説。袒字於禮書僅兩見。《禮記・大傳》云：「四世而緦，服之窮也。五世袒免，殺同姓也。六世親屬竭矣。」鄭注：「四世共高祖，五世高祖昆弟，六世以外，親盡無屬名。」孔疏：「五世袒免，殺同姓也者，謂其承高祖之父者也，言服袒免，而無正服，減殺同姓也。」凡五服以外的遠親，無喪服之制，袒免而已，去冠括髮，以「免」纏於首，爲表哀思。六世則爲承高祖之祖者，同姓而已，故不服袒免。又，《儀禮·喪服》云：「朋友皆在他邦，袒免，歸則已。」鄭注：「謂服無親者，當爲之主，每至袒時則袒，袒則去冠，代之以免。」朋友雖無親，有同道之恩。爲朋友而袒免，是比於同宗五世之親，是加服。　○按：「挽」，參看本書《成之聞之》簡一三「勉之遂也，強之功也」校記。

〔七〕整理者：𢇍，即《説文》古文「絕」字𢇍之異體。　○劉樂賢（2000＝2010：40）：從簡文本意來講是説：當服父喪與服君喪衝突時，可以將君服做減省，而不是爲服君喪而減省父喪。引申而言，當然可以説是以血緣關係爲重，也就是説父子關係重於君臣關係。　○彭林（2001：155）：簡文爲父與爲君之喪服等級相同。若父喪與君喪同時發生，兩者喪服之規格與時間相同，則服父之喪而不服君之喪，即所謂「爲父絕君，不爲君絕父」。　○李零（2002：138）：從簡文内容看，作者明顯強調的是，「親親」重於「尊尊」，而不是服制規格。特別是對比《語叢三》的第一章（簡一—五十八十六、七），我們可以知道，早期儒家認爲，父子是親情，君臣是義務，前者不可選擇，而後者可以選擇。國君不好，可去可拒，而父親不可以。這是兩者的基本區別。　○顔世鉉（2001：476—477）：《語叢三》簡一—五：「父亡惡，君猶父也，其弗惡也，猶三軍之旌也，正也。所以異於父，君臣不相才（在）也，則可已；

不悦，可去也；不義而加諸己，弗受也。」《禮記·曲禮下》云：「爲人臣之禮，不顯諫，三諫而不聽則逃之。」「子之事親也，三諫而不聽，則號泣而隨之。」鄭注：「逃，去也。君臣有義則合，無義則離。至親無去，志在感動之。」

〔八〕顔世鉉（2001：477）：《語叢一》簡六九—七〇：「父子，至上下也。兄弟，［至］先後也。」夫妻爲主從的關係，然此种關係仍不及兄弟關係密切。又簡八一：「長弟，親道也。」兄弟爲親情之道，與生俱來，不可斷絶，《穀梁傳·隱公元年》：「兄弟，天倫也。」范注：「兄先弟後，天之倫次。」夫妻則無骨肉親情的關係。《韓非子·備内》：「夫妻者，非有骨肉之恩也，愛則親，不愛則疏。」彼此的關係是可以斷絶的。故古人有所謂「出妻」之義，《大戴禮·本命》：「婦有七去：不順父母去，無子去，淫去，妒去，有惡疾去，多言去，竊盜去。……口多言，爲其離其親也。」離間親情者亦合於出妻之義。由此可見，夫妻之義猶可去，兄弟之情不可斷。

〔九〕爪，原形作爪，整理者隸爲爪而無説。○裘按：爪，似當與《性自命出》篇二四號簡「琴瑟」之瑟爲一字，在此疑當讀爲「殺」，「瑟」「殺」皆山母字，韻亦相近。殺，省減。○顔世鉉（2001：477）：當釋爲「麗」字，此爲麗字古文之形，《汗簡》《古文四聲韻》所引「麗」字與簡文形近，「麗」讀作「離」。……《戰國策·秦策四》「秦取楚漢中」章云：「秦愈不敢出，則是我離秦而攻楚也。」高注：「離，絶也。」簡文「麗」讀作「離」，訓「絶」，正與上文「絶」字相合。……

《語叢一》簡七："「友」，君臣之道也。」簡八七："「君臣」、朋友，其擇者也。」朋友是選擇性的關係，合於義則合，不合於義則離，其關係較同宗族者爲疏。 ○按：呂浩（2001：282）與顏說略同。趙平安（2009＝2018：61—63）對「瑟」的形體演變有詳論，裘說可從。

〔一〇〕 㓷，原形作，整理者隸爲㓷而無説。 ○李零（2002：133）："「斷」，原作「㓷」，疑同「剆」，即《說文》「斷」字的古文（實即古「剸」字）。 ○張桂光（2001＝2004：182）：從字形上分析，此字與第四二、四三簡釋作「斷」字之相較，其異同與《汗簡》「斷」字所録之與二形頗爲相類，彼爲一字，此亦當爲一字，似宜並當釋「斷」。 ○顏世鉉（2001：478）：簡文之義似爲：六德之中，父、子、夫這三種關係是不可斷絶的。

〔一一〕 紉、絧，整理者無説。 ○整理者：穽，即弇，與《說文》古文「弇」字作者同。 ○裘按：疑「絧」當讀爲「治」，「紉」當讀爲「仁」。參看《性自命出》篇注四七。 ○陳偉（2003：126—127）：《禮記・喪服四制》云："「門内之治恩揜義，門外之治義斷恩。」簡書與之略同，「紉」當讀爲「恩」。在上古音中，「紉」屬文部，「恩」屬真部，二字旁轉可通。 ○龐朴（1998＝2005：7）：（《禮記・喪服四制》）「門内之治，恩掩義；門外之治，義斷恩。」這本來是談喪服異制之理的一段話，門内指宗族，門外指朝廷；恩和義的關係，就是親和尊的關係。恩字寫爲紉，音近使然也。 ○按：李零（2002：133）、劉信芳（2000a：46）説同。

〔一三〕 ⿱艹⿱罒止，原形作，整理者隸爲蒚而無説。速，整理者無説。 ○李家浩（2011＝2013：253—255、260—261）：郭店竹書殘簡五號有如下一個字：A_3 。原文説：「強（剛）、A_3皆□☒」。A_3與「強（剛）」對言，跟《六德》A_2與「強（剛）」對言相同，裘錫圭説它們是同一個字，是非常正確的（陳劍［2008＝2013：104］引）。殘簡文字要比《六德》工整，要正確辨認A是什麽字，當以殘簡的字形爲准。跟戰國文字「夢」比較：長沙楚帛書、上博《恆先》二號。張光裕、袁國華、徐在國把殘簡A_3隸定作「⿱艹⿱罒止」（張光裕主編［1999：261］、徐在國［2001＝2007：36］），甚是。我們認爲《六德》A_1、A_2，當是殘簡「⿱艹⿱罒止」的訛體。……頗疑「⿱艹⿱罒止」即「⿱艹⿱罒疋」字的異體。……上古音「⿱艹⿱罒疋」「柔」二字音近可通。從聲母來説，「⿱艹⿱罒疋」屬明母，「柔」屬日母，古代明、日二母的關係密切。……從韻部來説，「⿱艹⿱罒疋」屬蒸部，「柔」屬幽部，古代蒸、幽二部的字音有關。……《書・皋陶謨》「柔而立」，孔穎達疏引鄭玄注：「柔，謂性行和柔。」……劉信芳把「速」讀爲「束」（劉信芳［2000b：214］），甚是。《荀子・勸學》：「强自取柱，柔自取束。」郭店竹書《性自命出》八—九號有與此相似的文字作「剛之梪也，剛取之也；柔之約，柔取之也」。《書・皋陶謨》的「九德」，其中之一是「柔而立」。「柔而立」之「而」也是連詞，跟《六德》「仁類柔而束」「仁，柔而暱」之類句子中的連詞「而」不同的是，它所連接的後

面部分是對前面部分的補充説明，後者與前者的意思相反。「柱」「樹」音義相近，與「柔而立」的「立」同義，即樹立的意思。「束」「約」同義，即約束的意思。《六德》「仁類柔而束」之「束」，即「柔自取束」之「束」。

〔三〕 弃，原形作，整理者隸爲並而無説。　○陳偉（2003：127）：類，品類。「仁類」「義類」，與《五行》「仁之方」「義之方」類似。　○顔世鉉（2001：479）：簡文「絶」字，訓爲「斷」義，《説文》：「絶，斷絲也。」《廣雅·釋詁一》：「絶，斷也。」　○李家浩（2011＝2013：262—263）：在「義類弃而絶，仁類䰠（柔）而逑」句裏，「弃」與「䰠（柔）」對言，但在下句「仁，䰠（柔）而皎（暱）；宜（義），强（剛）而柬（簡）」裏，跟「䰠（柔）」對言的卻是「强（剛）」，「弃」顯然是「剛」這個詞的另一種寫法。《説文》説「剛」从「岡」聲，「岡」从「网」聲，「网」字異體「罔」从「亡」聲。戰國文字「亡」或作「止」字形，如下文「害亡不以也」之「亡」，與「止」字字形十分相似。頗疑簡文「弃」所從聲旁「止」是「亡」之誤，在此讀爲「剛」。不過需要指出的是，「弃」字是從整理者的釋寫，原文所从「止」右上方向左下方的斜畫並不清楚，很可能就是像「乚」樣寫法的「亡」。若此，此字本應該釋寫作「弃」，从「亡」聲，並非从「止」。……《玉篇》糸部：「絶，斷也。」「斷」與「剛」義有關。例如：《説文》刀部：「剛，斷也。」《左傳》昭公六年：「斷之以剛。」《書·皋陶謨》「剛而塞」，鄭玄注：「剛，謂事理斷。」《白虎通·禮樂》：「聞商聲，莫不剛斷而立事者。」《六德》的「絕」當是決斷的意思。

〔一四〕敂，原形作，整理者隸爲敂。○按：李家浩（2011＝2013：255－256）從劉國勝、范麗梅説隸爲「敂」，並對字形有補充説明。

〔一五〕强，整理者無説。　○裘錫圭（张富海2000引）：《六德》簡中的「義强而柬」一句，李零先生指出跟簡本《五行》「柬，義之方也」「强，義之方」有關，这是很正确的。「强，義之方」當依原釋文讀爲「剛，義之方」，這樣才跟下文「柔，仁之方也」相對，也與所引《詩》「不剛不柔」相應。馬王堆帛書《五行》正作「剛，義之方」。據此，《六德》「義强而柬」一句中的「强」字應該讀爲「剛」。《説文》「剛」字的古文從字形上看應是「强」字，從郭店簡的用法來看，《説文》是有根據的。反過來，《説文》也可以作爲《六德》「義强而柬」一句中的「强」字應該讀爲「剛」的證明。　○顏世鉉（2001：480）：「强」讀爲「剛」，訓爲「剛斷」之意，《五行》簡四一：「强（剛），義之方也。」《尚書・皋陶謨》：「剛而塞。」鄭注：「剛謂事理剛斷。」

〔一六〕㒫，原形作，整理者釋爲㝯（？）。　○陳劍（2008＝2013：104）：字从「𡨄」聲，「𡨄」字在古文字中常用爲「慎」；秦公簋中一個从「金」从「𡨄」聲的字讀爲「鎮」，皆其證。　○按：李零（2002：133）釋爲「㒫」，認爲「是古『熱』字（寫法同楚帛書『熱氣寒氣』的『熱』字）」。顏世鉉（2001：481－482）認爲「㒫」可讀爲「軫」，意爲「多」。

〔二七〕豫，原形作□，整理者隸爲𥳑而無説。　○黄德寬、徐在國（1998＝2007：11）：包山楚簡「豫」字或作□，頗疑「□」字乃「□」字之省形，應釋爲「豫」。　○劉信芳（2000b：216）：該字字形與《古文四聲韻》所録《古老子》《雲臺碑》「捨」之古文同，疑此二書借「豫」爲「舍」。簡文「舍」「求」相對爲文，「求」謂取也，一舍一取，詞義自明。　○李家浩（2011＝2013：268）：「舍其志」，大概是説捨棄其私欲的意思。《禮記・少儀》「義與，志與」鄭玄注和《大戴禮記・哀公問五義》「不害不志」王聘珍注，皆云：「志，私意也。」《鬼谷子・本經陰符七術》：「志者，欲之使也。」　○按：顏世鉉（2000：80）亦讀爲「舍」。戰國楚簡中「豫」常用爲「舍」，可參單育辰（2009：161—168）。

〔二八〕此句整理者讀爲「求𢼄（養）新志」。　○裘按：此句似當讀爲「求養親之志」。「志」从「之」聲。其下有表示重文或合文之符號，故可讀爲「之志」。　○李家浩（2011＝2013：268）：《論語・爲政》「子夏問孝。子曰色難」，皇侃《義疏》：「夫氣色和，則情志通；善養親之志者，必先和其色，故曰難也。」可以參考。

〔二九〕害，整理者無説。　○陳偉（2003：129）：蓋，從彭裕商説。亡不以，無所不用的意思。《吕氏春秋・求人》云「先王之索賢人無不以也」，可參讀。　○李家浩（2011＝2013：268）：《六德》「仁類柔而束」一段文字的大意是説：「仁」的道德準則是「柔」和「束」，「義」的道德準則是「剛」和「絕」；「仁」的道德表現是「柔」和「匿」，「義」的道德表現是「剛」和「簡」。「匿」説的等於形容親密樣子的「匿匿」之「匿」，是「簡」少「愛」多的表現。捨棄自己的私欲，尋求孝養親人的心志，那麽有害的東西無不消除，因此稱爲「匿」。　○按：研究者多指出，以上簡文與郭店竹簡及馬王堆帛書《五行》中的部分文句密切相關，可參。

男女三三卡（别）生言，父子新（親）生言，君臣宜（義）生言。〔一〕父聖，子㤅（仁），夫智，婦信，君宜（義），三四臣宜〈忠〉。聖生㤅（仁），智衒（率）信，宜（義）叓（使）忠。古（故）夫夫、婦婦、父父、子子、君君、臣臣，此六者客（各）三五行其戠（職）而狱（獄）訃（讞）蔑繇（由）亡〈乍—作〉也。〔二〕君子言信言尔，言煬言尔，敔外三六内皆得也。〔三〕其返（反），夫不夫，婦不婦，父不父，子不子，君不君，三七臣不臣，緍（昏）所繇（由）迮（作）也。〔四〕君子不帝（啻）明虐（乎）民敚（微）而已，或（又）以智（知）三八其弌（一）壴（矣）。〔五〕男女不卡（别），父子不新（親）；父子不新（親），君臣亡（無）宜（義）。〔六〕是古（故）先王之三九耆（教）民也，司（始）於孝弟。〔七〕君子於此弌（一）豊（體）者亡（無）所瀍（廢）。〔八〕是古（故）先四〇王之孨（教）民也，不叓（使）此民也𢝊（憂）其身，遊(失)其豊(體)。孝，畣(本)也。下攸(修)惎(其)四一畣(本)，可以軔(斷)狃(獄)。〔九〕生民斯必又(有)夫婦、父子、君臣。君=(君子)明虗(乎)此四二六者，肰(然)句(後)可以軔(斷)狃(獄)。衍(道)不可偏(遍)也，〔一〇〕能獸(守)弌(一)曲安(焉)，〔一一〕可以緯(違)四三其亞(惡)，〔一二〕是以其軔(斷)狃(獄)速。凡君子所以立身大灋(法)參(三)，其睪(繹)之也四四六，其籔十又二。〔一三〕參(三)者迵(通)，言行皆迵(通)。參(三)者不迵(通)，非言行也。四五參(三)者皆迵(通)，肰(然)句(後)是也。〔一四〕參(三)者，君子所生與之立，死與之遴(敝)也。〔一五〕四六

〔一〕陳偉(2003：129)："「言」字費解。……疑當讀爲「焉」。在上古音中，「言」屬元部疑紐，「焉」屬元部影紐，二字爲鄰紐雙聲。《詩・小雅・大東》「睠言顧之」，《荀子・宥坐》《韓詩外傳》卷三引「言」作「焉」，是二字通假之例。"　◯廖名春(1999＝2001：37)："簡文的「君子所以立身大法三」「男女辨生言，父子親生言，君臣義生言」，《禮記・哀公問》有較爲接近的記載："「公曰：『敢問爲政如之何？』孔子對曰：『夫婦別，父子親，君臣嚴。三者正則庶物從之矣。』」《大戴禮記・哀公問於孔子》篇同。而《孟子・滕文公上》則說："「聖人有憂之……教

以人倫：父子有親，君臣有義，夫婦有別，長幼有敘，朋友有信。」「男女」即「夫婦」，「辨」即「別」，「嚴」近於「義」。　○顔世鉉（2001：483）：「君臣嚴」，《大戴禮》有的本子作「君臣義」（清汪照《大戴禮注補》和孔廣森《大戴禮記補注》均從《永樂大典》本作「君臣義」），和簡文相同。　○彭林（2001：155—156）：簡文兩言「六位」，皆以夫婦（男女）爲首，父子繼之，而殿以君臣。文獻亦屢見以夫婦、父子、君臣爲序排列之文字，如《禮記·哀公問》云「夫婦別，父子親，君臣嚴，三者正則庶民從之矣」，即其例。此種排列，意在説明人倫生成關係。《易·説卦》云：「有天地然後有萬物，有萬物然後有男女，有男女然後有夫婦，有夫婦然後有父子，有父子然後有君臣，有君臣然後有上下，有上下然後禮義有所措。」此語由天地萬物之自然生成，引申及人類社會禮儀之產生。人類生存、繁衍與發展之法則，與自然相同，故先有夫婦而後有父子、有父子而後有君臣、有君臣而後有禮儀。三組人物之生成關係亦見於《禮記·郊特牲》：「男女有別，然後父子親，父子親然後義生，義生然後禮作，禮作然後萬物安。無別無義，禽獸之道也。」上引諸語，堪爲郭店簡「男女別生言，父子親生言，君臣義生言」之注腳，可知其排列自有內在之邏輯。

〔二〕顔世鉉（2001：483）：「蔑」，無也。《左傳·襄公二十九年》：「其蔑以加於此矣。」《史記·吳世家》「蔑」作「無」。

〔三〕 㝵，原形作□，整理者釋爲㝵。詃，原形作□，整理者隸爲詃。 ○陳偉（2003：130）：信言，誠實無欺的言辭。《老子》第八十一章「信言不美」，河上公注：「信言者，如其實也。不美者，樸且質也。」 ○顏世鉉（2001：484）：「得」即適合、適當，引申有親悦、融洽之意，《周禮・考工記・輪人》：「直以指牙，牙得，則無槷而固。」鄭注：「得謂倨句鑿内相應也。」《禮記・大學》：「慮而後能得。」鄭注：「得，謂得事之宜也。」《左傳・哀公二十四年》：「閏月，公如越，得太子適郢……」杜註：「得，相親説也。」 ○按：李零（2002：137）指出□與《成之聞之》簡二四「其□也固矣」的□字「聲旁相同，用法也相近」。周鳳五（2003＝2016：180）指出二字所从皆爲「尋」。頗疑簡文「㝵」亦當讀「審」，與「信」義近，參看該篇校記。詃，從單育辰（2015：309）隸定，讀法待考。

〔四〕 陳偉（2003：131）：𤔔，訓爲亂。《國語・齊語》記管子説：「爲君不君，爲臣不臣，亂之本也。」可參看。

〔五〕 或，整理者無説。 ○按：李零（2002：134）讀爲「又」。

〔六〕 顏世鉉（2001：485—486）：《禮記・中庸》云：「《詩》云：『鳶飛戾天，魚躍於淵。』言其上下察也。君子之道，造端乎夫婦，及其至也，察乎天地。」《郊特牲》：「男女有别，然後父子親；

父子親，然後義生；義生，然後禮作；禮作，然後萬物安。」《昏義》：「男女有別，而後夫婦有義；夫婦有義，而後父子有親；父子有親，而後君臣有正。」《荀子·大略》：「《易》之《咸》，見夫婦。夫婦之道，不可不正也，君臣父子之本也。」此即是簡文「男女有別」而至「父子有親」，而至「君臣有義」之理。

〔七〕顏世鉉（2001：486）：孝弟是仁，亦即是做人的根本，因此，孝弟則成爲一切教化之始。《孟子·梁惠王上》：「謹庠序之教，申之以孝弟之義。」《呂氏春秋·孝行》：「民之本教曰孝，其行孝曰養。」高注：「本，始。」（又見《禮記·祭義》：「衆之本教曰孝，其行曰養。」《大戴禮·曾子大孝》：「民之本教曰孝，其行之曰養。」二書載此爲曾子之言。）《孝經·開宗明義章》：「子曰：『夫孝，德之本也，教之所由生也。』」顧炎武《日知錄》卷七「孝弟爲仁之本」條云：「堯舜之道，孝弟而已矣。是故『克明俊德，以親九族；九族既睦，平章百姓；百姓昭明，協和萬邦。黎民於變時雍』。」簡文此處言「孝弟」爲教化之本，簡四一又云：「孝，本也。」儒家言「孝」，往往兼有「弟」的内涵；簡文如此，傳世典籍亦如此。

〔八〕斆，原形作□，整理者未釋。灋，整理者讀爲法。　○丁原植（2000：258）：「一體」可訓作「一偏」，指整體的一部分，如《孟子·公孫丑上》云：「昔者竊聞之：子夏、子游、子張皆有聖人之一體，冉牛、閔子、顏淵則具體而微。」　○按：□，李零（2002：132）釋爲「體」，簡文下句「失其體」之「體」亦同。其左旁蓋爲「豊」字訛寫，今從李說隸爲「骵」。丁原植解釋「一體」之意大致可從。又《潛夫論・論榮》：「茲可謂得論之一體矣，而未獲至論之淑真也。」亦可參。簡文此處的「一體」也就是上文所說「孝弟」這一方面。濮，李零（2002：134）、陳偉（2003：131）讀爲「廢」。

〔九〕斲，整理者無說。　◯裘按：「斲」字下文屢見，疑即《說文》「斷」字古文「𠜧」。　◯梁立勇（2007：333）：「斷獄」在文獻裏多爲審判案件之義。不過，「斷」本義爲斷絕，在《六德》篇中「斷獄」似應理解爲斷絕，制止獄訟的發生。

〔一〇〕偏，原形作□，整理者未釋。　◯劉國勝（1999：43）：此字右旁係「冊」繁寫，從二冊從曰。《一切經音義》：「𠕋，古文冊。」冊寫作𠕋，類似古文曹寫作䂓。古文扁是一個從冊的字。《說文》：「扁，從戶冊。戶冊者，署門戶之文也。」此字可隸作「𠢎」，釋爲「偏」。《廣韻・綫韻》：「偏，周也。」朱駿聲《說文通訓定聲》：「偏，字亦作遍。」即周遍，周全之義。簡文云：「道不可偏也，能守一曲焉。」意思是說：道不可明其全體，能知其一也就行了。《莊子・天下》云：「不該不偏，一曲之士也。」莊子之說與簡文所表述的思想不同，其推崇道術應對宇宙、人生作全面性，整體性的把握，批評所謂的「一察之道」。

〔一一〕丁原植（2000：260）：「曲」指局部。《淮南子・繆稱》云：「察一曲者，不可與言化。」高誘

注：「一曲，一事。」《漢書·禮樂志》云：「事爲之制，曲爲之防。」王念孫《讀書雜志》：「大事曰事，小事曰曲。」簡文「能守一曲」之「曲」與前文「於此一體無所廢」之「體」，雖然字意相通，但其説理卻完全不同。前者指僅能守持「部分之偏」，而後者指對「孝悌的基本部分」無所廢。　○顔世鉉（2001：488）：簡文「一曲」，就是指「孝弟」。《吕氏春秋·孝行》：「務本莫貴於孝。……夫孝，三皇五帝之本務，而萬事之紀也。夫執一術而百善至、百邪去、天下從者，其惟孝也。」高注：「一術，孝術。」

〔一二〕緯，整理者隸爲緯而無説。　○顔世鉉（1999：186）：此字當是緯之省；……簡文「緯」讀作「違」，《説文》：「違，離也。」《爾雅·釋詁》：「違，遠也。」《荀子·臣道》：「則崇其美，揚其善，違其惡，隱其敗。」……「違」，有遠離之意，「違其惡」即遠離惡行之意。

〔一三〕此句整理者讀爲：凡君子所以立身大灋（法）參（三），其睪（擇）之也。六，其籅十又二。○裘按：疑「其睪之也六」當作一句讀，「睪」當讀爲「繹」或「釋」。　○李零（2003：138）：「立身大法三」，疑指夫、父、君，即所謂「三綱」（夫爲婦綱，父爲子綱，君爲臣綱）。「其繹之也六」，疑指夫、婦、父、子、君、臣「六位」。「其衍十又二」，疑指「六德」（聖、智、仁、義、忠、信）配「六位」，即夫智、婦信、父聖、子仁、君義、臣忠。　○陳偉（2003：133）：簡文三句講了三層意義：「君子所以立身大法三」，是指男女辨、父子親、君臣義。「其釋之也六」，是説把三者分開來看，則有君義、臣忠、夫智、婦信、父聖、子仁六個方面。「其䙷十又二」，大概是説君義、臣忠等六個方面均是兩兩相輔相存，從相互角度看構成十二個因素。

〔一四〕 迵，整理者皆讀爲同。　○裘按：疑「迵」當讀爲「通」。　○沈培（2004：29）：《荀子・大略》：「君子處仁以義，然後仁也；行義以禮，然後義也；制禮反本成末，然後禮也。三者皆通，然後道也。」與之相似。

〔一五〕 整理者：與之敝，猶言與之同歸于盡。　○顔世鉉（2001：490）：「敝」當訓爲「終」，其義與「盡」相近。《左傳・襄公三十年》：「國之禍難，誰知所敝。」王引之《經義述聞・春秋左傳中》：「敝，猶終也，言不知禍難所終也。《歸妹》象傳曰：『君子以永終知敝。』《緇衣》曰：『故言必慮其所終，而行必稽其所敝。』是敝與終同義。」　○徐少華（2000＝2015：22—23）：《韓詩外傳》卷五第十四章載：「若夫君臣之義，父子之親，夫婦之別，朋友之序，此儒者之所謹守，日切磋而不舍也。」與簡文之語義如出一轍，反映了其間密切的内在聯繫。　○按：沈培（2007：50—59）對「敝」訓爲「終、盡」有詳備系統之研究，可參。

參考文獻

陳劍（2008＝2013）《郭店簡〈六德〉用爲「柔」之字考釋》，《中國文字學報》第二輯，商務印書館，2008年12月；收入氏著《戰國竹書論集》，上海古籍出版社，2013年12月。

陳偉（1999）《郭店楚簡〈六德〉諸篇零釋》，《武漢大學學報（哲學社會科學版）》1999年第5期。

陳偉（2003）《郭店竹書別釋》，湖北教育出版社，2003年1月。

陳偉（2010）《新出楚簡研讀》，武漢大學出版社，2010年3月。

丁原植（2000）《郭店楚簡儒家佚籍四種釋析》，臺灣古籍出版有限公司，2000年12月。

范麗梅（2007）《郭店楚簡〈六德〉「仁類蔑而束」相關段落釋讀》，丁四新主編《楚地簡帛思想研究（三）》，湖北教育出版社，2007年6月。

馮勝君（2000）《讀〈郭店楚墓竹簡〉劄記（四則）》，《古文字研究》第二十二輯，中華書局，2000年7月。

顧史考（1999＝2012）《郭店楚簡儒家逸書及其對後世儒學思孟道統的意義》，《第二屆臺灣儒學國際學術研討會論文集》，成功大學中國文學系，1999年12月；收入氏著《郭店楚簡先秦儒書宏微觀》，上海古籍出版社，2012年10月。

顧史考（2000＝2012）《郭店楚簡儒家逸書的排列調整芻議》，《中國典籍與文化論叢》第六輯，中華書局，

2000年10月；收入氏著《郭店楚簡先秦儒書宏微觀》，上海古籍出版社，2012年10月。

顧史考（2006＝2012）《郭店楚簡〈成之〉等篇雜志》，《清華大學學報（哲學社會科學版）》2006年第1期；收入氏著《郭店楚簡先秦儒書宏微觀》，上海古籍出版社，2012年10月。

郭永秉（2008＝2011）《戰國竹書剩義（三則）》，復旦大學漢語言文字學科《語言研究集刊》第五輯，上海辭書出版社，2008年9月；收入氏著《古文字與古文獻論集》，上海古籍出版社，2011年6月。

何琳儀（1999＝2007）《郭店竹簡選釋》，《文物研究》第十二輯，黄山書社，1999年12月；收入黄德寬、何琳儀、徐在國《新出楚簡文字考》，安徽大學出版社，2007年9月。

黄德寬、徐在國（1998＝2007）《郭店楚簡文字考釋》，《吉林大學古籍整理研究所建所十五周年紀念論文集》，吉林大學出版社，1998年12月；收入黄德寬、何琳儀、徐在國《新出楚簡文字考》，安徽大學出版社，2007年9月。

黄德寬、徐在國（1999＝2007）《郭店楚簡文字續考》，《江漢考古》1999年第2期；收入黄德寬、何琳儀、徐在國《新出楚簡文字考》，安徽大學出版社，2007年9月。

黄文傑（2002）《「谷」及相關諸字考辨》，《古文字研究》第二十四輯，中華書局，2002年7月。

李家浩（1999）《讀〈郭店楚墓竹簡〉瑣議》，《中國哲學》第二十輯《郭店楚簡研究》，遼寧教育出版社，1999年1月。

李家浩（1999＝2002）《楚墓竹簡中的「昆」字及從「昆」之字》，《中國文字》新二十五期，臺灣藝文印書館，1999年12月；收入氏著《著名中年語言學家自選集・李家浩卷》，安徽教育出版社，2002年12月。

李家浩（2011＝2013）《關於郭店竹書〈六德〉「仁類蔑而速」一段文字的釋讀》，中國文化遺産研究院編《出土文獻研究》第十輯，中華書局，2011年12月；收入氏著《安徽大學漢語言文字研究叢書·李家浩卷》，安徽大學出版社，2013年5月。

李零（2002）《郭店楚簡校讀記（增訂本）》，北京大學出版社，2002年3月。

李天虹（2000a＝2003）《郭店楚簡文字雜釋》，武漢大學中國文化研究院編《郭店楚簡國際學術研討會論文集》，湖北人民出版社，2000年5月；收入氏著《郭店竹簡〈性自命出〉研究》，湖北教育出版社，2003年1月。

李天虹（2000b＝2003）《郭店竹簡與傳世文獻互徵八則》，《江漢考古》2000年第3期；收入氏著《郭店竹簡〈性自命出〉研究》，湖北教育出版社，2003年1月。

李學勤（2000＝2005）《郭店楚簡〈六德〉的文獻學意義》，武漢大學中國文化研究院編《郭店楚簡國際學術研討會論文集》，湖北人民出版社，2000年5月；收入氏著《中國古代文明研究》，華東師範大學出版社，2005年4月。

梁立勇（2007）《釋[illegible]》，李雄溪、郭鵬飛、陳遠止主編《耕耨集——漢語與經典論集》，香港商務印書館有限公司，2007年11月。

廖名春（1999＝2001）《荆門郭店楚簡與先秦儒學》，《中國哲學》第二十輯《郭店楚簡研究》，遼寧教育出版社，1999年1月；收入氏著《新出楚簡試論》，臺灣古籍出版有限公司，2001年5月。

廖名春（2001）《郭店簡〈六德〉篇校釋札記》，氏著《新出楚簡試論》，臺灣古籍出版有限公司，2001年5月。

劉國勝(1999)　《郭店竹簡釋字八則》,《武漢大學學報(哲學社會科學版)》1999年第5期。

劉樂賢(2000＝2010)　《郭店楚簡〈六德〉初探》,武漢大學中國文化研究院編《郭店楚簡國際學術研討會論文集》,湖北人民出版社,2000年5月;收入氏著《戰國秦漢簡帛文獻叢考》,文物出版社,2010年12月。

劉樂賢(2002＝2010)　《讀郭店簡儒家文獻札記》,《古籍整理研究學刊》2002年第5期;收入氏著《戰國秦漢簡帛文獻叢考》,文物出版社,2010年12月。

劉信芳(2000a)　《郭店竹簡文字考釋拾遺》,《江漢考古》2000年第1期。

劉信芳(2000b)　《郭店楚簡〈六德〉解詁一則》,《古文字研究》第二十二輯,中華書局,2000年7月。

呂浩(2001)　《〈郭店楚墓竹簡〉釋文訂補》,《中國文字研究》第二輯,廣西教育出版社,2001年10月。

羅新慧(1999)　《郭店楚簡與儒家的仁義之辨》,《齊魯學刊》1999年第5期。

龐朴(1998＝2005)　《初讀郭店楚簡》,《歷史研究》1998年第4期;收入《龐朴文集》第二卷《古墓新知》,山東大學出版社,2005年1月。

彭林(2001)　《〈六德〉柬釋》,李學勤、謝桂華主編《簡帛研究二〇〇一》,廣西師範大學出版社,2001年9月。

裘錫圭(2004＝2012)　《北京大學中國古文獻研究中心郭店楚墓竹簡研究項目介紹》,中國文物研究所編《出土文獻研究》第六輯,上海古籍出版社,2004年12月;收入《裘錫圭學術文集》第二卷《簡牘帛書卷》,復旦大學出版社,2012年6月。

單育辰(2009)　《談晉系用爲「舍」之字》,武漢大學簡帛研究中心主辦《簡帛》第四輯,上海古籍出版社,

2009年10月。

單育辰(2015) 《郭店〈尊德義〉〈成之聞之〉〈六德〉三篇整理與研究》,科學出版社,2015年11月。

沈培(2002) 《讀郭店楚簡札記四則》,張顯成主編《簡帛語言文字研究》第一輯,巴蜀書社,2002年11月。

沈培(2004) 《郭店楚簡〈六德〉集釋》,打印稿,華東師範大學中國文字研究與應用中心。

沈培(2007) 《「壽敝金石」和「壽敝天地」》,《中國文字研究》2007年第一輯(總第八輯),大象出版社,2007年9月。

蘇建洲(2008) 《釋〈郭店・六德〉簡22「以守社稷」》,《中國文字研究》第十一輯,大象出版社,2008年12月。

涂宗流、劉祖信(2001) 《郭店楚簡先秦儒家佚書校釋》,臺北萬卷樓圖書有限公司,2001年2月。

徐少華(2000=2015) 《郭店楚簡〈六德〉篇思想源流探析》,武漢大學中國文化研究院編《郭店楚簡國際學術研討會論文集》,湖北人民出版社,2000年5月;收入氏著《簡帛文獻與早期儒家學説探論》,商務印書館,2015年5月。

徐在國(2001=2007) 《郭店楚簡文字叁考》,《簡帛研究二〇〇一》,廣西師範大學出版社,2001年9月;收入黄德寬、何琳儀、徐在國《新出楚簡文字考》,安徽大學出版社,2007年9月。

徐在國(2003=2007) 《上博竹書(二)文字雜考》,《學術界》2003年第1期;收入黄德寬、何琳儀、徐在國《新出楚簡文字考》,安徽大學出版社,2007年9月。

顏世鉉(1999) 《郭店楚墓竹簡儒家典籍文字考釋》,《經學研究論叢》第六輯,臺灣學生書局,1999年3月。

顏世鉉(2000) 《郭店楚簡散論(三)》，臺灣《大陸雜誌》第一〇一卷第二期，2000年8月。

顏世鉉(2001) 《郭店楚簡〈六德〉箋釋》，《中研院歷史語言研究所集刊》第七十二本第二分，2001年6月。

張富海(2000) 《北大中國古文獻研究中心「郭店楚簡研究項目」新動態》，《國際簡帛研究通訊》2000年第5期。

張光裕主編(1999) 《郭店楚簡研究》第一卷《文字編》，臺灣藝文印書館，1999年1月初版，2006年4月再版。

張桂光(2001—2004) 《〈郭店楚墓竹簡〉釋注續商榷》，李學勤、謝桂華主編《簡帛研究二〇〇一》，廣西師範大學出版社，2001年9月；收入氏著《古文字論集》，中華書局，2004年10月。

趙平安(2008—2009) 《關於及的形義來源》，《中國文字學報》第二輯，商務印書館，2008年12月；收入氏著《新出簡帛與古文字古文獻研究》，商務印書館，2009年12月。

趙平安(2009—2018) 《上博簡釋字四篇》，武漢大學簡帛研究中心主辦《簡帛》第四輯，上海古籍出版社，2009年10月；收入氏著《新出簡帛與古文字古文獻研究續集》，商務印書館，2018年6月。

趙平安(2015—2018) 《「盈」字何以從「及」》，李學勤主編《出土文獻》第六輯，中西書局，2015年4月；收入氏著《新出簡帛與古文字古文獻研究續集》，商務印書館，2018年6月。

周鳳五(2003—2016) 《郭店竹簡文字補釋》，郭店楚簡研究(國際)中心編《古墓新知——紀念郭店楚簡出土十周年論文專輯》，香港國際炎黃文化出版社，2003年11月；收入氏著《朋齋學術文集：戰國竹書卷》，臺灣大學出版中心，2016年12月。

語叢一

王志平　校釋

校釋説明

《語叢》是《郭店楚墓竹簡》中的一類，共分四篇。簡長平均一五—一七・五釐米，是長度最短的一種簡，内容多爲格言警句，内容體例與《説苑・談叢》《淮南子・説林》相同。原無篇題，整理者據簡文擬爲《語叢》。李零（2002a：157）認爲，《語叢》諸篇「在内容上是與《性自命出》諸篇相出入，在形式上則類似古代注解。蓋雜錄先儒之説，以備諸篇之『説』。『説』在古代是傳授經籍，與『傳』『記』相輔翼的一種注解體裁，也許稱爲『儒家雜説』更好」。

《語叢一》整理者原定竹簡一一二枚，加上八號殘簡，共一一三枚。其中文字殘缺的有五枚。整簡長一七・二—一七・四釐米，編綫三道。句末一般都有短横形句讀「━」。一號簡句末有墨釘作「■」，或以爲篇題符號。二四號簡「豊」、二六號簡「智人」、三〇號簡「智道」字下皆有重文符號作「━」；五二號簡「志」字下有合文符號亦作「━」。二四號簡「悳」字、二七號簡「智豊」下並有重文符號作「＝」；六一號簡「斆」字下有合文符號作「＝」。

關於竹簡排序，學者間分歧較大。李零（1999：531、532）認爲一號簡末的標識作墨釘，與他處的短橫不同，而其文字與一〇四號簡相同，因疑一號簡應位於篇尾，將一〇四號簡提至篇首，又將五四號簡移至三二號簡之後；李零（2002a：158）又據篇首、尾語改篇題爲《物由望生》。廖名春（1999：65）據《禮記·表記》「仁者，人也；道者，義也。厚於仁者薄於義，親而不尊；厚於義者薄於仁，尊而不親」，將八號殘簡及七七、八二、七九號簡連讀。李松儒（2011：249）將八號、二二號殘簡及七七、八二、七九號簡連讀。陳偉（2000b：143—144）將三一、九七號簡連讀；又（2002c：214—215）據文義將六九、七〇與五五一五八號簡連讀。李零（1999：534）、劉釗（2003b：182）將七八、八〇、八一號簡連讀，又李零（1999：533）、劉釗（2003b：182）把三八、三九、四四、四二、四三、三六、三七、四〇、四一號簡連讀，爲「詩、書、禮、樂、易、春秋」的「六經」順序；而李零（2002a：160）又以四二、四三、四四、三九、四〇、四一號簡連讀，爲「禮、樂、書、詩、易、春秋」的順序。其他簡序調整學者間所在多有，今釋文以整理者的編聯爲基礎，並斟酌去取諸家編聯調整意見。主要簡序調整爲簡31＋97；殘8＋殘22＋77＋82＋79；78＋80＋81，其他與整理者相同。

校釋者　王志平

凡　例

一、竹簡簡號一依《郭店楚墓竹簡》，標在每簡最後一字的右下旁。

二、竹簡上原有的標識一依《郭店楚墓竹簡》，以裨研究。但校釋重文、合文號後補出重文、合文，外加方括號「[]」，並另加新式標點。

三、簡文殘缺或殘泐無法辨識的字，可據行文格式推定字數者，釋文以「□」號表示，一「□」代表一字；不能確定字數者，釋文以「……」號表示。

四、簡文殘缺之字，尚有殘留筆畫者，外加「□」號；據文義補者，外加方括號「[]」。

五、簡文中的通假字、異體字隨文注出本字、正字，外加「()」表示；訛字隨文注出正字，外加「〈〉」表示。

六、校釋以《郭店楚墓竹簡・語叢一》(文物出版社，一九九八年五月)的釋文爲基礎，斟酌去取諸家意見。

七、校釋儘量按照簡文字形嚴格隸定，以裨研究。如確有疑問及隸定不一者，直接附以原簡字形。

凡勿(物)繇(由)室生。〔一〕■一

〔一〕裘按：此語又見一〇四號簡，「室」原作「望」，疑當讀爲「亡(無)」。李零(1999：531)讀爲「望」。連劭名(2003：24)言不應讀爲「亡」，當讀爲「望」。按：疑當讀爲「無」。《老子》四十章：「天下之物生於有，有生於無。」

又(有)天又(有)命(命)，又(有)勿(物)又(有)名。〔一〕二天生鯀，〔二〕人生卯。〔三〕▬三

〔一〕陳偉(2009：247)：一二號簡又有「有天有命，有地有形」。《管子・内業》：「凡人之生也，天出其精，地出其形，合此以爲人。」

〔二〕「鯀」，裘按：疑當讀爲「倫序」的「倫」。陳偉武(2000：77—78)讀爲「根」。何琳儀(2001：167)讀爲「玄」。曹峰(2009)讀爲「本」。按：疑當從何琳儀説讀爲「玄」，「鯀」一作「鮌」，故可通假。《釋名・釋天》：「天，又謂之玄。」畢沅疏證：「玄者，以色名之也。《易・文言》曰：『天玄而地黄。』」《楚辭・招魂》：「青驪結駟兮齊千乘，懸火延起兮玄顔烝。」王逸注：「玄，

天也。」

〔三〕陳偉武（2000：77）：「卯」，當讀爲「末」。李天虹（2000a：98）：「卯」或讀爲「標」。古卯爲明母幽部字，標爲幫母宵部字，音近可通。《玉篇·木部》：「標，木末也。」涂宗流、劉祖信（2001：226）：「卯」，借爲「媢」，古音同爲明紐幽部。「媢」，妒媢、妒忌。劉信芳（1999：59—60）釋爲「舛」。鄭剛（2004：114—125）：字爲「舛」字原來的寫法，在簡文中除用本字外，大都用爲「循」。周鳳五（2000a：139）釋爲「化」，教化。何琳儀（2001：167）釋爲「化」，「玄」「化」聯文，《文選·曹植責躬詩》：「玄化滂流。」又《語叢一》四九號簡「有本有化」，可參《楚辭·天問》「何本何化」。姜廣輝（2002）亦釋「化」，「化」釋爲「文明」，是取「人文化成」之意。曹峰（2009）讀爲「化」，「凡物有本有化」告訴我們包括人在内的世間萬物都既有本生的成分也有化生的成分。連劭名（2003：24）讀爲「謀」。《逸周書·周祝》：「人出謀，聖人是經。」廖名春（2011：249—252）：「卯」當讀爲「猷」，訓爲「謀」。按：「卯」疑讀爲「睦」。「卯」明母幽部，「睦」明母覺部，二字陰入對轉。兩「生」字宜讀爲「性」，謂天性玄遠，人性親睦。

又（有）命有度（文）又（有）名，而句（後）四又（有）鯀。〔二〕二五

〔一〕「廔」，李天虹（2000b：85—88）疑與「麟」字有關，讀爲「文」，李家浩（張富海2000：5）釋爲「閔」字古文，讀爲「文」。李零（2002b：390—391）釋爲「敏」字古文，讀爲「文」。李學勤（2001：117—120）：字上部所从非「鹿」亦非「虎」，而爲「民」字，下部所从爲「旻」，可讀爲「閔」。字應爲「閿」字異體。從「彡」之形也就是《説文》「彣」字，即文章之文。李零（2002b：389—391）：《古文四聲韻》「閔」字所从皆爲「每」非「民」。郭店簡諸字皆應爲「敏」字，其中《性自命出》簡六五、《尊德義》簡一七用爲本字，餘皆讀爲「文」。陳劍（2007：59—80）隸定爲「𢼸」，「旻」讀音與「敃」字相近。「民」「旻」皆聲，爲「閔」字古文所本。「閔」字所从「門」「文」皆爲聲旁，故「𢼸」「閔」古文可讀爲「文」。「緐」裘按讀爲「倫」。按：「緐」疑亦當讀爲「玄」。

又（有）迱（地）又（有）型（形）又（有）聿，〔二〕而句（後）六又（有）厚。一七

〔二〕「迱」，整理者隸定爲「筵」，以爲「地」之誤字。「型」，整理者讀爲「形」。「聿」，李零（1999：532）讀爲「盡」。按：「筵」當隸定爲「迱」，讀爲「地」。下一二號簡「迱」字同。

又(有)生又(有)智(知),〔一〕而句(後)好亞(惡)八生。▬九

〔一〕劉釗(2003a:56):「有生有智」即「有生有知」。《荀子·王制》:「人有氣、有生、有知,亦且有義,故最爲天下貴也。」

又(有)勿(物)又(有)𦃀又(有)緣,〔一〕而句(後)一〇教生。〔二〕▬一一

〔一〕「𦃀」,劉信芳(2000:46)讀爲「謠」。連劭名(2003:24)釋爲𦃀,《爾雅·釋詁》:「𦃀,道也。」劉釗(2003b:184)讀爲「由」,開始、生發義。「緣」,黄德寬、徐在國(1998:107):似應釋爲「縝」,訓爲「畫」。周鳳五(2000b)讀爲「遺」。涂宗流、劉祖信(2001:228):疑爲「緣」之異構,讀爲「録」,帝王受命的符録。連劭名(2003:24)認爲字从臼聲,通「咎」,訓爲「極」。劉釗(2003a)讀爲「惟」,思也。顧史考(2006)疑此字通「饋」,而在此則讀爲「歸」。按:此句語義不詳,待考。

〔三〕「教」，整理者釋爲「諺」。裘按：似應釋爲「教」，可從。

又（有）天又（有）命，又（有）迮（地）又（有）㘇（形），〔一〕一二又（有）勿（物）又（有）容，又（有）爯（稱）又（有）名。〔二〕一三

〔一〕「㘇」，整理者讀爲「形」。按：上六號簡有「有地有形有盡」之語。

〔二〕「爯」，整理者釋爲「家」，兹從劉樂賢（2000：208）釋，讀爲「稱」。劉信芳（2001：203—206）認爲該字下部从矣聲，應讀爲「色」。劉釗（2003a：58）釋爲「蝯」，讀爲「原」，指起源、來源。

又（有）勿（物）又（有）容，又（有）聿（盡）又（有）厚，一四又（有）頮（美）又（有）膳（善）。一五

又（有）㥆（仁）又（有）智，又（有）義又（有）豊（禮），一六又（有）聖又（有）善。一七

夫〈天〉生百勿(物)，人爲貴。〔二〕人一八之道也，或邎(由)中出，或一九邎(由)外內(入)。▬二〇

〔二〕「夫」爲「天」之訛字。黃人二(2007)：河北定縣八角廊竹簡《文子》七七二號簡：「天地之間物幾，獨人者□(貴)。」《孝經・聖治章》：「子曰：『天地之性，人爲貴。』」鄭玄注云：「貴其異於萬物也。」法國國家圖書館藏敦煌唐寫本《孝經》伯希和第三三八二號則作：「天地之性，人冣(最)爲貴。」《荀子・王制》云：「人有氣、有生、有知，亦且有義，故最爲天下貴也。」《孔子家語・六本》榮啟期對孔子云：「天生万物，唯人爲貴。」《説文・人部》：「人，天地之性，冣(最)貴者也。」《春秋繁露・人副天數》：「天地之精所以生物者，莫貴於人。」《太玄・玄文》：「天地之所貴曰生，物之所尊曰人。」《鹽鐵論・刑德》：「《傳》曰：『凡生之物，莫貴於人，人主之所貴，莫重於人。』」《論衡・奇怪》：「天地之性，唯人爲貴。」又《別通》《辨祟》：「天地之性，人爲貴。」又《無形》：「天地之性，人最爲貴。」《語叢三》的「生爲貴」一句，參照諸本的「人爲貴」，則意指「人之生爲貴」；或者，「生」字有誤摹之可能。陳偉武(2009：271)：《説苑・雜言》引榮啟期答孔子語：「天生萬物，唯人爲貴。」《孫臏兵法・月戰》引孫子曰：「間於天地之間，莫貴於人。」

𨓚(由)中出者，𢚩(仁)、忠、信。𨓚(由)……二一

𢚩(仁)生於人，我(義)生於道。〔一〕二二或生於內，或生於外。〔二〕-二三

〔一〕李零(1999：536)：此章與《禮記・表記》「仁者人也，道者義也」相似。

〔二〕按：郭店楚簡《六德》二六號簡：「仁，內也；義，外也。」《孟子・告子上》引告子曰：「仁，內也，非外也；義，外也，非內也。」

……生悳(德)=，〔一〕[悳(德)]生豊-(禮)，〔二〕[豊(禮)]生樂，𨓚(由)樂二四智(知)型(刑)。〔三〕-二五

〔一〕按：「悳」下有重文符號「=」。

〔二〕按：「豊」下有重文符號「-」。

〔三〕裘按：此句「型」應讀爲「形」，抑讀爲「型」，待考。陳偉武（2009：271）：《説苑・修文》：「故聖人因而成之以德曰樂。樂者，德之風。」《大戴禮記・四代》：「陽德出禮，禮出刑。」由此可知「型」當讀爲「刑」而非「形」。

智（知）邑（己）而句（後）智-（知）人-，〔一〕［智（知）人］而句（後）二六智=（知）豊=（禮），〔二〕［智（知）豊（禮）］而句（後）智（知）行。〔三〕-二七

〔一〕按：「智」「人」下並有重文符號「-」。

〔二〕按：「智」「豊」下並有重文符號「=」。

〔三〕按：郭店楚簡《尊德義》八—九號簡：「知己所以知人，知人所以知命，知命而後知道，知道而後知行。」

丌（其）智（知）尃（博），肰（然）句（後）智（知）命。-二八

智（知）天所爲，智（知）人所爲，二九 慮（然）句（後）智▬（知）道▬，〔一〕［智（知）道］慮（然）句（後）智（知）命。〔二〕▬三〇

〔一〕按：「智」「道」下並有重文符號「▬」。

〔二〕連劭名（2003：25）：《莊子·大宗師》：「知天之所爲，知人之所爲者，至矣。知天之所爲者，天而生也；知人之所爲者，以其知之所知，以養其知之所不知，終其天年而不中道夭者，是知之盛也。」

豊（禮）因人之情而爲之三一 即（節）䢳（文）者也。〔一〕▬九七

〔一〕此從陳偉（2000：143—144）編聯。《禮記·坊記》：「禮者，因人之情而爲之節文。」裘按：「即䢳」，疑讀爲「節度」或「次度」。「䢳」，可讀爲「文」。

善里（理）而句（後）樂生。〔一〕▬三二

〔一〕「里」，整理者讀爲「理」。

豊（禮）生於牂（莊），〔一〕樂生於京（諒）。〔二〕三三豊（禮）妻（齊）樂惪（零）則戚，〔三〕樂⿱來母三四豊（禮）惪（零）則訶。〔四〕━三五

〔一〕「牂」，李零（1999：532）讀爲「莊」。連劭名（2003：25）讀爲「臧」，訓爲「善」。

〔二〕「京」，整理者釋爲「亳」，陳偉（2000：144）讀爲「薄」，指輕薄。連劭名（2003：26）讀爲「溥」，溥、廣同義。吴振武（2010）、（2012）釋爲「亭」，讀爲「寧」：音樂可以使人安寧，則人之安寧亦需要音樂，簡文「樂生於寧」，即是此意。曹方向（2012）據清華簡《系年》「京師」字釋爲「京」，讀爲「諒」。《禮記・樂記》：「禮樂不可斯須去身。致樂以治心，則易、直、子、諒之心油然生矣。易、直、子、諒之心生則樂，樂則安，安則久，久則天，天則神。」簡文「樂生於諒」，是《樂記》「易、直、子、諒之心生則樂」的另一種表述，相對比較簡單：《樂記》提到了四種「心」能生成「樂」，而簡文只提到其中之一。不過，兩者的基本精神還是一致的，「諒」一般解作誠、信，它和易（「和易」）、直（「正直」）、子（「慈愛」）都是内心修養的優良品質。趙平安（2013）、郭永秉（2014）亦釋爲「京」。按：曹説等是。當從之。

〔三〕「妻」，整理者讀爲「齊」。劉釗（2000：85）認爲「齊」訓「莊重」「肅敬」。陳偉（2000：144）認爲該字上部从「弁」，《説文》「緐（繁）」字或體从「糸」从「弁」作「䋣」，故此字當釋爲「繁」。「霝」，陳偉（2000：145）讀爲「零」，零落、稀少之意，與「繁」意思正好相反。

〔四〕「𡜊」，黄德寬、徐在國（1998：107）釋爲「每」，袁國華（1998：145—146）釋爲「每」，讀作《説文》「从糸每聲」之「緐（繁）」，訓多、盛。陳偉（2000：145）：此字可能是从弁从女，屬於「繁」字的另一種寫法。連劭名（2003：26）認爲字从「來」聲，當讀爲「理」。魏宜輝（2009）、（2010：536）認爲此字應是「緐」字的一種簡體。「霝」，整理者讀爲「靈」，按：當從陳偉釋爲「零」。「訶」，從劉釗（2000：85）釋。整理者保留字形「𧧑」未釋。黄德寬、徐在國（1998：107）認爲此字从言从万，陳偉（2000：145）從之，讀爲「謾」或「慢」，指輕慢，大致與「䖒」相對。連劭名（2003：26）讀爲「賓」，《禮記·樂記》：「諸侯賓伏。」鄭注：「賓，協也。」按：「万」「丏」古本一字，參見裘錫圭（1980：79—81）。

《易》，所以會天衍（道）、人衍（道）三六也。〔一〕‐三七

〔一〕「會」訓「合」。《易·繫辭下》：「《易》之爲書也，廣大悉備，有天道焉，有人道焉，有地道焉，兼三才而兩之，故六。六者非它也，三才之道也。」馬王堆帛書《要》篇：「《易》又（有）天道焉，而不可以日月生（星）辰盡稱也，故爲之以陰陽；又（有）地道焉，不可以水、火、金、土、木盡稱也，故律之以柔剛；又（有）人道焉，不可以父子君臣夫婦先後盡稱也，故要之以上下。」

《詩》，所以會古含（今）之恃（志）三八也者。〔一〕三九

〔一〕「恃」，裘按疑讀爲「志」或「詩」。陳松長（2000：257）：其下側所从之「心」旁，疑是「口」字之訛。按：當以「志」爲是。《尚書·堯典》：「詩言志，歌永言，聲依永，律和聲。」

《春秋》，所以會古含（今）之四〇事也。〔一〕四一

〔一〕按：「春秋」應爲史書通名，而非時代名。《漢書·董仲舒傳》：「臣謹案《春秋》之中，視前世已行之事，以觀天人相與之際，甚可畏也。」又《史記·呂不韋列傳》：「呂不韋乃使其客人人著所聞，集論以爲八覽、六論、十二紀，二十餘萬言，以爲備天地萬物古今之事，號曰《呂氏春

秋》。」則《呂氏春秋》之得名，或亦與《春秋》類似，「會古今之事」耳。

《豊（禮）》，交之行述也。〔一〕一四二

〔一〕「豊（禮）」原無書名號，此據《易》《詩》《春秋》之例酌加。「述」，劉釗（2003a：71）疑讀爲「術」，指交往之道。

《樂》，或生或教者也。〔一〕一四三

〔一〕「樂」原無書名號，據《易》《詩》《春秋》之例酌加。

……者也。〔一〕一四四

〔一〕裘按：此條可能是關於「書」的殘簡。

凡又(有)血既(氣)者，虐(皆)又(有)憙(喜)四五又(有)忞(怒)，又(有)畜(慎)又(有)悲(莊)；〔一〕其豊(體)四六又(有)容又(有)頟(色)，〔二〕又(有)聖(聲)又(有)臭(嗅)四七又(有)未(味)，〔三〕又(有)既(氣)又(有)志。凡勿(物)四八又(有)𠂇(本)又(有)卯，〔四〕又(有)終又(有)絧(始)。一四九

〔一〕「悲」，李零(1999：532)讀爲「莊」。

〔二〕「頟」，整理者讀爲「色」。張靜(2002：177)："「頟」，加「頁」爲意符，會「容色」之意。曹錦炎(2004：144)認爲字从「色」，「頁」聲，也可看成會意字，「顏」字或體。按：曹說不可信，當從整理者讀爲「色」。

〔三〕「臭」，整理者讀爲「嗅」，李零(1999：533)從之，斷句爲「其體有容，有色有聲，有嗅有味」。而李零(2002a：165)認爲簡文下半所从與常見的「犬」字有别。劉釗(2003a：60)讀爲本字，訓爲氣味。

〔四〕「𠂇」，字亦曾見戰國《行氣玉銘》。李零(1999：532)讀爲「本」，陳偉武(2000：77)認爲字从「本」，「𧊒」聲，表根本之義，「根」之異體。「卯」，李天虹(2000a：98)疑讀爲「標」，訓爲「末」。

《管子・霸言》「大本而小標」，本、標對稱。李零（2002a：162）：字寫法與「卯」相似，原書釋「卯」可疑。從文義看，似應讀「末」。廖名春（2011：251）：「卯」讀爲「酉」，訓爲「終」。

容䒗（色），〔一〕目彀（司）也。〔二〕聖（聲），耳彀（司）五〇也。臭（嗅），鼻彀（司）也。〔三〕未（味），口彀（司）五一也。𣚦（氣），容彀（司）也。志 -（志），〔四〕［心］彀（司）。〔五〕 -五二

〔一〕「䒗」，整理者隸定爲「䒗」，讀爲「色」。張静（2002：177）釋爲「䒗」，「矣」爲增加聲符。色，生紐職部；矣，匣紐之部。韻部爲之、職旁轉。李守奎（2002：468）隸定爲「䒗」，从「矣」聲，「色」之異體。陳劍（2003：373—379）隸定爲「䒗」，讀爲「色」。「疑」跟「色」古音相近，可以相通。曹錦炎（2004：143—144）：字爲「顔」字或體，从色，矣聲。「彥」爲疑母元部字，「矣」爲匣母之部字，二者爲旁紐關係，可以相通。按：當從李守奎、陳劍隸定。

〔二〕「彀」，從整理者釋。裘按：其亦可隸定爲「敀」或「鈠」，讀爲「治」或「司」。陳偉（2009）：《管子・宙合》「耳司聽」「目司視」「心司慮」等語與這段簡文相關，故讀爲「司」。

〔三〕「鼻」，原簡作「[illegible]」，整理者未釋。裘按認爲此字似「睪」之簡體，但從文義看，應是「鼻」字簡

省之體。又疑此字是「畀」之變體，讀爲「鼻」。

〔四〕按：「志」下有合文符號「▬」。

〔五〕裘按：此句當讀爲「志，心𣪊」或「志，心之𣪊」。

義亡能爲也。〔一〕▬五三

〔一〕「爲」，劉釗（2003b：193）讀爲「僞」，做作。按：「爲」當讀爲「僞」。《説苑・談叢》：「善不可以僞來，惡不可以辭去。」與此義近。或以爲此與簡五六—五七「不可爲也，而不可不爲也」、簡八三「人亡（無）能爲」義近，均指動詞做。

臤（賢）者能里（理）之。▬五四

爲孝，〔一〕此非孝也；爲弟，〔二〕五五此非弟也；不可爲也，五六而不可不爲也。爲之，五七此非也；弗爲，此非也。五八

〔一〕「爲」，龐樸（1999：11）認爲「指人的有意作爲」。陳偉（2002：215）認爲指「刻意去做」。

〔二〕「弟」，讀爲「悌」，《玉篇・心部》：「悌，孝悌。」下「弟」同。

正亓，慮（然）而行怠（治）安（焉）尔也。〔一〕五九正（政）不達㝯（文），生虖（乎）不達六〇亓慮（然）也。〔二〕斆＝（學），［教］丌也。〔三〕六一

〔一〕整理者：類似文句見六七號簡。六〇—六一號簡裘按：此句似當讀爲「政其然而行，治安爾也」。李零（2002a：160）讀爲「政其然，而行怠焉爾也」。王志平（2012：8）：「亓（其）」疑讀爲「己」。「亓」「其」「己」音近通假。《説文》：「辺讀與記同。」又《詩經・王風・揚之水》：「彼其之子。」鄭箋：「其……或作己讀，聲相似。」「怠」當從裘按讀爲「治」。句謂「正己，然而行治焉爾也」。《尸子・神明》：「聖人正己，而四方治矣。」《論語・子路》：「苟正其身矣，於從政乎何有？不能正其身，如正人何？」

〔二〕「也」後有句讀符號，間隔一字後下緊接「斆＝丌也」。本句斷句頗有歧異。裘按於「文」前斷讀，李零（2002a：160）於「文」後斷讀。茲從李零（2002a：160）句讀。正，裘按讀爲「政」。

「文」，李零(2002a：164)疑指典法。劉釗(2003b：193)訓爲「文治」。王志平(2012：8)：「正」當從裘按讀爲「政」。「亓」疑讀爲「己」。謂政不違於文治，生於不違於自己之故。其意同於《論語·子路》：「其身正，不令而行；其身不正，雖令不從。」又《論語·顔淵》：「政者，正也。子帥以正，孰敢不正？」

〔三〕按：「斅」字下有合文符號「=」。整理者讀爲「教，學丌也」。注釋云：「其」字上應爲「教」「學」二字合文，此句也有可能讀爲「學，教其也」。陳斯鵬(2000：81—82)認爲合文之字爲「斅」，即《説文》「學」字異體。簡文應讀爲「學，學己也」。《尊德義》五號簡有「學非改倫也，學𠯑(己)也」句。「學己」意即「使己學(覺悟)」。吕浩(2001：282)：疑當釋讀爲「學，教己也」，意謂「學就是教自己」。按：「丌」疑亦讀爲「己」。

其爲生也，亡㾃(乎)丌(其)型(形)。〔一〕六二

〔一〕此句句讀有歧異。整理者在「型」後加句號；李零(2002a：159)在「㾃」後標問號，認爲「型」後尚有缺文在另簡上。型，整理者讀爲「形」。李零(1999：532)讀爲「刑」。按：「亡」疑讀爲「忘」。《莊子·讓王》：「故養志者忘形，養形者忘利，致道者忘心矣。」

智（知）豊（禮）㦓（然）句（後）智（知）型（刑）。〔一〕一六三

〔一〕「型」，李零（1999：532）讀爲「刑」。按：第二七號簡有「知禮而後知行」之語，均謂知禮即指如何行事之意。「知禮然後知型」與第二五號簡「禮生樂，由樂知型」之語意思相同。陳偉武（2009：271）：《説苑·修文》：「故聖人因而成之以德曰樂。樂者，德之風。」《大戴禮記·四代》：「陽德出禮，禮出刑……」由此可知「型」當讀爲「刑」而非「形」。

型（刑）非詬也。〔一〕一六四

〔一〕「非」下一字，黄德寬、徐在國（1998：107）、陳松長（2000：257）疑是「厰」字異體，讀爲「嚴」。涂宗流、劉祖信（2001：229）：此字从口、厄聲，同「卮（卮）」，疑借爲「胑（肢）」，卮、胑古音同爲章紐支部。「胑」同「肢」。鄭剛（2004：34）：字與「敢」相去甚遠，應看作「美」字異體。

上下虐（皆）得亓（其）所之胃（謂）信。六五信非至齊也。▬六六

政亓，康（然）而行怠安（焉）。〔一〕▬六七

〔一〕「政」，周鳳五（2000b）讀爲「正」。王志平（2012：8）：「亓」讀爲「己」。「怠」讀爲「治」。句謂「正己，然而行治焉」。

察天道以愇（化）民熨（氣）。〔一〕▬六八

〔一〕「察」，裘按以爲此字與《五行》讀爲「察」之从「言」之字基本相同。不過右旁下部有从「又」从「廾」之别，疑亦當讀爲「察」。甚是。兹從之。

父子，至上下也。〔一〕▬六九

〔一〕「至」，李零（2002a：165）讀爲「致」。陳偉（2002：214）讀爲「至」，訓爲「極至」。劉釗（2003b：193）讀爲「識」，指標誌。按：當從陳偉説，讀如本字。

兄弟，[至]先後也。■七〇

亡勿（物）不勿（物），〔一〕虐（皆）至安（焉），〔二〕而七一亡非吕（己）取之者。■七二

〔一〕李零（2002a：65）：此句可能是説「無物不可視之爲物」。陳偉（2002：209）：後一個「物」是役使義，《莊子·山木》「物物而不物於物」、《管子·内業》「君子使物，不爲物使」，均是其意。連劭名（2003：26）：「亡物」之「物」是名詞，「不物」之「物」是動詞。

〔二〕「至」，李零（2002a：165）讀爲「致」，「皆致焉」可能是説皆可拿來爲我所用。連劭名（2003：26）「皆至焉」，指萬物皆至。馬王堆帛書《黄帝·十大經》：「萬物群至，我無不能應。」

悲，喪其所也，〔一〕亡非是〔二〕七三

〔二〕「喪」，整理者隸定爲「筓」。李零（1999：537）：「芒」字之誤，讀爲「喪亡」之「亡」。劉釗（2003a：74）：讀爲「作」，起也。「悲作其所」似是「悲作於其所」之意。陳偉（2009：250）：此形與上博竹書《周易》三二號簡「喪」字近似，故逕釋爲「喪」。

〔三〕王志平（2012：9）：「是」疑讀爲「啼」。「是」「啼」並爲支部字。「是」「帝」音近通假。諟、諦本爲一字。又《説文》：「啻讀若鞮。」《史記・陳杞世家》：「銷鋒鍉。」《集解》引徐廣曰：「鍉一作鏑。」是其證。句謂悲痛，是「喪失其所」，無非啼哭而已。

之弗也。〔一〕一七四

〔一〕「弗」，李零（2002a：161）讀爲「費」。

受，〔一〕浴䆊不逮從一衍（道）。〔二〕一七五

〔一〕「受」，整理者疑是「者」，周鳳五（2000b）疑讀爲「諸」。陳斯鵬（2002：411）認爲字形更接近「受」。按：釋「受」是，「受」與下「道」同押幽部韻。

〔二〕「迻」，李零（1999：537）：疑是「去」字異體。陳斯鵬（2002：411）：疑讀爲「遘」，遇也。「迻」下一字，黄德寬、徐在國（1998：107—108）：古文「鞭」字繁體，似讀爲「變」。李零（2002a：162）：或與楚文字「家」有關。陳斯鵬（2002：411）：左下旁是「元」字的反向寫法，从「殳」與从「攴」同義，字應釋爲「寇」。劉釗（2000：90）亦釋爲「寇」。王志平（2012：9）：「迻」，疑讀爲「欲」。其下一字左下疑从「卞」得聲，可依黄德寬、徐在國説讀爲「變」。「逮」訓「及」，意謂變來變去反而不及從一而終，也即以不變應萬變之意。《説苑・談叢》：「多易多敗，多言多失。」《商君書・更法》：「利不百，不變法；功不十，不易器。」《荀子・儒效》：「千舉萬變，其道一也。」《淮南子・人間》：「見本而知末，觀指而睹歸，執一而應萬，握要而治詳，謂之術。」《管子・白心》：「一以無貳，是謂知道。將欲服之，必一其端，而固其所守。」

□□者，悉肰（然）不肰（然）。〔一〕一七六

〔一〕「㤅」，李零（1999：533）讀爲「義」，其後加逗號。劉釗（2003a：74）：「然不然」即「以不是爲是」。王志平（2012：10）：「㤅」，疑讀爲「宜」，「宜然不然」謂應如此而不如此。原釋文「㤅」字前無標點，此據文義酌加。

㤅（仁），人也；義，［道也］。殘八［厚於仁］，専（薄）殘三於義，斝（親）而七七不障（尊）；厚於義，専（薄）於㤅（仁），八二障（尊）而不斝（親）。〔一〕七九

〔一〕編聯從李松儒（2011：249）引施謝捷説、廖名春（1999：65）等。龐樸（1998：9）、陳偉（2002：216）指出簡文同於《禮記·表記》：「仁者，人也；道者，義也。厚於仁者薄於義，親而不尊；厚於義者薄於仁，尊而不親。」陳偉認爲《表記》「道者，義也」應是「義者，道也」之誤。

□□；〔一〕父，又（有）斝（親）又（有）障（尊）；〔二〕七八長弟，斝（親）道也。暓（友）君臣，〔三〕八〇毋（無）斝（親）也。〔四〕八一

〔一〕裘按：所缺二字當是「不尊」。裘氏（李鋭2005：47）復補「不尊」前缺文爲「君，尊而不親。母，親而」。李零（2002a：160）補爲「別君」。

〔二〕劉釗（2003b：194）：《孝經·士》「故母取其愛，而君取其敬，兼之者父也」，與簡文「父有親有尊」是一個意思。

〔三〕「友君臣」，劉釗（2003b：194）讀作「友、君臣」。按：「友君臣」謂君臣相處之道。《語叢三》六—七簡有「友，君臣之道也。長弟，孝之方也」之語，可與此參看。

〔四〕此從李零（1999：534）、劉釗（2003b：182）編聯。

人亡（無）能爲。〔一〕一八三

〔一〕「爲」，劉釗（2003b：192）：疑讀爲「僞」。

又（有）憏（察）膳（善），亡爲膳（善）。〔一〕一八四

〔一〕「憏」，讀爲「察」。下同。「爲」，劉釗（2003b：195）：故意、做作。按：「亡」疑讀爲「毋」，「爲」疑當讀「僞」。

憏（察）所智（知），憏（察）所不智（知）。一八五

埶（勢）與聖（聲）爲可憏（察）也。〔一〕一八六

〔一〕「埶」，裘按：疑讀爲「勢」或「藝」。「聖」，周鳳五（2000b）讀爲「聲」。「憏」，裘按云：以上三簡「憏」字，疑當讀爲「察」。

君臣、朋習（友），其睪（擇）者也。一八七

宖（賓）客，青（清）漳（廟）之廈（文）也。〔一〕一八八

〔二〕「文」，李零（2002a：164）：可能指禮容。劉釗（2003b：195）：文飾、裝飾。李家浩（2007）：「清廟」釋讀不辭，簡文讀爲「情貌」。賈海生（2011：4—7）：「賓客，清廟之文也」，是釋禮的精言。清廟之文飾包括兩個方面，一是靜態的文飾，一是動態的文飾。靜態的文飾指清廟的建築形制，動態的文飾則指諸侯助祭及覲見天子在清廟内外的種種威儀。王志平（2012：10）：李零説是。「清廟」，即太廟。《文選・司馬相如〈上林賦〉》：「登明堂，坐清廟。」郭璞注：「清廟，太廟也。」簡文對應《詩・周頌・清廟》：「於穆清廟，肅雝顯相。濟濟多士，秉文之德。」「濟濟多士」即簡文的「賓客」。「秉文之德」即「《清廟》之文」。鄭《箋》以爲秉持文王之德，而毛《傳》或以爲美稱。馬瑞辰《毛詩傳箋通釋》卷二十八云：「此《傳》謂多士『皆執持文德』，亦泛言有文德，與《箋》言『皆執行文王之德』異義。」疑簡文即指用於典禮之頌歌《清廟》。《禮記・明堂位》：「季夏六月，以禘禮祀周公於太廟……升歌《清廟》。」又《禮記・祭統》：「夫大嘗禘，升歌《清廟》，……此天子之樂也。」《禮記・仲尼燕居》：「大饗……兩君相見……升歌《清廟》。」《禮記・文王世子》：「天子視學……登歌《清廟》。」則《清廟》專用於天子盛典。故孔疏云：「《禮記》每云升歌《清廟》，然則祭祀宗廟之盛，歌文王之德，莫重於《清廟》，故爲《周頌》之首。」天子大饗賓客，「升歌《清廟》」，故曰「賓客，《清廟》之文也」。按：上博楚簡《孔子詩論》簡五亦曰：「《清廟》，王德也。至矣，敬宗廟之禮，以爲其本，秉文之德，以爲其業……」，並可供參考。

多玿（好）者，亡（無）玿（好）者也。〔一〕一八九

〔一〕「玿」，裘按：「好」字異體，亦見於《語叢二》二一、二二號簡。《古文四聲韻》所收「好」字有與此相似之體。按：此當讀爲喜好之「好」，謂喜好太多，則無所謂喜好了。

婁，不⿻也。〔一〕一九〇

〔一〕「婁」，裘按：疑當讀爲「數」。劉釗（2003b：197）：疑「數」指名數之數。蘇建洲（2011）釋爲「褱」，讀爲「讓」，「意思是説禮讓、退讓，不完全獨佔或享用」。按：當從裘錫圭、劉釗所釋。

夬（缺），生虖（乎）未得也。〔一〕一九一

〔一〕「夬」，整理者讀爲「缺」，並與下文連讀。周鳳五（2000b）讀爲「決」，並在其後標逗號。

悉（愛）膳（善）之胃（謂）㤅（仁）。〔一〕一九二

〔一〕按：《説苑・談叢》：「愛施者，仁之端也。」與此義近。

㤅（仁）慭（義）爲之楻。〔一〕一九三

〔一〕「楻」，黄德寬、徐在國（1998：108）釋爲「枉」，《説文》：「枉，衺曲也。」李零（1999：536）：疑即「圭臬」之「臬」。李零（2002a：164）復云：聲旁同於一〇八號簡的「毀」字，或可讀爲「歸」。劉釗（2000：90）：「楻」从木皇聲。「皇」本是「皃」的分化字。「楻」也就是「梲」字，也就是「臬」字。「臬」字本義爲箭靶，又引申爲法度。涂宗流、劉祖信（2001：268）：字从呈聲，讀爲「涅」，借爲「暱」，相親愛之極。何琳儀（2002：3）釋爲从「木」从「兟」，疑是「桓」之異文，讀爲恆，訓爲「常」。蘇建洲（2010）：「㰅」，或可能讀爲「攘」，《莊子・胠篋》有「攘棄仁

義」的説法，則簡文「仁義爲之攘」是指仁義被攘棄掉了。按：暫讀爲「臬」。

備之胃（謂）聖。〔一〕九四

〔一〕「備」，李零（2002a：162、168）：疑讀爲「服」。簡文左下从「女」，類似寫法見於《語叢三》五四號簡。連劭名（2003：27）讀如本字，《語叢三》：「物不備，不成仁。」《孟子・盡心上》：「萬物皆備於我矣，反身而誠，樂莫大焉；強恕而行，求仁莫近焉。」「備」「足」同義。《荀子・解蔽》：「曷謂至足？曰：聖也。」「聖」，李零（2002a：162）：疑讀爲「聽」。

持遜（由）敬乍（作）。〔一〕九五

〔一〕「持」，劉釗（2003a：75）：疑讀爲「畤」，祭壇。連劭名（2003：27）讀爲「持」，訓爲「守」。王志平（2012：10）：疑讀爲「戴」，愛戴、尊戴之意。《史記・吴王濞列傳》：「安得不戴？」《漢書・吴王濞傳》「戴」作「事」。《説文》：「事，職也。从史，之省聲。」「事」「持」同从「之」聲，是其證。又沈培(2007)認爲楚簡中「戴」字異體即从「首」(或从「頁」)「之」聲，則古文「戴」與「持」同从「之」聲，故可與「戴」通假。《玉篇·異部》：「戴，奉也，事也。」《書·大禹謨》：「衆非元后何戴？」孔穎達疏：「衆非大君而何所奉戴？」《國語·周語上》：「庶民不忍，欣戴武王。」韋昭注：「戴，奉也。」

又(有)生虖(乎)名。▬九六

喪，㤅(仁)之耑(端)也。▬九八

恷(求)者，〔一〕亡(無)又(有)自（來）也。▬九九

〔一〕「恷」，李零(1999：535)讀爲「求」。

浧(盈)聖(聽)之胃(謂)聖。〔一〕▬一〇〇

〔一〕「浧」，李零(1999：534)讀爲「盈」。李零(2002a：159、162)讀第一個「聖」爲「聽」，第二個「聖」爲「聲」。劉釗(2003a：67)讀第一個「聖」爲「聽」，第二個「聖」爲本字。

鑵(權)，〔一〕可去可遈(徙)。〔二〕一〇一

〔一〕「鑵」，劉釗(2000：86)：疑讀爲「權」，權勢。連劭名(2003：28)讀爲「觀」。按：「鑵」當讀爲「權」，即權衡之「權」。《禮記・月令》：「正權概。」鄭玄注：「稱錘曰權。」古權(秤錘)多以銅爲之，故「鑵(權)」字从金。

〔二〕「去」，連劭名(2003：28)訓爲「藏」。「歸」「藏」義通。「遈」，整理者釋「遲」。劉釗(2000：85—86)：字从辵、屎聲，當釋爲「徙」。陳偉(2009：251)：此字右旁與「帚」「屎」均近，亦有一定差異。考慮到「去」「歸」對文，暫從整理者釋。按：秤錘可去可徙，故可從劉釗釋。

凡同者迵(踴)。〔一〕一〇二

〔一〕「同」，陳偉（2000：145—146）：可讀爲「痛」「慟」或「恫」，指悲傷。「迵」，整理者讀爲「通」。陳偉（2000：145—146）：可讀爲「踴」，特指喪禮中的跳躍。

豊（禮）不同，不𡨦（豐），不殺。〔一〕一〇三

〔一〕「𡨦」，整理者隸定爲「𢍜」，讀爲「害」。陳偉（1998：71）：字實从「宀」从「奉」，即「奉」字異構，讀爲「豐」。陳偉（2002：217）復云：可釋爲《說文》的「𧯛」，讀爲「豐」。「殺」，整理者隸定爲「𡦹」，讀爲「妨」；陳偉（1998：71）改釋爲「殺」。《禮記·禮器》引孔子云：「禮不同、不豐、不殺。」

凡勿（物）𧦝（由）望生。〔一〕一〇四

〔一〕此與第一號簡文「凡物由宔生」同。李零（1999：531）、（2002a：158）以「望」爲正，並據此改篇題爲「物由望生」。按：疑亦當讀爲「無」。

勿（物）各止於亓（其）所，我行〔一〕一〇五

〔一〕「我」，周鳳五（2000b）讀爲「義」。按：疑讀爲「宜」。

䖒（皆）又（有）之。一〇六

快（決）与信，器也，各以澹（譫）一〇七訂（詞）毀也。〔一〕一〇八

〔一〕「澹」，整理者保留字形「[illegible]」未釋。裘按：疑字从「炎」省聲，或即「澹」之別體，讀爲「詹」，同「譫」，意爲多言、妄言。劉釗（2003a：48—78）釋爲「澹」，讀爲「誕」。按：宜從裘按釋讀。

虐与容与夫亓（其）行者。〔一〕一〇九

〔一〕「唇」，周鳳五（2000b）讀爲「乎」；李零（2002a：165）讀爲「號」。《周禮·春官·大祝》有「六

號」，是禮儀活動中唱呼的名號，疑即這裏的「號」。劉釗（2003b：196）：讀爲「呼」，義同稱呼。「与」，李零（2002a：161、162）釋爲「牙」，讀爲「邪」，並在第二個「邪」後加逗號。劉釗（2003b：196）：釋「牙」，讀爲「與」。第一個「與」是連詞，第二個「與」訓爲「當」「適」，並加逗號。簡文大意是說「稱呼與外貌相當，才能流傳」。

飤（食）与頪（色）与疾。〔一〕一一〇

〔一〕本句句讀有歧異。李零（1999：535）讀作「食與色與，疾」。陳斯鵬（2002：412）讀作「食與色與疾」，「食」「色」「疾」三者並列。劉釗（2003a：70）讀作「食邪色邪，疾」。「与」，李零（2002a：161）釋爲「牙」，讀爲「邪」。「頪」，整理者隸定爲「頪」。裘按：疑是「頧」之訛字，讀爲「色」。張靜（2002：177）：「頪」可看作「頧」「䌖」二字的綜合，从頁，矣聲。色，《説文》古文字形基本與本簡之字吻合，所加「彡」會「修飾」之意。陳斯鵬（2002：411—412）、李守奎（2002：468）、陳劍（2003：373—379）隸定爲「頪」，从「矣（疑）」聲，「色」字異體。劉釗（2003b：196）隸定爲「䌖」，从「矣」从「色」，應爲「色」字繁體。「疾」，劉釗（2003b：196）訓

爲猛烈、急迫，簡文意爲「食」和「色」都是很緊急的事。李鋭（2005：45—46）：生病。按：兩「与」字並爲連詞，謂飲食、容色與疾病。《上海博物館藏戰國楚竹書（五）·鮑叔牙與隰朋之諫》五號簡有「公沽（胡）弗察人之生（性）三：食、色、息」之語，「食」「色」「息」並列，與此類似。

……止之。一一一

……樂政。〔一〕一一二

〔一〕「政」，原釋爲「豉」，劉釗（2003a：70）讀爲「疏」。「樂疏」與三四號簡「樂繁」正相反。陳松長（2000：258）：此字應釋爲「政」字，《周禮·春官宗伯·樂師》「凡樂，掌其序事，治其樂政」。又可讀爲「樂正」，「樂正」乃是一個司掌「樂政」的官名。按：陳松長所釋可從。此字與《清華簡（捌）·邦家之政》簡四、九、一一等「政」字相同，當釋爲「政」，讀爲「樂政」或「樂正」。

參考文獻

曹方向《小議清華簡〈繫年〉及郭店簡中的「京」字》，簡帛網2012年1月2日。http://www.bsm.org.cn/show_article.php?id=1615。（曹方向2012）

曹峰《「名二物三」考——兼論〈語叢一、三〉兩篇所見「名」思想》，《第四屆國際中國古文字學研討會論文集》，香港中文大學中國語言及文學系，2003年10月。（曹峰2003）

曹峰《郭店楚簡〈語叢一〉「天生本、人生化」試解》，復旦大學出土文獻與古文字研究中心網站2009年8月26日。http://www.gwz.fudan.edu.cn/SrcShow.asp?Src_ID=880，訪問日期2018年9月10日。（曹峰2009）

曹錦炎《讀楚簡劄記（二則）》，《華學》第7輯，中山大學出版社2004年12月。（曹錦炎2004）

陳劍《據戰國竹簡文字校讀古書兩則》，《第四屆國際中國古文字學研討會論文集》，香港中文大學中國語言及文學系，2003年10月。（陳劍2003）

陳劍《甲骨金文舊釋「尢」之字及相關諸字新釋》，《甲骨金文考釋論集》，綫裝書局，2007年4月。（陳劍2007）

陳斯鵬《郭店楚墓竹簡考釋補正》，《華學》第4輯，紫禁城出版社2000年8月。（陳斯鵬2000）

陳斯鵬《郭店楚簡解讀四則》，《古文字研究》第24輯，中華書局2002年7月。（陳斯鵬2002）

陳松長《郭店楚簡〈語叢〉小識（八則）》，《古文字研究》第22輯，中華書局2000年7月。（陳松長2000）

陳偉《郭店楚簡別釋》，《江漢考古》1998年第4期。（陳偉1998）

陳偉《〈語叢〉一、三中有關「禮」的幾條簡文》，《郭店楚簡國際學術研討會論文集》，湖北人民出版社2000年5月。（陳偉2000）

陳偉《郭店竹書別釋》，湖北教育出版社2002年12月。（陳偉2002）

陳偉《楚地出土戰國簡冊［十四種］》，經濟科學出版社2009年9月。（陳偉2009）

陳偉武《郭店楚簡識小錄》，《華學》第4輯，紫禁城出版社2000年8月。（陳偉武2000）

陳偉武《試論簡帛文獻中的格言資料》，《簡帛》第4輯，上海古籍出版社2009年10月。（陳偉武2009）

顧史考《郭店楚簡〈成之〉等篇雜誌》，《清華大學學報（哲學社會科學版）》2006年第1期。（顧史考2006）

郭永秉《「京」、「亭」、「亳」獻疑》，《出土文獻》第5輯，中西書局，2014年。（郭永秉2014）

何琳儀《郭店竹簡選釋》，《簡帛研究二〇〇一》，廣西教育出版社2001年9月。（何琳儀2001）

何琳儀《郭店簡古文二考》，《古籍整理研究學刊》2002年第5期。（何琳儀2002）

黃德寬、徐在國《郭店楚簡文字考釋》，《吉林大學古籍整理研究所建所十五周年紀念文集》，吉林大學出版社1998年12月。（黃德寬、徐在國1998）

黃人二《戰國郭店竹簡〈語叢一〉「夫生百物人爲貴」句釋解——兼論郭簡之年代》，簡帛網2007年2月10日。http://www.bsm.org.cn/show_article.php?id=519，訪問日期2018年9月10日。（黃人二2007）

賈海生《說「清廟之文」》，《中國典籍與文化》2011年第4期。（賈海生2011）

姜廣輝《〈郭店楚墓竹簡·語叢一〉疏解（一）》，簡帛研究網2002年9月9日。http://www.jianbo.org/Wssf/2002/jiangguanghui06.htm，訪問日期2018年9月10日。（姜廣輝2002）

荆門市博物館編《郭店楚墓竹簡》，文物出版社1998年5月。（荆門市博物館1998）

李家浩《説「清廟」——關於郭店竹簡〈語叢一〉88號的解釋》，「2007年中國簡帛學國際論壇」論文，臺灣大學，2007年11月。（李家浩2007）

李零《郭店楚簡校讀記》，《道家文化研究》第17輯（郭店楚簡專號），生活·讀書·新知三聯書店1999年8月。（李零1999）

李零《郭店楚簡校讀記》（增訂本），北京大學出版社2002年3月。（李零2002a）

李零《郭店楚簡中的「敏」字和「文」字》，《古文字研究》第24輯，中華書局2002年7月。（李零2002b）

李鋭《孔孟之間「性」論研究——以郭店、上博簡爲基礎》，清華大學博士學位論文，2005年4月。（李鋭2005）

李鋭《郭店楚墓竹簡補釋》，《華學》第8輯，紫禁城出版社2006年8月。（李鋭2006）

李守奎《〈説文〉古文與楚文字互證三則》，《古文字研究》第24輯，中華書局2002年7月。（李守奎2002）

李松儒《郭店簡編聯二題》，《簡帛》第六輯，上海古籍出版社，2011年11月。（李松儒2011）

李天虹《郭店楚簡文字雜釋》，《郭店楚簡國際學術研討會論文集》，湖北人民出版社2000年5月。（李天虹2000a）

李天虹《釋楚簡文字「㝵」》，《華學》第4輯，紫禁城出版社2000年8月。（李天虹2000b）

李學勤《試解郭店簡讀「文」之字》,《孔子·儒學研究文叢(一)》,齊魯書社2001年6月。(李學勤2001)

連劭名《郭店楚簡〈語叢〉叢釋》,《孔子研究》2003年第2期。(連劭名2003)

梁立勇《〈語叢〉雜識》,《新出土文獻與古代文明研究》,上海大學出版社2004年4月。(梁立勇2004)

廖名春《郭店楚簡儒家著作考》,《孔子研究》1998年第3期。(廖名春1998)

廖名春《荆門郭店楚簡與先秦儒學》,《郭店楚簡研究》(《中國哲學》第20輯),遼寧教育出版社1999年1月。(廖名春1999)

廖名春《郭店簡〈語叢〉諸篇「卯」字試釋》,《文史》2011年第2輯。(廖名春2011)

劉傳賓《郭店竹簡研究綜論(文本研究篇)》,吉林大學博士學位論文,2010年10月。(劉傳賓2010)

劉傳賓《郭店竹簡文本研究綜論》,上海古籍出版社,2017年。(劉傳賓2017)

劉樂賢《郭店楚簡雜考(五則)》,《古文字研究》第22輯,中華書局2000年7月。(劉樂賢2000)

劉信芳《郭店簡文字考釋二則》,《古文字與古文獻》試刊號,1999年10月。(劉信芳1999)

劉信芳《郭店竹簡文字考釋拾遺》,《江漢考古》2000年第1期。(劉信芳2000)

劉信芳《郭店簡〈語叢〉文字試解(七則)》,《簡帛研究2001》,廣西師范大學出版社,2001年9月。(劉信芳2001)

劉釗《讀郭店楚簡字詞劄記》,《郭店楚簡國際學術研討會論文集》,湖北人民出版社2000年5月;收入《出土簡帛文字叢考》,臺灣古籍出版有限公司2004年3月。(劉釗2000)

劉釗《郭店楚簡〈語叢一〉箋釋》,《吉林大學古籍研究所建所二十周年紀念文集》,吉林文史出版社2003年12

月。（劉釗2003a）

劉釗《郭店楚簡校釋》，福建人民出版社2003年12月。（劉釗2003b）

呂浩《〈郭店楚簡〉釋文訂補》，《中國文字研究》第2輯，廣西教育出版社2001年10月。（呂浩2001）

呂宜真《論〈語叢一〉中「六經」的簡序——以第36至44號簡爲例》，《東方人文》第八卷第四期，2009年12月。（呂宜真2009）

龐樸《初讀郭店楚簡》，《歷史研究》1998年第4期。（龐樸1998）

龐樸《古墓新知》，《郭店楚簡研究》（《中國哲學》第20輯），遼寧教育出版社1999年1月。（龐樸1999）

裘錫圭《甲骨文中的幾種樂器名稱》，《中華文史論叢》1980年第2輯，上海古籍出版社1980年5月。（裘錫圭1980）

沈培《試釋戰國時代从「之」从「首（或从『頁』）」之字》，簡帛網2007年7月17日。http://www.bsm.org.cn/show_article.php?id=630，訪問日期2018年9月10日。（沈培2007）

史林《〈語叢一〉簡一的解讀》，簡帛研究網2009年1月2日。（史林2009）

蘇建洲《〈郭店·語叢二〉簡3「褱」字考》，復旦大學出土文獻與古文字研究中心網站2010年3月7日。http://www.gwz.fudan.edu.cn/SrcShow.asp?Src_ID=1100，訪問日期2018年9月10日。（蘇建洲2010）

蘇建洲《〈郭店·語叢〉「褱」字試解》，復旦大學出土文獻與古文字研究中心網站2011年4月15日。http://www.gwz.fudan.edu.cn/SrcShow.asp?Src_ID=1469，訪問日期2018年9月10日。（蘇建洲2011）

涂宗流《郭店楚簡〈語叢一、三〉編連問題再思考》，《荆門職業技術學院學報》第16卷第1期，2001年1月。（涂宗流2001a）

涂宗流、劉祖信《郭店楚簡先秦儒家佚書校釋》，臺灣萬卷樓圖書有限公司，2001年2月。（涂宗流、劉祖信2001b）

涂宗流《語叢編連問題再思考》，簡帛研究網2002年5月24日。http：//www.jianbo.org/Zzwk/2002/T/tuzhongliu01.htm，訪問日期2018年9月10日。（涂宗流2002）

王連成《〈郭店簡·語叢一〉「天生鯀，人生卯」的解讀有感》，簡帛研究網2008年4月21日。（王連成2008）

王志平《〈語叢〉遺秉》，《簡帛》第7輯，上海古籍出版社2012年12月。（王志平2012）

王志勇《〈郭店楚墓竹簡·語叢〉校讀》，南京師範大學碩士學位論文，2012年。（王志勇2012）

魏宜輝《論戰國楚系文字中「鯀」字之省體》，復旦大學出土文獻與古文字研究中心網站2009年1月1日。http：//www.gwz.fudan.edu.cn/SrcShow.asp?Src_ID=592，訪問日期2018年9月10日。（魏宜輝2009）

魏宜輝《論戰國楚系文字中省體之「鯀」字及相關問題》，《古文字研究》第28輯，中華書局2010年10月。（魏宜輝2010）

吳振武《談左掌客亭陶璽——從構形上解釋戰國文字中舊釋爲「亳」的字應是「亭」字》，中國古文字學會第十八次年會論文，2010年10月，北京。（吳振武2010）

吳振武《談齊「左掌客亭」陶璽——從構形上解釋戰國文字中舊釋爲「亳」的字應是「亭」字》，《社會科學戰

綫》2012年第12期。（吳振武2012）

徐寶貴《郭店楚簡研究三則》，《新出土文獻與古代文明研究》，上海大學出版社2004年4月。（徐寶貴2004）

袁國華《郭店楚簡文字考釋十一則》，《中國文字》新24期，臺北藝文印書館1998年12月。（袁國華1998）

張富海《北大中國古文獻研究中心「郭店楚簡研究」專案新動態》，《國際簡帛研究通訊》2000年第5期。（張富海2000）

張靜《郭店楚簡文字研究》，安徽大學博士學位論文，2002年5月。（張靜2002）

趙平安《「京」、「亭」考辨》，《復旦學報（社會科學版）》2013年第4期。（趙平安2013）

鄭剛《楚簡孔子論説辨證》，汕頭大學出版社2004年5月。（鄭剛2004）

周鳳五《郭店楚簡〈忠信之道〉考釋》，《中國哲學》第21輯，遼寧教育出版社2000年1月。（周鳳五2000a）

周鳳五《郭店竹簡〈語叢一〉重編新釋》，2000年稿本。（周鳳五2000b）

語叢二

王志平　校釋

校釋説明

本篇存簡五十四枚，其中殘簡二枚。整簡長一五・一—一五・二釐米，是郭店簡中簡長最短的一篇。編綫三道。整簡書滿文字者一般八字，字跡清晰。

本篇主要談論由「性」和「欲」衍變出來的各種情緒或情感、行爲等。句末一般都有短横形符號「▬」。一號簡、八號簡、四〇號簡「眚」字後也有句讀符號作「▬」，不知是否即章題標識。

篇題係整理者擬加，李零（2002a：169）改題爲《名數》。今從整理者命名。校釋沿用整理者的竹簡編號和順序。李零（1999：537—539）、（2002a：169—170）與涂宗流（2002）、劉釗（2003a：246—247）、（2003b：199—200）等對簡序做有調整，可參看。

校釋者　王志平

凡例

一、竹簡簡號一依《郭店楚墓竹簡》，標在每簡最後一字的右下旁。

二、竹簡上原有的標識一依《郭店楚墓竹簡》，以裨研究。但校釋重文、合文號後補出重文、合文，外加方括號「[]」。

三、簡文殘缺或殘泐無法辨識的字，可據行文格式推定字數者，釋文以「□」號表示，一「□」代表一字；不能確定字數者，釋文以「……」號表示。

四、簡文殘缺之字，尚有殘留筆畫者，外加「□」號；據文義補者，外加方括號「[]」。

五、簡文中的通假字、異體字隨文注出本字、正字，外加「()」表示；訛字隨文注出正字，外加「〈〉」表示。

六、校釋以《郭店楚墓竹簡·語叢二》（文物出版社，一九九八年五月）的釋文爲基礎，斟酌去取諸家意見。

七、校釋儘量按照簡文字形嚴格隸定，以裨研究。如確有疑問及隸定不一者，直接附以原簡字形。

情生於眚(性)，〔一〕▬豊(禮)生於情，〔二〕一 厰(嚴)生於豊(禮)，〔三〕敬生於厰(嚴)，

二毀(讓)生於敬，〔四〕恥生於懷(讓)，〔五〕三 悡(利)生於恥，〔六〕瀫(廉)生於悡(利)。〔七〕四

〔一〕按：郭店楚簡《性自命出》三號簡：「情生於性。」

〔二〕按：郭店楚簡《性自命出》一八號簡：「禮作於情。」

〔三〕「厰」，整理者讀爲「嚴」。

〔四〕「毀」，整理者隸定爲「宔」，讀爲「望」。黄德寬、徐在國(1998：108)：應釋爲「㞷」，讀爲「狂」。下文从「心」「㞷」聲之字爲「狂」之變體。《廣雅・釋詁三》：「狂，癡也。」李零(2002a：172)：從文義看，應是與「敬」涵義相近的詞，疑是景仰之義。何琳儀(2002：2—3)、(2004：110—111)釋爲「兢」，訓爲「恐懼」。下文「㤩」爲从「心」之「兢」字繁文。蘇建洲(2010)、(2011)：字可釋爲「襄」，下从「心」之字釋爲「懷」，簡文均讀爲「讓」。「讓生於敬，恥生於讓」，意思是説有尊敬之心才懂得禮讓，懂得禮讓才會有廉恥之心或免於恥辱。趙平安(2010)：字釋爲「毀」，應讀爲「溫良恭儉讓」的「讓」。从心之字釋爲「懷」，懷和讓可以看做同源分化字。在簡文中，懷應看作讓的異體。

〔五〕「懷」，整理者隸定爲「㤩」，此從蘇建洲(2010)、(2011)、趙平安(2010)所釋。

〔六〕「㓯」，李零（2002a：172）：疑讀爲「烈」，剛烈。連劭名（2003：29）：讀爲「利」。

〔七〕「𥹆」，從整理者隸定。裘按：疑是「兼」之訛體，讀爲「廉」。連劭名（2003：29）：「廉」與「利」義通。

度（文）生於豊（禮），〔一〕尃（博）生於度（文）。〔二〕五

〔一〕「度」，李天虹（2000b：85—88）疑與「麟」字有關，讀爲「文」，李家浩（張富海2000：5）釋爲「閔」字古文，讀爲「文」。李零（2002b：390—391）釋爲「敏」字古文，讀爲「文」。李學勤（2001：117—120）：字上部所从非「鹿」亦非「虎」，而爲「民」字，下部所从爲「旻」，可讀爲「閔」。字應爲「閔」字異體。从「彡」之形也就是《説文》「彣」字，即文章之文。李零（2002b：389—391）：《古文四聲韻》「閔」字所从皆爲「每」非「民」。郭店簡諸字皆應爲「敏」字，其中《性自命出》簡六五、《尊德義》簡一七用爲本字，餘皆讀爲「文」。陳劍（2007：59—80）隸定爲「𪊨」，「旻」讀音與「敃」字相近。「民」「旻」皆聲，爲「閔」字古文所本。「閔」字所从「門」「文」皆爲聲旁，故「𪊨」「閔」古文可讀爲「文」。

〔三〕「尃」，李零（2002a：173）讀爲「博」，疑指博雅。劉釗（2003：255）：指博學。「博生於文」即《論語・雍也》「博學於文」。

大生於……六

恖（慍）生於𢝊（憂）。〔一〕一七

〔一〕「恖」，裘按：疑讀爲「慍」。《説文》「昷」字從「囚」，即由「囟」訛變。

㤅（愛）生於眚（性），一睪（親）生於㤅（愛），八忠生於睪（親）。一九

𢘹（欲）生於眚（性），慮生於𢘹（欲），一〇㤗（倍）生於慮，〔二〕靜（爭）生於㤗（倍），一一尚（黨）生於靜（爭）。〔三〕一二

〔一〕「悟」，李零（1999：539）：讀爲「倍」或「悖」。連劭名（2003：30）：「悟」通「倍」，字又作「伓」。「倍」與「背」通，與「反」同義。

〔二〕「静」，裘按讀爲「爭」。「尚」，裘按讀「黨」。劉釗（2003：250—251）：「黨」義爲偏私。《論語・衛靈公》「君子矜而不爭，群而不黨」，「爭」「黨」並提，與簡文相同。連劭名（2003：30）：「尚」，讀爲「當」。「當」與「德」通。

念（貪）生於忿（欲），〔一〕伓生於念（貪），〔二〕一三 稃生於伓。〔三〕一四

〔一〕「念」，李零（1999：538）讀爲「貪」。

〔二〕「伓」，李零（1999：539）讀爲「負」。劉釗（2003：253）：乃「倍」字初文，讀如字。按：「念」讀爲「貪」。

〔三〕「稃」，從劉釗（2003：253）隸定。涂宗流、劉祖信（2001：303—304）：此字从豕，肝聲，疑借爲「忓」，觸犯。李零（2002a：173）：字右上所从似「月」的部分，應是「繇」之省，其讀音可能與「繇」有關。劉釗（2003：253）：字从「豕」从「肉」从「主」，疑爲「冢」省聲，讀爲「忡」，憂

愁。按：劉釗隸定可從。「冡」戰國文字多假借爲「重」，此疑讀爲「動」。

楥生於㣍（欲），〔一〕吁生於楥，〔二〕一五忘生於吁。〔三〕一六

〔一〕「楥」，李零（1999：539）：疑讀爲「喧」。何琳儀（2001：167）：「楥」應讀「諼」，《説文》：「詐也。」連劭名（2003：30）：「楥」讀爲「緩」。按：當從何琳儀説。

〔二〕「吁」，從整理者釋。李零（1999：539）疑讀爲「嘩」。何琳儀（2001：167）：其偏旁位置與下文「吁」有別，當釋「號」，讀爲「饕」。劉釗（2003：253—254）：讀爲「訏」，《説文》：「詭訛也。」連劭名（2003：30）：「吁」，讀爲「迂」，邪辟之義。

〔三〕「忘」，李零（1999：539）：疑讀爲「慌」。連劭名（2003：30—31）：讀爲「妄」，亂也。「吁」，何琳儀（2001：167）：應讀「訏」。《説文》：「詭訛也。」

浸（浸）生於㣍（欲），〔一〕恧生於浸（浸），〔二〕一七逃生於恧。〔三〕一八

〔一〕「滆」，李零（2002a：173）：有沉溺義。連劭名（2003：31）：讀爲「侵」。按：「滆」當釋爲「浸」。

〔二〕「悪」，劉釗（2003：254）：讀爲「慝」，奸邪。連劭名（2003：31）：《説文》：「悪，慚也。」

〔三〕「逃」，劉釗（2003：254）：讀爲「盜」。

返（急）生於忿（欲），〔一〕□生於返（急）。〔二〕一九

〔一〕「返」，李零（1999：539—540）：讀爲「急」。所从「及」與《唐虞之道》簡一五、一九的「及」相似。《説文》「及」字古文从「辵」，與此相合。李家浩（1999：348—349）、劉釗（2003：254）説同。連劭名（2003：31）亦讀爲「急」。

〔二〕「□」，李零（1999：540）：與簡文「察」字相似。連劭名（2003：31）釋爲「業」，从「人」从「業」，訓爲「捷」。按：當釋爲「察」，疑讀爲「淺」。

智生於眚（性），卯（謀）生於智，〔一〕二〇敓（悅）生於卯（謀），〔二〕毌（好）生於敓

(悅)，二二從生於玗(好)。二三

〔一〕「卯」，李零(2002a：172)：此字亦見《語叢 一》，疑相當「末」字。這裏可能指「末技」，即智巧一類東西。李家浩(2006：86)：讀爲「謀」。可參《吳子・治兵》「智者爲謀」「智者多謀」。

〔二〕「敓」，李零(1999：537)讀爲「悅」。李家浩(2006：86)：此句可參《管子・內業》：「喜怒取予，人之謀也。」「玗」，整理者釋爲「好」，甚是。按：當讀爲喜好之「好」。

子生於眚(性)，易生於子，〔一〕二三㣇(肆)生於易，〔二〕容生於㣇(肆)。〔三〕二四

〔一〕「子」，裘按：當讀爲見於《禮記・樂記》等的「易直子(慈)諒」之「子」。李零(2002a：172)：指愛子。古人亦以「子愛」稱人君愛民。「易」，沈培(2001：310—311)：平易、質直，與「直」義近。《樂記》孔疏認爲「易直」爲「正直」，並不正確。李零(2002a：172)：有延易之義，這裏可能指推己之愛以及於人。連劭名(2003：31)訓爲和悅、平易之「易」。

〔二〕「㣇」，裘按：疑讀爲「肆」，有「大」義。沈培(2001：311)：將「肆」解釋爲「大」不甚確切。

「肆生於易」相當於《五行》的「不直不肆」。連劭名（2003：31—32）訓爲中正。

〔三〕「容」，李家浩（1999：357）：可能是从「几」从「曰」之字。沈培（2001：311）讀爲「勇」。李零（2002a：172）：指包容。連劭名（2003：32）讀爲「公」。按：可從李零（2002a：172）説讀爲容。

惡生於眚（性），忞（怒）生於惡，二五乘生於忞（怒），〔一〕亞（惎）生於輮（勝），〔二〕二
六惻生於亞（惎）。〔三〕二七

〔一〕「乘」，李零（1999：539）：疑應讀爲好勝、爭勝之「勝」。連劭名（2003：32）訓爲陵、淩，暴也。

〔二〕「惎」，裘按：《説文》：「毒也。」劉信芳（2003）讀爲「期」。李零（2002a：172）：有忌恨義。連劭名（2003：32）讀爲「欺」，詐欺也。劉釗（2005：125）：「惎」意爲忌妒。「勝」指爭強好勝。「惎勝」一詞睡虎地秦墓竹簡《爲吏之道》作「期勝」：「毋復期勝，毋以忿怒決。」《荀子·性惡》：「不恤是非，不論曲直，以期勝人爲意，是役夫之知也。」

〔三〕「惻」，裘按：疑當讀爲「賊」。

憙（喜）生於眚（性），樂生於憙（喜），二八悲生於樂。二九

恖（慍）生於眚（性），■悥（憂）生於恖（慍），三〇𢙍（哀）生於悥（憂）。■三一

瞿（懼）生於眚（性），〔一〕監生於瞿（懼），〔二〕三二望生於監。〔三〕■三三

〔一〕「瞿」，李零（1999：538）、連劭名（2003：32）讀爲「懼」。

〔二〕「監」，劉信芳（2001：204）：讀爲「慆」。後世「膽寒」「心寒」之「寒」與「慆」同。李零（2002a：172）：讀爲「慊」，不滿。劉釗（2003：249）疑讀爲「嫌」，嫌疑。連劭名（2003：32）讀爲「鑒」，鏡也。按：或讀如本字，謂監視之義。

〔三〕「望」，劉信芳（2001：204）：責怨。

彊（強）生於眚（性），〔一〕立生於彊（強），三四割（斷）生於立。〔二〕▬三五

〔一〕「彊」，裘按：當讀爲「強」。連劭名（2003：91）：「強」，指「自強」。按：「強」當讀爲「倔強」之「強」。

〔二〕「割」，裘按：即《説文》「斷」字古文。連劭名（2003：91）：「斷」，義同於「果」。

𠭁（弱）生於眚（性），〔一〕𠊑（疑）生於休（弱），三六北（背）生於𠊑（疑）。〔二〕▬三七

〔一〕「𠭁」，裘按：「休」之訛體，即「溺」字，讀爲「弱」。「弱」與上條「強」相對。陳松長（2000b：258）讀爲「溺」，《正字通》云：「凡人情沉溺不反，亦曰溺。」按：當從裘按。

〔二〕「北」，裘按：讀爲敗北之「北」。陳松長（2000b：258）讀爲「背」。「北」可讀爲「背」。

凡悔，〔一〕已衜（道）者也。〔二〕▬三八

〔一〕「悔」，裘按：疑當讀爲「謀」或「悔」。李零（2002a：175）認爲這一章是講「悔」。王志平（2012：11）：疑當讀爲「侮」。

〔二〕「衜」，整理者逕破讀爲「道」。陳偉（2009：255）：或是「寡」的訛字。王志平（2012：11）：「已」疑讀爲「己」。「衜」當讀爲「導」。《孟子·離婁上》：「人必自侮，然後人侮之。」

凡⿰卜匕，〔一〕又（有）不行者也。三九

〔一〕「⿰卜匕」，整理者保留字形「⿰卜匕」未釋。陳斯鵬（2000：79）：字从人从卜，即「仆」字。在簡文中喻指遭受挫敗，簡三九謂「凡遭受挫敗，則說明其做法有行不通的地方」，簡四七謂「知天命者則可立於不敗之地」。李天虹（2000a：96）：疑是「⿰卜匕」的壞字。劉釗（2003：255）：讀爲「必」，義爲固執己見。袁國華（2003：21—23）：字即「⿰卜匕」，偏旁左右互換。王志平（2012：11）：疑讀爲「毖」，《說文》：「毖，慎也。从比，必聲。」按：《詩·周頌·小毖》：「予其懲而毖後患。」毛傳：「毖，慎也。」句或謂謹慎者，有所不行也。或以爲三八—四二號簡諸「凡某，……者也」幾句都是下定義，謂凡說「必」者，是有不能實行的情況。

凡𨑒（過），正一以遊丌（其）迱（它）四〇者也。〔一〕▀四一

〔一〕「正一」，劉釗（2003：257—258）：語見馬王堆帛書《十六經・正亂》《説苑・雜言》等，但不能肯定簡文和典籍中的「正一」用法一致。王志平（2012：11—12）：「正」謂改正、糾正；「遊」，整理者讀「失」，疑讀爲「益」。从「益」聲、从「失」聲字可以通假。《書・禹貢》：「溢爲滎。」《史記・夏本紀》《漢書・地理志》引「溢」作「泆」、作「軼」，是其證。句謂改一過可以益其他，此即「無貳過」之意。或以爲「失」訓失去，句謂凡是「過」，皆爲糾正一端而失去其他的情況。

凡敓（悅），乍（作）於惥（譽）者也。〔一〕▀四二

〔一〕「惥」，李零（1999：540）讀爲「譽」。

嘩，〔一〕自惥也。〔二〕惻，〔三〕退人也。〔四〕四三

〔一〕「嘩」，整理者隸定爲「哥」未釋。裘按：疑是「雩」或「嘩」字，讀爲「華」。四六號簡「而」上一字疑即此字省寫。

〔二〕「𢙇」，李零(1999：540)讀爲「安」。劉釗(2003：256)：讀爲「宴」，喜樂。按：「𢙇」，疑讀爲「閼」，遏塞之意。字本从「安」聲，「安」通「閼」。《史記·蘇秦列傳》「殘均陵，塞鄳阸」，王念孫《讀書雜志》：「《索隱》本作『安黽阸』。安，即閼字也，閼亦塞也。」

〔三〕「惻」，李零(1999：539)讀爲「賊」。連劭名(2003：91)讀爲「側」。

〔四〕「退人」，劉釗(2003：256)：似指使對方退讓。

名，婁(數)也。〔一〕遜(由)鼻鯀生。〔二〕四四

〔一〕「婁」，李零(2002a：170、174)：讀爲「數」，應指以下「某生於某」各句。所謂「名數」，即儒家討論性情和欲望的有關範疇。劉釗(2003：247)：「名數」指名目或種類。蘇建洲(2011)：字實爲「褭」，讀法待考。

〔二〕「鼻」，劉釗(2003：247)、(2005：206)釋爲「鼻」字而無説。涂宗流、劉祖信(2001：308、310)：

此字从田从火，占聲，疑讀爲「占」，用龜甲、蓍草占卜，預測吉凶。鄭剛（2004：123）釋爲「爨」，讀爲「纂」，編纂、系連。「緜」，劉釗（2003：247）讀爲「倫」。按：「緜」疑讀爲「玄」。

未又（有）善事人而不返者。〔一〕四五未又（有）嘩而忠者。〔二〕四六

〔一〕「返」，劉釗（2003：256）：指回報。

〔二〕「嘩」，從裘按釋。整理者隸定爲「叴」未釋。李零（2002a：173）：疑讀爲「訏」，詭詐。劉釗（2003：256）：讀爲「誇」，大言。何有祖（2008）：相似文句見於上博五《弟子問》二一號簡：「吾未見華而信者，未見善事人而憂者」。陳偉（2009：256）：據《弟子問》，四五、四六號兩簡的位置或許應互調。

智（知）命者亡扎（必）。〔一〕四七

〔一〕「扎」，整理者保留字形「[illegible]」未釋。兹從李天虹（2000a：96）隸定，讀爲「必」。「亡必」即《論

語·子罕》所載孔子「四毋」之一的「毋必」。

又（有）悳（德）者不遂（移）。〔一〕一四八

〔一〕「遂」，李零（1999：539）讀爲「移」。

悘（疑）取再。〔一〕一四九

〔一〕「悘」，整理者讀爲「疑」。甚是。王志平（2012：12）：句謂有疑慮再思即可。《論語·公冶長》：「季文子三思而後行。子聞之曰：『再，斯可矣。』」

母（毋）遊（失）虘（吾）埶（埶），〔一〕此埶（埶）得矣。一五〇

〔一〕「埶」，裘按：疑是「埶」之簡寫，讀爲「勢」，下同。湯餘惠、吳良寶（2001：199—200）：「埶」

確爲「埶」之簡寫，右旁即「丮」字省體。字似當讀爲「節」。又《古文四聲韻》引《林罕集》「未」字與「𡉚」相近，疑即其形變體，「埶」「未」亦是音近通假。李家浩（2006：84）：古文「未」與「𡉚」確實是同字，但「𡉚」的左旁才是「埶」的簡寫，並以之爲聲符。此古文「未」讀爲「謀」。白於藍（2011）認爲此字似可理解爲一個與「社」或「土」字音近的字，故釋爲「圖畫」之「圖」，在簡文中借爲「圖謀」之「圖」。王寧（2011）：應是「晦」字的本字，可讀爲「謀」。

少不忍伐大𡉚（埶）。〔一〕五一

〔一〕裘按：此條疑當讀爲「小不忍，敗大勢」。廖名春（1999：68）：此句與《論語・衛靈公》孔子語「小不忍，則亂大謀」極近。湯餘惠、吴良寶（2001：199—200）：「伐」讀爲「廢」。「大節」一詞，文獻習見，猶言大事、大體。李家浩（2006：84—85）：「伐」訓爲「敗」。「未」讀爲「謀」。陳偉武（2009：272）：「伐」，傷也，「傷」與「敗」義近，不讀破亦可通。《禮記・緇衣》：「葉公之《顧命》曰：毋以小謀敗大作。」《論語・衛靈公》：「小不忍，則亂大謀。」《淮南子・説林》：「除小害而致大賊，欲小快而害大利。」

亓(其)所之同，丌(其)行者異。〔一〕五二又(有)行帀〈而〉不𨔝(由)，〔二〕又(有)𨔝(由)而五三不行。五四

〔一〕王志平(2012：12)：意謂目的地相同，但是取徑不同。

〔二〕「帀」，爲「而」之誤字。「𨔝」，整理者讀爲「由」。劉釗(2003：257)：讀爲「迪」，義爲「導」。王志平(2012：12)：可從整理者釋讀。此猶《論語·雍也》「行不由徑」之「由」。《荀子·哀公》：「是故知不務多，務審其所知；言不務多，務審其所謂；行不務多，務審其所由。故知既已知之矣，言既已謂之矣，行既已由之矣，則若性命肌膚之不可易也。」

參考文獻

白於藍《釋「𡉚」》，華東師範大學中國文字研究與應用中心網2011年6月9日。http://www.wenzi.cn/ShowArticle.aspx?id=3&article_id=100，訪問日期2018年11月1日。（白於藍2011）

陳劍《甲骨金文舊釋「尤」之字及相關諸字新釋》，《甲骨金文考釋論集》，綫裝書局，2007年4月。（陳劍2007）

陳斯鵬《郭店楚墓竹簡考釋補正》，《華學》第4輯，紫禁城出版社，2000年8月。（陳斯鵬2000）

陳偉《楚地出土戰國簡冊[十四種]》，經濟科學出版社2009年9月。（陳偉2009）

陳偉武《試論簡帛文獻中的格言資料》，《簡帛》第4輯，上海古籍出版社2009年10月。（陳偉武2009）

何琳儀《郭店竹簡選釋》，《簡帛研究二〇〇一》，廣西教育出版社2001年9月。（何琳儀2001）

何琳儀《郭店簡古文二考》，《古籍整理研究學刊》2002年第5期。（何琳儀2002）

何琳儀《釋蔑》，《新出土文獻與古代文明研究》，上海大學出版社2004年4月。（何琳儀2004）

何有祖《上博五〈弟子問〉校讀劄記》，簡帛網2008年4月5日。http://www.bsm.org.cn/show_article.php?id=814，訪問日期2018年11月1日。（何有祖2008）

黄德寬、徐在國《郭店楚簡文字考釋》，《吉林大學古籍整理研究所建所十五周年紀念文集》，吉林大學出版社1998年12月。（黄德寬、徐在國1998）

荆門市博物館編《郭店楚墓竹簡》，文物出版社1998年5月。（荆門市博物館1998）

李家浩《讀〈郭店楚墓竹簡〉瑣議》，《郭店楚簡研究》（《中國哲學》第20輯），遼寧教育出版社1999年1月。（李家浩1999）

李家浩《關於郭店楚墓竹簡〈語叢二〉51號簡文的釋讀》，《新出楚簡國際學術研討會會議論文集（郭店·其他簡卷）》，武漢大學2006年6月。（李家浩2006）

李零《郭店楚簡校讀記》，《道家文化研究》第17輯（郭店楚簡專號），生活·讀書·新知三聯書店1999年8月。（李零1999）

李零《郭店楚簡校讀記》（增訂本），北京大學出版社2002年3月。（李零2002a）

李零《郭店楚簡中的「敏」字和「文」字》，《古文字研究》第24輯，中華書局2002年7月。（李零2002b）

李天虹《郭店楚簡文字雜釋》，《郭店楚簡國際學術研討會論文集》，湖北人民出版社2000年5月。（李天虹2000a）

李天虹《釋楚簡文字「𠭯」》，《華學》第4輯，紫禁城出版社2000年8月。（李天虹2000b）

李學勤《試解郭店簡讀「文」之字》，《孔子·儒學研究文叢（一）》，齊魯書社2001年6月。（李學勤2001）

連劭名《郭店楚簡〈語叢〉叢釋》，《孔子研究》2003年第2期。（連劭名2003）

梁立勇《〈語叢〉雜識》，《新出土文獻與古代文明研究》，上海大學出版社2004年4月。（梁立勇2004）

廖名春《荆門郭店楚簡與先秦儒學》，《郭店楚簡研究》（《中國哲學》第20輯），遼寧教育出版社1999年1月。（廖名春1999）

劉傳賓《郭店竹簡研究綜論（文本研究篇）》，吉林大學博士學位論文，2010年10月。（劉傳賓2010）

劉傳賓《郭店竹簡文本研究綜論》，上海古籍出版社2017年6月。（劉傳賓2017）

劉信芳《郭店簡〈語叢〉文字試解（七則）》，《簡帛研究二〇〇一》，廣西師範大學出版社2001年9月。（劉信芳2001）

劉信芳《上博藏楚簡〈從政〉「四毋」補釋》，簡帛研究網2003年2月3日 http://www.jianbo.org/Wssf/2003/liuxinfang02.htm，訪問日期2018年11月1日。（劉信芳2003）

劉釗《郭店楚簡〈語叢一〉箋釋》，《古墓新知——紀念郭店楚簡出土十周年論文專輯》，（香港）國際炎黃文化出版社2003年11月。（劉釗2003）

劉釗《郭店楚簡校釋》，福建人民出版社2005年1月。（劉釗2005）

沈培《説郭店楚簡中的「肆」》，《語言》第2卷，首都師範大學出版社2001年12月。（沈培2001）

蘇建洲《〈郭店·語叢一〉簡3「裹」字考》，復旦大學出土文獻與古文字研究中心網站2010年3月7日。http://www.gwz.fudan.edu.cn/SrcShow.asp?Src_ID=1100，訪問日期2018年11月1日。（蘇建洲2010）

蘇建洲《〈郭店·語叢〉「裹」字試解》，復旦大學出土文獻與古文字研究中心網站2011年4月15日。http://www.gwz.fudan.edu.cn/SrcShow.asp?Src_ID=1469，訪問日期2018年11月1日。（蘇建洲2011）

湯餘惠、吴良寶《郭店楚簡文字拾零（四篇）》，《簡帛研究二〇〇一》，廣西教育出版社2001年9月。（湯餘惠、吴良寶2001）

涂宗流、劉祖信《郭店楚簡先秦儒家佚書校釋》，臺灣萬卷樓圖書有限公司，2001 年2 月。（涂宗流、劉祖信 2001）

涂宗流《語叢編連問題再思考》，簡帛研究網2002 年5 月24 日。http：//www.jianbo.org/Zzwk/2002/T/tuzhongliu01.htm，訪問日期2018 年11 月1 日。（涂宗流2002）

王寧《郭店簡〈語叢二〉「晦（謀）」字解》，簡帛網2011 年10 月14 日。http：//www.bsm.org.cn/show_article.php?id=1564，訪問日期2018 年11 月1 日。（王寧2011）

王志平《〈語叢〉遺秉》，《簡帛》第7 輯，上海古籍出版社2012 年12 月。（王志平2012）

王志勇《〈郭店楚墓竹簡·語叢〉校讀》，南京師範大學碩士學位論文，2012 年。（王志勇2012）

袁國華《郭店楚墓竹簡從「匕」諸字及相關字詞考釋》，《中研院歷史語言研究所集刊》第七十四本第一分，2003 年3 月。（袁國華2003）

張崇禮《郭店楚簡〈語叢二〉解詁》，簡帛研究網站2007 年7 月21 日。（張崇禮2007）

張富海《北大中國古文獻研究中心「郭店楚簡研究」專案新動態》，《國際簡帛研究通訊》2000 年第5 期。（張富海2000）

趙平安《郭店簡〈語叢二〉第三簡補釋》，中國古文字研究會第十八次國際學術研討會論文，北京，2010 年10 月；又《簡帛》第六輯，上海古籍出版社2011 年11 月。（趙平安2010）

鄭剛《楚簡孔子論説辨證》，汕頭大學出版社，2004 年5 月。（鄭剛2004）

語叢三

王志平　校釋

校釋説明

本篇整理本存簡七十二枚，加上荆門市博物館在竹簡養護過程中發現的一枚遺簡（龍永芳2002），共七十三枚。其中六十五枚完整，七枚殘斷。整簡長一七・六一一七・七釐米。編線三道。一一一六號簡，契口在右側；一七一七二號簡，契口在左側。六四號以後各簡，分上下兩欄書寫。整簡書滿文字者一般爲八一十字，字跡清晰。

本篇内容涉及君臣、父子、朋友之道以及孝、悌、仁、義等等。句末一般有短横形符號「-」或「■」，六六號簡「亡」下有重文符號作「=」。篇題係整理者擬加，李零（2002a：147）改題爲《父無惡》，今暫從整理者命名。李零（1999：526—529）、（2002a：147—149）、涂宗流（2001：91—93）、涂宗流（2002）、龍永芳（2003：263—267）、劉釗（2003b：208—210）等對通篇簡序作有調整。陳偉（2002：218—221、227）、福田哲之（2005：132—136）等也對部分簡序有調整。

今校釋沿用整理者釋文的編號和基本順序，並將遺簡列於一六號簡之後。六四號簡以後分欄書寫的簡文，因難以確定連讀關係，仍將上、下欄作一條簡錄出，中間以「‖」符號隔開。

校釋者　王志平

凡例

一、竹簡簡號一依《郭店楚墓竹簡》，標在每簡最後一字的右下旁。

二、竹簡上原有的標識一依《郭店楚墓竹簡》，以裨研究。重文、合文號後補出重文、合文，外加方括號「[]」，並加新式標點符號。

三、簡文殘缺或殘泐無法辨識的字，可據行文格式推定字數者，釋文以「□」號表示，一「□」代表一字；不能確定字數者，釋文以「……」號表示。

四、簡文殘缺之字，尚有殘留筆畫者，外加「□」號；據文義補者，外加方括號「[]」。

五、簡文中的通假字、異體字隨文注出本字、正字，外加「()」表示；訛字隨文注出正字，外加「〈〉」表示。

六、校釋以《郭店楚墓竹簡·語叢三》(文物出版社，一九九八年五月)的釋文爲基礎，斟酌去取諸家意見。

七、校釋儘量按照簡文字形嚴格隸定，以裨研究。如確有疑問及隸定不一者，直接附以原簡字形。

父亡亞（惡），君猷（猶）父也，〔一〕亓（其）弗亞（惡）一也，猷（猶）三軍之旃也，〔二〕正也。所二㠯（以）異於父，君臣不相才也，〔三〕三則可已；不敓（悅），可去也；不四我（義）而加者（諸）己，弗受也。■五

〔一〕「猷」，張光裕（1999：13）：字本从「丌」。陳偉（2009：259）：張說是，此字左旁實是「奠」字。下一「猷」字同。

〔二〕「旃」，湯餘惠（1998：66—67）：古文字「井」「丹」形近易混，此所从「井」乃「丹」之訛，當釋爲「旃」。黄德寬、徐在國（1998：108）：《古文四聲韻·綫韻》引《古老子》「戰」字、《玉篇·止部》「戰」字古文，與該字同。該字似可釋爲「戰」，構形待考。涂宗流、劉祖信（2001：259）：此字从井聲，井與丹形近，疑讀爲「旃」。顔世鉉（1999：396）：字从「井」，讀爲「旌」。李零（2002a：149）：字原从「井」，讀爲「旌」（二字都是精母耕部字）。劉釗（2003：210）：字从「井」聲，應爲「旌」字異體。王志平（2012：13）：應從顔世鉉讀爲「旌」，「旌」與「正」同爲耕部字，文中押韻；「亞（惡）」「父」亦同押魚部韻。

〔三〕「才」，整理者讀爲「在」。李零（1999：529）讀爲「戴」。劉釗（2000：88）、（2003：211）：疑

讀爲「存」，恤問、依存。白於藍（2001：58）：讀爲「讒」，與「嫉」「賊」古義相通。王志平（2012：13）：疑讀爲「慈」。才、兹可通假，參見李學勤（2002b：170—171）。句或謂君臣關係中，「君猶父也」，但君所以「異於父」，是因爲君臣没有父慈子愛的血緣關係之故。

畜（友），君臣之衍（道）也。長弟，孝六之紡（方）也。〔一〕二七

〔一〕張桂光（2001：190）：似宜斷作：「友，君臣之道也；長，弟孝之方也。」《禮記·大學》：「上老老而民興孝，上長長而民興弟。」鄭玄注謂「老老、長長，謂尊老敬長也」。「長，弟孝之方也」講的就是這個意思。

父孝子悉（愛），〔一〕非又（有）爲也。〔二〕二八

〔一〕梁立勇（2004：281）：簡文「父孝子愛」的「父」「子」兩字顛倒。

〔二〕「爲」，龐樸（1999：11）：指人的有意作爲。按：「爲」疑讀爲「僞」，謂父孝子愛，出於天性，

非故作虛僞也。

牙（與）爲𢘽（義）者遊，嗌（益）。牙（與）⿰爿貞（莊）九者尻（處），嗌（益）。逜習𢊁（文）章，〔一〕嗌（益）。一〇牙（與）[illegible]者尻（處），〔二〕員（損）。牙（與）不好一一教（學）者遊，〔三〕員（損）。尻（處）而亡（無）𪏻（獵）一二習也，〔四〕員（損）。自視（示）丌（其）所能，〔五〕員（損）。一三自視（示）亓（其）所不族（足），嗌（益）。〔六〕遊一四蕙，嗌（益）。〔七〕嵩志，〔八〕嗌（益）。才心，〔九〕嗌（益）。一五

〔一〕「逜」，李零（1999：526）、（2002a：152）釋爲「起」。「起習文章」是説「早起之後誦讀文章」。「𢊁」，李天虹（2000a：85—88）疑與「麟」字有關，讀爲「文」，李家浩（張富海2000：5）釋爲「閔」字古文，讀爲「文」。李零（2002b：390—391）釋爲「敏」字古文，讀爲「文」。李學勤（2001：117—120）：字上部所从非「鹿」亦非「虎」，而爲「民」字，下部所从爲「旻」，可讀爲「閔」。字應爲「閺」字異體。从「彡」之形也就是《説文》「彣」字，即文章之文。李零（2002b：389—391）：《古文四聲韻》「閔」字所从皆爲「每」非「民」。郭店簡諸字皆應爲「敏」字，其中《性自

命出》簡六五、《尊德義》簡一七用爲本字，餘皆讀爲「文」。陳劍（2007：59—80）隸定爲「㒸」，「㒸」讀音與「敃」字相近。「民」「㒸」皆聲，爲「閔」字古文所本。「閔」字所从「門」「文」皆爲聲旁，故「㒸」「閔」古文可讀爲「文」。「章」，劉釗（2003：212）釋爲「彰」，讀爲「章」。「文章」指禮樂制度。

〔二〕「□」，李零（1999：529）、（2002a：149）：字可能同「夆」，讀爲「逄」。「逄者」是輕慢無禮的小人。涂宗流、劉祖信（2001：259、262）：此字疑讀爲「亂」，昏亂、糊塗。徐在國（2003：148—150）：釋爲「敿」，讀爲「哼」，「與敿者處，損」意爲與誠而寡信之人相處不好。張金良（2008）：有可能是一個从「康」从「又」的形聲字。當隸定爲「㝩」，讀爲「康」。

〔三〕「教」，裘按：疑當讀爲「學」。

〔四〕「𢾆」，原簡字形作「□」，整理者無釋，兹從李零（1999：529）、（2002a：153）隸定。李零疑讀「列」，指長幼次序。劉釗（200∶082）：疑讀爲「躐」，意爲超越。「躐習」是提前預習或復習之意。劉信芳（2000：933—944）釋爲「𢾆」，讀爲「獵」，「獵習」謂「涉獵學習」。楊澤生（2001：163—164）：字从「㝵」从「攴」，在簡文裏讀作「隙」，引申爲空閑之義。按：當從劉信芳所說。

〔五〕「視」，整理者讀爲「示」。劉釗（2000：82）從整理者讀爲「示」。簡文「自示其所能」，即《大戴禮記·曾子立事》：「不陳人以其所能。」簡文「自示其所能，損」，即《大戴禮記·文王官人》「伐其所能，曰日損者也」。按：當從劉釗（2000：82）説。

〔六〕「族」，李零（1999：529）、劉釗（2000：82）讀爲「足」。劉釗（2000：82）：「自示其所不足，益」，即《大戴禮記·文王官人》「見其所不足，曰日益者也」。「見」疑爲「視」字之訛，亦讀爲「示」。簡文「自示其所能，損。自示其所不足，益」，體現的是儒家的「損益」觀念。

〔七〕「𢡺」，何琳儀（2001：167）、徐在國（2001：180）認爲字可分析爲从「心」「菌」聲。《説文》「菌，糞也。从艸，胃省」，《集韻》「菌，通作矢」，而「矢」「失」音通，故何琳儀（2001：167）疑字讀爲「佚」，《墨子·尚同下》：「非特富貴游佚而繹之也。」而徐在國（2001：180）讀爲「逸」，《風俗通·怪神》：「遊逸無度，不恤國政。」劉釗（2003：213）：「𢡺」字从「菌」从「心」，「菌」即「屎」字，在此疑讀爲佚。蘇建洲（2011）：應分析爲从「𦯧」从「心」，可隸定爲「𢡺」，讀爲「豫」。《孟子·梁惠王下》：「夏諺曰：『吾王不遊，吾何以休？吾王不豫，吾何以助？一遊一豫，爲諸侯度。』」趙岐注：「豫亦遊也。」

〔八〕「嵩」，簡文作「嵩」。李零（1999：526）讀爲「崇」。何琳儀（2001：167）：簡文上从「高」，下从「山」，與「嵩」非一字，應讀爲「高」。《荀子·修身》：「抗之以高志。」

〔九〕「才」，整理者讀爲「在」。劉釗（2000：88）：應讀爲「存」，「存心」見於《孟子·離婁下》《盡心上》等。按：「才」，疑讀爲「慈」。

所不行，〔一〕嗌（益）。𫝀（必）行，〔二〕員（損）。━一六從所少好，牙（與）所少樂，員（損）。遺簡〔三〕

〔一〕李零（1999：526）：「所不行」，疑上脱「有」字。

〔二〕「𫝀」，李零（1999：529）：讀爲「必」。「必行」與「有所不行」相反。

〔三〕遺簡據龍永芳（2002）補入。按：兩「少」字當讀爲「小」。

天型成，〔一〕人與勿（物）斯里（理）。〔二〕一七

〔一〕「型」，李零（2002a：148）讀爲「形」。劉釗（2003：214）讀爲「刑」。「天刑」指上天的法則，語見《國語·周語下》「上非天刑，下非地德」等。

〔二〕「斯」，陳偉（2002：208）：似爲「分、析」之義。劉釗（2003：214）：《經傳釋詞》：「斯，猶則

也，猶乃也。」「里」，整理者疑讀爲「理」。李零（1999：530）將「人」屬上讀。

……勿以日勿又里而……〔一〕一八

〔一〕李零（2002a：148）讀爲：「［與］物以日，物有理，而」。

陞（地）能貿（均）之、生之者，〔一〕才（在）㬵（早）。一九

〔一〕「貿」，整理者認爲字从「匀」聲，讀爲「均」。裘按：也有可能是「貪」字，或可讀爲「含」。王志平（2012：13）：「能」可讀爲「壹」，參見王志平（2008：394—399）。「貿」讀「匀」，即「天地氤氳」之「氤氳」。《説文・壺部》：「壺，壹壺也。从凶，从壺。不得泄，凶也。《易》曰：『天地壹壺。』」朱駿聲《説文通訓定聲》：「壹壺者，雙聲連語。亦作絪緼，作氤氳，作烟煴，氣凝聚充塞之狀。」

春秋，亡（無）不以丌（其）生也亡二〇耳。〔一〕▪二二

〔一〕「春秋」後原無標點。王志平（2012：13）：此「春秋」謂「富於春秋」之「春秋」，謂年紀。句意謂「人固有一死」之意。《莊子・大宗師》：「死生，命也；其有夜旦之常，天也。」又《莊子・至樂》：「死生爲晝夜。」

㤅（仁），厚之□□。〔二〕二二

〔二〕「厚」，馮勝君（2004：217—218）：「厚」本从「𣆪」得聲，而「𣆪」是截取金文「𩫖（墉）」字下半而成。𩫖（墉），喻紐東部；厚，匣紐侯部。侯、東二部陰陽對轉，喻紐與匣紐相通。故「厚」可从「𩫖（墉）」得聲。郭店簡《語叢一》八二號簡「厚」字上部訛爲从「石」，《語叢一》一四號簡「厚」字下部所从訛變近「戈」。本簡「厚」字則完全變成从「石」、从「戈」之形。

□，□之耑（端）也。▪二三

悲（義），悳（德）之聿（進）也。〔一〕二四

〔一〕「聿」，裘按：疑當讀爲「盡」或「進」。按：似可讀爲「進」。

悲（義），膳（善）之方也。■二五

悳（德）至區者，〔一〕戋者至亡二六閒（外）。〔二〕二七

〔一〕「區」，陳偉（2002：218）：微小。「德至區」即「德無所不至」。

〔二〕「戋」，裘按：與後文「銁」當是一字異體，疑當讀爲「治」。「亡閒」，陳偉（2002：218）：即「無閒」，無懈可擊之義。劉釗（2003：216）：指極微小處。王志平（2012：14）：「戋」與下「銁」字並當從裘按讀爲「治」。「閒」疑讀爲「外」。陳偉（2010a：384—385）、（2010b）均指出「閒」「外」可以通假。句或謂，德無所不至，故治者無外，天下一家。《公羊傳·隱公元年》：「王者無外。」何休注：「明王者以天下爲家，無絶義。」《穀梁傳·桓公八年》：「天子無外，王

命之則成矣。」范甯注：「四海之濱，莫非王臣。」《管子·版法解》：「凡人君者，覆載萬民而兼有之，燭臨萬族而事使之。是故以天地日月四時爲主，爲質以治天下，天覆而無外也，其德無所不在；地載而無棄也，安固而不動。」可與簡文參看。

至亡閒（間），則成名。▬二九

未又（有）亓（其）至，則𢘻（仁）鈳者二八莫得膳（善）亓（其）所。〔一〕▬四七

〔一〕整理者將四六、四七號簡連讀，裘按疑之。兹從李零（1999：527）編聯。

㤅（愛）鈳者𡔜（親）。〔一〕▬三〇

〔一〕按：「鈳」讀爲「治」。「親」即「親民」。

智(知)鉰者霣(寡)悔。〔一〕三一

〔一〕「悔」，整理者讀爲「謀」。裘按：如「悔」上一字確爲「寡」，「悔」似應讀爲「悔」。陳偉(2002：219—220)：「寡悔」一詞見於《論語·爲政》。「寡悔」即「少悔」。按：「智」疑讀爲「知」，「鉰」疑讀爲「治」，「悔」可從裘按讀爲「悔」。

……𢦏者卯。〔一〕三二

〔一〕「卯」，裘按：從文義看似應有「別」一類意義。李零(2002a：154)：據《語叢一》，此字似與「末」有關。疑讀爲「蔑」，小視之義。李家浩(2006：86)：疑讀爲「謀」。按：「卯」疑讀爲「謀」。謂治者當謀劃。

兼行則𢦏者中。〔一〕三三

〔一〕「兼」，從整理者釋。李零（1999：530）：釋爲「及」，也可能讀爲「急」。陳偉（2009：260）：此字釋讀存疑。「中」，陳偉（2002：220）：得當、合適。王志平（2012：14）：「兼」疑讀如本字，謂「兼聽」之「兼」。「𢦒」讀爲「治」，「中」疑讀如本字，謂「持中」。句或謂行兼道則治者持中。

交▬行則……〔一〕三四

〔一〕原簡「交」字下有標識「▬」，整理者未釋。李零（1999：530）：疑是重文號。按：也有可能是句讀符號。

喪，悳（仁）也。〔一〕悡（義），宜也。〔二〕𢜫（愛），悳（仁）三五也。〔三〕悡（義），凥（處）之也；豊（禮），行之三六也。〔四〕▬三七

〔一〕按：可參考郭店楚簡《語叢一》九八號簡：「喪，（悳）仁之耑（端）也。」與此義近。

〔二〕按：《禮記·中庸》：「義者，宜也。」與此相同。

〔三〕按：《孟子·離婁下》：「仁者愛人。」與此義近。

〔四〕李零（1999：530）：殘簡七、八或可補於此後。

不膳（善）睪，不爲智。〔一〕三八

〔一〕「睪」，整理者讀爲「擇」。按：疑讀爲「釋」，謂不捨得放手，不算聰明。或從整理者讀「擇」，句謂不善選擇，不算聰明。

勿（物）不葡（備），〔一〕不城（成）息（仁）。三九

〔一〕「葡」，整理者讀爲「備」。「備」，劉釗（2003：214）讀爲「服」。按：或可讀如本字。

㤅（愛）睪（親），則其殺㤅（愛）人。〔一〕■四〇

〔一〕「殺」，整理者釋爲「蚄」，讀爲「方」。兹從陳偉（1998：69）所釋。按：「殺」訓減殺。謂從愛至親降至愛衆人。郭店楚簡《五行》三三號簡：「愛父，其殺愛人，仁也。」而馬王堆帛書《五行》作：「愛父，其殺愛人，仁也：言愛父而後及人也。愛父而殺其鄰□子，未可謂仁也。」又郭店楚簡《唐虞之道》七號簡：「孝之殺愛天之民。」推己及人，則慈愛的程度逐步遞減。

迵（踴），哀也；三迵（踴），廈（文）也。〔二〕四一

〔二〕裘按：此條疑當讀爲：「慟，哀也。三慟，度也。」陳偉（2000：145—146）：「迵」也可能讀爲「踴」，特指喪禮中的跳躍。「三踴」，《禮記·檀弓上》：「哭踴有節。」《禮記·檀弓下》：「辟踴，哀之至也；有算爲之節文也。」孔疏：「故辟踴有算，爲準節文章。準節之數，其事不一。每一踴三跳，三踴九跳，都爲一節。」又《禮記·曾子問》：「踴三者三。」孔疏：「每踴三度爲一節。如此者三，故云『三者三』。」《淮南子·天文》：「故祭祀三飯以爲禮，喪紀三踴以爲節。」與簡書所云類似。「廈」，李天虹（2000a：85—88）讀爲「文」，李家浩（張富海2000：5）釋爲「閔」，讀爲「文」。李零（2002b：390—391）釋爲「敏」字古文，讀爲「文」。李學勤（2001：

117—120）：字上部所从非「鹿」亦非「虎」，而爲「民」字，下部所从爲「旻」，可讀爲「閔」。字應爲「閺」字異體。从「彡」之形也就是《説文》「彣」字，即文章之文。李零（2002b：389—391）：《古文四聲韻》「閔」字所从皆爲「每」非「民」。郭店簡諸字皆應爲「敏」字，其中《性自命出》簡六五、《尊德義》簡一七用爲本字，餘皆讀爲「文」。陳劍（2007：59—80）隸定爲「𡡾」，「旻」讀音與「敃」字相近。「民」「旻」皆聲，爲「閔」字古文所本。「閔」字所从「門」「文」皆爲聲旁，故「𡡾」「閔」古文可讀爲「文」。李零（2002a：154）：簡文「慟，哀也」或與殘簡六有關。按：陳偉説是。此處的「文」與下文四四簡的「文」都是指服喪之禮文。

𢾺（文），衣（依）勿（物）以青（情）行之者，〔一〕四四或𨕤（由）其闢，〔二〕或𨕤（由）其不四二𦘒（盡），〔三〕或𨕤（由）其可。〔四〕-四三

〔一〕王志平（2012：14—15）：「文」謂禮文，「物」指財物。句或謂禮文當以財物多寡以人情行之。《荀子·禮論》：「禮者，以財物爲用，以貴賤爲文，以多少爲異，以隆殺爲要。文理繁，情用省，是禮之隆也。文理省，情用繁，是禮之殺也。文理情用相爲内外表裏，並行而雜，是禮之中流也。故君子上致其隆，下盡其殺，而中處其中。」《史記·禮書》「文理」作「文貌」，

「情用」作「情欲」。又《淮南子・繆稱》：「文者，所以接物也，情，繫於中而欲發外者也。以文滅情則失情，以情滅文則失文。」均謂追求禮文與人情的統一。

〔二〕四四與四二號簡的繫聯從李零（1999：527—528）。裘按也認爲四四、四五號簡的繫聯可能不正確。「闢」，整理者疑讀爲「避」。王志平（2012：15）：疑讀爲「辟」，通「擗」。即捶胸之意。《爾雅・釋訓》：「辟，撫心也。」郭璞注：「謂椎胸也。」《釋文》：「辟字宜作擗。」《詩・邶風・柏舟》：「靜言思之，寤辟有摽。」毛傳：「辟，拊心也。」《禮記・檀弓下》：「辟踴，哀之至也。」孔穎達疏：「撫心爲辟，跳躍爲踴。」

〔三〕「聿」，整理者疑讀爲「進」。王志平（2012：15）：「聿」疑讀爲「盡」。「不盡」，疑指餘哀未盡。《荀子・禮論》：「三年之喪，二十五月而畢，哀痛未盡，思慕未忘，然而禮以是斷之者，豈不以送死有已，復生有節也哉！」《淮南子・覽冥》：「逮至夏桀之時……喪不盡其哀，獵不聽其樂。」高誘注：「言時亂禮壞，不盡在哀；樂崩，故不復聽田獵之樂。」《禮記・檀弓上》：「喪禮，與其哀不足而禮有餘也，不若禮不足而哀有餘也。」

〔四〕王志平（2012：15）：「可」疑訓爲合意。《説文》：「可，肯也。」《荀子・富國》：「皆有可也，知愚同；所可異也，知愚分。」楊倞注：「可者，遂其意之謂也。」「其可」，古籍常見。《禮記・學記》：「大學之法，禁於未發之謂豫，當其可之謂時。」《後漢書・逸民・喬慎傳》：「吾欲先生從其可者，於意何如？」「或由其可」疑謂由其自願。《説苑·修文》：「子夏三年之喪畢，見於孔子。孔子與之琴，使之弦。援琴而弦，衎衎而樂作，而曰：『先王制禮，不敢不及也。』子曰：『君子也。』閔子騫三年之喪畢，見於孔子。孔子與之琴，使之弦。援琴而弦，切切而悲作，而曰：『先王制禮，不敢過也。』孔子曰：『君子也。』子貢問曰：『閔子哀不盡，子曰君子也；子夏哀已盡，子曰君子也。賜也惑，敢問何謂？』孔子曰：『閔子哀未盡，能斷之以禮，故曰君子也；子夏哀已盡，能引而致之，故曰君子也。夫三年之喪，固優者之所屈，劣者之所勉。』」餘哀已盡或未盡，衹要能斷之以禮，均屬君子修文之道。所以整節文字意謂服喪之禮文，須接物以情行之。既可由服喪者拊擗，也可由服喪者餘哀未盡，還可由服喪者以禮自處。《荀子·禮論》：「故至備，情文俱盡；（楊倞注：情文俱盡乃爲禮之至備。情謂禮意，喪主哀、祭主敬之類。文謂禮物、威儀也。）其次，情文代勝；（楊倞注：不能至備，或文勝於情，情勝於文。是亦禮之次也。）其下復情以歸大一也。（楊倞注：雖無文飾，但復情以歸質素。是亦禮也。）」《史記·叔孫通列傳》：「禮者，因時世人情爲之節文者也。」

卯則⿰壴隹（難）⿱軋土（犯）也。〔一〕一四五

〔一〕「卯」，李家浩(2006：86)：疑讀爲「謀」。「謀則難犯」可與《語叢四》二三號簡「君有謀臣，則壤地不削」互參。「雖」，裘按：也許是「難」字之訛。徐在國(2002：84)：字爲《説文》「難」字古文所本。劉釗(2003：216)疑爲「難」字異體或訛體。李守奎(2006：297—302)：可能是「難」字異體，其與「艱」字或許爲一個詞不同時代的不同寫法。按：「卯」疑讀爲「睦」，謂家和萬事興。《説苑・雜言》：「眾人成聚，聖人不犯。」

彊(強)之鼓(尌)也，彊(強)取之也。〔一〕四六

〔一〕「鼓」，整理者釋爲「尌」，陳劍(2003：120)認爲即「樹」字異體。郭店楚簡《性自命出》八—九號簡有「剛之梪也，剛取之也」之語，裘按指出其語與《語叢》此簡相近。劉昕嵐(2000：333)、馮勝君(2000：210)進一步指出，《荀子・勸學》有「強自取柱」語，其義亦與簡文相近。

思亡彊(疆)，思亡亓(期)，思亡⿰糸牙(邪)，〔一〕思四八亡不遂(由)我者。〔二〕■四九

〔一〕陳偉(1998：71)讀「彊」「亓」「牙(从幺)」爲「疆」「期」「邪」，《詩·魯頌·駉》四章各有一三字句，即「思無疆」「思無期」「思無斁」「思無邪」，簡文即摘取一、二、四句而成。「衺」，簡文作「[illegible]」，整理者隸定爲「紨」，陳松長(2000：259)隸定爲「紆」，讀爲「邪」。陳偉(2002：224)：古文字从「糸」與从「衣」可通，故字可釋爲「衺」，後世通作「邪」。

〔二〕「我」，李零(1999：528)讀爲「義」。王志平(2012：16)：「迻」，整理者讀爲「由」，疑讀爲「迪」或「導」，指啟迪、指導。「我」似可讀如本字，謂思想沒有不啟迪我的。

五一

志於衍(道)，虖(據)於悳(德)，〔一〕衣(依)於五〇息(仁)，〔二〕遊於埶(藝)。〔三〕▬

〔一〕「虖」，李家浩(1999：310—351)：古文字「虖」義同「甲」。《玉篇》「庘」，注云：「今作狎。」「虖」當即「庘」字異體，讀爲「狎」，訓爲「習」。李零(1999：530)、(2002a：150)：即古「甲」字，讀爲「狎」。《緇衣》「德易狎而難親」，正是以「狎」講「德」。劉傳賓(2017：362—367)據上博簡、清華簡辭例，確定「虖」當釋爲「甲」。按：對應之《論語·述而》作「據」，爲「據」之誤字。而「甲」(見母葉部)、「據」(見母魚部)，亦或係一聲之轉。

〔二〕「衣」，整理者隸定爲「厇」，陳偉（1998：71）：字从二人正面並立，可能是「依」字異構。陳偉（2002c：226）：此字釋讀也許不應限於「依」的思路。字下部與《説文》「比」字古文形同，應是「庀」字異體。「庀」有憑依義。顔世鉉（2000：40—41）：當釋爲「依」字。李學勤（2002a：3—7）：其實是「衣」字的訛變，應隸定爲「厇」，讀爲「依」。李零（2002a：153）：讀爲「比」，字下部即《説文》「比」字古文，「比」有親近義。孔德琴（2008）：應是「衣」字别體，讀爲「依」。按：當如諸家所説，此字實爲「衣」字之變形訛體，應讀爲「依」。

〔三〕龐樸（1998：8）、陳偉（1998：71）指出此句同於《論語・述而》：「子曰：志於道，據於德，依於仁，游於藝。」

膳（善）日過我，〔一〕我日過膳（善），〔二〕臤（賢）五二者隹（唯）亓（其）止也以異。〔三〕■五三

〔一〕「過」，陳偉（2002：226—227）：讀爲「化」，感染、教化。按：陳偉説可從。下「過」讀同。

〔二〕「過膳」，陳偉（2002：227）讀爲「化善」。《荀子・富國》：「若是故奸邪不作，盜賊不起，而化

善者勸勉矣。」楊倞注：「化善，化而爲善者也。」

〔三〕王志平（2012：16）：「止」疑讀爲「齒」；「異」疑讀爲「戴」，尊戴之意。「異」爲「戴」字初文，可得通假。此謂賢者唯以年齡以定尊戴。《莊子・天道》：「宗廟尚親，朝廷尚尊，鄉黨尚齒，行事尚賢，大道之序也。」

樂，備悳（德）者之所樂也。〔一〕五四

〔一〕裘按：自此以下五簡（按：即五四—五八號簡），簡末皆無表示段落的符號，但彼此似皆不屬於同一段落。「備」，整理者讀爲「服」。陳偉（2002：219）：恐當如字讀，具備。按：前「樂」字，謂音樂之「樂」；後「樂」字，謂快樂之「樂」。

宎（賓）客之用繖（幣）也，非正；〔一〕五五內（納）貹（貨）也，〔二〕豊（禮）北（必）兼。〔三〕▬六〇

〔一〕裘按：疑前面第四二、四三號兩簡本是緊接在此簡之後的，「非正」後當加逗號。陳偉（2000：

146—147）："「王」似當讀爲「徵」，求取之意，與内（納）意正好對應。"按："「王」讀爲「征」，賦稅之義。《孟子·盡心下》："「有布縷之征，粟米之征，力役之征。」趙岐注："「征，賦也。」也指收取賦稅。《孟子·梁惠王下》："「關市譏而不征。」

〔二〕五五與六〇號簡的繫聯從李零（1999：528）。「内」，整理者釋爲「大」。裘按："也可能是「内」。「賄」，李零（1999：531）、陳偉（2000：147）讀爲「貨」。陳偉："《禮記·少儀》「納貨貝於君」、《月令》「納貨賄」等記載與簡文「内貨」略同。

〔三〕「兼」，李零（2002a：150）："與《唐虞之道》一五、一九號簡「及」寫法相近，疑亦「及」字。劉釗（2003：218）讀爲「廉」。按："疑讀爲「謙」。謂「納貨」也，禮必謙下。《左傳·昭公二十五年》："「將求於人，則先下之。禮之善物也。」

聿（進）飤（食）之衍（道），此飤（食）乍（作）安（焉）。〔一〕五六

〔一〕「乍」，李零（1999：528）讀爲「作」。「安」，劉釗（2003：219）讀爲「焉」。

人之眚（性）非與（邪），止虖（乎）亓（其）〔一〕五七……

〔一〕王志平（2012：16）：「與」从「与」聲，「与」「牙」一字，疑讀爲「邪」。謂人性非邪，發乎情止乎禮儀。

又（有）眚（性）又生，虖生又（有）⿺辵肖〔一〕五八

〔一〕此句斷句有歧異。或於「虖」前斷讀。「虖」，整理者讀爲「乎」，下同。李零（2002a：150）：似用爲呼、號之義，意思與「名之爲」相近，讀「號」亦通。下六八、七二號簡同。劉釗（2003：219）：「呼」義爲叫或稱呼。六八、七二號簡同。「⿺辵肖」，張光裕（1999a：9）：字从辵从肖，應隸定爲「逍」，「逍」字於先秦璽印屢見，用作姓氏，通作「趙」。涂宗流、劉祖信（2001：229）：此字疑爲「德」之異構。李零（2002a：154）：可能从「月」聲，讀爲「閱」，經歷。蘇建洲（2008a）、（2008b）讀爲「孽」。孽，害也。王志平（2012：17）：「虖」疑讀爲「虐」。「⿺辵肖」，當從蘇建洲説讀爲「孽」。或可讀爲「有性有生，虐生又（有）孽」。《大戴禮記·易本命》：「夫易之生，

人、禽獸、萬物、昆蟲，各有以生。……故帝王好壞巢破卵，則鳳凰不翔焉；好竭水搏魚，則蛟龍不出焉；好刳胎殺夭，則麒麟不來焉；好填谿塞谷，則神龜不出焉。」《淮南子・本經》：「刳胎殺夭，麒麟不遊，覆巢毀卵，鳳凰不翔。鑽燧取火，構木爲臺，焚林而田，竭澤而漁，人械不足，畜藏有餘，而萬物不繁兆，萌牙卵胎而不成者，處之太半矣。」《新書・禮》：「禮：聖王之於禽獸也，見其生不忍見其死，聞其聲不嘗其肉，隱弗忍也。故遠庖廚，仁之至也。不合圍，不掩群，不射宿，不涸澤。豺不祭獸，不田獵；獺不祭魚，不設網罟；鷹隼不鷙，睢而不逮，不出植羅；草木不零落，斧斤不入山林；昆蟲不蟄，不以火田。不麛，不卵；不刳胎，不夭；魚肉不入廟門；鳥獸不成毫毛，不登庖廚。」《史記・孔子世家》：「刳胎殺夭則麒麟不至郊，竭澤涸漁則蛟龍不合陰陽，覆巢毀卵則鳳皇不翔。何則？君子諱傷其類也。」《尸子・明堂》《呂氏春秋・應同》《戰國策・趙策四》《文子・上禮》《孔子家語・困誓》《説苑・權謀》並有類似之語。又《管子・禁藏》：「毋殺畜生，毋拊卵，毋伐木，毋夭英，毋拊竿，所以息百長也。」《淮南子・時則》：「禁伐木，毋覆巢、殺胎夭，毋麛，毋卵。」《呂氏春秋・義賞》：「竭澤而漁，豈不獲得？而明年無魚。焚藪而田，豈不獲得？而明年無獸。」與此義近。

得者樂，遊（失）者哀。〔一〕■五九

〔一〕「遊」讀爲「失」，參見李家浩（1999）、趙平安（2000）。

孝。■六一

行⿰（盡），〔一〕此友矣。■六二

〔一〕「⿰」，李零（1999：528）讀爲「進」，在「此」後斷讀。陳偉（2009：262）：疑字讀爲「賮」。《孟子・公孫丑下》「行者必以賮」，趙岐注：「送行者贈賄之禮也。時人謂之賮。」

忠則會。〔一〕■六三

〔一〕「忠」，陳偉（2002：220）：疑讀爲「中」，得當，合適。「會」，陳偉（2002：220）：相成之義。劉釗（2003：219）：合也。

亡(毋)啻(意),亡(毋)古(固),〔一〕六四上‖亡(無)勿(物)不勿(物),六四下

〔一〕六四號簡以後分欄書寫的簡文,中間以「‖」符號隔開,仍將上、下兩欄並作一簡録出。

亡(毋)義(我),亡(毋)必。〔一〕■六五上‖虐(皆)至安(焉)。〔二〕■六五下

〔一〕六四號簡上可與六五號簡上連讀。裘按:此即孔子之「四毋」。《論語·子罕》:「子絕四:毋意,毋必,毋固,毋我。」

〔二〕六四號簡下可與六五號簡下連讀。李零(2002a:155):「至」讀爲「致」。此句又見《語叢一》七一—七二號簡,作「無物不物,皆致焉,而無非己取之者」。

亡=[亡]繇(由)也者。〔一〕六六上‖亡非樂者。■六六下

〔一〕「亡」下有重文符號「=」。劉釗(2003:221):疑此句義爲「沒有無緣由的」。

名弍（二），勿（物）參（三）。■六七上‖生爲貴。〔一〕■六七下

〔一〕李零（2002a：151）：此句見於殘簡四。按：《呂氏春秋・貴生》：「聖人深慮天下，莫貴於生。」

又（有）天又（有）命又（有）六八上‖又（有）眚（性）又（有）生虖（乎）六八下

‖名〔一〕■六九下

〔一〕原釋文以六八下與六九下連讀，裘按：《語叢一》九六號簡有「有生虖名」之語，六八下、六九下兩簡據此繫聯。

生■七〇上‖爲丌（其）型。〔一〕■七〇下。

〔一〕「型」，李零（1999：529）讀爲「形」。

命与虔（文）与〔一〕七一上‖又（有）眚（性）又（有）生七一下

〔一〕「命」，劉釗（2003：221）：《爾雅・釋詁》：「命，名也。」「与」，李零（2002a：155）：「与」「牙」同字，從文義考慮，此當釋「牙」，讀爲「邪」。劉釗（2003：221）：釋「牙」，讀爲「與」，第一個「與」是連詞，和也；第二個「與」是敵、相等之義。

虖（乎）勿（物）■七二上‖者。■七二下

參考文獻

白於藍《郭店楚簡補釋》，《江漢考古》2001 年第2 期。（白於藍2001）

曹峰《「名二物三」考——兼論〈語叢一、三〉兩篇所見「名」思想》，《第四屆國際中國古文字學研討會論文集》，香港中文大學中國語言及文學系，2003 年10 月。（曹峰2003）

陳劍《郭店簡補釋三篇》，《古墓新知——紀念郭店楚簡出土十周年論文專輯》，香港國際炎黃文化出版社2003 年11 月。（陳劍2003）

陳劍《甲骨金文舊釋「尤」之字及相關諸字新釋》，《甲骨金文考釋論集》，綫裝書局，2007 年4 月。（陳劍2007）

陳松長《郭店楚簡〈語叢〉小識（八則）》，《古文字研究》第22 輯，中華書局2000 年7 月。（陳松長2000）

陳偉《郭店楚簡別釋》，《江漢考古》1998 年第4 期。（陳偉1998）

陳偉《〈語叢〉一、三中有關「禮」的幾條簡文》，《郭店楚簡國際學術研討會論文集》，湖北人民出版社2000 年5 月。（陳偉2000）

陳偉《郭店竹書別釋》，湖北教育出版社2002 年12 月。（陳偉2002）

陳偉《楚地出土戰國簡冊[十四種]》，經濟科學出版社2009 年9 月。（陳偉2009）

陳偉《車輿名試説(二則)》,《古文字研究》第28輯,中華書局2010年10月。(陳偉2010a)

陳偉《關於秦封泥「河外」的討論》,簡帛網2010年11月12日。http://www.bsm.org.cn/show_article.php?id=1331,訪問日期2018年6月25日。(陳偉2010b)

馮勝君《讀〈郭店楚墓竹簡〉劄記(四則)》,《古文字研究》第22輯,中華書局2000年7月。(馮勝君2000)

馮勝君《論郭店簡〈唐虞之道〉〈忠信之道〉〈語叢〉一—三以及上博簡〈緇衣〉爲具有齊系文字特點的抄本》,北京大學博士後工作報告,2004年8月。(馮勝君2004)

福田哲之著,佐藤將之、王綉雯譯:《中國出土古文獻與戰國文字之研究》,臺北萬卷樓圖書股份有限公司2005年11月。(福田哲之2005)

何琳儀《郭店竹簡選釋》,《簡帛研究二〇〇一》,廣西教育出版社2001年9月。(何琳儀2001)

黄德寬、徐在國《郭店楚簡文字考釋》,《吉林大學古籍整理研究所建所十五周年紀念文集》,吉林大學出版社1998年12月。(黄德寬、徐在國1998)

荆門市博物館編《郭店楚墓竹簡》,文物出版社1998年5月。(荆門市博物館1998)

孔德琴《楚簡釋字一則》,簡帛網2008年3月18日。http://www.bsm.org.cn/show_article.php?id=804,訪問日期2018年6月25日。(孔德琴2008)

李家浩《讀〈郭店楚墓竹簡〉瑣議》,《郭店楚簡研究》(《中國哲學》第20輯),遼寧教育出版社1999年1月。(李家浩1999)

李家浩《關於郭店楚墓竹簡〈語叢二〉51號簡文的釋讀》，《新出楚簡國際學術研討會會議論文集（郭店·其他簡卷）》，武漢大學2006年6月。（李家浩2006）

李零《郭店楚簡校讀記》，《道家文化研究》第17輯（郭店楚簡專號），生活·讀書·新知三聯書店1999年8月。（李零1999）

李零《郭店楚簡校讀記》（增訂本），北京大學出版社2002年3月。（李零2002a）

李零《郭店楚簡中的「敏」字和「文」字》，《古文字研究》第24輯，中華書局2002年7月。（李零2002b）

李守奎《郭店楚簡「䧿」字蠡測》，《古文字研究》第26輯，中華書局2006年11月。（李守奎2006）

李天虹《釋楚簡文字「㥁」》，《華學》第4輯，紫禁城出版社2000年8月。（李天虹2000a）

李天虹《〈性自命出〉的編聯及分篇》，《清華簡帛研究》第1輯，清華大學思想文化研究所，2000年；又《簡帛研究二〇〇一》，廣西教育出版社2001年9月。（李天虹2000b）

李學勤《試解郭店簡讀「文」之字》，《孔子·儒學研究文叢》第1輯，齊魯書社2001年6月。（李學勤2001）

李學勤《〈語叢〉與〈論語〉》，廖名春主編《清華大學思想文化研究所集刊》第2輯，清華大學出版社2002年3月。（李學勤2002a）

李學勤《説「茲」與「才」》，《古文字研究》第24輯，中華書局2002年7月。（李學勤2002b）

梁立勇《〈語叢〉雜識》，《新出土文獻與古代文明研究》，上海大學出版社2004年4月。（梁立勇2004）

劉傳賓《郭店竹簡研究綜論（文本研究篇）》，吉林大學博士學位論文，2010年10月。（劉傳賓2010）

劉傳賓《郭店竹簡文本研究綜論》，上海古籍出版社2017年6月。（劉傳賓2017）

劉昕嵐《郭店楚簡〈性自命出〉篇箋釋》，《郭店楚簡國際學術研討會論文集》，湖北人民出版社2000年5月。（劉昕嵐2000）

劉信芳《郭店簡文字例解三則》，《中研院歷史語言研究所集刊》第71本第4分，2000年12月。（劉信芳2000）

劉釗《讀郭店楚簡字詞劄記》，《郭店楚簡國際學術研討會論文集》，湖北人民出版社2000年5月；收入《出土簡帛文字叢考》，臺灣古籍出版有限公司2004年3月。（劉釗2000）

劉釗《郭店楚簡校釋》，福建人民出版社2003年12月。（劉釗2003）

龍永芳《湖北荊門發現一枚遺漏的「郭店楚簡」》，《中國文物報》2002年5月3日。（龍永芳2002）

龍永芳《關於郭店楚簡〈語叢三〉分篇與重新編連的思考》，《古墓新知——紀念郭店楚簡出土十周年論文專輯》，香港國際炎黃文化出版社2003年11月。（龍永芳2003）

龐樸《初讀郭店楚簡》，《歷史研究》1998年第4期。（龐樸1998）

龐樸《古墓新知》，《郭店楚簡研究》（《中國哲學》第20輯），遼寧教育出版社1999年1月。（龐樸1999a）

龐樸《〈語叢〉臆説》，《郭店楚簡研究》（《中國哲學》第20輯），遼寧教育出版社，1999年1月。（龐樸1999b）

龐樸《竹帛〈五行〉篇比較》，《郭店楚簡研究》（《中國哲學》第20輯），遼寧教育出版社1999年1月。（龐樸1999c）

蘇建洲《〈郭店竹書〉釋讀二則》，簡帛網2008年3月13日。http://www.bsm.org.cn/show_article.php?id=801，訪問日期2018年6月25日。（蘇建洲2008a）

蘇建洲《楚簡文字考釋四則》，簡帛網2008年10月11日。http://www.bsm.org.cn/show_article.php?id=883，訪問日期2018年6月25日。（蘇建洲2008b）

蘇建洲《〈郭店·語叢三〉簡15「蔨」字考》，復旦大學出土文獻與古文字研究中心網站2011年7月15日。http://www.gwz.fudan.edu.cn/SrcShow.asp?Src_ID=1589，訪問日期2018年6月25日。（蘇建洲2011）

湯餘惠《釋「旃」》，《吉林大學古籍整理研究所建所十五周年紀念文集》，吉林大學出版社1998年12月。（湯餘惠1998）

涂宗流《郭店楚簡〈語叢一、三〉編連問題再思考》，《荆門職業技術學院學報》第16卷第1期，2001年1月。（涂宗流2001）

涂宗流、劉祖信《郭店楚簡先秦儒家佚書校釋》，臺灣萬卷樓圖書有限公司，2001年2月。（涂宗流、劉祖信2001）

涂宗流《語叢編連問題再思考》，簡帛研究網2002年5月24日。http://www.jianbo.org/Zzwk/2002/T/tuzhongliu01.htm，訪問日期2018年6月25日。（涂宗流2002）

王志平《「罷」字的讀音及相關問題》，《古文字研究》第27輯，中華書局2008年9月。（王志平2008）

王志平《〈語叢〉遺秉》，《簡帛》第7輯，上海古籍出版社2012年12月。（王志平2012）

王志勇《〈郭店楚墓竹簡·語叢〉校讀》，南京師範大學碩士學位論文，2012年。（王志勇2012）

徐在國《郭店楚簡文字三考》，《簡帛研究二〇〇一》，廣西教育出版社2001年9月。（徐在國2001）

徐在國《隸定古文疏證》，安徽大學出版社2002年6月。（徐在國2002）

徐在國《郭店簡考釋二則》，《中國文字研究》第4輯，廣西教育出版社2003年。（徐在國2003）

顔世鉉《郭店楚簡淺釋》，《張以仁先生七秩壽慶論文集》，臺灣學生書局1999年1月。（顔世鉉1999）

顔世鉉《郭店楚簡散論(二)》，《江漢考古》2000年第1期。（顔世鉉2000）

楊澤生《郭店簡幾個字詞的考釋》，《中國文字》新廿七輯，臺灣藝文印書館，2001年12月。（楊澤生2001）

楊澤生《〈語叢〉三劄記》，簡帛研究網2003年5月28日。（楊澤生2003）

張富海《北大中國古文獻研究中心「郭店楚簡研究」專案新動態》，《國際簡帛研究通訊》2000年第5期。（張富海2000）

張光裕《郭店楚簡研究・第一卷・文字編》，臺灣藝文印書館，1999年1月。（張光裕1999a）

張光裕《〈郭店楚簡研究文字編〉緒説》，《中國出土資料研究》第3號，[日本]中國出土資料研究學會1999年3月。（張光裕1999b）

張桂光《〈郭店楚墓竹簡〉釋注續商榷》，《簡帛研究二〇〇一》，廣西教育出版社2001年9月。（張桂光2001）

張金良《郭店楚簡試釋三則》，復旦大學出土文獻與古文字研究中心網站2008年12月1日。http：//www.gwz.fudan.edu.cn/SrcShow.asp?Src_ID=558，訪問日期2018年6月25日。（張金良2008）

趙平安《戰國文字的「遊」與甲骨文「𡴘」爲一字説》，《古文字研究》第22輯，中華書局2000年7月。（趙平安2000）

語叢四

王志平　校釋

校釋說明

本篇共有二十七枚簡，簡長一五・一—一五・二釐米，兩端平齊。有上下兩道編綫，相隔六—六・一釐米。現存四百零三字，其中二七號簡背面寫有十四字。三、四、七、九簡末有墨釘「■」，可能是分章符號。其他句中多有短橫形符號「-」，應爲句讀符號。五號簡「及」、六號簡「之」、一八號簡「割」下並有重文符號作「=」，一一號簡「尖」下有合文符號作「=」。

整理者認爲本篇由類似格言的句子組成，直接反映了東周時期不同階層對社會的看法，並擬名爲《語叢四》。李零（1999：478）、（2002a：44）認爲，簡文形式與清杜文瀾《古謠諺》所收比較相似，内容與陰謀遊説、縱橫長短之術有關，類乎《太公》《鬼谷》。簡文所述亦屬「謀」「言」，在郭店簡中是比較特殊的一類，形式内容與儒家類的《語叢》一、二、三大不相同，内容也屬於廣義的道家。篇題可改題爲《説之道》。龐樸（1999：327）、丁四新（2000：219）則認爲《語叢四》既非儒家思想，又非道家思想，而可能是法家或縱橫家思想。黃人二（2002a）認爲各自言之成理，但似乎不必執著，悍言本篇必爲某家、必不爲某家。若一「家」

無安身立命之主張內容，徒注重言説技巧、捭闔權變，則不妨以「術」易其「家」之名。林素清（2000：390）認爲，該篇是闡述遊説之道，也把篇名擬作「説之道」。陳偉（2009：263）認爲，本篇內容分爲言談、遊説和結交謀士之道，也是東周時期盛行遊説、養士之風的反映。

整理者把該篇分爲五段，即1—3簡、4簡、5—7簡、8—9簡、10—27簡。李零（1999：478—479）分爲兩組十二章，前一組四章，依次是5—7簡、1—3簡、4簡、8—9簡；後一組（10—27簡）八章。

關於簡序的調整意見主要有：丁四新（2000：221）把第四簡調至第二簡後。陳劍（2002：4—6）認爲二五、三、二簡相接；一四、一六簡相接；五、一五、六簡相接。顧史考（2006b：59—67）認爲六、二六簡相接；二七、七簡相接。劉傳賓（2010：100—103）也提出了六、二六、二七上、二七背上、二七中、二七背下、二七下、七簡的編聯調整意見。（劉傳賓（2010：100—103）編聯爲：破邦芒（亡）【簡六】豪（家），事乃有貿。三雄一雌，三䂹一莫，一王母【簡二六】保（抱）三𣪊（嬰）兒，「亡（無）及也已。」聖（聽）君而會，視㡾（朝）而內（入），「內（入）之或內（入）之，至之或至之，」之（時）至而【簡二七正】𨟻（將），流澤而行。【簡七】。按：依劉説，二七號簡簡背文字完全可以與竹簡正文合編，此章没有多餘的剩簡。而且全章文義通順，邏輯合理，頗可採信。但由於二七號簡簡背文字性質不明，爲慎重起見，暫不採納此一竹簡正背文字混編之方案。）其他簡序調整學者間所在多有，今釋文綜合整理者與其他學者的意見，把全篇分屬六章，其中有四章的末尾皆有用作章節符號的墨釘。二七號簡簡背，上下分別有「亡及也已」「内之或内之，至之或至之」之語，性質待考。暫時別出單列，不與其他各簡編聯。

校釋者　王志平

凡　例

一、竹簡簡號一依《郭店楚墓竹簡》，標在每簡最後一字的右下旁。

二、竹簡上原有的標識一依《郭店楚墓竹簡》，以裨研究。重文、合文號後補出重文、合文，外加方括號「[]」，並另加新式標點符號。

三、簡文殘缺或殘泐無法辨識的字，可據行文格式推定字數者，釋文以「□」號表示，一「□」代表一字；不能確定字數者，釋文以「……」號表示。

四、簡文殘缺之字，尚有殘留筆畫者，外加「□」號；據文義補者，外加方括號「[]」。

五、簡文中的通假字、異體字隨文注出本字、正字，外加「()」表示；訛字隨文注出正字，外加「〈〉」表示。

六、校釋以《郭店楚墓竹簡・語叢四》(文物出版社，一九九八年五月)的釋文爲基礎，斟酌去取諸家意見。

七、校釋儘量按照簡文字形嚴格隸定，以裨研究。如確有疑問及隸定不一者，直接附以原簡字形。

言以司，〔一〕-寈(情)以舊。〔二〕-非言不𧸘(讎)，〔三〕非悳(德)亡(無)復。〔四〕-言一

而狗(苟)，〔五〕𤖼(牆)又(有)耳。〔六〕-往言剔(傷)人，〔七〕𣥠(來)言剔(傷)己(己)。-二

口不慎而宋(戶)之閟(閉)，〔八〕亞(惡)言復己而死無日。■〔九〕四

〔一〕「司」，整理者隸定爲「司」，讀爲「詞」。李零(1999：480)認爲此字合台、司爲一字，疑讀爲「始」。陳偉(2002b：230)、陳偉(2004：323)讀爲「殆」。按：「以」疑讀爲「似」，下「以」同。「司」當從李零讀爲「始」。

〔二〕「寈」，裘按讀爲「情」。「舊」，李零(1999：480)讀爲「久」。陳偉(2002b：230—231)、陳偉(2004：323)讀爲「咎」。按：「舊」讀如本字，簡文似意爲「言似始，情似舊」，因此「非言不讎，非德無復」。

〔三〕「非」，陳偉(2002b：231)讀爲「靡」，訓爲「無」。「𧸘」，裘按：讀爲「酬」或「讎(售)」。陳偉(2002b：231)：《説文》：「讎，猶應也。」段注：「心部曰：『應，當也。』讎者以言對之。《詩》云『無言不讎』是也。」本句意爲所有言行都會得到相應回報。

〔四〕「亡」，李零(1999：480)讀爲「無」。「非言不讎，非德無復」語出《詩・大雅・抑》「無言不讎，

無德不報」。「復」，陳偉（2002b：231）："「復」「報」義近。

〔五〕「狗」，整理者讀爲「苟」。黄人二（2002b）：簡文此處上承「靡言不讎，靡德無報」，下開「往言傷人，來言傷己」，故疑「苟」字讀爲「詬」，古皆見母侯部，音近可通，訓爲「穢言」。《説苑·談叢》云「欲人勿聞，莫若勿言。非所言勿言，以避其患」，又「惡語不出口，苟言不留耳」（《鄧析子·轉辭》略同），可爲註脚。「而」，劉釗（2000a：80—81）訓爲「如」。按："「而」當依劉釗説訓爲「如」。「狗」可依整理者讀爲「苟」，苟且，馬虎之意。《論語·子路》："「君子於其言，無所苟而已矣。」句謂言語如隨便的話，隔牆有耳。

〔六〕「墉」，整理者讀爲「牆」。裘按：《詩·小雅·小弁》："「君子無易由言，耳屬于垣。」簡文此句意與之同。又，《管子·君臣下》："「古者有二言，『牆有耳』『伏寇在側』。」「牆有耳」之言亦與簡文同。陳偉（2002b：231—232）釋爲「墉」，「墉（墉）」「牆」字別而義通。

〔七〕「剔」，整理者讀爲「傷」。按：《管子》："「言不周密，反傷其身。」

〔八〕「慎」，整理者釋爲「誓」，讀作「慎」。兹從陳劍（2001：207—214）釋。陳偉（2002b：232）讀爲「順」。「床」，整理者釋爲《説文》古文「戶」字。「閟」，整理者讀爲「閉」。「戶之閉」，李零（1999：477—481）："疑得罪人，被人拒之門外。陳偉（2002b：232—233）："即閉口不言。劉釗（2000a：80—81）："「戶之閉」的「之」是「不」之訛。本句和「言而苟，牆有耳」句中的

「而」字都應訓爲「如」。許富宏（2004：31）：《鬼谷子·捭闔》：「口者，心之門戶也；心者，神之主也。志、意、喜、欲、思、慮、智、謀，此皆由門戶出入，故關之以捭闔，制之以出入。」劉傳賓（2010：268）：《説苑·談叢》：「口者關也，舌者兵也，出言不當，反自傷也。……《詩》曰：『……斯言之玷，不可爲也。』」睡虎地秦簡《爲吏之道》：「口，闗也；舌，機也。一堵（曙）失言，四馬弗能追也。口者，關；舌者，符璽也。璽而不發，身亦毋薛（辥）。」按：《易林·否之巽》：「杜口結舌，言爲禍母。」與此義近。

〔九〕本簡原單列爲一組，丁四新（2000：221）移至二號簡後。此從丁四新編聯。「亞」，整理者讀爲「惡」。「死無日」，陳偉（2002b：233）：見於先秦古書，是離死不遠之意。林素清（2000：391）：無日，先秦習語，即時、立刻之意。如《左傳·宣公九年》：「子良憂曰：『是國之災也，吾死無日矣。』」又《成公十二年》：「文子曰：『無禮必食言，吾死無日矣夫。』」

凡敓（説）之道，〔一〕級者爲首。〔二〕▬既得丌（其）級，言必又（有）及＝；〔三〕五［及］之而弗亞（惡），必𦘔（盡）丌（其）古（故）。▬𦘔（盡）之而㤧（疑），〔四〕必**忤**〔五〕鋊＝一五之＝。〔六〕［鋊之］而不可，〔七〕必度（文）以訛，〔八〕母（毋）命（令）智（知）我。▬皮（破）邦芒（亡）六豙（家），〔九〕事乃又（有）貭（瑕）：〔一〇〕▬三駭（雄）一䳕（雌），〔一一〕▬三銼一莖，〔一二〕▬

一王母二六保三殹兒。〔一三〕聖（聽）君而會，〔一四〕視届（貌）而内（入）。〔一五〕之（時）至而二七㢡（將），〔一六〕流澤而行。〔一七〕■七

〔一〕「敓」，裘按：疑當讀爲「説」。

〔二〕「級」，裘按：疑當讀爲「急」，下句「級」字同。陳偉（2002b：233）讀爲「及」，爲至、達到之意。《論語·季氏》：「孔子曰：『侍於君子有三愆：言未及之而言，謂之躁；言及之而不言，謂之隱；未見顏色而言，謂之瞽。』」這是强調捕捉進言的時機。劉釗（2003：226—227）：《説苑·談叢》：「一言而非，四馬不能追；一言不急，四馬不能及。」

〔三〕「及」下有重文符號「=」。李零（2002a：47）：「言」屬上讀。黄人二（2002b）：《説苑·談叢》云「百行之本，一言也。一言而適，可以卻敵；一言而得，可以保國。……物必以其類及，故君子慎言出己」，「言必有及之」即「一言而適」「一言而得」；知簡文下面云「及之而不可」，即指言出而「不適」「不得」也。

〔四〕「悷」，整理者讀爲「疑」。

〔五〕「㤀」，整理者保留字形未釋。林素清（2000：393）：字从「攴」从「主」省聲，即「拄」字。涂

宗流、劉祖信（2001：322、325）：首字从午得聲，疑讀爲「仵」，用同「伍」。徐在國（2001：179）隸定爲从「攴」「十」聲，讀爲「執」。陳劍（2002：5—6）釋「攴」，讀爲「審」。陳偉（2002b：238）：首字疑是「收」字之訛。顧史考（2006b：60—61）：「攴」字左旁爲「針」之象形初文，似可與書紐真部的「呻」字通假。王志平（2012：18）：「攴」疑讀爲「甚」。此字亦見上博簡《曹沫之陣》三〇號簡，具體含義待考。

〔六〕陳劍（2002：5—6）引趙鋒説，一五號簡改接於五號簡之後，下接六號簡。兹依之編聯。「谿」下、「之」下並有重文符號「=」。徐在國（2001：179）釋「谿」字重文爲「金谷」，「谷」讀作「欲」。劉釗（2000b：240）讀爲「裕裕」，《廣雅·釋詁四》：「裕，容也。」林素清（2000：393）讀爲「嶽嶽」。《漢書·朱雲傳》：「五鹿嶽嶽，朱雲折其角。」師古注：「嶽嶽，長角之貌。」陳劍（2002：5—6）引裘錫圭讀「谿」爲「喻」。審喻見於《禮記·文王世子》「少傅奉世子，以觀大傅之德行而審喻之」。顧史考（2006b：60—61）：「谿」，疑从「谷」，「金」聲，或可視爲「崟」字異體。「呻吟」，即引《詩》《書》之句而朗誦其説。王志平（2012：18）：依陳劍（2002：5—6）編聯，簡文應讀爲「盡之而疑，必甚欲之。欲之而不可，必文之以訛，毋令知我」。「我」疑應讀爲「宜」。

〔七〕「可」，認可，接受。

〔八〕「虔」，李天虹（2000：85—88）疑與「麟」字有關，讀爲「文」，李家浩（張富海2000：5）釋爲「閔」字古文，讀爲「文」。李零（2002b：390—391）釋爲「敏」字古文，讀爲「文」。李學勤（2001：117—120）：字上部所从非「鹿」亦非「虎」，而爲「民」字，下部所从爲「旻」，可讀爲「閔」。字應爲「閺」字異體。从「彡」之形也就是《說文》「彣」字，即文章之文。李零（2002b：389—391）：《古文四聲韻》「閔」字所从皆爲「每」非「民」。郭店簡諸字皆應爲「敏」字，其中《性自命出》簡六五、《尊德義》簡一七用爲本字，餘皆讀爲「文」。陳劍（2007：59—80）隸定爲「㪅」，「旻」讀音與「䪢」字相近。「民」「旻」皆聲，爲「閔」字古文所本。「閔」字所从「門」「文」皆爲聲旁，故「虔」「閔」古文可讀爲「文」。

〔九〕顧史考（2006b：62—64）以六號、二六號簡相接，讀作「皮（破）邦芒（亡）家」。此從顧史考編聯。「皮」，整理者讀爲「彼」。陳偉（2002b：233）：讀爲「破」，「破邦」與「亡將」正相對應。「芒」，整理者讀爲「亡」。李零（2002a：47—48）：這種寫法的「亡」疑由「喪」字分化，而與「芒」字無關。「彼邦亡將」疑是「彼邦將亡」之義。林素清（2000：392）：「破邦亡將」，與《孫臏兵法·月戰》「覆軍殺將」意思相近。

〔一〇〕顧史考（2006b：62—63）認爲，依韻類分節，此簡應接於六號簡後，「家」字屬上句，讀作「破邦亡家，事乃有貿」。「家」，林素清（2000：394）：指諸侯之國。「乃」，林素清（2000：394）：寧也。「貭」，整理者疑讀作「祏」，「宗廟主也」。涂宗流、劉祖信（2001：329）：字从亻从貝、石聲，讀爲「祏」，或爲「祏」異構。李零（2002a：49—50）：應理解爲从「厠」得聲，讀爲「則」，指法度、規則。林素清（2000：394）讀爲「石」。裘錫圭（陳劍2002：5）：「貭」如分析爲以「石」爲基本聲符，此句可讀爲「家有事乃有度」。顧史考（2006b：62—63）：或可讀爲「託」。又（2010：498—499）釋爲「叚」，疑讀爲「加」，句意爲「事情乃如此增加」。徐在國（2009）釋爲从「貝」「叚」聲，疑是「賈」字異體。「賈」疑讀爲「故」，指「不好的事」。范常喜（2010）：當釋作「貭」，在此可訓爲「主體」。按：字當分析爲从「貝」「叚」聲，「叚」字亦見清華簡《保訓》「叚中於河」。「貭」疑當釋爲「瑕」，字从貝、从玉同義，謂裂隙也。《廣雅・釋詁二》：「瑕，裂也。」《淮南子・精神》：「審乎無瑕，而不與物糅。」高誘注：「瑕猶釁也。」句謂破邦亡家，乃是事有瑕釁。家、瑕同爲魚部字韻腳。

〔二〕「三雄一雌」，李零（2002a：50）：是説一個女人可以頂三個男人。張崇禮（2007）：「三雄一雌」是以陰陽爲喻，突出「陰」的可貴。王志平（2012：21）：「三雄一雌」疑指「三雄爭一雌」。《文子・上德》：「一淵不兩蛟，一雌不二雄。一即定，兩即爭。」《易林・節之夬》：「一雌二雄，子不知公。亂我族類，使吾心憒。」《易林・履之未濟》：「日辰不和，強弱相振。一雌兩雄，客勝主人。」《韓非子・揚權》：「毋弛而弓，一棲兩雄。一棲兩雄，其鬥嚬嚬。豺狼在牢，其羊不繫。一家二貴，事乃無功。夫妻持政，子無適從。」《淮南子·説林》：「日月不並出，狐不二雄，神龍不匹，猛獸不群，鷙鳥不雙。」「一雌二（兩）雄」「一棲兩雄」等與此義近。

〔三〕「銍」，整理者隸定爲「銙」，疑讀作「壺」。張崇禮（2007）：「銙」字从「夸」進而从「亏」得聲，與瓶和甂甌是同一類的東西。陳劍（2010）隸定爲「鈧」，以爲即是楚地多見的器物「瓨」之異體。單育辰（2011）釋爲「銍」，認爲此字从「坙」，應該依橋形布「坙」讀「重」的結論而把它讀爲「鍾」，「鍾」是一種壺，典籍常見，考古實物亦多有發現。按：當從單育辰（2011）隸定。「菫」，李零（2002a：50）：「菫」讀爲「鍉」，是與甌同類的粗陶盆。「三銙一菫」，何琳儀（2001：167）讀爲「三瓠一柢」。李零（2002a：50）讀爲「三銙一鍉」。劉釗（2000a：81—82）讀爲「三呱一媞」或「三弧一媞」。林素清（2000：394）讀爲「三華一柢」。陳偉（2002b：242）讀爲「三華一實」。顧史考（2006b：64）讀爲「三虛一寔（實）」。張崇禮（2007）：「三銙一菫」説的是多個「銙」共用一個底座「菫」，這個底座就是「基」，所以重要。王志平（2012：21）：孟蓬生以爲「銙」當讀爲「瓠」，「菫」當讀爲「蒂」，句謂三個葫蘆一個把。「是」「帝」音近通假。「媞」「禘」本爲一字。又《説文》：「啻讀若鞮。」《史記·陳杞世家》：「銷鋒鍉。」《集解》引徐廣曰：「鍉一作鏑。」是其證。諸句義爲三雄爭一雌，三個葫蘆共一個蒂，一個王母保育三個嬰兒，由於難以顧及，不免會發生爭鬥。《荀子·富國》：「欲惡同物，欲多而物寡，寡則必爭矣。」單育辰

（2011：42）讀爲「提」，「三鍾一提」是指三個壺鍾共一個提鏈。按：當從單育辰（2011）説讀爲「三鍾一提」。

〔一三〕「保」，李零（1999：481）：保育。劉釗（2000a：81）讀爲「抱」。「王母」，林素清（2000：394）：指祖母。「毆兒」，林素清（2000：394—395）讀爲「嫛婗」，指「嬰兒」。王志平（2012：21）：諸句義爲三雄爭一雌，三個葫蘆共一個蒂，一個王母保育三個嬰兒，由於難以顧及，不免會發生爭鬥。《荀子・富國》：「欲惡同物，欲多而物寡，寡則必爭矣。」

〔一四〕「聖」，裘按：疑讀爲「聽」。林素清（2000：395）疑「君」「會」係「言」「答」傳抄之誤。此句讀爲「聽言而答」。「會」，陳偉（2002b：243）：見面，搆合。黄人二（2002b）讀「視屆」爲「視貌」：「聽言」意「明言」，簡文此處疑指小人以諂媚之巧言媚上，故君上喜答小人之言，暗指忠臣死士之言被斥退。「聽言」是《詩》中成語，《詩・小雅・雨無正》云「聽言則答，譖言則退」，《詩・大雅・桑柔》云「聽言則對，誦言如醉」，「聽言」俱謂「順從、好聽之言」。簡文「聽言」與「視貌」相對，故可意「君上聽下位之遊説者之言」或「居下位之遊説者聽君上之言」。王志平（2012：22）：「君」不必以爲誤字。可依林素清説釋爲「聽君而合（答）」。

〔一五〕「屆」，整理者讀作「朝」。李零（1999：479）釋爲「廟」。林素清（2000：395）釋爲「廟」，讀作「貌」。這裏是説，遊説者要傾聽對方的問話，然後作答；細觀對方的表情，然後進言，也就是要能察言觀色之意。「内」，林素清（2000：395）、陳偉（2002b：243）皆讀作「納」，林氏訓爲「致」，陳氏指委質爲臣。王志平（2012：22）：可依林素清説讀爲「視貌而納」，與「聽君而答」對文。句或謂遊説進諫須視對象而定。

〔一六〕顧史考（2006b：65）：二七簡背面文字是不涉正文的筆記。第七簡接於二七簡正面文字之後，讀爲「之（時）至而𤸰（將），流澤（滯）而行」。兹從其説。

〔一七〕「流」，陳松長（2000：259—260）：此字應是从水从二虫，讀作「混」。「流澤」，吴良寶（2001：9）：見於《荀子·禮論》：「積厚者流澤廣，積薄者流澤狹也。」也見於《史記·禮書》《大戴禮記·禮三本》。李零（2002a：49）：古書有表示恩澤流布的「流澤」，似與此不同。林素清（2000：392）：意如水澤流瀉，順勢自然而行。這裏是説遊説倘若不爲對方接受，遊説者就當隱藏自己内心真正的企圖，如此可以反友爲敵，滅其國、殺其將，如水澤流瀉，無往而不可行。陳偉（2002b：235）：或讀作「絡繹」，指連續不斷的樣子。顧史考（2006b：65—66）：指分散、離開。顧氏此簡接於二七簡後。按：將、行同爲陽部韻腳。

竅（竊）鉤者戓（誅），〔一〕竅（竊）邦者爲者（諸）＝侯＝。［者（諸）侯］之門，義士八之所廌（存）。〔二〕■九

〔一〕裘按：此段内容與見於《莊子·胠篋》的下引文字基本相同：「彼竊鉤者誅，竊國者爲諸侯。諸侯之門，而仁義存焉。」「敱」字左旁與本書《五行》中應讀爲「察」的从「言」之字的右旁相近。包山楚簡中應讀爲「察」的从「言」之字，其右旁並有與此字左旁極相似者。可知此字之音與「察」相近。「竊」「察」古通(《古字通假會典》六二五頁)，故此字可讀爲「竊」。「豉」字从戈、豆聲，「誅」，从言、朱聲，「豆」「朱」古音相近，此字應即「誅」字别體。

〔二〕裘按：「廌」字古有「薦」音，「薦」「荐」古通，此「廌(薦)」字可依《莊子》讀爲「存」。陳偉(2002b：230—244)、陳偉(2004：323)：簡文前一句同於《莊子·胠篋》，後一句則同於《盜蹠》。李學勤(2006：73—76)認爲，上述簡文應是引自《莊子·胠篋》，後者作於《語叢四》之前。

車散(輱)〔一〕之莖酭，〔二〕不見江沽(湖)之水。〔三〕▬佖(匹)婦禺夫，〔四〕一〇不智(知)其向(鄉)之火〓[小人]、君子。〔五〕▬飤(食)韭亞(惡)智(知)終其葉(世)。〔六〕▬一一𣊟(早)與(舉)臤(賢)人，〔七〕是胃(謂)涀(訣)行。〔八〕▬臤(賢)人不才(在)昃(側)，是一二胃(謂)迷惑。〔九〕▬不與智悔(謀)，是胃(謂)自忈(基)。〔一〇〕▬𣊟(早)與智悔

(謀)，是一三胃(謂)童(重)丕(基)。〔一一〕邦又(有)巨駄(雄)，〔一二〕必先與之以爲朋(朋)。〔一三〕唯難(難)一四亓(其)興。〔一四〕女(如)䣽(將)又(有)敗，駄(雄)是爲割(害)。〔一五〕利木侌(陰)者，不折一六亓(其)榣(枝)。〔一六〕利亓(其)渚者，〔一七〕不賽(塞)亓(其)溪(溪)。〔一八〕善貞(使)亓(其)下，若一七蛩(蚈)蝨(蛩)之足，〔一九〕眾而不割(害)＝，〔二〇〕[割(害)]而不僕(仆)。〔二一〕善事亓(其)上一八者，若齒之事昏(舌)，而終弗嚙(噬)。〔二二〕善□□□一九者，〔二三〕若兩輪之相𨗵(轉)，而終不相敗。〔二四〕善貞(使)二〇亓(其)民者，若四旹(時)一逭(逝)一栥(來)，〔二五〕而民弗害也。

二二

〔一〕「敂」，整理者原隸定爲「敂」，讀作「弼」，字亦通作「第」，車蔽。裘按：疑當讀爲「車蓋」。李零(1999：480)、劉信芳(2001：204—205)、張富海(2002：29)、陳偉(2004：323—324)並讀爲「鞁」。白於藍(2002：356)釋爲「禦」，《爾雅·釋器》：「竹前謂之禦，後謂之蔽。」郭璞注：「(禦)，以簟衣軾。」可見禦是一種遮擋在車前的簟席。徐在國(2004：347—351)隸定爲「敂」，讀爲「鞁」。林志鵬(2007：93)以爲即「弼」之異體，「弼」爲「車蔽」之通名。按：

字當從徐在國隸定，讀爲「鞁」。此字亦見清華簡《耆夜》「月又（有）城攸」，整理者隸定爲「攸」讀爲「缺」，「攸」即「鞁」字所從。

〔二〕「莖酭」，整理者讀爲「醓盍」。李零（1999：480）讀爲「醓醢」。林素清（2000：392）：讀爲「密閟」，訓爲「封閉阻隔」。涂宗流、劉祖信（2001：321、323）：首字从必得聲，疑借爲「閟」，掩蔽；末字从有得聲，疑借爲「囿」，拘泥、局限。劉信芳（2001：205）：讀爲「鮅鮪」。車徹（轍）之鮅、鮪猶《莊子・外物》車轍之鮒魚。車徹（轍）之魚，不可見到江湖之水，比喻聞見不廣之匹婦愚夫，對於其鄉之小人、君子均缺乏瞭解。白於藍（2002：357）讀爲「閉晦」，指蒙蔽。陳偉（2002b：235—236）：讀作「鮒鰌」。鮒是一種小魚。鰌，通作「鰍」，通常指泥鰍。顔世鉉（2003：10—11）：讀作「閉宥」或「密宥」，訓爲「拘囿」。劉釗（2003：228）：讀爲「閉翳」或「閉晦」，訓爲遮蔽。陳偉（2004：324）：疑讀作「蜉蝣」「浮游」，爲一種昆蟲，幼蟲生在水中；成蟲有翅，在水面飛行。季旭昇（2004：140）：讀作「閉鰌」，指「閉塞的泥鰍」。或讀作「鮒鰌」，指「蝦蟆、泥鰍」。顧史考（2006b：67—69）：讀爲「鯢鰍」。鄒濬智（2006：202—203）逕讀爲「鮒魚」。鄒濬智（2006：202—203）：讀作「鮒魚」，指娃娃魚、蝦蟆、蛙之類的兩棲動物。林志鵬（2007：98）：讀爲「蔽晦」或「密閟」，謂車蔽遮掩或車窗緊閉，故不見江湖之水。林清源（2008：415—417）讀爲「黽鰌」，指蝌蚪、泥鰍。按：當從劉信芳釋讀。

《説文》：「鮅，魚名。从魚，必聲。」《爾雅・釋魚》：「鮅，鱒。」《釋文》：「鮅，《字林》云：『魴也。』」又《説文》：「鮪，鮥也。《周禮》：『春獻王鮪。』从魚，有聲。」陸德明《經典釋文・爾雅音義下・釋魚》：「鮪，或曰即鱏魚也，似鱣而長鼻，體無鱗甲。」

〔三〕「沽」，整理者讀「湖」。按：《荀子・正論》：「淺不足與測深，愚不足與謀知，坎井之鼃不可與語東海之樂。」《莊子・秋水》：「井鼃不可以語於海者，拘於虚也；夏蟲不可以語於冰者，篤於時也；曲士不可以語於道者，束於教也。」均與此義近。

〔四〕「佖婦禺夫」，裘按讀爲「匹婦愚夫」。陳偉（2002b：236）：「禺」似當讀爲「偶」，亦是匹配義。《白虎通・爵》：「庶人稱匹夫者，匹，偶也。與其妻爲偶，陰陽相成之義也。一夫一婦成一室。明君人者，不當使男女過時無匹偶也。故《論語》曰：『匹夫匹婦。』」「匹婦偶夫」猶通常所説的「匹婦匹夫」。按：《鹽鐵論・復古》：「宇棟之内，燕雀不知天地之高；坎井之鼃，不知江海之大；窮夫否婦，不知國家之慮；負荷之商，不知猗頓之富。」王利器《校注》：「華氏活字本、攖寧齋鈔本『否』作『匹』。顧廣圻曰：『否字是也，讀爲鄙。』」

〔五〕「火」下有合文符號「=」。「向」，整理者讀爲「鄉」。陳松長（2000：260）：隸定爲「向」，實有不妥。似應隸定爲「丘」字。將簡讀爲「不智（知）其丘之小人、君子」，自然文從字順。顧史考（2006b：68—69）疑「小人」之「人」爲衍文，其下合文號原應是句讀符號，於「君子」後誤加句讀符號。「君子」應歸下讀。按：整理者釋「向」不誤，可從整理者讀爲「鄉」。

〔六〕「食韭」，陳偉(2002b：237)讀作「尸鳩」，見《法言·寡見》，指凡庸之輩。林素清(2000：392)：「食韭」爲貧賤的代稱。劉釗(2003：229)引《禮記·少儀》「爲君子擇蔥薤，則絕其本末」，指簡文以匹婦愚夫把韭菜葉吃光，形容其愚昧淺陋。顧史考(2006b：70)疑「韭」是「薤」之省。簡文謂君子吃蔥總會先令人「絕其本末」，不懂得要把整個葉子吃完。「葉」，整理者保留字形「□」未釋，張光裕(1999：3—14)：今隸作「茉」，即「葉(枼)」字異體。李零(1999：480)疑即「菒」，爲「葉」字之訛，讀爲「世」。涂宗流、劉祖信(2001)：此字从艸呆(古保字)聲，通「苞」。何琳儀(2001：167)釋爲从「艸」「某」聲的「𦯀」，《集韻》「𦯀，艸名」。陳偉(2002b：236—237)：恐即「年」字異構，指「年壽」。林素清(2000：392)從李運富(1998)說，釋爲「葉」。王志平(2012：19)：「食」疑讀爲「螣」。《說文》：「螣，神蛇也。从虫，朕聲。」定母蒸部字。「食」爲船母職部字，但有以母一讀。喻四歸定，韻母職蒸對轉，可得通假。《爾雅·釋魚》：「螣，螣蛇。」郭璞注：「龍類也，能興雲霧而遊其中。」《釋文》：「螣(蛇)，字又作騰。」《荀子·勸學》：「螣蛇無足而飛。」「韭」疑讀爲「龜」。《說文》：「韭，菜名。一種而久者，故謂之韭。」「韭」「久」聲訓，「韭」見母幽部，「久」見母之部。又《說文》：「龜，舊也，外骨內肉者也。从它，龜頭與它頭同。天地之性，廣肩無雄。龜鼈之類，以它爲雄。象足、甲、尾之形。」「龜」「舊」聲訓，並爲見母之部；「舊」「久」音通。「圭」「龜」之幽音近。塍、龜同類，故得並舉。「葉」當從李零讀爲「世」。句或謂塍、龜雖壽，惡知終其世？曹操《龜雖壽》：「神龜雖壽，猶有竟時。塍蛇乘霧，終爲土灰。」

〔七〕「早」，整理者釋。李零（1999：480）：「早」字之釋可疑。陳偉（2004：324）亦贊同釋爲「早」。「舆」，李零（1999：480）釋爲「舉」。簡文「舆」字和「興」「䙴」二字寫法相近，或加口或加止，容易混淆。按：當從李零（1999：480）説讀爲「舉」。

〔八〕「涣」，原作「[glyph]」，整理者釋爲「涣」，讀作「訣」，《説文》：「早知也。」林素清（2000：392）讀爲「央」，訓爲「久」。顧史考（2006a：248）讀爲「抗」，「抗行」指高尚絶倫之德行。陳偉（2002b：237—238）釋爲「浦」，讀爲「輔」或「旁」。劉釗（2003：229）釋爲「寖」，讀爲「浸」，意爲滲透，引申爲「漸漸」。按：當從整理者釋爲「涣」，分析爲从宀，決聲。「決」所从與包山楚簡二一二〇一「[glyph]（央）」字形近。可讀爲「訣」。簡文謂早舉賢人，是一種先知先覺的行爲。

〔九〕黄人二（2002b）：《説苑・談叢》云「賢師良友在其側」；馬王堆帛書《道原》云「無好無亞（惡），上用□□而民不麋（迷）惑」。兩者合觀與簡文比對，則用字遣詞、意義與簡文此處略同，故疑帛書《道原》所缺之字殆「賢人」「賢者」之儔。

〔一〇〕「惎」，整理者讀爲「誋」。李零（1999：478）讀爲「欺」。陳偉（2004：324）：「惎」有毒害意，讀簡文爲「自惎」，理解爲自我戕害，於文意並無不合。「惎」也可能讀爲「欺」。《禮記・大學》：「所謂誠其意者，毋自欺也。」按：《説文》：「諅，誡也。」《廣雅・釋詁三》：「諅，告也。」《淮南子・繆稱》：「目之精者，可以消澤而不可以昭諅。」高誘注：「諅，誡也。不可以教導戒人。」與簡文意不合。「惎」似應讀爲「欺」。「與」讀如本字或讀爲「舉」，似均可。下「與」同。

〔一一〕「基」，整理者讀爲「惎」。李零（1999：478）讀爲「欺」。陳偉（2002b：238）：似當如字讀。「重基」是基業宏大之意。《淮南子・泰族》：「故仁義者，爲厚基者也。不益其厚而張其廣者毀，不廣其基而增其高者覆。」「重基」猶「厚基」。黄人二（2002b）：這段話的意義頗似《尚書・秦誓》「惟古之謀人，則曰未就予忌；惟今之謀人，姑將以爲親。雖則云然，尚猷詢茲黄髮，則罔所愆」。按：「基」，當如陳偉説，讀如本字。

〔一二〕「忲」，整理者讀爲「雄」。「巨雄」，李零（1999：480）：見《管子・輕重丁》，於此似指賢才。林素清（2000：392）：指有權勢的人或家族。

〔一三〕「與」，李零（1999：479）讀爲「舉」。「塱」，整理者讀爲「朋」。

〔一四〕陳劍（2002：5—6）將本簡改接於此，此從其編聯。「戁」，裘按：「唯戁之」讀作「雖難之」。陳偉（2002a：5—6）：或讀作「難」，用作動詞，是「使其與難」之意。或不破讀，意爲恐、懼。

「唯難其興」「唯懼其興」，是説對「巨雄」之興保持恐懼、戒懼之心。「興」，整理者釋爲「惥」。林素清（2000：393）、李零（2002a：46）釋爲「舆」，讀作「舉」。陳劍（2002：5—6）改釋爲「興」。按：釋「興」是。《左傳·昭公四年》：「或多難以固其國，啟其疆土；或無難以喪其國，失其守宇。」

〔二五〕「割」，整理者讀爲「害」，下同。陳偉（2002b：239）讀爲「介」，有佐助、依憑義。

〔二六〕「榰」，裘按：即「枳」字，讀爲「枝」。劉釗（2000a：81）：《韓詩外傳》卷二引田饒曰：「臣聞食其食者，不毁其器；陰其樹者，不折其枝。」劉洪濤（2006）：上博五《弟子問》簡二三：子曰：「列乎其下，不折其枝；食其實［者，不毁其器］。」《韓詩外傳》卷二：「田饒曰：『臣聞食其食者，不毁其器。陰其樹者，不折其枝。有臣不用，何書其言？』」《新序》卷五：「田饒曰：『臣聞食其食者不毁其器，蔭其樹者不折其枝。有士不用，何書其言爲？』」《淮南子·説林》：「食其食者不毁其器，食其實者不折其枝，塞其源者竭，背其本者枯。」陳偉武（2009：273）：《弟子問》簡二三：「剌（列）乎其下，不折其枳（枝）；飤其實……」。

〔二七〕「渚」，陳偉（2002b：239）讀爲「瀦」，《周禮·地官·稻人》鄭注：「畜流水之陂也。」

〔二八〕陳偉武（2009：273）：《淮南子·説林》：「食其食者不毁其器，食其實者不折其枝。塞其源者竭，背其本者枯。」

〔一九〕整理者：「蚟蝱」也作「蚈蛩」，蟲名。裘按：「蚟」即百足蟲。蛩，除解釋爲蚰蜒之外，也有解釋爲百足蟲的。

〔二〇〕「割」下有重文符號「=」。

〔二一〕「割」，李零（1999：477—481）皆不破讀。陳偉（2002b：239—240）把前一「割」字讀爲「害」，後一「割」字不破讀。劉釗（2002：4—5）皆讀如字，認爲與《太平御覽》卷九四四、卷九四八所引古諺語「百足之蟲，斷而不蹶」相同。林素清（2000：393）：《淮南子·兵略》：「故良將之卒，若虎之牙，若兕之角，若鳥之羽，若蚈之足，可以行，可以舉，可以噬，可以觸。強而不相敗，衆而不相害，一心以使之也。」林素清（2000：393）、陳偉武（2009：273）並參引《淮南子·説林》：「善用人者，若蚈之足，衆而不相害；若脣之與齒，堅柔相磨而不相敗。」

〔二二〕「䜺」，整理者隸定爲「䜺」，从「𠂤」聲，讀作「憒」。《説文》「憒，亂也」。弗憒，指齒舌之不相亂。裘按：此字見於曾侯乙墓鐘磬銘文，可能有「𠂤」和「臽」兩種讀音，參看裘錫圭、李家浩《曾侯乙墓鐘磬銘文與考釋》（《中國音樂文物大系·湖北卷》三四三頁）。在此似當爲「臽（陷）」或「衍（訓錯過）」。李零（1999：481）讀作「噬」，後（2002a：45）讀爲「啗」。孟蓬生（2002：406）、王寧（2002）、陳劍（2003：123）並讀爲「噬」。按：「䜺」當讀爲「噬」。孟蓬生（2002：406）認爲「䜺」字在《語叢四》與「舌」「敗」「害」押韻，三個字古音在月部。所以「䜺」

字及从之得聲字，跟「逝」「筮」音同或音近，古音亦當在月部。甚是。唯字形分析諸家有所不同，尚待進一步研究。暫從整理者隸定。

〔二三〕整理者：簡文約缺三字，當補「吏（使）其下」，李零（1999：481）補作「事其君」。陳偉（2002：241）、陳偉（2004：324）補作「事其友」。

〔二四〕裘按：此句當釋讀爲「善□□□者，若兩輪之相𨔵（轉）而終不相敗」。黄人二（2002b）：《淮南子·説林訓》云「轂立，三十輻各盡其力，不得相害。使一輻獨入，眾輻皆棄，豈能致千里哉」，簡文講「兩輪」，《淮南子》講「一輪一轂」，可參看。

〔二五〕「逝」，裘按釋「遣」。李零（1999：481）認爲讀「逝」亦通，後（2002a：45）改釋爲「遣」。劉釗（2003：232）：字爲「遣」字異體。陳劍（2003：123）：古書「逝」與「來」對言多見。《管子·内業》：「靜則得之，躁則失之。靈氣在心，一來一逝。」也許可看作「逝」字異體。

山亡（無）隓（隋）則坨（阤），〔一〕■成（城）無蓑則坨（阤）。〔二〕■士亡（無）友不可，〔三〕■君又（有）一二悔（謀）臣，〔四〕則壤陊（地）不鈔（削）。〔五〕■士又（有）悔（謀）友，則言談不一三勺（弱）。〔六〕■唯（雖）戢（勇）力聞（聞）於邦不女（如）材，〔七〕金玉涅（盈）室不一四女（如）悔（謀），〔八〕■眾強甚多不女（如）峕（時）。〔九〕■古（故）悔（謀）爲可貴。■罷（一）二

五言之善，〔一〇〕足以終殜（世）。〔一一〕-參（三）殜（世）之福（富），〔一二〕不足以出芒（亡）。〔一三〕■三

〔一〕「陸」，整理者隸定爲「陘」，劉信芳（2001：205）釋「陸」，隸變作「墮」，讀爲「隋」。李零（1999：481）隸作「陶」，指陂、阪。顔世鉉（1999：171—188）：當讀作蕤，或有草木茂盛之義，山無茂盛草木，猶《孟子·告子上》所謂牛山濯濯。林素清（2000：393）釋爲「墮」，讀作「隋」。陳松長（2000：260—261）以爲「堋」之異構，讀爲「崩」。涂宗流、劉祖信（2001：329）：此字應隸定爲「墮」，借爲「橢」，二者古音同爲定紐歌部，音同可通。劉信芳（2001：205）依字形可隸定爲「陸」，隸變作「墮」，讀爲「隋」。「隋」蓋指四周之群峰，又稱「巒」。劉釗（2003：233）：應即「隋」字省體。在簡文中指山之緩緩垂下，而非陡峭直矗。「坨」，整理者讀爲「阤」，《説文》「小崩也」。按：《説文》：「隋，山之墮墮也。」《詩·周頌·般》：「隋山喬嶽。」《釋文》引郭璞云：「山狹而長也。」《説苑·談叢》：「河以委蛇故能遠，山以陵遲故能高。」與此義近。

〔二〕「衺」，整理者：謂以草覆城。林素清（2000：393—394）、陳偉（2002b：241）、（2004：324）讀作「衰」，謂城牆厚度從下至上衰減。陳偉（2004：324）：《淮南子·繆稱》：「城峭者必

崩，岸崝者必陀。」《說苑·政理》：「城峭則必崩，岸竦則必阤。」均與此義近。

〔三〕「友」，從整理者隸定。此句原釋文作逗號，李零(1999：479)改作句號。

〔四〕「㥑」，整理者讀爲「謀」。

〔五〕「壤」，李零(1999：481)讀爲「攘」。「鈔」，李零(1999：481)讀爲「剿」。

〔六〕「勺」，整理者隸定爲「甘」，裘按疑釋爲「勺」，讀爲「弱」。劉信芳(2001：205)：「勺」應讀爲「訋」，《廣雅·釋詁》：「訋，拏也。」《說文》：「拏，……一曰誣也。」陳偉(2002b：241—242)：讀爲「約」，不約亦不窮之意。劉釗(2003：233)：「勺」讀爲「弱」，古音「勺」在禪紐藥部，「弱」在日紐藥部，於音可通。

〔七〕「唯」，整理者讀爲「雖」。「甬」，整理者讀爲「勇」。「女」，整理者讀爲「如」。

〔八〕「浧」，整理者讀爲「盈」。

〔九〕陳偉(2002b：242)：《大戴禮記·文王官人》「眾強嚴威」，王聘珍《解詁》：「謂地廣民眾。」時，時勢，時運。

〔一〇〕陳劍(2002：4)：三號簡應改接於此。「一言」或「壹言」古書習見，且與下文「三世」相對。此從陳劍編聯。

〔二〕「殜」，整理者讀爲「世」。陳偉(2002b：232)：「足以終世」，足以安享其生。《大戴禮記・衛將軍文子》：「其爲人之淵泉也，多聞而難誕也，不内辭，足以沒世。」「沒世」與「終世」略同。

〔三〕「福」，整理者讀爲「富」。陳偉(2002b：232)：福祉。《左傳・襄公三十一年》：「鄭有禮，其數世之福也，其無大國之討乎。」「數世之福」與「三世之福」略同。

〔三〕「芒」，劉釗(2000a：87)：即「鋒芒」之「芒」。白於藍(2001：177—178)讀爲「妄」，「出妄」即口出妄言。按：「芒」疑讀爲「亡」，謂三世的財富，仍然不足以擺脱衰亡。

亡及也已。〔一〕内(入)之，或内(入)之；〔二〕至之，或至之。〔三〕二七背

〔一〕「及」，陳偉(2002b：244)：疑當讀爲「極」。「亡極」猶「無極」，無窮盡的意思。張崇禮(2007)：《語叢四》二二—二七簡這一段話的中心意思是説「謀爲可貴」。所以這一段文字是一個整體，不能分開來訓釋。王志平(2012：22)：「及」疑讀如本字。《説苑・談叢》：「時乎時乎，間不及謀。至時之極，間不容息。」謂進諫的時機間不容發。按：「及」疑讀爲「急」。

〔二〕此仍依原簡序文字依次順讀，不從裘按編聯。「或」，李零(1999：479)讀爲「又」。下同。王

志平（2012：22）：「或」前二「之」字，疑讀爲「時」。

〔三〕裘按：此簡反面文字，從其地位看，應是補在正面「而内」之下的。正面「而内」之下的「之」字似是衍文。這段文字可釋讀爲：「聖（聽）君而會，視𢈢（朝）而内（入）。内（入）之或内（入）之，至之或至之，至而亡及也已。」整理者即從裘按連讀，但讀爲「至之或至之之，至而亡及也已」。陳偉（2002b：244）：「至」讀爲「致」。「内」讀爲「入」時，「至」似應如字讀，指到達；讀爲「納」，理解爲委質時，則「至」恐當讀爲「致」，指致仕，即歸還官職。黄人二（2002b）：睡虎地雲夢秦簡《爲吏之道》：「口，關也；舌，機也。一堵失言，四馬弗能追也。口者，關；舌者，符璽也。璽而不發，身而毋辥。」《文子·微明》：「言者禍也，舌者機也，出言不當，駟馬不追。」《説苑·談叢》：「一言而非，四馬不能追；一言不急，四馬不能及。」《鄧析子·轉辭》略同《説苑·談叢》（「不急」作「而急」）。王志平（2012：22）：「内（入）之或内（入）之，至之或至之」書於二七號簡背下端，疑接上端文字。全句意思可通，不必以爲錯簡。「或」疑讀爲「有」，「内（納）之或内（納）之，至之或至之」疑當讀爲「納之（時），有納之；至之（時），有至之」。「至」疑讀爲「致」。句或謂納諫時，有可納者；致送時，有可致者。按：諸説可疑，有關編聯意見可參考本篇校釋説明。

參考文獻

白於藍《郭店楚墓竹簡釋讀劄記》,《古文字論集(二)》(《考古與文物》叢刊第4號),2001年11月。(白於藍2001)

白於藍《釋「[illegible]」》,《古文字研究》第24輯,中華書局2002年7月。(白於藍2002)

陳劍《説慎》,《簡帛研究二〇〇一》,廣西教育出版社2001年9月。(陳劍2001)

陳劍《郭店簡〈窮達以時〉、〈語叢四〉的幾處簡序調整》,《國際簡帛研究通訊》第2卷第5期,2002年。又見於《新出楚簡研究》,文物出版社2004年12月。(陳劍2002)

陳劍《郭店簡補釋三篇》,《古墓新知——紀念郭店楚簡出土十周年論文專輯》,(香港)國際炎黃文化出版社2003年11月。(陳劍2003)

陳劍《甲骨金文舊釋「尢」之字及相關諸字新釋》,《甲骨金文考釋論集》,綫裝書局,2007年4月。(陳劍2007)

陳劍《試説戰國文字中寫法特殊的「亢」和从「亢」諸字》,復旦大學出土文獻與古文字研究中心網站2010年10月7日。http://www.fdgwz.org.cn/Web/Show/1276,訪問日期2019年10月10日。(陳劍2010)

陳松長《郭店楚簡〈語叢〉小識(八則)》,《古文字研究》第22輯,中華書局2000年7月。(陳松長2000)

陳偉《上博、郭店二本〈緇衣〉對讀》，《上博館藏戰國楚竹書研究》，上海書店出版社2002年3月。（陳偉2002a）

陳偉《郭店竹書別釋》，湖北教育出版社2002年12月。（陳偉2002b）

陳偉《郭店簡〈語叢四〉考釋（七則）》，《新出簡帛研究》，文物出版社2004年12月。（陳偉2004）

陳偉《楚地出土戰國簡冊[十四種]》，經濟科學出版社2009年9月。（陳偉2009）

陳偉武《試論簡帛文獻中的格言資料》，《簡帛》第4輯，上海古籍出版社2009年10月。（陳偉武2009）

丁四新《〈語叢〉四篇探析》，《郭店楚墓竹簡思想研究》，東方出版社2000年10月。（丁四新2000）

范常喜《戰國楚簡「刓」字述論》，復旦大學出土文獻與古文字研究中心網站2010年11月2日。http://www.gwz.fudan.edu.cn/SrcShow.asp?Src_ID=1298，訪問日期2019年6月20日。（范常喜2010）

飛虎《試説〈容成氏〉的「德惠而不腶」》，復旦大學出土文獻與古文字研究中心網站學術論壇2009年7月16日。（飛虎2009）

高佑仁《〈莊王既成〉「航」字構形考察——兼談戰國文字「察」「虍」「亢」的字形差異》，簡帛網2010年7月12日http://www.bsm.org.cn/?chujian/5471.html，訪問日期2018年6月12日；又《簡帛》第六輯，上海古籍出版社，2011年11月。（高佑仁2010）

顧史考《宏微觀》，《第四屆先秦兩漢學術國際研討會：上下求索——楚辭的文學藝術與文化關照論文集》，臺灣輔仁大學中國文學系，2005年11月。（顧史考2005）

顧史考《郭店楚簡先秦儒書宏微觀》，臺灣學生書局2006年6月。（顧史考2006a）

顧史考《郭店楚簡〈語叢四〉篇韻讀新解三則》，《簡帛》第1輯，上海古籍出版社2006年10月。（顧史考2006b）

顧史考《「刋」字讀法試解》，《古文字研究》第28輯，中華書局2010年10月。（顧史考2010）

郭永秉《再談郭店簡〈語叢四〉8、9號簡與〈莊子·胠篋〉之關係及相關問題》，復旦大學出土文獻與古文字研究中心網站2010年3月12日，http://www.fdgwz.org.cn/Web/Show/1103，訪問日期2018年7月9日。（郭永秉2010）

何琳儀《郭店竹簡選釋》，《簡帛研究二〇〇一》，廣西教育出版社2001年9月。（何琳儀2001）

黃人二《戰國郭店竹簡〈語叢四〉注釋（上）》，簡帛研究網2002年3月17日。http://www.jianbo.org/Wssf/2002/huangrener05.htm，訪問日期2010年10月10日。（黃人二2002a）

黃人二《戰國郭店竹簡〈語叢四〉注釋（下）》，簡帛研究網2002年3月17日。http://www.jianbo.org/Wssf/2002/huangrener05－2.htm，訪問日期2010年10月10日。（黃人二2002b）

黃人二《從戰國郭店竹簡〈語叢四〉莊子引文論其內外雜篇之性質》，《簡帛研究二〇〇八》，廣西師範大學出版社2010年9月。（黃人二2010）

季旭昇《上海博物館藏戰國楚竹書（一）讀本》，臺灣萬卷樓圖書股份有限公司，2004年。（季旭昇2004）

冀小軍《郭店楚簡〈語叢四〉12—14號簡考釋》，簡帛研究網2003年6月24日。（冀小軍2003）

荆門市博物館編《郭店楚墓竹簡》，文物出版社1998年5月。（荆門市博物館1998）

李均明《説清華簡「假中於河」》，《中國文物報》2009年7月17日第7版。（李均明2009）

李零《郭店楚簡校讀記》，《道家文化研究》第17輯（郭店楚簡專號），生活·讀書·新知三聯書店1999年8月。（李零1999）

李零《郭店楚簡校讀記》（增訂本），北京大學出版社2002年3月。（李零2002a）

李零《郭店楚簡中的「敏」字和「文」字》，《古文字研究》第24輯，中華書局2002年7月。（李零2002b）

李天虹《釋楚簡文字「𢉩」》，《華學》第4輯，紫禁城出版社2000年8月。（李天虹2000）

李學勤《試解郭店簡讀「文」之字》，《孔子·儒學研究文叢》第1輯，齊魯書社2001年6月。（李學勤2001）

李學勤《從郭店簡〈語叢四〉看〈莊子·胠篋〉》，《簡帛》第1輯，上海古籍出版社2006年10月。（李學勤2006）

李運富《楚國簡帛文字叢考（二）》，《古漢語研究》1998年第2期。（李運富1998）

林清源《郭店楚墓竹簡〈語叢四〉「[illegible]」考釋》，《古文字研究》第27輯，中華書局2008年9月。（林清源2008）

林素清《郭店竹簡〈語叢四〉箋釋》，《郭店楚簡國際學術研討會論文集》，湖北人民出版社2000年5月。（林素清2000）

林志鵬《釋楚系簡帛中的「弼」字——兼論車弼之形制及別名》，《傳統中國研究集刊》第3輯，上海人民出版

社2007年11月。（林志鵬2007）

劉傳賓《郭店竹簡研究綜論（文本研究篇）》，吉林大學博士學位論文，2010年10月。（劉傳賓2010）

劉傳賓《郭店竹簡文本研究綜論》，上海古籍出版社，2017年。（劉傳賓2017）

劉洪濤《上博五〈弟子問〉小考兩則（修訂稿）》，簡帛網2006年7月5日。http://www.bsm.org.cn/show_article.php?id=375，訪問日期2018年10月31日。（劉洪濤2006）

劉洪濤《釋上博竹書〈莊王既成〉的「航」字》，簡帛網2007年7月20日。http://www.bsm.org.cn/show_article.php?id=641，訪問日期2018年10月31日。（劉洪濤2007）

劉信芳《郭店簡〈語叢〉文字試解（七則）》，《簡帛研究二〇〇一》，廣西師範大學出版社2001年9月。（劉信芳2001）

劉釗《讀郭店楚簡字詞劄記》，《郭店楚簡國際學術研討會論文集》，湖北人民出版社2000年5月；收入《出土簡帛文字叢考》，臺灣古籍出版有限公司2004年3月。（劉釗2000a）

劉釗《讀郭店楚簡字詞劄記（三）》，《古文字研究》第22輯，中華書局2000年7月。（劉釗2000b）

劉釗《讀郭店楚簡字詞劄記（四）》，《古籍整理研究學刊》2002年第5期。（劉釗2002）

劉釗《郭店楚簡校釋》，福建人民出版社2003年12月。（劉釗2003）

羅運環《郭店楚簡有關君臣論述的研究——兼論〈語叢四〉的問題》，《郭店楚簡國際學術研討會論文集》，湖北人民出版社2000年5月。（羅運環2000）

孟蓬生《郭店楚簡字詞考釋》，《古文字研究》第24輯，中華書局2002年7月。（孟蓬生2002）

龐樸《〈語叢〉臆説》，《郭店楚簡研究》（《中國哲學》第20輯），遼寧教育出版社1999年1月。（龐樸1999）

單育辰《談清華簡中的「鮏舟」》，《出土文獻》第2輯，中西書局2011年11月。（單育辰2011）

沈賨春《郭店〈語叢〉四「一王母保三嬰孋」解》，簡帛網2009年12月7日；又《中國文字》新35期。（沈賨春2009）

宋華強《楚簡「罷禱」新釋》，簡帛網2006年9月3日。http://www.bsm.org.cn/show_article.php?id=412，訪問日期2018年10月31日。（宋華強2006）

涂宗流《〈語叢〉編連問題再思考》，簡帛研究網2002年5月24日。http://www.jianbo.org/Zzwk/2002/T/tuzhongliu01.htm，訪問日期2018年10月31日。（涂宗流2002）

涂宗流、劉祖信《郭店楚簡先秦儒家佚書校釋》，臺灣萬卷樓圖書有限公司，2001年2月。（涂宗流、劉祖信2001）

王連成《也談楚簡中的「罷」字》，簡帛網2006年10月29日。http://www.bsm.org.cn/show_article.php?id=447，訪問日期2018年10月31日。（王連成2006）

王連成《從郭店簡〈成之聞之〉和〈語叢四〉的「讓」和「壤」字看漢字源流和演化》，簡帛研究網2011年1月11日。（王連成2011）

王寧《釋郭店楚簡中的「噬」與「澨」》，簡帛研究網2002年8月27日。http://www.jianbo.org/Wssf2002/

wangning02.htm，訪問日期2018年10月31日。（王寧2002）

王志平《〈語叢〉遺秉》，《簡帛》第7輯，上海古籍出版社2012年12月。（王志平2012）

王志勇《〈郭店楚墓竹簡·語叢〉校讀》，南京師範大學碩士學位論文，2012年。（王志勇2012）

吳勁雄《郭店簡〈語叢四〉「竊鉤誅，竊邦侯」與〈墨子〉之淵源關係》，《湖南大學學報》2013年第5期。（吳勁雄2013）

吳良寶《讀郭店楚簡劄記(三則)》，《古籍整理研究學刊》2001年第5期。（吳良寶2001）

吳振武《鄂君啓節「舿」字解》，《第二屆國際中國古文字學研討會論文集》，問學社，1993年10月。（吳振武1993）

西山尚志《郭店楚簡〈老子〉〈太一生水〉與〈語叢四〉的抄者關係》，簡帛研究網2010年6月27日。（西山尚志2010）

徐伯鴻《說「微刓中於河」句中的「刓」字》，復旦大學出土文獻與古文字研究中心網論壇2009年7月5日。（徐伯鴻2009）

徐在國《郭店楚簡文字三考》，《簡帛研究二〇〇一》，廣西教育出版社2001年9月。（徐在國2001）

徐在國《釋楚簡「敨」兼及相關字》，《古文字研究》第25輯，中華書局2004年10月。（徐在國2004）

徐在國《說楚簡「叚」兼及相關字》，簡帛網2009年7月15日。http://www.bsm.org.cn/show_article.php?id=1113，訪問日期2011年7月5日。又見於《簡帛語言文字研究》第5輯，巴蜀書社，2010年6月。（徐在國2009）

許富宏《〈鬼谷子〉真僞及文學價值》，西北師範大學博士學位論文，2004 年6 月。（許富宏2004）

許富宏《郭店簡〈語叢四〉與〈摩〉〈謀〉的關係》，簡帛研究網站2005 年5 月18 日。（許富宏2005）

許學仁《戰國楚簡文字研究的幾個問題——讀戰國楚簡〈語叢四〉所錄〈莊子〉語暨漢墓出土〈莊子〉殘簡瑣記》，《古文字研究》第23 輯，中華書局、安徽大學出版社2002 年6 月。（許學仁2002）

顔世鉉《郭店楚墓竹簡儒家典籍文字考釋》，《經學研究論叢》第6 輯，臺灣學生書局，1999 年6 月。（顔世鉉1999）

顔世鉉《幾條周家臺秦簡「祝由方」的討論》，「中國南方文明學術研討會」論文，臺北中研院史語所，2003 年。（顔世鉉2003）

楊坤《〈保訓〉上甲微「刓中於河」平議》，簡帛網2009 年7 月15 日。http://www.bsm.org.cn/show_article.php?id=1114，訪問日期2011 年7 月5 日。（楊坤2009）

楊澤生《〈語叢四〉劄記》，簡帛研究網站2002 年3 月23 日。（楊澤生2002）

楊澤生《〈語叢〉考釋（七則）》，《戰國竹書研究》，中山大學出版社2009 年12 月。（楊澤生2009）

張崇禮《郭店楚簡〈語叢四〉解詁一則》，簡帛網2007 年4 月7 日。http://www.bsm.org.cn/show_article.php?id=544，訪問日期2011 年7 月5 日。（張崇禮2007）

張富海《北大中國古文獻研究中心「郭店楚簡研究」專案新動態》，《國際簡帛研究通訊》2000 年第5 期。（張富海2000）

張富海《郭店楚簡〈緇衣篇〉研究》，北京大學碩士學位論文，2002年。（張富海2002）

張光裕《〈郭店楚簡研究〉第一卷〈文字編〉緒説》，《中國出土資料研究》第3號，1999年3月31日。（張光裕1999）

朱惠琦《郭店〈語叢四〉集釋》，吉林大學碩士學位論文，2015年。（朱惠琦2015）

朱喆《〈語叢四〉學派性質芻議》，《郭店楚簡國際學術研討會論文集》，湖北人民出版社2000年5月。（朱喆2000）

鄒濬智《楚簡〈緇衣〉與〈語叢四〉「弼」字小議》，簡帛研究網2004年2月15日。（鄒濬智2004）

鄒濬智《〈上海博物館藏戰國楚竹書（一）·緇衣〉研究》，臺灣花木蘭文化出版社2006年。（鄒濬智2006）

《儒藏》精華編選刊

即出書目(二〇二三)

白虎通德論
誠齋集
春秋本義
春秋集傳大全
春秋左氏傳賈服注輯述
春秋左氏傳舊注疏證
春秋左傳讀
道南源委
桴亭先生文集
復初齋文集
廣雅疏證
龜山先生語録
郭店楚墓竹簡十二種校釋
國語正義
涇野先生文集
康齋先生文集
孔子家語　曾子注釋
禮書通故
論語全解
毛詩後箋
毛詩稽古編
孟子正義
孟子注疏
閩中理學淵源考
木鐘集
群經平議

三魚堂文集　外集
上海博物館藏楚竹書十九種校釋
尚書集注音疏
詩本義
詩經世本古義
詩毛氏傳疏
詩三家義集疏
書疑　東坡書傳　尚書表注
書傳大全
四書集編
四書蒙引
四書纂疏
宋名臣言行録
孫明復先生小集　春秋尊王發微
文定集

五峰集　胡子知言
小學集註
孝經注解　温公易説　司馬氏書儀　家範
孶經室集
伊川擊壤集
儀禮圖
儀禮章句
易漢學
游定夫先生集
御選明臣奏議
周易口義　洪範口義
周易姚氏學